政府采购项目
招投标书编制方法与范例

姜晨光　主编

第二版

本书以最新的国家法律及规定为依据，通俗、系统地阐述了目前我国政府采购的基本原则、程序和要求，介绍了目前我国政府采购项目招投标书编制的基本要求及相关规定，给出了政府采购项目招投标的招标书和投标书实例，具有很好的针对性、指导性和实用性。

本书可供各级政府采购项目管理部门工作人员、政府采购招标代理机构工作人员、标书编制人员工作或学习参考，也可供高等学校经济管理等相关专业师生学习参考。本书也适合作为政府采购管理部门进行业务培训的教材。

图书在版编目（CIP）数据

政府采购项目招投标书编制方法与范例/姜晨光主编. —2版. —北京：化学工业出版社，2017.11（2023.7重印）
ISBN 978-7-122-30368-4

Ⅰ.①政⋯　Ⅱ.①姜⋯　Ⅲ.①政府采购-招标-范文-汇编②政府采购-投标-范文-汇编　Ⅳ.①F810.2

中国版本图书馆CIP数据核字（2017）第188936号

责任编辑：董　琳　　　　　　　　　　　装帧设计：韩　飞
责任校对：王素芹

出版发行：化学工业出版社（北京市东城区青年湖南街13号　邮政编码100011）
印　　装：北京科印技术咨询服务有限公司数码印刷分部
787mm×1092mm　1/16　印张16¼　字数401千字　2023年7月北京第2版第8次印刷

购书咨询：010-64518888　　　　　售后服务：010-64518899
网　　址：http://www.cip.com.cn
凡购买本书，如有缺损质量问题，本社销售中心负责调换。

定　　价：68.00元　　　　　　　　　　　　　　　　　　版权所有　违者必究

《政府采购项目招投标书编制方法与范例（第二版）》编写人员

主　　编　姜晨光

副 主 编（排名不分先后）
　　　　　　冯伟洲　李少红　林　辉
　　　　　　宋卫国　孙清林　朱烨昕

编写人员（排名不分先后）
　　　　　　姜晨光　冯伟洲　李少红
　　　　　　林　辉　宋卫国　孙清林
　　　　　　朱烨昕　蔡长山　曹瑞华
　　　　　　高宏涛　高云飞　戢朝辉
　　　　　　季庆刚　江世朝　刘进峰
　　　　　　路　奎　王风芹　王　霞
　　　　　　吴　玲　叶　军　张牧军
　　　　　　张胜忠

前言

政府采购是一项非常严肃、政策性很强的工作，应做到公开透明、应采尽采，应在扩大政府采购规模、提高采购实效、节约财政性资金的同时提高资金使用效益、防范和避免商业贿赂。应加强对权力运行的监督和制约，推进和深化政府采购管理制度改革，促进依法行政和依法理财，形成权力运行自控机制，确保权力正确行使和财政资金安全。应强化和实现依法采购，规范管采职责，严格预算约束，加强政府采购预算和采购计划的衔接，充分发挥政府采购政策功能，服务经济和社会发展大局。

政府采购和集中支付两项财政改革是建立在社会主义市场经济体制上的并与之相适用的公共财政框架体系中的重要内容。资金支付是政府采购的最后一道环节，集中支付是政府采购实行的有力保证，这一制度的实施有效地集中了财政资金，加强了财政管理与监督，提高了财政资金的使用效益，也是实行政府采购的有力前提和保证。政府采购是集中支付实行的有效形式，可最大限度地节约财政性资金，将分散采购变成集中采购。按照管办分离原则，从审核编制采购预算开始，到审核资金来源，再到采用公开招标、邀请招标、竞争性谈判、单一来源采购、询价采购或自采等其他采购方式，最后到采购过程全部结束及支付给供应商货款，这一切都由国库、政府采购机构和集中支付共同完成。政府采购应严把资金审核关、供应商资格有效关、采购方式合理关、采购过程合法关、专家评委公正关、监督到位关、支付款项申请表与验收报告一致关。

随着我国政府采购制度的不断深化与完善，笔者闲暇之余重新审视了《政府采购项目招投标书编制方法与范例》（第一版），萌生了修订之念。本书面世以来深受读者喜爱，浏览着一封封读者、朋友和业内同仁热情洋溢的邮件颇感压力和责任，面对我国政府采购制度体系不断改革、日益深化、不断完善的现实，决定修订本书以谢大家。本书的修订吸收了许多富有政府采购经验的专家、学者及业内精英参加并组成了新的编写班子，编写班子本着对读者负责、对我国政府采购健康可持续发展负责的态度通力合作，较为圆满地完成了修订任务。

本书的修订工作非常全面，从全新的视角，以全新的面貌整体性地展现了我国现行的政府采购政策，以期通过阅读本书使读者能够全面掌握政府采购知识，对我国政府采购制度的健康可持续发展有所贡献。

全书由江南大学姜晨光主笔完成，无锡市滨湖区住房和城乡建设局建管质监安监站冯伟洲，青岛农业大学李少红，无锡市墙材革新和散装水泥办公室林辉，机械工业第四设计研究院有限公司宋卫国，江苏园景工程设计咨询有限公司孙清林，无锡市住房和城乡建设局朱烨昕，山东省国土测绘院戢朝辉、王霞、曹瑞华、路奎、江世朝、张牧军、蔡长山、高云飞、张胜忠、高宏涛、季庆刚，江南大学叶军、吴玲、刘进峰、王凤芹等（排名不分先后）参与了相关章节的撰写工作。

限于水平、学识和时间关系，书中难免不足和疏漏之处，敬请读者提出批评及宝贵意见。

姜晨光

2017 年 4 月于江南大学

第一版前言

政府采购并非是现代社会的产物,它最早形成于18世纪末19世纪初的西方资本主义国家。政府采购实质上是政府财政支出的方式之一,所谓政府采购是指使用公共资金的国家机关、政党、社会团体、事业单位以及其他社会组织为了公共利益的需要而动用公共资金购买、租赁商品、工程、智力成果及雇佣劳务或获取服务的行为。世贸组织的《政府采购协议》将政府采购定义为"成员国的中央政府,次中央政府采购、租赁、有无期权购买货物、服务、工程,及公共设施的购买营造"。政府采购的采购方或采购主体必须是具有公共职能的公共组织或公法人(即使用公共资金的公共机构或组织,包括各级国家机关及其派出机构、政党组织、社会团体、事业单位、行会组织、自治组织以及其他社会组织),政府采购的目的具有公共性,政府采购的资金来源具有公共性;政府采购权是一种公共权力;政府采购争议的救济主要应采用公法上的救济方式,政府采购适用一些专门的程序。政府采购制度的建立可使有限的公共资金获得最大的使用效率;有利于促进公平竞争,促使货物、工程、服务质量的提高,增强本国供应商国际竞争能力;可从宏观上调节国民经济;有利于将政府采购活动置于阳光之下、遏止政府采购中的贪污腐败行为。政府采购应遵循的基本原则是公开性原则(disclosures)、公平性原则(equity)、竞争性原则(competitions)、经济效率原则(economy and efficiency)、严正性原则(integrity)。应建立政府采购的主体制度,建立政府采购的程序控制制度,建立政府采购争议的救济制度。

《中华人民共和国政府采购法》2002年6月29日在第九届全国人民代表大会常务委员会第二十八次会议通过并自2003年1月1日起开始施行以来,我国的政府采购活动逐渐进入了规范化的轨道。目前,调整我国政府采购行为的法律是《中华人民共和国政府采购法》和《中华人民共和国招标投标法》,在推行政府采购制度的初期,两部法律对我国政府采购事业的发展发挥了重要的推动作用,但随着改革的不断深入,人们发现《中华人民共和国政府采购法》与《中华人民共和国招标投标法》间存在一定的需要协调的问题,于是,国务院法制办于2010年1月11日全文公布了《中华人民共和国政府采购法实施条例(征求意见稿)》以征求社会各界意见,截至目前《中华人民共和国政府采购法实施条例(征求意见稿)》尚未正式颁布实施。1998年全国大部分地区开展政府采购试点工作时全国的政府采购规模为31.06亿元,2003年政府采购法正式实施以后全国的政府采购规模就达到了1659.44亿元,到2009年国内政府的采购总规模已达到7413.2亿元(是1998年试点采购规模的238倍。其中,在货物、工程、服务三大采购对象中,2009年全国货物采购规模为3010.6亿元,工程类采购规模为3858.4亿元,服务类采购规模为

544.2亿元）。相关资料表明，国外政府采购总规模一般要占到GDP的10%或财政支出的30%左右，而我国的政府采购规模虽然比以前取得了较大幅度的增长，但显然远远没有达到国际水平。因此，我国政府采购在依法扩大采购范围和规模及提高采购资金使用效益等方面还有很大潜力。修改完善政府采购法应根据我国政府采购改革发展的现状以及加入WTO政府采购协议的实际需要进行，政府采购法律制度是公共财政法律体系的一部分，其实施效果在很大程度上取决于预算管理改革等进程，因此政府采购法的修订还与政府预算管理改革和预算法等法律修订工作进展情况密切相关。相信，在加入WTO政府采购协议和国内预算管理等改革逐渐完善的情况下我国的政府采购法律制度也会逐渐趋于成熟。

笔者多年来一直在思考政府采购问题并参与了一些政府采购招标活动，在大量调研国内、外政府采购情况的基础上萌生了写书的想法，在化学工业出版社的支持与鼓励下，不揣浅陋撰写了本书。希望本书能对我国政府采购制度的不断完善有所贡献，对政府采购从业人员及参与政府采购活动的各行各业人士有所帮助。

全书由江南大学姜晨光主笔完成，江南大学校医院王凤芹、欧元红、卢林、陈丽、邵玉鲜、周建玲；湖南省岳阳市质量技术监督局计量检定所郭同兵；中国中铁置业集团上海中铁市北投资发展有限公司董勤景；安徽省繁昌县审计局陈章烈；青岛鑫江集团有限公司姜文波；莱阳市工商行政管理局冯小盈；莱阳市医药有限公司王强；莱阳市公安局交通警察大队孙建路；中国工商银行股份有限公司莱阳市支行宋协辉；中国农业银行股份有限公司莱阳市支行高增理；莱阳市农村信用合作联社严振阳、李涛、马惠英；莱阳市渔政监督管理站宋萍；莱阳海润绢纺有限公司宫大庆；莱阳市物资建材公司吕秋平；山东省莱阳市新华书店张海顺、李海波、孙智诚；中国联通莱阳分公司刘陆军；山东瑞景房地产有限公司张燕；山东省文登市建设局蔡香玲；中国建设银行股份有限公司文登市支行李传阳；烟台建设集团钢结构有限公司林长胜；山东宜华咨询有限公司杨英姿；无锡市住房保障和房产局系统贾绪领、张晶、张敏明、丁立志、陈镭、樊文泉、边晓明、王宁、章玲妹、吴明星、刘艳宛、徐丹、孙爱民、周士平、袁君焕、廖宜孙、陈志宁、袁铭杰；无锡市梁溪公证处成超、蔡晓健；江苏省如东县建设局冯兵；苏通大桥调度指挥中心陆培尧；江苏省交通规划设计院南通分院魏东海；烟台第一职业中等专业学校刘晓青；山东省国土测绘院路奎；中共莱阳市委郭立众、于京良等同志（排名不分先后）参与了部分章节的撰写工作。

限于水平、学识和时间关系，书中内容难免粗陋与欠妥之处，敬请读者多多提出批评与宝贵意见。

姜晨光

2011年2月于江南大学

目 录

第1章 政府采购项目招标投标的基本规定与惯例　　1

1.1 国家对政府采购项目招标投标的基本规定与要求 …… 1
　1.1.1 政府采购制度构建的意义 …… 1
　1.1.2 中央单位政府采购工作中的执行问题 …… 2
　1.1.3 做好中央单位政府采购工作应注意的问题 …… 4
　1.1.4 中央国家机关全面推行政府采购制度的实施方案 …… 6
　1.1.5 中央单位政府采购预算编制的基本要求 …… 8
　1.1.6 中央单位政府采购管理实施办法 …… 9
　1.1.7 政府采购货物和服务招标投标管理办法 …… 12
　1.1.8 我国对政府采购活动的法律规定 …… 19
　1.1.9 政府采购评审专家的管理规定 …… 25
　1.1.10 自主创新产品政府采购合同管理规定 …… 27
　1.1.11 自主创新产品政府采购评审规定 …… 28
　1.1.12 自主创新产品政府采购预算管理规定 …… 30
　1.1.13 政府采购进口产品管理规定 …… 30
　1.1.14 中小企业划型标准 …… 33
　1.1.15 政府采购代理机构资格认定办法 …… 35
　1.1.16 政府采购信息公告管理规定 …… 38
　1.1.17 政府采购供应商投诉处理规定 …… 40
　1.1.18 自主创新产品政府首购和订购管理规定 …… 42
1.2 省级政府对政府采购项目招标投标的具体规定与要求 …… 44
　1.2.1 货物及服务省级政府采购方式变更管理参考办法 …… 44
　1.2.2 省级政府采购评审专家管理参考办法 …… 45
　1.2.3 省级政府采购档案管理参考办法 …… 48
　1.2.4 省级公安系统政府采购管理参考办法 …… 51
　1.2.5 省级农林系统政府采购管理参考办法 …… 54
　1.2.6 省级教育系统政府采购管理参考办法 …… 56
　1.2.7 省级政府采购方式确定及变更程序的参考办法 … 59

1.2.8 关于严禁私自收取政府采购有关费用的参考规定 ·············· 60
1.2.9 省级政府集中采购计划操作规程 ·············· 60
1.2.10 省级工程建设项目招标范围和规模标准参考规定 ·············· 61
1.2.11 省级政府分散采购管理参考规定 ·············· 62
1.2.12 省级工程类政府采购操作流程参考规定 ·············· 63
1.2.13 省级政府集中采购有关事项确定公布权限的参考规定 ·············· 63
1.2.14 省级政府采购工作实施意见参考规定 ·············· 64
1.2.15 省级工程类政府采购项目管理参考办法 ·············· 65
1.2.16 关于省级集中采购机构收费问题的参考规定 ·············· 66
1.2.17 省级政府采购监督管理工作考核参考办法 ·············· 66
1.2.18 省级政府采购协议供货管理参考办法 ·············· 66
1.2.19 省级自主创新产品认定管理参考办法 ·············· 67
1.2.20 省级自主创新产品政府采购实施参考办法 ·············· 69
1.2.21 省级政府采购人员学习和培训参考办法 ·············· 69
1.2.22 省级政府采购专项经费管理参考办法 ·············· 71
1.2.23 省级政府采购投诉处理流程 ·············· 72
1.2.24 省级人民政府促进中小企业平稳健康发展的参考意见 ·············· 74
1.2.25 省级中小企业促进条例 ·············· 76
1.3 国际招标采购的通行惯例与相关约定 ·············· 79
1.3.1 国际招标采购方式和招标采购要求 ·············· 79
1.3.2 FIDIC 国际工程标准合同概貌 ·············· 84
1.3.3 FIDIC 电气与机械工程合同条件 ·············· 89
1.3.4 FIDIC 土木工程施工合同 ·············· 109
1.3.5 FIDIC 土木工程施工分包合同条件 ·············· 136

第 2 章 ××省 2016 年度基本药物（基层部分）招标目录（第 3 批）统一招标采购招标文件   149

2.1 招标文件封面及目录 ·············· 149
2.2 招标公告书 ·············· 149
2.3 药品统一招标采购工作流程 ·············· 150
2.4 药品统一招标需求一览表 ·············· 152
2.5 药品统一招标采购须知前附表 ·············· 153
2.6 药品统一招标采购须知 ·············· 155
  2.6.1 总则 ·············· 155
  2.6.2 统一招标采购当事人 ·············· 156

2.6.3　投标文件的编制 ……………………………………… 157
　　2.6.4　投标文件的递交和审核 …………………………… 158
　　2.6.5　投标人网上操作 …………………………………… 160
　　2.6.6　投标报价 …………………………………………… 160
　　2.6.7　开标 ………………………………………………… 162
　　2.6.8　评标委员会 ………………………………………… 162
　　2.6.9　评标 ………………………………………………… 163
　　2.6.10　集中竞价 …………………………………………… 164
　　2.6.11　定标 ………………………………………………… 164
　　2.6.12　采购 ………………………………………………… 165
　2.7　通用合同条款及前附表 …………………………………… 166
　　2.7.1　通用合同条款前附表 ………………………………… 166
　　2.7.2　通用合同条款 ………………………………………… 166
　　2.7.3　药品购销合同格式 …………………………………… 168
　2.8　××省2016年度基本药物目录（基层部分）统一招标
　　　　采购资格证明材料 ……………………………………… 169
　2.9　投标文件参考格式 ………………………………………… 171

第3章　××市市级政府采购货物项目招标文件　　177

　3.1　封面及目录 ………………………………………………… 177
　3.2　投标邀请 …………………………………………………… 178
　3.3　投标人须知 ………………………………………………… 179
　　3.3.1　投标人须知前附表 …………………………………… 179
　　3.3.2　说明 …………………………………………………… 181
　　3.3.3　招标文件基本要求 …………………………………… 182
　　3.3.4　投标文件的编写 ……………………………………… 183
　　3.3.5　投标文件的提交 ……………………………………… 184
　　3.3.6　投标文件的评估和比较 ……………………………… 184
　　3.3.7　定标与签订合同 ……………………………………… 186
　3.4　招标内容及要求 …………………………………………… 186
　3.5　××市市级政府采购合同（参考文本） ………………… 188
　3.6　投标文件格式 ……………………………………………… 190

第4章　××高速公路3标段土建工程施工投标书（技术标）　　198

　4.1　概述 ………………………………………………………… 198
　4.2　设备、人员、材料问题 …………………………………… 199
　4.3　主要工程项目的施工方案与施工方法 …………………… 200

4.4 各分项工程施工安排 ·· 210
4.5 确保工程质量和工期的措施 ······································ 210
4.6 重点（关键）和难点工程的施工方案、方法及
措施 ·· 213
4.7 冬季、雨季施工安排 ·· 219
4.8 质量、安全保证体系 ·· 220
4.9 其他应说明的事项 ·· 221

第5章 政府采购竞争性谈判典型范本　　224

5.1 ××市图书馆工具书阅览室实木书架及吊顶竞争性
谈判文件 ·· 224
 5.1.1 文件封面及目录 ·· 224
 5.1.2 谈判采购邀函 ·· 224
 5.1.3 项目内容及技术要求 ·· 225
 5.1.4 谈判项目要求 ·· 225
 5.1.5 谈判供应商须知 ·· 226
 5.1.6 谈判文件格式 ·· 230
5.2 ××市公安局交通管理支队红绿灯优化工程竞争性
谈判文件 ·· 233
 5.2.1 文件封面及目录 ·· 233
 5.2.2 谈判采购邀函 ·· 233
 5.2.3 项目内容及施工要求 ·· 234
 5.2.4 谈判项目要求 ·· 234
 5.2.5 谈判供应商须知 ·· 235
 5.2.6 谈判文件格式 ·· 239

参考文献　　243

第1章

政府采购项目招标投标的基本规定与惯例

1.1 国家对政府采购项目招标投标的基本规定与要求

1.1.1 政府采购制度构建的意义

政府采购制度改革是财政支出管理改革的重要内容,对提高财政资金使用效益,支持国内企业发展,从源头上防止和治理腐败,具有十分重要的意义。

政府采购制度改革工作涉及面广,政策性强,必须统一思想,树立依法采购观念,发挥政府采购制度作用。政府采购制度改革是一项复杂的系统工程,涉及制度创新和观念转变,与管理规范化紧密相关,必须结合实际,研究制订相关管理办法和工作程序,做到既规范采购,又体现效率,确保《政府采购法》的顺利实施。要结合本地区实际情况,科学合理地制订政府集中采购目录和政府采购限额标准,逐步扩大政府采购实施范围,保证政府采购规模逐年增长。要全面编制政府采购预算,通过细化财政资金采购项目和编制年度政府集中采购计划,加强政府采购的计划性。要积极推行政府采购资金财政直接支付办法、扩大直接支付规模,对单位分散采购活动也要加强管理和监督。政府采购管理职能与执行职能分离,机构分别设置,是建立政府采购制度的客观要求。要科学界定监督管理职能和执行职能。政府采购监督管理部门要切实做好政府采购的政策制定、预算编制、资金支付、信息管理、聘用专家管理、供应商投诉处理、集中采购机构业绩考核和政府采购管理人员培训等监督管理工作。集中采购机构要接受委托,认真组织实施政府集中采购目录中的项目采购,制订集中采购操作规程,负责集中采购业务人员的培训。要建立管理机构与集中采购机构相互协调的工作机制。管理机构不得进入采购市场参与商业交易活动;集中采购机构作为执行机构,要严格执行有关政策,确保政府采购活动公开、公平、公正、高效。要重点抓好集中采购机构的设置,充分发挥集中采购机构在全面推进政府采购制度改革中的重要作用。要按照法律规定和工作需要,独立设置与行政部门没有隶属关系和利益关系的集中采购机构。

政府采购要坚持公开透明、公平竞争和公正原则,将公开招标作为主要的采购方式,进一步改进和完善采购程序,做到规范采购与简便高效相结合,建立科学、规范的政府采购聘用专家管理办法,做到管理与使用适度分离,认真处理供应商投诉,促进供应商投诉处理工作制度化和规范化。要建立以财政部门为主,监察、审计及其他有关部门共同配合的有效监督机制,充分发挥监察、审计等部门的监督职能,强化对政府采购行为的约束,确保各项政策的落实,防止和消除政府采购中的腐败现象及各种逃避政府集中采购的行为,坚决克服本位主义和地方保护主义。要重点抓好采购范围、采购方式、采购程序和集中采购目录执行情况的监督管理，切实做到严格执法。要协调好财政部门与其他政府部门之间的工作关系，形成综合管理与行业专业监督相结合的协作机制。要强化政府采购透明度建设，开辟社会监督渠道，发挥新闻媒介和社会公众的监督作用。

政府采购是一项政策性和专业性较强的工作，建立一支高素质的专业化管理队伍是提高政府采购工作管理水平的重要保证。地方各级政府和财政部门要制订政府采购执行人员业务考核制度，提高政策水平、法律水平和专业水平，使政府采购管理人员和执行人员全面、准确掌握政府采购制度的各项规定，增强依法行政观念，从而建立一支德才兼备的政府采购管理队伍。

1.1.2　中央单位政府采购工作中的执行问题

各中央单位要制订本部门的政府集中采购实施计划，确保集中采购活动的有效实施，各中央预算单位要对纳入政府集中采购目录的项目根据部门预算或政府采购预算编制年度政府集中采购实施计划，按月报送本系统的政府集中采购机构。

政府集中采购实施计划主要内容是政府集中采购项目的技术规格、数量、预算金额、采购时间要求等。具体实施办法由中央各系统的政府集中采购机构制订。

国家机关、事业单位和社会团体使用财政性资金购买货物、服务和工程的活动都应实行政府采购制度。其中，财政性资金由财政预算资金和预算外资金组成，财政预算资金是指国家财政以各种形式划拨的资金，预算外资金是指单位通过各种行政事业性收费、政府采购性基金、政府间捐赠资金等获得的收入（不包括单位各种其他事业收入）。但既有财政性资金又有部门其他资金的配套采购项目，或者有财政拨款或财政补助收入的事业单位和社会团体，也要实行政府采购制度。自收自支事业单位或者完全实行企业化管理的单位，可以不实行政府采购制度。中央单位的集中采购活动原则上按系统实施归口管理，中央各单位应当按照政府集中采购管理机构制订的基本工作流程，政府集中采购委托协议内容及签订方式，政府集中采购实施计划编报方式及要求等具体操作办法执行。政府集中采购机构代理的采购事项，其采购资金支付应当由财政部国库司或相关中央单位负责，凡因不执行采购合同规定或无故拖延付款给供应商造成经济损失的，要承担相应的责任。各中央主管部门应当明确政府采购牵头单位或归口管理单位，负责政府采购预算编制、制订有关实施办法、资金财务管理、统一组织、协调、监督或者实施本部门、本系统的政府采购工作，逐步建立内部政府采购的管理执行机制。中央各部门应当根据本部门的实际情况，制订本部门集中采购项目和范围并加以实施。执行部门集中采购确实有困难或近期内难于实施的，可以暂下放到所属单位执行，但要做好采购项目文件备案和统计工作。

政府采购信息统计工作是政府采购制度管理的组成部分也是制定政策规定的依据，还是考核和反映政府采购制度改革情况的需要，因此，各中央单位要注意日常采购文件的搜集、记录和管理工作（尤其是政府采购工程项目和分散采购情况），为年终编报政府采购信息报表打好基础。需要报财政部批准或备案的工作主要如下。

（1）按月或随时补报的政府采购预算。

（2）政府集中采购机构和主管部门组织的招标采购项目（其公告应当在发布前报财政部国库司审核）。

（3）特殊情况，因特殊情况采用公开招标以外其他采购方式的，属于政府集中采购机构和主管部门组织的采购项目，应当在采购活动开始前，按照规定格式报财政部国库司审批。

其他采购项目应当报主管部门审批。主管部门审批确有困难的，可以采取由采购单位事后以采购清单的形式将采购结果报主管部门备案。

（4）大额及直接拨付项目（凡政府采购货物、工程和服务采购金额分别达到 150 万元、300 万元、100 万元以上的）。

（5）国库改革非试点部门政府采购直接拨付项目，其采购合同及相关采购文件应当在采购完毕后报财政部备案。其中，政府采购协议供货制度的采购合同，由政府集中采购机构报财政部备案。根据有关规定，中央单位公开招标采购活动原则上应当以委托执行为主，委托范围为已经财政部确认登记备案的政府采购业务代理机构和政府集中采购机构。中央单位确实具备编制招标文件和组织评标等自行招标的能力和条件，其人员构成、工作业绩、评标专家组成符合政府采购法和招标投标法规定的，可以自行组织招标活动。自行组织招标的中央部门，其标书应当免费，或者按照弥补制作标书的成本确定标书价格。招标过程中所发生的有关费用支出，由招标单位在不违反现行财务制度前提下自行解决。在财政部指定政府采购信息披露媒体刊登招标信息和招标结果，既是法律规定，也是落实公开、公正、公平原则的具体要求，为了做好这项工作，财政部各指定媒体免费刊登中央单位的所有招标信息和招标结果。凡是以政府采购协议供货制度形式进行的政府采购项目，其适用范围为所有中央单位。

中央单位在编制政府集中采购实施计划或组织采购工作中，除有特殊要求采购外，原则上不得指定采购项目的品牌，更不得采购组装的机器设备。中央单位政府采购方式申报表见表 1-1 ［填报说明：单项申报的，对拟用采购方式和改变采购方式理由加对号；按清单申报的注明项目编号。单位章为部门或司（局）印章］。财政部指定政府采购信息披露媒体为《中国财经报》、《中国政府采购网》、《中国政府采购》杂志。

表 1-1　中央单位政府采购方式申报表

编号：	
单位名称(章)：	年　月　日
采购项名称	
项目概算	
拟采用购方式	
1. 邀请招标	
2. 竞争性谈判	
3. 询价采购	
4. 单一来源	
改变采购方式的特殊情形	
1. 具有特殊性，只能从有限范围供应商处获得	
2. 采用公开招标方式费用与项目总价值比例过高	
3. 技术复杂或者性质特殊，难以确定详细规格或者具体要求	
4. 采用公开招标不能满足用户紧急需要	
5. 不能事先计算出价格总额	
6. 只能从唯一供应商处采购	
7. 发生不可预见紧急情况不能从其他供应商处采购	
8. 与原项目配套，需从原供应商处添购不足原合同的 10%	
9. 货物规格、标准单一，现货充足，价格变化幅度小	
10. 废标后重新采购	
11. 重新采购未能成立	
12. 其他	
改变采购方式的简要理由	
经办人：　　　联系电话：　　　传真：	

1.1.3 做好中央单位政府采购工作应注意的问题

国务院印发有《中央预算单位政府集中采购目录及标准》（以下简称《集中采购目录及标准》）以具体贯彻落实《政府采购法》。各中央单位要充分认识实行政府采购制度的重要意义，自觉执行《政府采购法》及国务院有关文件的各项规定，广泛发挥政府采购的作用，要依法全面开展政府采购工作，所有中央预算单位都应当执行《集中采购目录及标准》。

《集中采购目录及标准》由三部分构成，即政府集中采购目录、部门集中采购项目以及部门采购限额标准以上采购项目。政府集中采购目录主要是列明通用政府采购项目，这些项目必须依法委托政府集中采购机构代理采购。其中，注明"国务院系统"的采购项目仅适用于国务院系统的中央单位。部门集中采购项目主要是部门或系统有特殊要求的采购项目，由部门依法实施集中采购。部门采购限额标准以上采购项目是指政府集中采购目录及部门集中采购项目范围之外、单项或者批量采购金额达到80万元以上的货物、服务和工程采购项目，由各中央单位依法实施分散采购。中央单位用财政性资金（预算内和预算外资金）采购符合《集中采购目录及标准》的采购项目，必须按照《政府采购法》规定开展采购活动。要建立和完善政府采购的组织实施形式中央单位的政府采购实行集中采购和分散采购相结合的采购组织实施形式。集中采购分为政府集中采购和部门集中采购。其中，政府集中采购是指中央各单位将列入政府集中采购目录中的采购项目，委托政府集中采购机构代理采购的一种组织实施形式。部门集中采购是指由各部门确定的内部政府采购牵头机构统一采购本系统纳入部门集中采购项目的一种组织实施形式。政府集中采购按中央管理系统实施。国务院系统的集中采购事务由中央国家机关政府采购中心组织实施。中直管理局、全国人大、全国政协、最高检察院和最高法院等系统的集中采购事务，分别由本系统的政府集中采购机构负责组织实施。国务院系统所有在京单位纳入政府集中采购目录范围的采购项目必须实行政府集中采购，京外单位纳入政府集中采购目录范围的采购项目应当实行部门集中采购。部门集中采购项目以及部门采购限额标准以上采购项目，由部门按规定分别实行部门集中采购和分散采购，也可以委托政府集中采购机构或经财政部登记备案的社会招标机构代理采购。要认真做好政府集中采购工作，中央各系统政府集中采购机构作为执行机构要认真履行代理采购职责，独立开展工作。

政府集中采购机构原则上自行开展招标活动，因特殊情况需要委托社会招标机构代理招标的，必须在招标活动开始前报财政部备案。要发挥政府采购的宏观调控作用，中央单位的政府采购工作，除法律另有规定外，必须采购本国货物，工程和服务采购合同必须授予本国供应商，同时，要有助于实现国家的经济和社会发展政策目标，包括环境保护、扶持不发达地区和少数民族地区、促进中小企业发展等。要规范政府采购的运行机制，各中央单位必须严格按《政府采购法》规定开展采购活动，各中央单位要按照《集中采购目录及标准》的规定确定各采购项目的具体执行机构。其中，属于政府集中采购目录范围但因特殊情况需要由部门自行采购的，必须在采购活动开始前由中央单位和政府集中采购机构协商一致后报财政部批准。对于部门集中采购和分散采购中专项采购项目，涉及政府集中采购目录中项目的，是否实行政府集中采购，由中央单位与政府集中采购机构协商确定。政府采购涉及与地方资金配套的采购项目，中央单位必须与地方有关部门协商解决具体实施方式。

中央单位依法将政府集中采购项目、部门集中采购项目和分散采购项目委托采购代理机构采购的必须与采购代理机构签订委托协议（明确委托事项，约定双方的权利和义务），公开招标必须作为政府采购的主要方式。单项或者批量采购金额一次达到80万元以上的货物或者服务采购项目，以及达到国务院规定的招标数额的政府采购工程项目，应当采用公开招标采购方式。因特殊情况需要采用公开招标以外采购方式的，必须在政府采购活动开始前依法报财政部批准。不足公开招标数额标准的政府采购项目，原则上要按照邀请招标、竞争性谈判、询价的次序选择采购方式。政府采购方式确定后要严格按照法律规定的程序及要求执行。其中，采用政府采购邀请招标采购方式的，必须通过公开招标方式确定相应资格条件的供应商名单。在执行招标采购方式期间，必须按照基本格式在财政部指定的媒体上发布公开招标公告（见表1-2）。填写说明：委托招标单位栏由委托者填写。供应商资格栏，需对供应商规定特定条件的填写。其他内容栏，对采购项目的简要描述，如对招标文件收费标准、投标保证金等特殊事项的简要说明、公开招标中标公告（见表1-3）、成交结果公告（见表1-4）。招标数额以上、除公开招标之外的采购方式适用以及更正公告（见表1-5）。其中，公开招标公告在发布前要报财政部审核。

表1-2　公开招标公告基本格式

采购人或政府集中采购机构名称：	
委托招标单位：	
采购项目名称：	
开标日期：	年　月　日　时　分
投标截止日期：	年　月　日　时　分
发售招标文件地点：	
本项目联系人：	联系电话：
供应商资格：	
其他内容：	

表1-3　公开招标中标公告基本格式

采购人或政府集中采购机构名称：	
采购项目名称：	（注明招标文件编号）
定标日期：	年　月　日
招标公告期：	年　月　日
中标金额：	
中标供应商名称：	
中标供应商地址：	
本项目联系人：	联系电话：

表1-4　成交结果公告基本格式

采购人或政府集中采购机构名称：	
采购项目名称：	
采购方式：	
确定成交日期：	年　月　日　时　分
成交金额：	
成交供应商名称：	
成交供应商地址：	
本项目联系人：	联系电话：
选择该采购方式的原因：	

表 1-5 更正公告基本格式

采购人或政府集中采购机构名称：
采购项目名称：
更正事项(选其一)：招标更正　　采购结果更正　　废标说明
原公告日期：　　　　　　　　　年　月　日
更正日期：　　　　　　　　　　年　月　日
更正内容：
本项目联系人：　　　　　　联系电话：

政府采购合同签订后，中央单位必须按规定将政府集中采购项目和部门集中采购项目的采购合同副本报财政部备案。列入政府采购资金财政直接拨付的项目，由财政部将采购资金直接拨付给履行采购合同的供应商。在开展政府采购活动期间，中央单位或政府集中采购机构对于供应商提出的询问或者质疑必须按照法律规定及时做出答复（在财政部和其他有关部门处理政府采购供应商投诉期间，如有必要，中央单位或者政府集中采购机构要积极配合，如实反映情况）。在政府采购工作中，任何单位和个人不得采用任何方式，阻挠和限制供应商自由参加政府采购活动，不得指定品牌和供应商，不得为中央单位指定采购代理机构，不得干预正常的采购活动。为提高政府采购工作的效率为了简化政府采购工作环节，目前财政部已不再对招标文件实施备案管理，各中央单位要提前确定采购需求、增强政府采购的计划性、确保政府集中采购活动的顺利开展。在政府集中采购活动中，要广泛采用政府采购协议供货采购方法，同时，要积极探索其他规范简便的采购方法，缩短采购周期，及时满足最终用户的需求。中央单位或政府集中采购机构拟采用创新办法开展采购活动的应当事先向财政部作有关说明。政府集中采购机构要依法建立健全内部监督管理制度，按照相互制衡的原则设置内部机构，明确工作人员职责，要加强对内部工作人员的教育和培训，要建立考核制度，对采购人员的专业水平、工作实绩和职业道德情况定期进行考核，实行优胜劣汰。

要加强监督检查工作，财政部是中央单位政府采购的监督管理部门，依法履行对政府采购活动的监督管理。在政府采购工作中，财政部要对中央单位的政府采购活动及集中采购机构实施监督检查。监督检查的主要内容包括有关政府采购的法律、行政法规和规章的执行情况；采购范围、采购方式和采购程序的执行情况；采购人员的职业素质和专业技能。同时，财政部建立了对集中采购机构的考核制度，对集中采购机构的采购价格、节约资金效果、服务质量、信誉状况、有无违法行为等事项进行考核，定期在财政部指定媒体上如实公布考核结果。审计署对中央单位政府采购实行审计监督，包括采购行为审计和财务审计，重点审计事项包括政府采购预算编制情况、政府采购资金财政直接拨付项目执行情况、政府集中采购目录项目委托情况、政府集中采购机构的工作情况、政府采购合同的备案情况以及采购文件的保存情况等。各中央单位开展的政府采购活动，要自觉接受审计署的审计监督。监察部对参与政府采购活动的国家机关、国家公务员和国家行政机关任命的其他人员实施监察。

1.1.4　中央国家机关全面推行政府采购制度的实施方案

中央国家机关全面推行政府采购制度的总体目标是建立符合社会主义市场经济体制要求和中央国家机关实际的政府采购管理体制，规范采购行为，强化财政支出管理，提高财政资金使用效益，维护国家利益和社会公共利益，促进廉政建设。中央国家机关全面推行政府采购制度遵循以下原则。

（1）**合理分工、相互制衡**　政府采购管理部门与集中采购机构分开、集中采购机构与项目采购部门分开。

（2）**兼顾效益与效率**　合理确定集中采购与自行分散采购的范围。集中采购机构的采购活动，应当符合采购价格低于市场平均价格、采购效率更高、采购质量优良和服务良好的要求。

（3）**公开、公平、公正**　严格工作程序，规范采购行为，建立健全监督机制。

（4）**分步实施**　先易后难，稳步推进，逐步扩大实施范围。

中央国家机关政府采购工作实行统一管理，分类组织实施。财政部是中央国家机关政府采购工作的监督管理部门，主要履行职责包括制定中央国家机关政府采购管理规章制度；编制政府采购计划；拟定政府集中采购目录、集中采购限额标准和公开招标数额标准（不包括工程公开招标）报国务院批准公布；负责集中采购资金的缴拨管理；负责从事中央国家机关政府采购业务的社会招标代理机构的登记备案；负责集中采购机构的业绩考核；管理政府采购信息的统计和发布工作；负责政府采购管理人员的培训；按法律规定权限受理政府采购活动中的投诉事项；办理其他有关政府采购管理事务。纳入中央国家机关集中采购目录的项目应当实行集中采购，设立中央国家机关政府采购中心接受委托组织实施中央国家机关集中采购目录中的项目采购。该中心为财政全额拨款的事业单位，由国务院办公厅委托国务院机关事务管理局管理。其主要职责是受中央国家机关各部门、各单位（以下统称"各部门"）委托制订集中采购的具体操作方案并组织实施；直接组织招标活动；根据各部门委托的权限签订或组织签订采购合同并督促合同履行；制订集中采购内部操作规程；负责各部门集中采购操作业务人员的培训；接受各部门委托，代理中央国家机关集中采购目录以外项目的采购；办理其他采购事务。

中央国家机关集中采购目录以外的采购项目，由各部门按照法律和有关规定自行组织采购，可以实行部门集中采购或分散采购，部门集中采购可以由部门自行组织也可以委托中央国家机关政府采购中心或政府采购社会招投标代理机构采购。各部门要加强本部门政府采购的管理，制订本部门政府采购管理办法；按照规定编报政府采购年度预算；组织实施部门集中采购，指导二级预算单位或基层单位进行分散采购。政府采购采用公开招标、邀请招标、竞争性谈判、询价、单一来源采购和财政部确定的其他采购方式，中央国家机关政府采购中心和各部门的集中采购活动要按有关法律规定确定采购方式，达到公开招标数额标准以上的要实行公开招标采购，其中采购货物和服务达到公开招标数额但由于特殊情况需要采用其他方式采购的，要报财政部批准。公开招标要执行有关法律、法规和部门规章的规定。对需委托政府采购社会招投标代理机构办理招标事务的，要报财政部备案。集中采购工作程序如下。

（1）**编制政府采购预算**　各部门编制政府采购预算，列明采购项目及资金预算，并按照预算管理权限汇总上报财政部审核。

（2）**制订政府采购计划**　财政部依据批复的部门预算，汇总编制各部门当年政府采购计划（主要包括政府采购项目和实施要求），下达给各部门执行，并抄送中央国家机关政府采购中心。

（3）**组织采购**　各部门根据财政部下达的政府采购计划，一般于一个月内将列入集中采购目录的采购项目向中央国家机关政府采购中心报送采购清单，其主要内容包括采购项目名称、技术规格、数量、使用要求、配送单位名单和交货时间等。中央国家机关政府采购中心根据各部门报送的采购清单制订具体操作方案并报财政部备案。各部门与中央国家机关政府采购中心应当签订委托代理协议，确定委托代理事项，约定双方的权利和义务。中央国家机关政府采购中心实施公开招标采购的，应当在有关部门指定媒体上公布招标信息，随机确定评标专家，按程序进行评标、签订合同。

（4）履行合同 采购合同签订后，当事人应当按照合同规定履行各自的权利和义务。中央国家机关政府采购中心或采购部门负责验收，需要时应请质检部门或其他有关单位参加验收。

（5）支付采购资金 根据政府采购计划，属于财政直接支付资金的采购项目，采购部门应按照签订的合同和财政部有关规定，填报采购资金支付申请书并报财政部。财政部审核无误后，按合同约定将资金支付给供应商；不属于财政直接支付的采购项目，由采购部门按现行资金管理渠道和合同规定付款。

财政部负责对中央国家机关政府采购中心和采购当事人执行有关政府采购的法律、法规和规章的情况进行监督检查并按法律规定受理政府采购活动中的投诉，对中央国家机关政府采购中心的采购价格、资金节约效果、服务质量、信誉状况、有无违规行为等进行考核并定期公布结果，对违规行为予以通报批评，情节严重的按有关规定给予处理。监察部负责对政府采购监督管理和具体操作活动以及政府采购工作人员在采购活动中出现的违反有关法律、法规和徇私舞弊的行为进行查处。审计署负责对政府采购活动的真实、合法、效益情况进行审计监督。采用招标方式采购的，对招投标活动的监督按照国务院相关规定由有关部门分工负责。政府采购工程进行招标投标的适用《中华人民共和国招标投标法》。中央国家机关政府采购中心和各部门要加强内部规章制度建设和工作队伍建设，实行项目责任制度、人员轮岗制度和回避制度，建立健全内部监督制约机制。任何单位和个人都有权检举和控告政府采购活动中的违法违纪行为。配套措施包括进一步深化财政管理制度改革，加大实行部门预算和国库集中支付工作力度，进一步细化部门预算项目，提高政府采购预算的可操作性，扩大采购资金财政直接支付的规模；积极做好政府采购的基础性工作，加强相关规章制度建设，要建立政府采购专家信息库和供应商信息库，完善政府采购信息公告制度，研究制定办公设备和家具的配备标准、公务用车配备管理办法等；打破部门、行业垄断和地区封锁，积极创造条件形成国内政府采购统一市场。

1.1.5　中央单位政府采购预算编制的基本要求

政府采购预算是指列入部门预算中的有关政府采购项目的单列。政府采购预算的编制是促进预算编制细化、推动中央国家机关政府采购工作的有效措施。编制部门预算的各中央预算单位都应当编报政府采购预算。政府采购预算表中的各项预算支出是指部门预算表有关支出科目涉及本年政府采购的内容。政府采购项目分为货物、工程和服务 3 大类。其中，货物是指各种形态和种类的物品，包括原材料、设备、产品等；工程是指新建、改建、扩建、装修、拆除、修缮等各种建筑物和构筑物以及环保、绿化等建设项目；服务是指除货物和工程以外的其他采购项目。如兼有货物、工程和服务二者以上难以认定其归属的项目，按占资金比例最高的确定类别。100 万元以上的专项采购项目是指项目支出中资金超过 100 万元的专项，以及基本建设支出中超过 100 万元的货物或服务专项。500 万元以上的新开工工程项目是指基本建设支出中预算在 500 万元以上的新开工工程项目，以及当年安排的资金总额在

500万元以上跨年度的工程项目。经常性商品购置项目是指用基本支出采购的通用商品。各品目中不包括已列入100万元以上专项采购项目及500万元以上新开工项目中的同类商品。经常性商品购置项目的可以重复，但必须要按类、款、项编报。100万元以上的专项、500万元以上的新开工工程项目以及经常性商品购置项目，相互不交叉。在上述类别或品目中，凡涉及国家安全或机密的，不在政府采购预算表中编报。

年度预算中的其他资金是指除财政预算内和预算外资金之外的采购资金，包括预算单位自有资金、贷款、捐赠等。全部用其他资金安排的采购项目应当编制政府采购预算，实施方式另有规定。军队、武警以及企业集团年度政府采购预算的实施方式另有规定。年度政府采购的联合集中采购目录应遵守国家规定，部门预算编制机构应当做好纳入联合集中采购目录的采购项目或品目采购清单的填报工作，各单位在部门预算批复之前不得采购联合集中采购目录规定的项目，因特殊情况急需采购的，要事先向财政部提出申请。各预算单位可以就政府采购预算编制的有关问题向财政部国库司及有关业务司咨询。

1.1.6　中央单位政府采购管理实施办法

（1）基本要求　中央部门和单位是指在中央财政单列并与中央预算有直接经费领拨款关系的国家机关、事业单位和社会团体。中央单位政府采购是指中央单位按照政府采购制度规定的范围、方式和程序，使用中央预算安排的财政性资金（预算资金和预算外资金）和与财政资金相配套的单位自筹资金采购货物、工程和服务的行为。单位自筹资金是指中央单位按照政府采购拼盘项目要求，按规定用单位其他资金安排的采购资金。中央单位政府采购组织形式分为联合集中采购、部门统一采购和单位分散采购。

① 联合集中采购是指财政部会同有关主管部门组织进行纳入政府集中采购目录所列项目的采购活动。集中采购目录由财政部在制订年度政府采购计划时确定。联合集中采购需要委托中介机构代理招标事务的，由财政部有关主管部门确定招标机构。受委托的招标机构应当按财政部的要求完成所承办项目标准范本的拟定事务。

② 部门统一采购是指主管部门统一组织实施除联合集中采购目录之外的大宗或具有批量的采购项目（不含国务院机关经费中的项目）。国务院机关事务管理局（以下简称国管局）组织的采购活动按部门统一采购规定执行，只是执行主体不一样。

③ 单位分散采购是指中央单位按照政府采购制度规定，组织联合集中采购、部门统一采购和国管局采购范围以外其他项目的采购活动（含零星采购）。

财政部是中央单位政府采购管理的职能部门并按照中央单位预算领拨款级次进行管理，预算领拨款级次分为主管部门、二级管理单位和基层管理单位。财政部主要职责是预算编制机构负责编制和批复中央单位政府采购预算；部门预算管理机构负责审核部门政府采购预算并参加纳入联合集中采购目录、部门统一采购目录等采购项目的评审工作；政府采购管理机构负责制订政府采购政策、制订中央单位政府采购计划、确定政府联合集中采购目录并组织实施、审核中介代理机构和供应商进入政府采购市场资格、确定政府采购资金财政直接拨付范围、审查财政直接拨付采购合同、监督检查中央单位政府采购活动、受理有关投诉事宜。主管部门主要职责是推动和监管本部门、本系统各项政府采购活动；制定本部门政府采购实施细则；编审本部门政府采购预算上报财政部；协助实施联合集中采购；确定本部门统一采购项目并组织实施；申请实行财政直接拨付项目的采购资金；监督检查所属单位各项政府采购工作；汇总编报本部门年度政府采购统计信息。二级管理单位和基层管理单位要严格执行各项政府采购规定，按财政部规定时间编制政府采购预算报上级主管部门，向上级主管部门提供政府采购清单，并按要求签订和履行政府采购合同；组织好分散采购工作；编报本单位政府采购统计报表。

(2) 采购管理程序　中央单位政府采购管理程序主要包括编制政府采购预算表（部门预算组成部分）；制订政府采购计划，确定政府集中采购目录和部门统一采购范围，明确采购组织方式（集中或部门或分散）和选定采购方式（公开招标、邀请招标、竞争性谈判、询价和单一来源，下同）；执行采购方式；验收，支付资金，结算记账等。中央单位应当按照财政部政府采购预算表规定的内容，将本部门年度采购项目及资金计划填制政府采购预算表并编入部门预算，逐级上报主管部门，主管部门审核汇总后，报财政部审批。财政部政府采购管理机构根据部门预算中的政府采购预算，按品目和项目归类汇总编制中央单位年度政府采购计划（即政府采购预算的实施方案），在部门预算批复后下达给各主管部门执行。政府采购计划主要包括：联合集中采购目录、政府采购资金财政直接拨付范围，部门统一采购原则、采购项目资金预算额度，采购组织形式和采购方式以及其他管理要求。除政府联合集中采购目录和财政直接拨付范围外，主管部门应当根据统一采购的原则和部门实际，确定本部门统一采购品目和单位分散采购品目以及各项目的采购方式。纳入统一采购目录的品目由主管部门统一组织实施，单位分散采购品目由中央单位各自按照政府采购制度规定组织实施。财政部、主管部门（含二级单位和基层单位）以及国管局应当依据部门预算和政府采购计划，按照政府采购程序组织开展采购活动。

联合集中采购应当遵循下列工作程序。

① 主管部门接到财政部下达的政府采购计划后应当在 30 个工作日内向财政部提交联合集中采购目录规定的具体采购项目清单。采购清单包括：项目构成、使用单位、采购数量、技术规格、资金来源构成、使用（开工）时间等。

② 财政部政府采购管理机构汇总各主管部门采购清单后分品目或项目制订采购实施方案并监督主管部门或政府采购业务代理机构（包括招标代理机构）的具体采购活动。

③ 主管部门从评标委员会推荐的中标候选人名单中确定中标人并由商定的单位与中标人签订合同（也可以委托招标代理机构与中标人签订合同）以及组织有关验收工作。

④ 实行财政直接拨付的采购项目拨付。在资金结算时，主管部门根据合同约定向财政部提出付款申请，经财政部审核后将资金直接拨付给中标供应商。

部门统一采购应当遵循下列工作程序。

① 主管部门将确定的部门统一采购品目逐级下达到所属有关单位，各二级管理单位和基层单位根据主管部门要求，向主管部门提交具体采购项目清单。

② 主管部门汇总所属二级管理单位和基层单位上报的采购清单后按照不同采购方式组织采购，其中，采取公开招标和邀请招标的采购，应委托招标代理机构承办招投标事宜；实行竞争性谈判等采购方式的，按财政部规定的相应程序进行。

③ 主管部门或二级管理单位和基层单位从评标委员会推荐的中标候选人名单中确定中标人并由商定的单位与中标人签订合同以及组织有关验收工作。

④ 资金结算。资金结算时，属于财政直接拨付的采购项目，由主管部门向财政部提出付款申请，财政部审核无误后将采购资金直接拨付给中标供应商。其他款项支付由主管部门根据情况按有关规定办理。

国管局组织的统一采购的基本程序比照主管部门统一采购程序执行。国管局统一组织采购项目的资金全部实行财政直接拨付，由使用单位主管部门向财政部提出付款申请，财政部审核无误后将资金直接拨付给中标供应商。单位分散采购由各中央单位按现行有关规定执行，其中，符合公开招标条件的采购活动，均应当实行公开招标采购方式。中央单位在组织采购过程中，公开招标、邀请招标、竞争性谈判、询价和单一来源采购等采购方式的具体采购操作程序应当按照财政部颁发的《政府采购运行规程暂行规定》执行。各种采购方式的政府采购合同原则上应当由使用单位与中标供应商签订，也可以由使用单位委托上级主管部门或招标机构与中标供应商签订。由主管部门或招标机构与中标供应商签订合同的，应当在合同条款中明确各自的责任，包括使用单位负责组织验收的责任。主管部门应当加强对二级或基层单位与中标供应商签订合同的管理。主管部门应当按照合同约定，在做好质量验收和合同履行工作中，重点组织好联合集中采购和财政直接拨付采购的项目合同履行和质量验收工作。政府采购合同双方当事人经协商一致，可以依法变更合同。联合集中采购和属财政直接拨付范围的合同变更，涉及金额超过该项目采购资金限额的，主管部门应当于变更合同前报财政部批准。

（3）资金拨付管理　政府采购资金拨付方式主要有财政直接拨付和分散（授权）拨付两种形式。财政直接拨付是指财政部按照政府采购合同约定，将政府采购资金通过代理银行（国有商业银行或股份制商业银行）直接支付给中标供应商的拨款方式，具体形式有财政全额直接拨付、财政差额财政直接拨付和政府采购卡。财政全额直接拨付（简称全额拨付）是指财政部和中央单位按照先集中后支付的原则，在采购活动开始前中央单位必须先将单位自筹资金和预算外资金汇集到财政部，在代理银行开设政府采购资金专户，需要支付资金时财政部国库资金管理机构根据合同履行情况将预算资金和已经汇集的单位自筹资金和预算外资金通过政府采购资金专户一并拨付给中标供应商。财政差额直接拨付（简称差额拨付）是指财政部和中央单位按政府采购拼盘项目合同中约定的各方负担的资金比例，分别将预算资金和预算外资金及单位自筹资金支付给中标供应商。采购资金全部为预算资金的采购项目也实行这种支付方式。政府采购卡支付方式是指中央单位使用财政部选定的某家商业银行单位借记卡支付采购资金的行为。政府采购卡由财政部国库资金管理机构登记核发给中央单位，用于支付经常性零星采购项目。单位分散拨付方式是指在全面实行财政直接拨付方式之前，按照现行中央预算拨款管理体制，由中央单位自行将采购资金拨付给中标供应商。实行财政直接拨付方式的具体采购项目和范围，由财政部随年度政府采购计划一并下达给主管部门。实行财政直接拨付方式的政府采购资金在不改变中央单位预算级次和单位会计管理职责的前提下，由财政部在拨付之前按预算额度将采购资金预留在国库或政府采购专户，不再拨给中央单位。财政直接拨付方式的具体管理程序包括以下几点。

① 资金汇集。实行全额支付方式的采购项目，中央单位应当在政府采购活动开始前3个工作日内，依据政府采购计划将应分担的预算外资金（包括缴入财政专户和财政部门批准留用的资金）及单位自筹资金足额划入政府采购资金专户。实行差额支付方式的采购项目，中央单位应当在确保具备支付应分担资金能力的前提下开展采购活动。

② 支付申请。中央单位根据合同约定需要付款时，应当向财政部政府采购主管机构提交预算拨款申请书和有关采购文件。其中，实行差额支付方式，必须经财政部政府采购主管机构确认已先支付单位自筹资金和预算外资金后，方可提出支付预算资金申请。采购文件主要包括财政部批复的采购预算、采购合同副本、验收结算书或质量验收报告，中央单位已支付应分担资金的付款凭证、采购发货票、供应商银行账户及财政要求的其他资料。

③ 支付。财政部国库资金管理机构审核中央单位填报的政府采购资金拨款申请书或预算资金拨款申请书无误后，按实际发生数并通过政府采购资金专户支付给供应商。差额支付

方式应当遵循先自筹资金和预算外资金，后预算资金的顺序执行。因中央单位未能履行付款义务而引起的法律责任，全部由中央单位承担。

属于财政直接拨付范围且实行项目法人责任制的工程采购项目，应当通过主管部门向财政部提出拨款申请。实行财政直接拨付办法后，节约的预算资金原则上用于平衡预算，也可以经财政部批准，留归部门安排其他预算支出或结转下年度使用。属于单位分散采购的项目，主管部门根据部门预算安排编制月度用款计划报财政部，并按月填报预算资金申请拨款书，财政部国库资金管理机构审核无误后办理拨款手续。实行部门统一采购方式的采购项目，采购资金可以由主管部门实行直接拨付给中标供应商的办法。中央单位要加强政府采购资金财务会计核算工作，并根据财政部预算拨款申请书回联单，认真做好有关财务会计记账工作。

（4）监督检查　财政部和主管部门要建立经常性的政府采购工作监督检查制度。除政府采购预算中的采购项目作为每年专项审计检查内容外，财政部还要定期或不定期对其他采购活动进行审计检查。财政部可以根据工作需要，组织专家对主管部门、二级管理单位和基层单位的政府采购项目的运行评估报告进行评审并提出评审意见。中央各单位要加强系统内部政府采购工作的管理，及时发现并纠正管理工作中存在的问题，确保各项规定的贯彻落实。对检查中发现的问题，财政部、审计署、监察部等部门将按照有关规定予以处理。供应商对中央单位政府采购范围、方式、文件内容、说明及合同变更或补充等有疑问的，可以向财政部提出询问或投诉。财政部对此应当及时予以答复。

1.1.7　政府采购货物和服务招标投标管理办法

（1）基本规定　制定《政府采购货物和服务招标投标管理办法》的目的是为了规范政府采购当事人的采购行为，加强对政府购货物和服务招标投标活动的监督管理，维护社会公共利益和政府采购招标投标活动当事人的合法权益。采购人及采购代理机构（以下统称"招标采购单位"）进行政府采购货物或者服务（以下简称"货物服务"）招标活动应遵守其规定。采购代理机构是指集中采购机构和依法经认定资格的其他采购代理机构。货物服务招标分为公开招标和邀请招标。公开招标是指招标采购单位依法以招标公告的方式邀请不定的供应商参加投标。邀请招标是指招标采购单位依法从符合相应资格条件的供应商中随机邀请3家以上供应商，并以投标邀请书的方式，邀请参加投标。货物服务采购项目达到公开招标数额标准的必须采用公开招标方式。因特殊情况需要采用公开招标以外方式的，应当在采购活动开始前获得设区的市、自治州以上人民政府财政部门的批准。

招标采购单位不得将应当以公开招标方式采购的货物服务化整为零或者以其他方式规避公开招标采购。任何单位和个人不得阻挠和限制供应商自由参加货物服务招标投标活动，不得指定货物的品牌、服务的供应商和采购代理机构，以及采用其他方式非法干涉货物服务招标投标活动。在货物服务招标投标活动中，招标采购单位工作人员、评标委员会成员及其他相关人员与供应商有利害关系的必须回避，供应商认为上述人员与其他供应商有利害关系的可以申请其回避。参加政府采购货物服务投标活动的供应商（以下简称"投标人"）应当是提供本国货物服务的本国供应商，但法律、行政法规规定外国供应商可以参加货物服务招标投标活动的除外，外国供应商依法参加货物服务招标投标活动的，应当按照本规定的规定执行。货物服务招标投标活动应当有助于实现国家经济和社会发展政策目标，包括保护环境，扶持不发达地区和少数民族地区，促进中小企业发展等。县级以上各级人民政府财政部门应当依法履行对货物服务招标投标活动的监督管理职责。

（2）招标 招标采购单位应当按照本规定组织开展货物服务招标投标活动。采购人可以依法委托采购代理机构办理货物服务招标事宜，也可以自行组织开展货物服务招标活动，但必须符合本规定的条件。集中采购机构应当依法独立开展货物服务招标活动。其他采购代理机构应当根据采购人的委托办理货物服务招标事宜。

采购人符合下列条件的可以自行组织招标，即具有独立承担民事责任的能力；具有编制招标文件和组织招标能力；有与采购招标项目规模和复杂程度相适应的技术、经济等方面的采购和管理人员；采购人员经过省级以上人民政府财政部门组织的政府采购培训。采购人不符合前述规定条件的必须委托采购代理机构代理招标。采购人委托采购代理机构招标的，应当与采购代理机构签订委托协议，确定委托代理的事项，约定双方的权利和义务。采用公开招标方式采购的，招标采购单位必须在财政部门指定的政府采购信息发布媒体上发布招标公告。采用邀请招标方式采购的，招标采购单位应当在省级以上人民政府财政部门指定的政府采购信息媒体发布资格预审公告，公布投标人资格条件，资格预审公告的期限不得少于7个工作日。投标人应当在资格预审公告期结束之日起3个工作日前，按公告要求提交资格证明文件。招标采购单位从评审合格投标人中通过随机方式选择3家以上的投标人，并向其发出投标邀请书。采用招标方式采购的，自招标文件开始发出之日起至投标人提交投标文件截止之日止不得少于20日。

公开招标公告应当包括以下主要内容，即招标采购单位的名称、地址和联系方法；招标项目的名称、数量或者招标项目的性质；投标人的资格要求；获取招标文件的时间、地点、方式及招标文件售价；投标截止时间、开标时间及地点。招标采购单位应当根据招标项目的特点和需求编制招标文件。招标文件内容应包括投标邀请；投标人须知（包括密封、签署、盖章要求等）；投标人应当提交的资格、资信证明文件；投标报价要求、投标文件编制要求和投标保证金交纳方式；招标项目的技术规格、要求和数量，包括附件、图纸等；合同主要条款及合同签订方式；交货和提供服务的时间；评标方法、评标标准和废标条款；投标截止时间、开标时间及地点；省级以上财政部门规定的其他事项。招标人应当在招标文件中规定并标明实质性要求和条件。招标采购单位应当制作纸质招标文件，也可以在财政部门指定的网络媒体上发布电子招标文件，并应当保持两者的一致。电子招标文件与纸质招标文件具有同等法律效力。招标采购单位可以要求投标人提交符合招标文件规定要求的备选投标方案，但应当在招标文件中说明，并明确相应的评审标准和处理办法。招标文件规定的各项技术标准应当符合国家强制性标准。招标文件不得要求或者标明特定的投标人或者产品，以及含有倾向性或者排斥潜在投标人的其他内容。招标采购单位可以根据需要，就招标文件征询有关专家或者供应商的意见。招标文件售价应当按照弥补招标文件印制成本费用的原则确定，不得以营利为目的，不得以招标采购金额作为确定招标文件售价依据。招标采购单位在发布招标公告、发出投标邀请书或者发出招标文件后，不得擅自终止招标。招标采购单位根据招标采购项目的具体情况，可以组织潜在投标人现场考察或者召开开标前答疑会，但不得单独或者分别组织只有一个投标人参加的现场考察。开标前，招标采购单位和有关工作人员不得向他人透露已获取招标文件的潜在投标人的名称、数量以及可能影响公平竞争的有关招标投标的其他情况。

招标采购单位对已发出的招标文件进行必要澄清或者修改的，应当在招标文件要求提交投标文件截止时间15日前，在财政部门指定的政府采购信息发布媒体上发布更正公告，并以书面形式通知所有招标文件收受人，该澄清或者修改的内容为招标文件的组成部分。招标采购单位可以视采购具体情况，延长投标截止时间和开标时间，但至少应当在招标文件要求提交投标文件的截止时间3日前，将变更时间书面通知所有招标文件收受人，并在财政部门指定的政府采购信息发布媒体上发布变更公告。

（3）投标　投标人是响应招标并且符合招标文件规定资格条件和参加投标竞争的法人、其他组织或者自然人。投标人应当按照招标文件的要求编制投标文件，投标文件应对招标文件提出的要求和条件做出实质性响应，投标文件由商务部分、技术部分、价格部分和其他部分组成。投标人应当在招标文件要求提交投标文件的截止时间前将投标文件密封送达投标地点，招标采购单位收到投标文件后应当签收保存，任何单位和个人不得在开标前开启投标文件。在招标文件要求提交投标文件的截止时间之后送达的投标文件为无效投标文件，招标采购单位应当拒收。投标人在投标截止时间前可以对所递交的投标文件进行补充、修改或者撤回并书面通知招标采购单位，补充、修改的内容应当按招标文件要求签署、盖章并作为投标文件的组成部分。投标人根据招标文件载明的标的采购项目实际情况，拟在中标后将中标项目的非主体、非关键性工作交由他人完成的应当在投标文件中载明。

2个以上供应商可以组成一个投标联合体以一个投标人的身份投标。以联合体形式参加投标的，联合体各方均应当符合政府采购法相关条款规定的条件。采购人根据采购项目的特殊要求规定投标人特定条件的，联合体各方中至少应当有一方符合采购人规定的特定条件。联合体各方之间应当签订共同投标协议，明确约定联合体各方承担的工作和相应的责任，并将共同投标协议连同投标文件一并提交招标采购单位。联合体各方签订共同投标协议后，不得再以自己名义单独在同一项目中投标，也不得组成新的联合体参加同一项目投标。招标采购单位不得强制投标人组成联合体共同投标，不得限制投标人之间的竞争。

投标人之间不得相互串通投标报价，不得妨碍其他投标人的公平竞争，不得损害招标采购单位或者其他投标人的合法权益。投标人不得以向招标采购单位、评标委员会成员行贿或者采取其他不正当手段谋取中标。招标采购单位应当在招标文件中明确投标保证金的数额及交纳办法，招标采购单位规定的投标保证金数额，不得超过采购项目概算的1％。投标人投标时应按招标文件要求交纳投标保证金。投标保证金可以采用现金支票、银行汇票、银行保函等形式交纳。投标人未按招标文件要求交纳投标保证金的，招标采购单位应当拒绝接收投标人的投标文件。联合体投标的，可以由联合体中的一方或者共同提交投标保证金，以一方名义提交投标保证金的，对联合体各方均具有约束力。招标采购单位应当在中标通知书发出后5个工作日内退还未中标供应商的投标保证金，在采购合同签订后5个工作日内退还中标供应商的投标保证金。招标采购单位逾期退还投标保证金的，除应当退还投标保证金本金外，还应当按商业银行同期贷款利率上浮20％后的利率支付资金占用费。

（4）开标、评标与定标　开标应当在招标文件确定的提交投标文件截止时间的同一时间公开进行，开标地点应当为招标文件中预先确定的地点。招标采购单位在开标前，应当通知同级人民政府财政部门及有关部门，财政部门及有关部门可以视情况到现场监督开标活动。开标由招标采购单位主持，采购人、投标人和有关方面代表参加。开标时，应当由投标人或者其推选的代表检查投标文件的密封情况，也可以由招标人委托的公证机构检查并公证，经确认无误后，由招标工作人员当众拆封，宣读投标人名称、投标价格、价格折扣、招标文件允许提供的备选投标方案和投标文件的其他主要内容。未宣读的投标价格、价格折扣和招标文件允许提供的备选投标方案等实质内容，评标时不予承认。

开标时，投标文件中开标一览表（报价表）内容与投标文件中明细表内容不一致的，以开标一览表（报价表）为准。投标文件的大写金额和小写金额不一致的以大写金额为准；总价金额与按单价汇总金额不一致的以单价金额计算结果为准；单价金额小数点有明显错位的应以总价为准并修改单价；对不同文字文本投标文件的解释发生异议的以中文文本为准。开标过程应当由招标采购单位指定专人负责记录并存档备查。投标截止时间结束后参加投标的供应商不足3家的，除采购任务取消情形外，招标采购单位应当报告设区的市、自治州以上人民政府财政部门，由财政部门按照以下原则处理，即招标文件没有不合理条款、招标公告时间及程序符合规定的，同意采取竞争性谈判、询价或者单一来源方式采购。招标文件存在不合理条款的，招标公告时间及程序不符合规定的，应予废标，并责成招标采购单位依法重新招标。在评标期间，出现符合专业条件的供应商或者对招标文件做出实质响应的供应商不足3家情形的，可以比照前述规定执行。评标工作由招标采购单位负责组织，具体评标事务由招标采购单位依法组建的评标委员会负责，并独立履行下列职责：审查投标文件是否符合招标文件要求并做出评价；要求投标供应商对投标文件有关事项做出解释或者澄清；推荐中标候选供应商名单或者受采购人委托按照事先确定的办法直接确定中标供应商；向招标采购单位或者有关部门报告非法干预评标工作的行为。

评标委员会由采购人代表和有关技术、经济等方面的专家组成，成员人数应当为5人以上单数。其中，技术、经济等方面的专家不得少于成员总数的2/3。采购数额在300万元以上、技术复杂的项目，评标委员会中技术、经济方面的专家人数应当为5人以上单数。招标采购单位就招标文件征询过意见的专家不得再作为评标专家参加评标，采购人不得以专家身份参与本部门或者本单位采购项目的评标，采购代理机构工作人员不得参加由本机构代理的政府采购项目的评标，评标委员会成员名单原则上应在开标前确定并在招标结果确定前保密。评标专家应当熟悉政府采购、招标投标的相关政策法规，熟悉市场行情，有良好的职业道德，遵守招标纪律，从事相关领域工作满8年并具有高级职称或者具有同等专业水平。各级人民政府财政部门应当对专家实行动态管理。招标采购单位应当从同级或上一级财政部门设立的政府采购评审专家库中通过随机方式抽取评标专家。招标采购机构对技术复杂、专业性极强的项目，通过随机方式难以确定合适评标专家的，经设区的市、自治州以上人民政府财政部门同意可以采取选择性方式确定评标专家。评标委员会成员应当履行下列义务，即遵纪守法，客观、公正、廉洁地履行职责；按照招标文件规定的评标方法和评标标准进行评标并对评审意见承担个人责任；对评标过程和结果以及供应商的商业秘密保密；参与评标报告的起草；配合财政部门的投诉处理工作；配合招标采购单位答复投标供应商提出的质疑。

货物服务招标采购的评标方法分为最低评标价法、综合评分法和性价比法。

最低评标价法适用于标准订制商品及通用服务项目，是指以价格为主要因素确定中标候选供应商的评标方法，即在全部满足招标文件实质性要求前提下，依据统一的价格要素评定最低报价，以提出最低报价的投标人作为中标候选供应商或者中标供应商的评标方法。

综合评分法是指在最大限度地满足招标文件实质性要求前提下，按照招标文件中规定的各项因素进行综合评审后，以评标总得分最高的投标人作为中标候选供应商或者中标供应商的评标方法。综合评分的主要因素是价格、技术、财务状况、信誉、业绩、服务、对招标文件的响应程度，以及相应的权重或者权值等。上述因素应当在招标文件中事先规定。评标时，评标委员会各成员应当独立对每个有效投标人的标书进行评价、打分，然后汇总每个投标人每项评分因素的得分。采用综合评分法的，货物项目的价格分值占总分值的比重（即权值）为30%～60%；服务项目的价格分值占总分值的比重（印权值）为10%～30%；执行统一价格标准的服务项目，其价格不列为评分因素。有特殊情况需要调整的，应当经同级人民政府财政部门批准。评标总得分 $= F_1 \times A_1 + F_2 \times A_2 + \cdots + F_n \times A_n$。其中，$F_1$、

F_2、…、F_n 分别为各项评分因素的汇总得分，A_1、A_2、…、A_n 分别为各项评分因素所占的权重（$A_1+A_2+…+A_n=1$）。

性价比法是指按照要求对投标文件进行评审后，计算出每个有效投标人除价格因素以外的其他各项评分因素（包括技术、财务状况、信誉、业绩、服务、对招标文件的响应程度等）的汇总得分，并除以该投标人的投标报价，以商数（评标总得分）最高的投标人为中标候选供应商或者中标供应商的评标方法。评标总得分＝B/N。其中，B 为投标人的综合得分，$B=F_1×A_1+F_2×A_2+…+F_n×A_n$，$F_1$、$F_2$、…、$F_n$ 分别为除价格因素以外的其他各项评分因素的汇总得分，A_1、A_2、…、A_n 分别为除价格因素以外的其他各项评分因素所占的权重（$A_1+A_2+…+A_n=1$，N 为投标人的投标报价）。

评标应当遵循下列工作程序。

① 投标文件初审。初审分为资格性检查和符合性检查。资格性检查依据法律法规和招标文件的规定，对投标文件中的资格证明、投标保证金等进行审查，以确定投标供应商是否具备投标资格。符合性检查依据招标文件的规定，从投标文件的有效性、完整性和对招标文件的响应程度进行审查，以确定是否对招标文件的实质性要求做出响应。

② 澄清有关问题。对投标文件中含义不明确、同类问题表述不一致或者有明显文字和计算错误的内容，评标委员会可以书面形式（应当由评标委员会专家签字）要求投标人做出必要的澄清、说明或者纠正。投标人的澄清、说明或者补正应当采用书面形式，由其授权的代表签字并不得超出投标文件的范围或者改变投标文件的实质性内容。

③ 比较与评价。按招标文件中规定的评标方法和标准，对资格性检查和符合性检查合格的投标文件进行商务和技术评估，综合比较与评价。

④ 推荐中标候选供应商名单。中标候选供应商数量应当根据采购需要确定，但必须按顺序排列中标候选供应商。采用最低评标价法的按投标报价由低到高顺序排列，投标报价相同的按技术指标优劣顺序排列。评标委员会认为，排在前面的中标候选供应商的最低投标价或者某些分项报价明显不合理或者低于成本，有可能影响商品质量和不能诚信履约的，应当要求其在规定的期限内提供书面文件予以解释说明，并提交相关证明材料；否则，评标委员会可以取消该投标人的中标候选资格，按顺序由排在后面的中标候选供应商递补，依此类推。

采用综合评分法的按评审后得分由高到低顺序排列，得分相同的按投标报价由低到高顺序排列，得分且投标报价相同的按技术指标优劣顺序排列。采用性价比法的按商数得分由高到低顺序排列，商数得分相同的按投标报价由低到高顺序排列，商数得分且投标报价相同的按技术指标优劣顺序排列。

⑤ 编写评标报告。评标报告是评标委员会根据全体评标成员签字的原始评标记录和评标结果编写的报告，其主要内容包括招标公告刊登的媒体名称、开标日期和地点；购买招标文件的投标人名单和评标委员会成员名单；评标方法和标准；开标记录和评标情况及说明（包括投标无效投标人名单及原因）；评标结果和中标候选供应商排序表；评标委员会的授标建议。

在评标中，不得改变招标文件中规定的评标标准、方法和中标条件。投标文件属下列情况之一的，应当在资格性、符合性检查时按照无效投标处理，这些情形包括应交而未交投标保证金的；未按照招标文件规定要求密封、签署、盖章的；不具备招标文件中规定资格要求的；不符合法律、法规和招标文件中规定的其他实质性要求的。在招标采购中，有不符合政府采购法规定的，招标采购单位应当予以废标，并将废标理由通知所有投标供应商。废标后,除采购任务取消情形外,招标采购单位应当重新组织招标。需要采取其他采购方式的,应当在采购活动开始前获得设区的市、自治州以上人民政府财政部门的批准。

招标采购单位应当采取必要措施保证评标在严格保密的情况下进行,任何单位和个人不得非法干预、影响评标办法的确定以及评标过程和结果。采购代理机构应当在评标结束后5个工作日内将评标报告送采购人,采购人应当在收到评标报告后5个工作日内按照评标报告中推荐的中标候选供应商顺序确定中标供应商(也可以事先授权评标委员会直接确定中标供应商),采购人自行组织招标的应当在评标结束后5个工作日内确定中标供应商。中标供应商因不可抗力或者自身原因不能履行政府采购合同的,采购人可以与排位在中标供应商之后第一位的中标候选供应商签订政府采购合同,以此类推。在确定中标供应商前,招标采购单位不得与投标供应商就投标价格、投标方案等实质性内容进行谈判。中标供应商确定后,中标结果应当在财政部门指定的政府采购信息发布媒体上公告。公告内容应当包括招标项目名称、中标供应商名单、评标委员会成员名单、招标采购单位的名称和电话。在发布公告的同时,招标采购单位应当向中标供应商发出中标通知书。中标通知书对采购人和中标供应商具有同等法律效力。

中标通知书发出后,采购人改变中标结果或者中标供应商放弃中标应当承担相应的法律责任。投标供应商对中标公告有异议的,应当在中标公告发布之日起7个工作日内以书面形式向招标采购单位提出质疑,招标采购单位应当在收到投标供应商书面质疑后7个工作日内对质疑内容做出答复。质疑供应商对招标采购单位的答复不满意或者招标采购单位未在规定时间内答复的,可以在答复期满后15个工作日内按有关规定向同级人民政府财政部门投诉。财政部门应当在收到投诉后30个工作日内对投诉事项做出处理决定。处理投诉事项期间,财政部门可以视具体情况书面通知招标采购单位暂停签订合同等活动,但暂停时间最长不得超过30日。采购人或者采购代理机构应当自中标通知书发出之日起30日内,按照招标文件和中标供应商投标文件的约定,与中标供应商签订书面合同。所签订的合同不得对招标文件和中标供应商投标文件作实质性修改。招标采购单位不得向中标供应商提出任何不合理的要求,作为签订合同的条件,不得与中标供应商私下订立背离合同实质性内容的协议。采购人或者采购代理机构应当自采购合同签订之日起7个工作日内,按照有关规定将采购合同副本报同级人民政府财政部门备案。法律、行政法规规定应当办理批准、登记等手续后生效的合同,依照其规定。招标采购单位应当建立真实完整的招标采购档案,妥善保管每项采购活动的采购文件,并不得伪造、变造、隐匿或者销毁,采购文件的保存期限为从采购结束之日起至少保存15年。

(5) **法律责任** 招标采购单位有下列情形之一的,责令限期改正、给予警告,可以按照有关法律规定并处罚款,对直接负责的主管人员和其他直接责任人员由其行政主管部门或者有关机关依法给予处分并予通报,这些情形包括应当采用公开招标方式而擅自采用其他方式采购的;应当在财政部门指定的政府采购信息发布媒体上公告信息而未公告的;将必须进行招标的项目化整为零或者以其他任何方式规避招标的;以不合理的要求限制或者排斥潜在投标供应商,对潜在投标供应商实行差别待遇或者歧视待遇,或者招标文件指定特定的供应商、含有倾向性或者排斥潜在投标供应商的其他内容的;评标委员会组成不符合本规定的;无正当理由不按照依法推荐的中标候选供应商顺序确定中标供应商,或者在评标委员会依法推荐的中标候选供应商以外确定中标供应商的;在招标过程中与投标人进行协商谈判,或者不按照招标文件和中标供应商的投标文件确定的事项签订政府采购合同,或者与中标供应商另行订立背离合同实质性内容的协议的;中标通知书发出后无正当理由不与中标供应商签订采购合同的；未按本规定将应当备案的委托招标协议、招标文件、评标报告、采购合同等文件资料提交同级人民政府财政部门备案的；拒绝有关部门依法实施监督检查的。

  招标采购单位及其工作人员有下列情形之一，构成犯罪的应依法追究刑事责任，尚不构成犯罪的可按照有关法律规定处以罚款。有违法所得的并处没收违法所得，由其行政主管部门或者有关机关依法给予处分并予通报。这些情形包括：与投标人恶意串通；在采购过程中接受贿赂或者获取其他不正当利益；在有关部门依法实施的监督检查中提供虚假情况；开标前泄露已获取招标文件的潜在投标人的名称、数量、标底或者其他可能影响公平竞争的有关招标投标情况。采购代理机构有前述违法行为之一，情节严重的可以取消其政府采购代理资格并予以公告。有本规定前述违法行为之一，并且影响或者可能影响中标结果的应当按照下列情况分别处理，即未确定中标候选供应商的终止招标活动并依法重新招标；中标候选供应商已经确定但采购合同尚未履行的撤销合同且从中标候选供应商中按顺序另行确定中标供应商；采购合同已经履行的且给采购人、投标人造成损失的由责任人承担赔偿责任。采购人对应当实行集中采购的政府采购项目不委托集中采购机构进行招标，或者委托不具备政府采购代理资格的中介机构办理政府采购招标事务的，责令改正，拒不改正的停止按预算向其支付资金并由其上级行政主管部门或者有关机关依法给予其直接负责的主管人员和其他直接责任人员处分。招标采购单位违反有关规定隐匿、销毁应当保存的招标、投标过程中的有关文件或者伪造、变造招标、投标过程中的有关文件的处以 2 万元以上 10 万元以下的罚款，对其直接负责的主管人员和其他直接责任人员由其行政主管部门或者有关机关依法给予处分并予通报，构成犯罪的，依法追究刑事责任。

  投标人有下列情形之一的，处以政府采购项目中标金额 5‰ 以上 10‰ 以下的罚款并列入不良行为记录名单。在 1～3 年内禁止参加政府采购活动并予以公告，有违法所得的并处没收违法所得，情节严重的由工商行政管理机关吊销营业执照，构成犯罪的依法追究刑事责任。这些情形包括提供虚假材料谋取中标的；采取不正当手段诋毁、排挤其他投标人的；与招标采购单位、其他投标人恶意串通的；向招标采购单位行贿或者提供其他不正当利益的；在招标过程中与招标采购单位进行协商谈判、不按照招标文件和中标供应商的投标文件订立合同，或者与采购人另行订立背离合同实质性内容的协议的；拒绝有关部门监督检查或者提供虚假情况的。投标人有前述情形之一的中标无效。

  中标供应商有下列情形之一的，招标采购单位不予退还其交纳的投标保证金，情节严重的，由财政部门将其列入不良行为记录名单，在 1～3 年内禁止参加政府采购活动，并予以通报。这些情形包括：中标后无正当理由不与采购人或者采购代理机构签订合同；将中标项目转让给他人，或者在投标文件中未说明且未经采购招标机构同意将中标项目分包给他人；拒绝履行合同义务。政府采购当事人有前述违法行为之一，给他人造成损失的应当依照有关民事法律规定承担民事责任。

  评标委员会成员有下列行为之一的责令改正、给予警告并可处 1000 以下的罚款，这些行为包括：明知应当回避而未主动回避；在知道自己为评标委员会成员身份后至评标结束前的时段内私下接触投标供应商；在评标过程中擅离职守而影响评标程序正常进行；在评标过程中有明显不合理或者不正当倾向性；未按招标文件规定的评标方法和标准进行评标，上述行为影响中标结果的中标结果无效。

  评标委员会成员或者与评标活动有关的工作人员有下列行为之一的给予警告、没收违法所得并可以处 3000 元以上 5 万元以下的罚款；对评标委员会成员取消评标委员会成员资格，不得再参加任何政府采购招标项目的评标，并在财政部门指定的政府采购信息发布媒体上予以公告，构成犯罪的依法追究刑事责任。这些行为包括：收受投标人、其他利害关系人的财物或者其他不正当利益；泄露有关投标文件的评审和比较、中标候选人的推荐以及与评标有关的其他情况。任何单位或者个人非法干预、影响评标的过程或者结果的责令改正并由该单位、个人的上级行政主管部门或者有关机关给予单位责任人或者个人处分。

财政部门工作人员在实施政府采购监督检查中违反规定滥用职权、玩忽职守、徇私舞弊的依法给予行政处分，构成犯罪的依法追究刑事责任。财政部门对投标人的投诉无故逾期未作处理的依法给予直接负责的主管人员和其他直接责任人员行政处分。有本规定的中标无效情形的由同级或其上级财政部门认定中标无效，中标无效的应当依照本规定从其他中标人或者中标候选人中重新确定或者依照本规定重新进行招标。以上所规定的行政处罚由县级以上人民政府财政部门负责实施。政府采购当事人对行政处罚不服的可以依法申请行政复议或者直接向人民法院提起行政诉讼，逾期未申请复议也未向人民法院起诉又不履行行政处罚决定的由做出行政处罚决定的机关申请人民法院强制执行。

（6）其他 政府采购货物服务可以实行协议供货采购和定点采购，但协议供货采购和定点供应商必须通过公开招标方式确定，因特殊情况需要采用公开招标以外方式确定的应当获得省级以上人民政府财政部门批准。协议供货采购和定点采购的管理办法财政部另有规定。政府采购货物中的进口机电产品进行招标投标的按照国家有关办法执行。使用国际组织和外国政府贷款进行的政府采购货物和服务招标，贷款方或者资金提供方与中方达成的协议对采购的具体条件另有规定的可以适用其规定，但不得损害我国的国家利益和社会公共利益。对因严重自然灾害和其他不可抗力事件所实施的紧急采购和涉及国家安全和秘密的采购不适用上述办法。

1.1.8 我国对政府采购活动的法律规定

（1）基本规定 《中华人民共和国政府采购法》是为规范政府采购行为，提高政府采购资金的使用效益，维护国家利益和社会公共利益，保护政府采购当事人的合法权益，促进廉政建设而制定的。适用于在中华人民共和国境内进行的政府采购活动，这里所称的"政府采购"是指各级国家机关、事业单位和团体组织，使用财政性资金采购依法制定的集中采购目录以内的或者采购限额标准以上的货物、工程和服务的行为。政府集中采购目录和采购限额标准应依照《中华人民共和国政府采购法》规定的权限制定。

这里所称的"采购"是指以合同方式有偿取得货物、工程和服务的行为，包括购买、租赁、委托、雇用等。这里所称的"货物"是指各种形态和种类的物品，包括原材料、燃料、设备、产品等。这里所称的"工程"是指建设工程，包括建筑物和构筑物的新建、改建、扩建、装修、拆除、修缮等。这里所称的"服务"是指除货物和工程以外的其他政府采购对象。

政府采购应当遵循公开透明原则、公平竞争原则、公正原则和诚实信用原则。政府采购工程进行招标投标的适用招标投标法。任何单位和个人不得采用任何方式阻挠和限制供应商自由进入本地区和本行业的政府采购市场。政府采购应当严格按照批准的预算执行。政府采购实行集中采购和分散采购相结合，集中采购的范围由省级以上人民政府公布的集中采购目录确定。属于中央预算的政府采购项目，其集中采购目录由国务院确定并公布。属于地方预算的政府采购项目，其集中采购目录由省、自治区、直辖市人民政府或者其授权的机构确定并公布。纳入集中采购目录的政府采购项目，应当实行集中采购。政府采购限额标准属于中央预算的政府采购项目由国务院确定并公布；属于地方预算的政府采购项目由省、自治区、直辖市人民政府或者其授权的机构确定并公布。政府采购应当有助于实现国家的经济和社会发展政策目标，包括保护环境，扶持不发达地区和少数民族地区，促进中小企业发展等。政府采购应当采购本国货物、工程和服务，但有下列情形之一的除外，即需要采购的货物、工程或者服务在中国境内无法获取或者无法以合理的商业条件获取的；或为在中国境外使用而进行采购的；或其他法律、行政法规另有规定的。前面所称的"本国货物、工程和服务"的界定依照国务院有关规定执行。政府采购的信息应当在政府采购监督管理部门指定的媒体上及时向社会公开发布，但涉及商业秘密的除外。在政府采购活动中，采购人员及相关人员与供应商有利害关系的必须回避，供应商认为采购人员及相关人员与其他供应商有利害关系的可以申请其回避（前面所称相关人员，包括招标采购中评标委员会的组成人员，竞争性谈判采购中谈判小组的组成人员，询价采购中询价小组的组成人员等）。各级人民政府财政部门是负责政府采购监督管理的部门，依法履行对政府采购活动的监督管理职责。各级人民政府其他有关部门依法履行与政府采购活动有关的监督管理职责。

（2）政府采购当事人　政府采购当事人是指在政府采购活动中享有权利和承担义务的各类主体，包括采购人、供应商和采购代理机构等。采购人是指依法进行政府采购的国家机关、事业单位、团体组织。集中采购机构为采购代理机构，设区的市、自治州以上人民政府根据本级政府采购项目组织集中采购的需要设立集中采购机构，集中采购机构是非营利事业法人。它根据采购人的委托办理采购事宜。

集中采购机构进行政府采购活动应当符合采购价格低于市场平均价格、采购效率更高、采购质量优良和服务良好的要求。采购人采购纳入集中采购目录的政府采购项目必须委托集中采购机构代理采购，采购未纳入集中采购目录的政府采购项目可以自行采购（也可以委托集中采购机构在委托的范围内代理采购），纳入集中采购目录属于通用的政府采购项目的应当委托集中采购机构代理采购，属于本部门、本系统有特殊要求的项目应当实行部门集中采购，属于本单位有特殊要求的项目经省级以上人民政府批准可以自行采购。采购人可以委托经国务院有关部门或者省级人民政府有关部门认定资格的采购代理机构在委托的范围内办理政府采购事宜。采购人有权自行选择采购代理机构，任何单位和个人不得以任何方式为采购人指定采购代理机构。采购人依法委托采购代理机构办理采购事宜的，应当由采购人与采购代理机构签订委托代理协议，依法确定委托代理的事项，约定双方的权利义务。供应商是指向采购人提供货物、工程或者服务的法人、其他组织或者自然人。

供应商参加政府采购活动应当具备下列条件，即具有独立承担民事责任的能力；具有良好的商业信誉和健全的财务会计制度；具有履行合同所必需的设备和专业技术能力；有依法缴纳税收和社会保障资金的良好记录；参加政府采购活动前3年内在经营活动中没有重大违法记录；法律、行政法规规定的其他条件。采购人可以根据采购项目的特殊要求，规定供应商的特定条件，但不得以不合理的条件对供应商实行差别待遇或者歧视待遇。采购人可以要求参加政府采购的供应商提供有关资质证明文件和业绩情况，并根据本法规定的供应商条件和采购项目对供应商的特定要求对供应商的资格进行审查。2个以上的自然人、法人或者其他组织可以组成一个联合体，以一个供应商的身份共同参加政府采购。以联合体形式进行政府采购的，参加联合体的供应商均应当具备本法相关条款规定的条件，并应当向采购人提交联合协议，载明联合体各方承担的工作和义务。联合体各方应当共同与采购人签订采购合同，就采购合同约定的事项对采购人承担连带责任。政府采购当事人不得相互串通损害国家利益、社会公共利益和其他当事人的合法权益，不得以任何手段排斥其他供应商参与竞争。

供应商不得以向采购人、采购代理机构、评标委员会的组成人员、竞争性谈判小组的组成人员、询价小组的组成人员行贿或者采取其他不正当手段谋取中标或者成交。采购代理机构不得以向采购人行贿或者采取其他不正当手段谋取非法利益。

（3）政府采购方式　政府采购采用以下方式，即公开招标、邀请招标、竞争性谈判、单一来源采购、询价、国务院政府采购监督管理部门认定的其他采购方式。公开招标应作为政府采购的主要采购方式。采购人采购货物或者服务应当采用公开招标方式的，其具体数额标准属于中央预算的政府采购项目由国务院规定；属于地方预算的政府采购项目由省、自治区、直辖市人民政府规定；因特殊情况需要采用公开招标以外的采购方式的应当在采购活动开始前获得设区的市、自治州以上人民政府采购监督管理部门的批准。采购人不得将应当以公开招标方式采购的货物或服务化整为零或者以其他任何方式规避公开招标采购。符合下列情形之一的货物或者服务，可以依照本法采用邀请招标方式采购，即具有特殊性只能从有限范围的供应商处采购的；或采用公开招标方式的费用占政府采购项目总价值的比例过大的。

符合下列情形之一的货物或者服务，可以依照本法采用竞争性谈判方式采购，这些情形包括：招标后没有供应商投标或者没有合格标的或者重新招标未能成立；技术复杂或者性质特殊而不能确定详细规格或者具体要求；采用招标所需时间不能满足用户紧急需要；不能事先计算出价格总额。符合下列情形之一的货物或者服务，可以依照本法采用单一来源方式采购，这些情形包括：只能从唯一供应商处采购；发生了不可预见的紧急情况不能从其他供应商处采购；必须保证原有采购项目一致性（或者服务配套的要求）需要继续从原供应商处添购且添购资金总额不超过原合同采购金额10%。采购的货物规格、标准统一、现货货源充足且价格变化幅度小的政府采购项目，可以依照本法采用询价方式采购。

（4）政府采购程序　负有编制部门预算职责的部门在编制下一财政年度部门预算时，应当将该财政年度政府采购的项目及资金预算列出报本级财政部门汇总，部门预算的审批按预算管理权限和程序进行。货物或者服务项目采取邀请招标方式采购的，采购人应当从符合相应资格条件的供应商中通过随机方式选择三家以上的供应商，并向其发出投标邀请书。货物和服务项目实行招标方式采购的，自招标文件开始发出之日起至投标人提交投标文件截止之日止，不得少于20日。在招标采购中，出现下列情形之一的应予废标，这些情形包括：符合专业条件的供应商或者对招标文件作实质响应的供应商不足3家；出现影响采购公正的违法、违规行为；投标人的报价均超过了采购预算而采购人不能支付；因重大变故使采购任务取消。废标后，采购人应当将废标理由通知所有投标人。废标后除采购任务取消情形外应当重新组织招标，需要采取其他方式采购的应当在采购活动开始前获得设区的市、自治州以上人民政府采购监督管理部门或者政府有关部门批准。采用竞争性谈判方式采购的应当遵循下列程序：

① 成立谈判小组。谈判小组由采购人的代表和有关专家共3人以上的单数组成，其中专家的人数不得少于成员总数的2/3。

② 制订谈判文件。谈判文件应当明确谈判程序、谈判内容、合同草案的条款以及评定成交的标准等事项。

③ 确定邀请参加谈判的供应商名单。谈判小组从符合相应资格条件的供应商名单中确定不少于三家的供应商参加谈判，并向其提供谈判文件。

④ 谈判。谈判小组所有成员集中与单一供应商分别进行谈判。在谈判中，谈判的任何一方不得透露与谈判有关的其他供应商的技术资料、价格和其他信息。谈判文件有实质性变动的，谈判小组应当以书面形式通知所有参加谈判的供应商。

⑤ 确定成交供应商。谈判结束后,谈判小组应当要求所有参加谈判的供应商在规定时间内进行最后报价,采购人从谈判小组提出的成交候选人中根据符合采购需求、质量和服务相等且报价最低的原则确定成交供应商,并将结果通知所有参加谈判的未成交的供应商。

采取单一来源方式采购的,采购人与供应商应当遵循本法规定的原则,在保证采购项目质量和双方商定合理价格的基础上进行采购。

采取询价方式采购的应当遵循下列程序。

① 成立询价小组。询价小组由采购人的代表和有关专家共 3 人以上的单数组成,其中专家的人数不得少于成员总数的 2/3。询价小组应当对采购项目的价格构成和评定成交的标准等事项做出规定。

② 确定被询价的供应商名单。询价小组根据采购需求,从符合相应资格条件的供应商名单中确定不少于 3 家的供应商,并向其发出询价通知书让其报价。

③ 询价。询价小组要求被询价的供应商一次报出不得更改的价格。

④ 确定成交供应商。采购人根据符合采购需求、质量和服务相等且报价最低的原则确定成交供应商,并将结果通知所有被询价的未成交的供应商。

采购人或者其委托的采购代理机构应当组织对供应商履约的验收。大型或者复杂的政府采购项目,应当邀请国家认可的质量检测机构参加验收工作,验收方成员应当在验收书上签字并承担相应的法律责任。采购人、采购代理机构对政府采购项目每项采购活动的采购文件应当妥善保存,不得伪造、变造、隐匿或者销毁,采购文件的保存期限为从采购结束之日起至少保存 15 年,采购文件包括采购活动记录、采购预算、招标文件、投标文件、评标标准、评估报告、定标文件、合同文本、验收证明、质疑答复、投诉处理决定及其他有关文件、资料。采购活动记录至少应当包括下列内容,即采购项目类别、名称;采购项目预算、资金构成和合同价格;采购方式(采用公开招标以外的采购方式的,应当载明原因);邀请和选择供应商的条件及原因;评标标准及确定中标人的原因;废标的原因;采用招标以外采购方式的相应记载。

(5) 政府采购合同 政府采购合同适用合同法,采购人和供应商之间的权利和义务应当按照平等、自愿的原则以合同方式约定。采购人可以委托采购代理机构代表其与供应商签订政府采购合同,由采购代理机构以采购人名义签订合同的应当提交采购人的授权委托书作为合同附件。政府采购合同应当采用书面形式。国务院政府采购监督管理部门应当会同国务院有关部门,规定政府采购合同必须具备的条款。采购人与中标、成交供应商应当在中标、成交通知书发出之日起 30 日内按照采购文件确定的事项签订政府采购合同,中标、成交通知书对采购人和中标、成交供应商均具有法律效力。中标、成交通知书发出后,采购人改变中标、成交结果的(或者中标、成交供应商放弃中标、成交项目的)应当依法承担法律责任。政府采购项目的采购合同自签订之日起七个工作日内,采购人应当将合同副本报同级政府采购监督管理部门和有关部门备案。经采购人同意,中标、成交供应商可以依法采取分包方式履行合同。政府采购合同分包履行的,中标、成交供应商就采购项目和分包项目向采购人负责,分包供应商就分包项目承担责任。政府采购合同履行中,采购人需追加与合同标的相同的货物、工程或者服务的,在不改变合同其他条款的前提下,可以与供应商协商签订补充合同,但所有补充合同的采购金额不得超过原合同采购金额的 10%。政府采购合同的双方当事人不得擅自变更、中止或者终止合同。政府采购合同继续履行将损害国家利益和社会公共利益的,双方当事人应当变更、中止或者终止合同,有过错的一方应当承担赔偿责任,双方都有过错的,各自承担相应的责任。

(6) 质疑与投诉　供应商对政府采购活动事项有疑问的可以向采购人提出询问，采购人应当及时做出答复，但答复的内容不得涉及商业秘密。供应商认为采购文件、采购过程和中标、成交结果使自己的权益受到损害的，可以在知道或者应知其权益受到损害之日起7个工作日内以书面形式向采购人提出质疑。采购人应当在收到供应商的书面质疑后7个工作日内做出答复，并以书面形式通知质疑供应商和其他有关供应商，但答复的内容不得涉及商业秘密。

采购人委托采购代理机构采购的，供应商可以向采购代理机构提出询问或者质疑，采购代理机构应当依照本法相关条款的规定就采购人委托授权范围内的事项做出答复。质疑供应商对采购人、采购代理机构的答复不满意或者采购人、采购代理机构未在规定的时间内做出答复的，可以在答复期满后15个工作日内向同级政府采购监督管理部门投诉。政府采购监督管理部门应当在收到投诉后30个工作日内对投诉事项做出处理决定，并以书面形式通知投诉人和与投诉事项有关的当事人。政府采购监督管理部门在处理投诉事项期间可以视具体情况书面通知采购人暂停采购活动，但暂停时间最长不得超过30日。投诉人对政府采购监督管理部门的投诉处理决定不服或者政府采购监督管理部门逾期未作处理的，可以依法申请行政复议或者向人民法院提起行政诉讼。

(7) 监督检查　政府采购监督管理部门应当加强对政府采购活动及集中采购机构的监督检查，监督检查的主要内容是有关政府采购的法律、行政法规和规章的执行情况；采购范围、采购方式和采购程序的执行情况；政府采购人员的职业素质和专业技能。政府采购监督管理部门不得设置集中采购机构，不得参与政府采购项目的采购活动。采购代理机构与行政机关不得存在隶属关系或者其他利益关系。集中采购机构应当建立健全内部监督管理制度，采购活动的决策和执行程序应当明确并相互监督、相互制约，经办采购的人员与负责采购合同审核、验收人员的职责权限应当明确并相互分离。集中采购机构的采购人员应当具有相关职业素质和专业技能并符合政府采购监督管理部门规定的专业岗位任职要求，集中采购机构对其工作人员应当加强教育和培训并对采购人员的专业水平、工作实绩和职业道德状况定期进行考核（采购人员经考核不合格的，不得继续任职）。

政府采购项目的采购标准应当公开，采用本法规定的采购方式的，采购人在采购活动完成后应当将采购结果予以公布。采购人必须按照本法规定的采购方式和采购程序进行采购，任何单位和个人不得违反本法规定要求采购人或者采购工作人员向其指定的供应商进行采购。政府采购监督管理部门应当对政府采购项目的采购活动进行检查，政府采购当事人应当如实反映情况，提供有关材料。政府采购监督管理部门应当对集中采购机构的采购价格、节约资金效果、服务质量、信誉状况、有无违法行为等事项进行考核，并定期如实公布考核结果。

依照法律、行政法规的规定对政府采购负有行政监督职责的政府有关部门，应当按照其职责分工，加强对政府采购活动的监督。审计机关应当对政府采购进行审计监督，政府采购监督管理部门、政府采购各当事人有关政府采购活动应当接受审计机关的审计监督。监察机关应当加强对参与政府采购活动的国家机关、国家公务员和国家行政机关任命的其他人员实施监察。任何单位和个人对政府采购活动中的违法行为有权控告和检举，有关部门、机关应当依照各自职责及时处理。

(8) 法律责任　采购人、采购代理机构有下列情形之一的，责令限期改正、给予警告还可以并处罚款，对直接负责的主管人员和其他直接责任人员由其行政主管部门或者有关机关给予处分并予通报，这些情形包括应当采用公开招标方式而擅自采用其他方式采购；擅自提高采购标准；委托不具备政府采购业务代理资格的机构办理采购事务；以不合理的条件对供应商实行差别待遇或者歧视待遇；在招标采购过程中与投标人进行协商谈判；中标、成交通知书发出后不与中标、成交供应商签订采购合同；拒绝有关部门依法实施监督检查的。

采购人、采购代理机构及其工作人员有下列情形之一，构成犯罪的依法追究刑事责任，尚不构成犯罪的处以罚款，有违法所得的并处没收违法所得，属于国家机关工作人员的依法给予行政处分，这些情形包括与供应商或者采购代理机构恶意串通；在采购过程中接受贿赂或者获取其他不正当利益；在有关部门依法实施的监督检查中提供虚假情况；开标前泄露标底。

有前两条违法行为之一影响中标、成交结果或者可能影响中标、成交结果的按下列情况分别处理，即未确定中标、成交供应商的终止采购活动；中标、成交供应商已经确定但采购合同尚未履行的撤销合同并从合格的中标、成交候选人中另行确定中标、成交供应商；采购合同已经履行的或给采购人、供应商造成损失的由责任人承担赔偿责任。采购人对应当实行集中采购的政府采购项目不委托集中采购机构实行集中采购的由政府采购监督管理部门责令改正，拒不改正的停止按预算向其支付资金并由其上级行政主管部门或者有关机关依法给予其直接负责的主管人员和其他直接责任人员处分。采购人未依法公布政府采购项目的采购标准和采购结果的责令改正并对直接负责的主管人员依法给予处分。采购人、采购代理机构违反本法规定隐匿、销毁应当保存的采购文件或者伪造、变造采购文件的由政府采购监督管理部门处以2万元以上10万元以下的罚款并对其直接负责的主管人员和其他直接责任人员依法给予处分，构成犯罪的依法追究刑事责任。

供应商有下列情形之一的，处以采购金额5‰以上10‰以下的罚款并列入不良行为记录名单且在1~3年内禁止参加政府采购活动，有违法所得的并处没收违法所得，情节严重的由工商行政管理机关吊销营业执照，构成犯罪的依法追究刑事责任，这些情形包括提供虚假材料谋取中标、成交；采取不正当手段诋毁、排挤其他供应商；与采购人、其他供应商或者采购代理机构恶意串通；向采购人、采购代理机构行贿或者提供其他不正当利益；在招标采购过程中与采购人进行协商谈判；拒绝有关部门监督检查或者提供虚假情况，供应商有前述情形之一的中标、成交无效。采购代理机构在代理政府采购业务中有违法行为的按照有关法律规定处以罚款并可以依法取消其进行相关业务的资格，构成犯罪的依法追究刑事责任。

政府采购当事人有前述违法行为之一，给他人造成损失的应依照有关民事法律规定承担民事责任。政府采购监督管理部门的工作人员在实施监督检查中违反本法规定滥用职权、玩忽职守、徇私舞弊的依法给予行政处分，构成犯罪的依法追究刑事责任。政府采购监督管理部门对供应商的投诉逾期未作处理的，给予直接负责的主管人员和其他直接责任人员行政处分。政府采购监督管理部门对集中采购机构业绩的考核有虚假陈述、隐瞒真实情况的，或者不作定期考核和公布考核结果的应当及时纠正并由其上级机关或者监察机关对其负责人进行通报且对直接负责的人员依法给予行政处分。集中采购机构在政府采购监督管理部门考核中虚报业绩、隐瞒真实情况的处以2万元以上20万元以下的罚款并予以通报，情节严重的取消其代理采购的资格。任何单位或者个人阻挠和限制供应商进入本地区或者本行业政府采购市场的责令限期改正，拒不改正的由该单位、个人的上级行政主管部门或者有关机关给予单位责任人或者个人处分。

(9) 其他 使用国际组织和外国政府贷款进行的政府采购，贷款方、资金提供方与中方达成的协议对采购的具体条件另有规定的可以适用其规定，但不得损害我国的国家利益和社会公共利益。本法不适用对因严重自然灾害和其他不可抗力事件所实施的紧急采购和涉及国家安全和秘密的采购。军事采购法规中央军事委员会另有规定。

1.1.9 政府采购评审专家的管理规定

（1）基本规定　为加强对政府采购评审活动的管理，应规范评审专家的执业行为，提高政府采购工作质量。所称政府采购评审专家（以下简称"评审专家"）是指符合本规定条件和要求，以独立身份从事和参加政府采购有关评审工作的人员。评审专家从事和参加政府采购招标、竞争性谈判、询价、单一来源等采购活动评审，以及相关咨询活动应遵守本规定。评审专家实行"统一条件、分级管理、资源共享、随机选取、管用分离"的管理办法。评审专家资格由财政部门管理，采取公开征集、推荐与自我推荐相结合的方式确定。集中采购机构和经财政部门登记备案的政府采购业务代理机构（以下统称"采购代理机构"）可以按照本规定对自身管理的专家进行初审，并作为评审专家候选人报财政部门审核登记。评审专家应当通过政府采购专家库进行管理。各级财政部门可以根据本地区实际和资源整合要求，统一建立政府采购专家库，也可以借助采购人、采购代理机构已有的专家资源建库。评审专家名单必须在财政部指定的政府采购信息发布媒体上公告，也可以同时在省级财政部门指定的政府采购信息发布媒体上公告。财政部门应当加强对评审专家的监督管理，切实规范专家执业行为。各省、自治区、直辖市、计划单列市财政厅（局）可以根据本规定制定具体实施办法。

（2）评审专家资格管理　评审专家应当具备以下条件，即具有较高的业务素质和良好的职业道德，在政府采购的评审过程中能以客观公正、廉洁自律、遵纪守法为行为准则；从事相关领域工作满8年，具有本科（含本科）以上文化程度，高级专业技术职称或者具有同等专业水平，精通专业业务，熟悉产品情况，在其专业领域享有一定声誉；熟悉政府采购、招标投标的相关政策法规和业务理论知识，能胜任政府采购评审工作；本人愿意以独立身份参加政府采购评审工作，并接受财政部门的监督管理；没有违纪违法等不良记录；财政部门要求的其他条件。对达不到前述所列条件和要求，但在相关工作领域有突出的专业特长并熟悉商品市场销售行情，且符合专家其他资格条件的，可以经财政部门审核后，认定为评审专家。

凡符合本规定相关规定的在职和离退休人员，均可向财政部门、采购人、采购代理机构自我推荐，也可以由所在单位或本行业其他专家推荐，自我推荐或推荐时应提供以下材料：个人文化及专业简历；文化及专业资格证书（原件及复印件）；个人研究或工作成就简况（包括学术论文、科研成果、发明创造等）；证明本人身份的有效证件；本人所在单位或行业组织出具的评荐意见。凡符合本规定条件的专家，可以从事政府采购评审工作，财政部门可以根据管理需要，颁发《政府采购评审专家证书》。财政部门应当对评审专家的条件每两年检验复审一次，符合条件的可以从事政府采购评审工作。评审专家资格检验复审工作应当包括以下内容，即本人专业水平和执业能力是否能够继续满足政府采购评审工作要求；本人是否熟悉和掌握政府采购法律、法规、规章制度和方针政策方面的新规定，并参加必要的政府采购培训；本人在参加政府采购活动中是否严格遵守客观公正等职业道德规范，认真履行自己的职责；本人有无违反本规定或其他违纪违法不良记录；财政部门认为应当考核的其他内容。对在政府采购评审工作中有违规行为、不再胜任评审工作、检验复审不合格的（或者本人提出不再担任评审专家申请的），财政部门可以随时办理停止从事政府采购评审工作有关事宜。

(3) 评审专家的权利义务　评审专家在政府采购活动中享有以下权利，即对政府采购制度及相关情况的知情权；对供应商所供货物、工程和服务质量的评审权；推荐中标候选供应商的表决权；按规定获得相应的评审劳务报酬；法律、法规和规章规定的其他权利。评审专家在政府采购活动中承担以下义务，包括为政府采购工作提供真实、可靠的评审意见；严格遵守政府采购评审工作纪律，不得向外界泄露评审情况；发现供应商在政府采购活动中有不正当竞争或恶意串通等违规行为应及时向政府采购评审工作的组织者或财政部门报告并加以制止；解答有关方面对政府采购评审工作中有关问题的咨询或质疑；法律、法规和规章规定的其他义务。财政部门、采购人和采购代理机构的有关工作人员应对评审专家的私人情况予以保密。

(4) 评审专家的使用与管理　评审专家的管理与使用要相对分离，财政部门要建立专家库维护管理与抽取使用相互制约的管理制度，即政府采购专家库的维护管理与使用抽取工作分离。抽取使用专家时，原则上由采购人或采购代理机构的经办人在财政部门监督下随机抽取；特殊情况下，经采购人或采购代理机构同意，也可以由财政部门专家库维护管理人员从专家库中随机抽取后，推荐给采购人或采购代理机构。任何单位和个人都不得指定评审专家或干预评审专家的抽取工作。每次抽取所需评审专家时，应当根据情况多抽取2名以上候补评选专家，并按先后顺序排列递补。评审专家抽取结果及通知情况应当场记录备案，以备后查。遇有行业和产品特殊，政府采购专家库不能满足需求时，可以由采购人、采购代理机构按有关规定确定评审专家人选，但应当报财政部门备案。评审专家的抽取时间原则上应当在开标前半天或前一天进行，特殊情况不得超过两天。参加评审专家抽取的有关人员对被抽取专家的姓名、单位和联系方式等内容负有保密的义务。财政部门统一建立的专家库必须公开向采购人、采购代理机构提供服务，不得有意隐瞒专家库资源。评审专家原则上在1年之内不得连续3次参加政府采购评审工作。评审专家应以科学、公正的态度参加政府采购的评审工作，在评审过程中不受任何干扰，独立、负责地提出评审意见，并对自己的评审意见承担责任。评审专家不得参加与自己有利害关系的政府采购项目的评审活动，对与自己有利害关系的评审项目如受到邀请应主动提出回避；财政部门、采购人或采购代理机构也可要求该评审专家回避。有利害关系主要是指3年内曾在参加该采购项目供应商中任职（包括一般工作）或担任顾问，配偶或直系亲属在参加该采购项目的供应商中任职或担任顾问，与参加该采购项目供应商发生过法律纠纷，以及其他可能影响公正评标的情况。财政部门应建立政府采购评审专家信息反馈制度，听取有关各方对评审专家业务水平、工作能力、职业道德等方面的意见，核实并记录有关内容，定期组织专家进行政府采购法律法规和政策方面的学习。

(5) 违规处罚　评审专家有下列情况之一的，将作为不良行为予以通报批评或记录，这些情况包括被选定为某项目并且已接受邀请的评审项目专家而未按规定时间参与评审、影响政府采购工作；在评标工作中有明显倾向或歧视现象；违反职业道德和国家有关廉洁自律规定但对评审结果没有实质性影响；违反政府采购规定向外界透露有关评标情况及其他信息；不能按规定回答或拒绝回答采购当事人询问；在不知情情况下，评审意见违反政府采购政策规定。

评审专家有下列情形之一的，将停止从事政府采购评审工作，这些情形包括故意并且严重损害采购人、供应商等正当权益；违反国家有关廉洁自律规定，私下接触或收受参与政府采购活动的供应商及有关业务单位的财物或者好处；违反政府采购规定向外界透露有关评审情况及其他信息，给招标结果带来实质影响；评审专家之间私下达成一致意见，违背公正、公开原则，影响和干预评标结果；以政府采购名义从事有损政府采购形象的其他活动；弄虚作假获得从事政府采购评审工作条件；评审意见严重违反政府采购有关政策规定。评审专家在一年内发生两次通报批评或不良记录的，1~3年内不得从事政府采购评审工作，累计3次以上者将不得再从事评审工作。

各级监察机关要对属于行政监察对象的评审专家的个人行为加强监督检查，涉及有关违规违纪行为的应当按照有关规定给予相关人员行政处分。由于评审专家个人的违规行为给有关单位造成经济损失的，相关评审专家应当承担经济赔偿责任，构成犯罪的将移送司法机关追究其刑事责任。通报批评、不良记录和取消资格等对评审专家的处理结果可以在财政部门指定的政府采购信息发布媒体上公告。财政部门、采购人或采购代理机构在抽取评审专家工作中，违反操作要求予以指定或进行暗箱操作的，或故意对外泄露被抽取评审专家有关姓名、单位、联系方式等内容的，可根据具体情况，由其上级部门或监察机关给予相应的行政处分。财政部门及其工作人员在对评审专家的管理工作中有失职、渎职、徇私舞弊等行为而不正确履行职责或借管理行为不正当干预政府采购工作的要予以通报批评，情节严重的由其上级部门或监察机关给予相应的行政处分。

1.1.10 自主创新产品政府采购合同管理规定

（1）基本要求 政府采购合同签订和履行应当有利于促进自主创新，提高自主创新产品的竞争力。本规定所称的"自主创新产品"是指纳入财政部公布的《政府采购自主创新产品目录》（以下简称目录）的货物和服务，目录由财政部会同科技部等有关部门在国家认定的自主创新产品范围内研究制订。本规定所称"采购代理机构"是指集中采购机构和经省级以上财政部门认定资格的其他采购代理机构。

（2）合同的订立和履行 自主创新产品政府采购合同应当由采购人与中标、成交自主创新产品供应商（指提供自主创新产品的供应商，下同）签订，采购人也可以委托采购代理机构代表其与中标、成交自主创新产品供应商签订政府采购合同，由采购代理机构以采购人名义与中标、成交自主创新产品供应商签订自主创新产品政府采购合同的应当提交采购人的授权委托书作为合同附件。

自主创新产品政府采购合同必须将促进自主创新作为必备条款，明确支持自主创新产品的内容和具体措施。自主创新产品政府采购合同应当在履约保证金、付款期限等方面给予自主创新产品供应商适当支持。采购人与中标、成交自主创新产品供应商应当在中标、成交通知书发出之日起30日内按照采购文件确定的事项签订自主创新产品政府采购合同。采购人不得与中标、成交自主创新产品供应商签订自主创新产品分包项目合同。在合同履行过程中，双方当事人依法变更合同条款、签订补充条款或协议的不得违背促进自主创新的原则。双方当事人依法变更合同条款、签订补充条款或协议涉及自主创新产品的，采购人或者其委托的采购代理机构应当将补充条款或协议的内容、补充理由以及变更后的合同、补充条款或协议副本报同级财政部门和有关部门备案。自主创新产品政府采购合同履行中采购人需追加与合同标的相同的货物或者服务的，在不违背促进自主创新的原则、不改变合同其他条款的前提下，可以与供应商协商签订补充合同，但所有补充合同的采购金额不得超过原合同采购金额的10%。

经批准采购外国产品的，应当坚持有利于消化吸收核心技术的原则，优先将合同授予转让核心技术的国外企业。自主创新产品政府采购合同签订时间应当在自主创新产品认证有效期之内，自主创新产品政府采购合同期限一般不得超过自主创新产品认证有效期。自主创新产品政府采购合同备案时应当标明自主创新产品政府采购合同，填写政府采购信息统计报表时应当明确自主创新产品采购内容。采购人或者其委托的采购代理机构应当组织对供应商履约的验收，大型或者复杂的政府采购项目应当邀请国家认可的质量检测机构参加验收工作，验收方成员应当在验收书上签字并承担相应的法律责任。自主创新产品供应商应当依法提供质量合格的自主创新产品。

（3）监督检查　各级财政部门等有关部门负责自主创新产品政府采购合同监督管理。招标采购单位有下列情形之一的，财政部门应责令限期改正并给予警告，对直接负责的主管人员和其他责任人员由其行政主管部门或有关机关依法给予处分并予通报，这些情形包括中标、成交通知书发出之后拒绝签订自主创新产品政府采购合同或拒绝接受自主创新产品；不按照招标文件及其他采购文件和中标、成交自主创新产品供应商的投标文件、响应文件确定的有关促进自主创新事项签订政府采购合同；政府采购属于目录中品目的产品未经批准而擅自采购外国产品或服务的。采购代理机构未按上述规定执行、情节严重的可以取消其政府采购代理机构资格。有前述情形行为未确定中标、成交供应商的应终止采购活动，中标、成交供应商已确定但采购合同尚未履行的应撤销合同并按照相关规定另行确定中标、成交自主创新产品供应商，合同已经履行的财政部门应停止按预算支付资金，给采购人、供应商造成损失的由责任人承担赔偿责任。

中标、成交自主创新产品供应商有下列情形之一的，财政部门将该供应商列入不良行为记录名单并予以公告，且财政部应当将该产品从目录中删除并及时将相关自主创新产品和供应商信息反馈科技部，这些情形包括以自主创新产品名义谋取中标、成交后将合同转包；中标、成交后将自主创新产品分包给其他供应商；提供的自主创新产品质量不合格、影响正常使用，供应商有该种情形的应当按照合同约定进行赔偿。自主创新产品政府采购合同因变更、撤销、中止或终止而造成的损失，当事人有过错的一方应当承担赔偿责任，双方都有过错的各自承担相应的责任。

1.1.11　自主创新产品政府采购评审规定

（1）基本要求　国家机关、事业单位和团体组织（以下统称采购人）在政府采购活动中应当优先购买自主创新产品。本规定所称"自主创新产品"是指纳入财政部公布的《政府采购自主创新产品目录》（以下简称目录）的货物和服务，目录由财政部会同科技部等有关部门在国家认定的自主创新产品范围内研究制订。本规定适用于采购人及其委托的采购代理机构（以下统称招标采购单位）开展自主创新产品政府采购活动的评审工作。本规定所称"采购代理机构"是指集中采购机构和经省级以上财政部门认定资格的其他采购代理机构。任何单位和个人不得阻挠和限制自主创新产品供应商（指提供自主创新产品的供应商，下同）自由进入本地区和本行业的政府采购市场，不得以不合理的条件对供应商实行差别待遇或者歧视待遇。

（2）评审要求　采购人采购自主创新产品应当采用法律规定的采购方式，其中达到公开招标数额标准的应当采用公开招标方式采购。采购人采购达到公开招标数额标准以上的，经认定的自主创新技术含量高、技术规格和价格难以确定的服务项目采购，经设区的市、自治州财政部门批准，可以采用邀请招标、竞争性谈判和询价等采购方式。

采购人采购的产品属于目录中品目的，招标采购单位必须在招标文件（含谈判文件、询价文件,下同)的资格要求、评审方法和标准中做出优先采购自主创新产品的具体规定,包括评审因素及其分值等。招标文件不得要求或者标明特定的供应商或者产品以及含有倾向性或者排斥潜在自主创新产品供应商的其他内容。采购人采购使用年限较长、单件采购价格较高的产品时应当考虑该产品的全寿命成本。采购人采购的产品属于目录中品目的,招标采购单位应当合理设定供应商资格要求,在供应商规模、业绩、资格和资信等方面可适当降低对自主创新产品供应商的要求,不得排斥和限制自主创新产品供应商。联合体参与投标时,联合体中一方为提供自主创新产品的投标供应商的,联合体视同自主创新产品供应商。采购人采购的产品属于目录中品目的,采用邀请招标方式采购的应当优先邀请符合相应资格条件的自主创新产品供应商参加投标,采用竞争性谈判和询价方式采购的应当优先确定自主创新产品供应商参加谈判、询价。

自主创新产品供应商对政府采购活动事项有疑问的或认为招标文件、采购过程和中标、成交结果使自己的权益受到损害的,可以按照政府采购法律法规规定向招标采购单位提出质疑,对质疑答复不满意或逾期不答复的可以依法向同级财政部门投诉。

(3)评审标准 采用最低评标价法评标的项目,对自主创新产品可以在评审时对其投标价格给予5%~10%幅度不等的价格扣除。采用综合评分法评标的项目,对自主创新产品应当增加自主创新评审因素并在评审时在满足基本技术条件的前提下,对技术和价格项目按下列规则给予一定幅度的加分,即在价格评标项中可以对自主创新产品给予价格评标总分值的4%~8%幅度不等的加分,在技术评标项中可以对自主创新产品给予技术评标总分值的4%~8%幅度不等的加分。采用性价比法评标的项目,对自主创新产品可增加自主创新评分因素和给予一定幅度的价格扣除。按照前述原则在技术评标项中增加自主创新产品评分因素,给予自主创新产品投标报价4%~8%幅度不等的价格扣除。采用竞争性谈判、询价方式采购的应当将对产品的自主创新要求作为谈判、询价的内容,在满足采购需求、质量和服务相等的情况下自主创新产品报价不高于一般产品当次报价的最低报价5%~10%的应当确定自主创新产品供应商为成交供应商。在上述各条所设比例幅度内,招标采购单位可根据不同类别自主创新产品的科技含量、市场竞争程度、市场成熟度和销售特点等因素分别设置固定合理的价格扣除比例、加分幅度和自主创新因素分值等(并在招标文件中予以确定)。

(4)监督检查 各级财政部门应当加强对自主创新产品政府采购活动的监督管理。任何单位和个人对政府采购活动中的违法行为有权控告和检举,有关部门应当依照各自职责及时处理。招标采购单位有下列情形之一的应责令限期改正并给予警告,对直接负责的主管人员和其他直接责任人员应由其行政主管部门或者有关机关给予处分并予通报。这些情形包括招标文件中未载明优先采购自主创新产品的具体规定;以不合理的要求限制或者排斥自主创新产品供应商参与政府采购;采购的产品属于目录中品目但在采用邀请招标、竞争性谈判、询价方式采购时未邀请自主创新产品供应商参加。

采购代理机构未按上述规定执行可视情节轻重给予通报批评、暂停政府采购代理资格和取消代理资格的处罚。采购代理机构在代理政府采购业务中有违法行为的按照有关法律规定给予处罚,直至依法取消其进行相关业务的资格,构成犯罪的依法追究刑事责任。中标、成交供应商提供虚假材料冒充自主创新产品谋取政府采购合同的其中标、成交结果无效并处以政府采购项目中标、成交金额5‰以上10‰以下罚款且列入不良行为记录名单,在1~3年内禁止参加政府采购活动并予以公告,有违法所得的并处没收违法所得,情节严重的由工商行政管理部门吊销营业执照,构成犯罪的依法追究刑事责任。

1.1.12 自主创新产品政府采购预算管理规定

(1) 基本要求 本规定适用于国家机关、事业单位和团体组织（以下统称采购人）用财政性资金采购自主创新产品的活动。本规定所称"自主创新产品"是指纳入财政部公布的《政府采购自主创新产品目录》（以下简称目录）的货物和服务，目录由财政部会同科技部等有关部门在国家认定的自主创新产品范围内研究制订。采购人在政府采购活动中应当优先购买自主创新产品。采购人在编制年度部门预算时，应当按照目录的范围编制自主创新产品政府采购预算，标明自主创新产品。自主创新产品政府采购预算是对政府采购预算的补充和细化，是部门预算的有机组成部分。采购人应当在坚持严格控制支出的原则下，从严从紧编制自主创新产品政府采购预算，确保预算的真实性和完整性。各级财政部门在部门预算审批过程中，在采购项目支出已确定的情况下，应当优先安排采购自主创新产品的预算。各级财政部门应依法负责指导采购人编制自主创新产品政府采购预算并对预算执行情况进行监督。

(2) 预算编制 自主创新产品政府采购预算应与政府采购预算同时在部门预算中编报、同时审批。各级财政部门在编制年度部门预算的通知中要明确提出自主创新产品的政府采购预算编制要求，采购人应根据要求编制本部门自主创新产品政府采购预算。各级财政部门应当在部门预算的相关表格中增加反映自主创新产品政府采购的内容并随同编制年度部门预算的通知一并下发。

(3) 预算执行 各主管部门应当自财政部门批复部门预算之日起 40 个工作日内，严格按照批准的自主创新产品政府采购预算编制自主创新产品政府采购计划，报财政部门备案。自主创新产品政府采购计划应与政府采购计划同时编制并单独列明，采购人应当严格按照自主创新产品政府采购预算和计划进行采购，政府采购预算未列明自主创新产品而在实践中采购自主创新产品的应当补报自主创新产品政府采购预算，对采购人在预算执行过程中因购买自主创新产品确需超出采购预算的应当按规定程序申请调整预算。自主创新产品政府采购资金支付按财政国库集中支付有关规定执行。各级财政部门应当将自主创新产品政府采购预算执行情况纳入预算支出绩效考评范围，在共性考评指标的经济和社会效益指标中增加采购自主创新产品因素。各级财政部门应当研究建立采购自主创新产品奖惩制度。

(4) 监督检查 各级财政部门在预算审核过程中应当督促采购人编制自主创新产品政府采购预算并加强审核管理，对应当编制而不编制自主创新产品政府采购预算的财政部门应当责令其改正。各级财政部门负责对自主创新产品政府采购预算编制和执行的监督检查，监督检查的主要内容有包括采购人编制自主创新产品政府采购预算和计划的情况；采购人按批准的自主创新产品政府采购预算执行的情况；采购人在自主创新产品政府采购预算执行中落实优先购买自主创新产品政策的情况。对于列入自主创新产品政府采购预算的项目，其采购结果为非自主创新产品的采购人应当向财政部门做出书面说明。对采购人未编报自主创新产品政府采购预算和计划（或不按预算采购自主创新产品）的财政部门视情况可以拒付采购资金。

1.1.13 政府采购进口产品管理规定

(1) 基本要求 本规定适用于国家机关、事业单位和团体组织（以下统称采购人）使用财政性资金以直接进口或委托方式采购进口产品（包括已进入中国境内的进口产品）的活动。本规定所称"进口产品"是指通过中国海关报关验放进入中国境内且产自关境外的产品。政府采购应当采购本国产品,确需采购进口产品的实行审核管理。采购人采购进口产品时应当坚持有利于本国企业自主创新或消化吸收核心技术的原则,应优先购买向我方转让技术、提供培训服务及其他补偿贸易措施的产品。设区的市、自治州以上人民政府财政部门(以下简称为财政部门)应当依法开展政府采购进口产品审核活动并实施监督管理。

(2)审核管理　采购人需要采购的产品在中国境内无法获取或者无法以合理的商业条件获取,以及法律法规另有规定确需采购进口产品的应当在获得财政部门核准后依法开展政府采购活动。采购人报财政部门审核时应当出具以下材料:《政府采购进口产品申请表》(见表1-6);关于鼓励进口产品的国家法律法规政策文件复印件;进口产品所属行业的设区的市、自治州以上主管部门出具的《政府采购进口产品所属行业主管部门意见》(见表1-7);专家组出具的《政府采购进口产品专家论证意见》(见表1-8)。采购人拟采购的进口产品属于国家法律法规政策明确规定鼓励进口产品的,在报财政部门审核时应当出具前述前两份材

表1-6　政府采购进口产品申请表

申请单位	
申请文件名称	
申请文号	
采购项目名称	
采购项目金额	
采购项目所属项目名称	
采购项目所属项目金额	
项目使用单位	
项目组织单位	
申请理由	盖章 年　月　日

表1-7　政府采购进口产品所属行业主管部门意见

一、基本情况	
申请单位	
拟采购产品名称	
拟采购产品金额	
采购项目所属项目名称	
采购项目所属项目金额	
二、申请理由	
□1. 中国境内无法获取	
□2. 无法以合理的商业条件获取	
□3. 其他	
原因阐述:	
三、进口产品所属行业主管部门意见	
盖　章 年　月　日	

料。采购人拟采购的进口产品属于国家法律法规政策明确规定限制进口产品的,在报财政部门审核时应当出具前述除第 2 份以外的全部材料。采购人拟采购国家限制进口的重大技术装备和重大产业技术的应当出具发展改革委的意见,采购人拟采购国家限制进口的重大科学仪器和装备的应当出具科技部的意见。采购人拟采购其他进口产品的,在报财政部门审核时应当出具前述除第 2 份以外的全部材料。本规定所称专家组应当由 5 人以上的单数组成,其中,必须包括一名法律专家,产品技术专家应当为非本单位并熟悉该产品的专家,采购人代表不得作为专家组成员参与论证,参与论证的专家不得作为采购评审专家参与同一项目的采购评审工作。

表 1-8　政府采购进口产品专家论证意见

一、基本情况	
申请单位	
拟采购产品名称	
拟采购产品金额	
采购项目所属项目名称	
采购项目所属项目金额	
二、申请理由	
□1. 中国境内无法获取	
□2. 无法以合理的商业条件获取	
□3. 其他	
原因阐述:	
三、专家论证意见	
专家签字	
年　月　日	

(3) 采购管理　政府采购进口产品应当以公开招标为主要方式,因特殊情况需要采用公开招标以外的采购方式的按照政府采购有关规定执行。采购人及其委托的采购代理机构在采购进口产品的采购文件中应当载明优先采购向我国企业转让技术、与我国企业签订消化吸收再创新方案的供应商的进口产品。采购人因产品的一致性或者服务配套要求,需要继续从原供应商处添购原有采购项目的不需要重新审核,但添购资金总额应不超过原合同采购金额的 10%。政府采购进口产品合同履行中采购人确需追加与合同标的相同的产品,在不改变合同其他条款的前提下且所有补充合同的采购金额不超过原合同采购金额的 10% 的可以与供应商协商签订补充合同而不需要重新审核。政府采购进口产品合同应当将维护国家利益和社会公共利益作为必备条款,合同履行过程中出现危害我国国家利益和社会公共利益问题的采购人应当立即终止合同。采购人或者其委托的采购代理机构应当依法加强对进口产品的验收工作,防止假冒伪劣产品。采购人申请支付进口产品采购资金时,应当出具政府采购进口产品相关材料和财政部门的审核文件,否则不予支付资金。

(4) 监督检查　采购人未获得财政部门采购进口产品核准,有下列情形之一的应责令限期改正并给予警告,对直接负责的主管人员和其他直接责任人员应由其行政主管部门或者有关机关给予处分并予通报,这些情形包括擅自采购进口产品;出具不实申请材料;违反本规定的其他情形。采购代理机构在代理政府采购进口产品业务中有违法行为的给予警告并可以按照有关法律规定并处罚款,情节严重的可依法取消其进行相关业务的资格,构成犯罪的依法追究刑事责任。供应商有下列情形之一的可处以采购金额 0.5% 以上、1.0% 以下的罚款并列人不良行为记录名单且在1~3年内禁止参加政府采购活动,有违法所得的并处没收违法所得,情节严重的由工商行政管理机关吊销营业执照,涉嫌犯罪的移送司法机关处理。这些情形包括提供虚假材料谋取中标、成交;采取不正当手段诋毁、排挤其他供应商;与采购人、其他供应商或者采购代理机构恶意串通;向采购人、采购代理机构行贿或者提供其他不正当利益;在招标采购过程中与采购人进行协商谈判;拒绝有关部门监督检查或者提供虚假情况的,供应商有前述情形之一的中标、成交无效。专家出具不实论证意见的按照有关法律规定追究法律责任。采购人采购进口产品的应当同时遵守国家其他有关法律法规的规定,涉及进口机电产品招标投标的应当按照国际招标有关办法执行,本规定未做出规定的按照政府采购有关规定执行,涉及国家安全和秘密的项目不适用本规定。

1.1.14 中小企业划型标准

我国中小企业划分为中型、小型和微型三种类型,具体标准应根据企业从业人员、营业收入、资产总额等指标结合行业特点制定。相关的行业包括农、林、牧、渔业,工业(包括采矿业,制造业,电力、热力、燃气及水生产和供应业),建筑业,批发业,零售业,交通运输业(不含铁路运输业),仓储业,邮政业,住宿业,餐饮业,信息传输业(包括电信、互联网和相关服务),软件和信息技术服务业,房地产开发经营,物业管理,租赁和商务服务业,其他未列明行业(包括科学研究和技术服务业,水利、环境和公共设施管理业,居民服务、修理和其他服务业,社会工作,文化、体育和娱乐业等)。

(1)农、林、牧、渔业 营业收入20000万元以下的为中、小、微型企业。其中,营业收入500万元及以上的为中型企业;营业收入50万元及以上的为小型企业;营业收入50万元以下的为微型企业。

(2)工业 从业人员1000人以下或营业收入40000万元以下的为中、小、微型企业。其中,从业人员300人及以上,且营业收入2000万元及以上的为中型企业;从业人员20人及以上,且营业收入300万元及以上的为小型企业;从业人员20人以下,或营业收入300万元以下的为微型企业。

(3)建筑业 营业收入80000万元以下,或资产总额80000万元以下的为中、小、微型企业。其中,营业收入6000万元及以上,且资产总额5000万元及以上的为中型企业;营业收入300万元及以上,且资产总额300万元及以上的为小型企业;营业收入300万元以下,或资产总额300万元以下的为微型企业。

(4)批发业 从业人员200人以下,或营业收入40000万元以下的为中、小、微型企业。其中,从业人员20人及以上,且营业收入5000万元及以上的为中型企业;从业人员5人及以上,且营业收入1000万元及以上的为小型企业;从业人员5人以下,或营业收入1000万元以下的为微型企业。

(5)零售业 从业人员300人以下,或营业收入20000万元以下的为中、小、微型企业。其中,从业人员50人及以上,且营业收入500万元及以上的为中型企业;从业人员10人及以上,且营业收入100万元及以上的为小型企业;从业人员10人以下或营业收入100万元以下的为微型企业。

(6)交通运输业 从业人员1000人以下,或营业收入30000万元以下的为中、小、微型企业。其中,从业人员300人及以上,且营业收入3000万元及以上的为中型企业;从业人员20人及以上,且营业收入200万元及以上的为小型企业;从业人员20人以下,或营业收入200万元以下的为微型企业。

(7) 仓储业 从业人员 200 人以下,或营业收入 30000 万元以下的为中、小、微型企业。其中,从业人员 100 人及以上,且营业收入 1000 万元及以上的为中型企业;从业人员 20 人及以上,且营业收入 100 万元及以上的为小型企业;从业人员 20 人以下,或营业收入 100 万元以下的为微型企业。

(8) 邮政业 从业人员 1000 人以下,或营业收入 30000 万元以下的为中、小、微型企业。其中,从业人员 300 人及以上,且营业收入 2000 万元及以上的为中型企业;从业人员 20 人及以上,且营业收入 100 万元及以上的为小型企业;从业人员 20 人以下,或营业收入 100 万元以下的为微型企业。

(9) 住宿业 从业人员 300 人以下,或营业收入 10000 万元以下的为中、小、微型企业。其中,从业人员 100 人及以上,且营业收入 2000 万元及以上的为中型企业;从业人员 10 人及以上,且营业收入 100 万元及以上的为小型企业;从业人员 10 人以下,或营业收入 100 万元以下的为微型企业。

(10) 餐饮业 从业人员 300 人以下,或营业收入 10000 万元以下的为中、小、微型企业。其中,从业人员 100 人及以上,且营业收入 2000 万元及以上的为中型企业;从业人员 10 人及以上,且营业收入 100 万元及以上的为小型企业;从业人员 10 人以下,或营业收入 100 万元以下的为微型企业。

(11) 信息传输业 从业人员 2000 人以下,或营业收入 100000 万元以下的为中、小、微型企业。其中,从业人员 100 人及以上,且营业收入 1000 万元及以上的为中型企业;从业人员 10 人及以上,且营业收入 100 万元及以上的为小型企业;从业人员 10 人以下,或营业收入 100 万元以下的为微型企业。

(12) 软件和信息技术服务业 从业人员 300 人以下,或营业收入 10000 万元以下的为中、小、微型企业。其中,从业人员 100 人及以上,且营业收入 1000 万元及以上的为中型企业;从业人员 10 人及以上,且营业收入 50 万元及以上的为小型企业;从业人员 10 人以下,或营业收入 50 万元以下的为微型企业。

(13) 房地产开发经营 营业收入 200000 万元以下,或资产总额 10000 万元以下的为中、小、微型企业。其中,营业收入 1000 万元及以上,且资产总额 5000 万元及以上的为中型企业;营业收入 100 万元及以上,且资产总额 2000 万元及以上的为小型企业;营业收入 100 万元以下,或资产总额 2000 万元以下的为微型企业。

(14) 物业管理 从业人员 1000 人以下,或营业收入 5000 万元以下的为中、小、微型企业。其中,从业人员 300 人及以上,且营业收入 1000 万元及以上的为中型企业;从业人员 100 人及以上,且营业收入 500 万元及以上的为小型企业;从业人员 100 人以下,或营业收入 500 万元以下的为微型企业。

(15) 租赁和商务服务业 从业人员 300 人以下,或资产总额 120000 万元以下的为中、小、微型企业。其中,从业人员 100 人及以上,且资产总额 8000 万元及以上的为中型企业;从业人员 10 人及以上,且资产总额 100 万元及以上的为小型企业;从业人员 10 人以下,或资产总额 100 万元以下的为微型企业。

(16) 其他未列明行业 从业人员 300 人以下的为中、小、微型企业。其中,从业人员 100 人及以上的为中型企业;从业人员 10 人及以上的为小型企业;从业人员 10 人以下的为微型企业。

企业类型的划分以统计部门的统计数据为依据。在中华人民共和国境内依法设立的各类所有制和各种组织形式的企业适用于上述规定,个体工商户和上述规定以外的行业可参照进行划型。上述中型企业标准上限即为大型企业标准的下限,国家统计部门据此制定大、中、小微型企业的统计分类。国务院有关部门据此进行相关数据分析,不得制定与本规定不一致的企业划型标准。

1.1.15 政府采购代理机构资格认定办法

(1) 基本要求　本规定所称"政府采购代理机构"是指经财政部门认定资格的,依法接受采购人委托,从事政府采购货物、工程和服务的招标、竞争性谈判、询价等采购代理业务,以及政府采购咨询、培训等相关专业服务(以下统称代理政府采购事宜)的社会中介机构。采购代理机构中由政府设立的集中采购机构不实行政府采购代理机构资格认定制度。政府采购代理机构资格认定应当遵循"公开、公平、公正"原则、便民原则和效率原则。

政府采购代理机构资格认定由省、自治区、直辖市以上人民政府财政部门(以下简称省级以上人民政府财政部门)依据本规定的权限和程序实施。财政部负责全国政府采购代理机构资格认定管理工作,省、自治区、直辖市人民政府财政部门(以下简称省级人民政府财政部门)负责本行政区域内政府采购代理机构资格认定管理工作。代理政府采购事宜的机构必须依法取得财政部或者省级人民政府财政部门认定的政府采购代理机构资格。认定政府采购代理机构资格分为审批资格和确认资格两种方式,审批资格适用于招标代理机构以外的机构申请政府采购代理机构资格以及招标代理机构申请原招标代理业务范围以外的政府采购项目采购代理的资格,确认资格适用于招标代理机构申请确认其原招标代理业务范围以内的政府采购项目招标代理的资格。

本规定所称"招标代理机构"是指经国务院有关部门或者省级人民政府有关部门依照法律、行政法规规定认定资格的从事工程建设项目等招标代理业务的机构。招标代理机构经财政部门确认资格后既可以从事原招标代理业务范围以内的政府采购项目的招标代理事宜,也可以在依照本规定经财政部门审批资格后从事原招标代理业务范围以外的政府采购项目的采购代理事宜。招标代理机构以外的机构经财政部门审批资格后既可以从事招标代理机构业务范围以外的政府采购项目的采购代理事宜,也可以在依法取得招标代理机构资格后从事招标代理机构业务范围以内的政府采购项目的招标代理事宜。省级以上人民政府财政部门应当向认定资格的政府采购代理机构颁发《政府采购代理机构资格证书》,《政府采购代理机构资格证书》应当载明政府采购代理机构名称、代理业务范围、资格有效期限起止日期等事项并加盖颁发证书的财政部门印章。《政府采购代理机构资格证书》分为正本和副本(有效期为3年)且不得出借、出租、转让或者涂改。省级以上人民政府财政部门应当将认定资格的政府采购代理机构名单在财政部指定的政府采购信息发布媒体上予以公告。

政府采购代理机构可以依法在全国范围内代理政府采购事宜,任何部门、单位和个人不得采取任何方式阻挠和限制政府采购代理机构依法自由进入本地区或者本行业的政府采购市场。政府采购代理机构代理政府采购事宜按照国家有关规定收取中介服务费。财政部门在实施政府采购代理机构资格认定和对政府采购代理机构资格进行监督检查工作中不得收取任何费用。政府采购代理机构资格认定和资格延续申请书的格式文本由财政部负责制定,《政府采购代理机构资格证书》由财政部统一印制。

(2) 资格认定的一般程序　申请政府采购代理机构资格的机构(以下统称申请人)应当向省级以上人民政府财政部门提交资格认定申请书,省级以上人民政府财政部门应当向申请人提供资格认定申请书格式文本。

申请人提出资格认定申请时应当按照规定提供材料和反映情况并对申请材料的真实性负责,省级以上人民政府财政部门不得要求申请人提供与政府采购代理机构资格认定无关的材料。申请人向同一财政部门既申请资格审批又申请资格确认的可以一并提出申请。省级以上人民政府财政部门对申请人提出的资格认定申请应当根据下列情况分别做出处理,即申请事项依法不属于本财政部门职权范围的应当做出不予受理决定并告知申请人向有关部门申请;申请材料存在可以当场更正的错误的应当允许申请人当场更正;申请材料不齐全或者不符合本规定规定形式的应当当场或者在5日内一次告知申请人需要补正的全部内容(逾期不告知的,自收到申请材料之日起即为受理);申请事项属于本财政部门职权范围且申请材料齐全、符合本规定规定形式的,或者申请人已按要求提交全部补正申请材料的应当受理资格认定申请。省级以上人民政府财政部门受理或者不予受理资格认定申请应当出具加盖本财政部门专用印章和注明日期的书面凭证。省级以上人民政府财政部门应当对申请人提交的申请材料进行审查并自受理资格认定申请之日起20日内根据下列情况分别做出决定。20日内不能作出决定的,经本财政部门负责人批准可以延长10日,并应当将延长期限的理由告知申请人。即申请人的申请符合本规定条件的应当依法做出审批资格或者确认资格的书面决定并向申请人颁发《政府采购代理机构资格证书》;申请人的申请不符合本规定条件的应当依法做出不予审批资格或者确认资格的书面决定并应当说明理由且告知申请人享有依法申请行政复议或者提起行政诉讼的权利。

(3) 审批资格的条件与程序 招标代理机构以外的机构代理政府采购事宜,或者招标代理机构从事原招标代理业务范围以外的政府采购项目的采购代理事宜应当取得省级以上人民政府财政部门审批的政府采购代理机构资格。

审批的政府采购代理机构资格分为甲级资格和乙级资格,取得乙级资格的政府采购代理机构只能代理单项政府采购预算金额1000万元以下的政府采购项目,甲级政府采购代理机构资格由财政部负责审批,乙级政府采购代理机构资格由申请人住所所在地的省级人民政府财政部门负责审批。乙级政府采购代理机构应当具备下列条件,即具有法人资格且注册资本为人民币50万元以上;与行政机关没有隶属关系或者其他利益关系;具有健全的组织机构和内部管理制度;拥有固定的营业场所和开展政府采购代理业务所需设备、设施等办公条件;具有良好的商业信誉以及依法缴纳税收和社会保障资金的良好记录;申请政府采购代理机构资格前3年内在经营活动中没有重大违法记录;有参加过规定的政府采购培训且熟悉政府采购法律、法规、规章制度和采购代理业务的法律、经济和技术方面的专业人员。其中,技术方面的专业人员具有中专以上学历的不得少于职工总数的50%,具有高级职称的不得少于职工总数的10%。

甲级政府采购代理机构除应当具备前述乙级的全部条件外还应当具备下列条件,即具有法人资格且注册资本为人民币400万元以上;有参加过规定的政府采购培训且熟悉政府采购法律、法规、规章制度和采购代理业务的法律、经济和技术方面的专业人员。其中,技术方面的专业人员具有中专以上学历的不得少于职工总数的70%,具有高级职称的不得少于职工总数的20%。申请人申请甲级政府采购代理机构资格的应当向财政部提交资格认定申请书,申请乙级政府采购代理机构资格的应当向其住所所在地的省级人民政府财政部门提交资格认定申请书。申请人在提交申请书的同时应当提供下列材料:企业法人营业执照和税务登记证副本及其复印件;机构章程、内部机构设置和人员配备情况说明以及符合规定条件的技术方面专业人员的学历、职称证书复印件;会计师事务所出具的验资报告或者上年度的财务审计报告；拥有固定的营业场所和开展政府采购代理业务所需设备、设施等办公条件的相关证明材料；依法缴纳税收和社会保障资金的证明；申请政府采购代理机构资格前3年内有无重大违法记录的情况说明；法律、行政法规规定的其他材料。受理申请的财政部门的工作人员应当及时将申请人提交的企业法人营业执照和税务登记证复印件与副本进行核对，核对无误后应当及时将副本予以退回。

省级以上人民政府财政部门对申请人提交的申请材料应当依照本规定中规定的程序进行审查。申请人的申请符合本规定规定的甲级政府采购代理机构条件的财政部应当批准其甲级政府采购代理机构资格并颁发甲级《政府采购代理机构资格证书》，申请人的申请符合本规定规定的乙级政府采购代理机构条件的省级人民政府财政部门应当批准其乙级政府采购代理机构资格并颁发乙级《政府采购代理机构资格证书》。省级人民政府财政部门应当自批准乙级政府采购代理机构资格之日起15日内将获得资格的政府采购代理机构名单报财政部备案。

（4）确认资格的条件与程序　招标代理机构从事原招标代理业务范围以内的政府采购项目的招标代理业务的应当经省级以上人民政府财政部门确认资格。已获得甲级招标代理机构资格的招标代理机构应当向财政部提出确认资格的申请，其他招标代理机构应当向其住所所在地的省级人民政府财政部门提出确认资格的申请。招标代理机构提出确认资格申请的应当提交资格认定申请书并提供下列材料：国务院有关部门或者省级人民政府有关部门颁发的招标代理机构资格证书；企业法人营业执照和税务登记证明；证明其经营业绩和财务状况良好的材料；法律、行政法规规定的其他材料。省级以上人民政府财政部门对招标代理机构提交的申请材料应当依照本规定中规定的程序进行核实，经核实无误的确认其具有原招标代理业务范围以内的政府采购项目的招标代理资格并颁发《政府采购代理机构资格证书》。省级人民政府财政部门应当自确认招标代理机构的政府采购代理机构资格之日起15日内将获得资格的政府采购代理机构名单报财政部备案。

（5）资格延续与变更　政府采购代理机构需要延续依法取得的政府采购代理机构资格有效期的应当在《政府采购代理机构资格证书》载明的有效期届满60日前向做出资格认定决定的财政部门提出申请，申请人提出资格延续申请的应当提交资格延续申请书并提供下列材料：近3年代理政府采购事宜的业绩情况；机构章程或者简介、内部机构设置和人员配备情况说明以及符合规定条件的技术方面专业人员的学历、职称证书复印件；经会计师事务所审验的近3年的财务会计报告；近三年依法缴纳税收和社会保障资金的证明；近3年接受投诉及行政处理、处罚情况的说明。做出资格认定决定的财政部门在收到资格延续申请后，经审查认为申请材料齐全、符合法定形式和要求的应当受理申请，并应当在申请人的政府采购代理机构资格有效期届满前根据下列情况分别作出决定：申请人的申请符合本规定规定条件的应当作出延续政府采购代理机构资格的书面决定并重新颁发《政府采购代理机构资格证书》；申请人的申请不符合本规定规定条件的应当作出不予延续政府采购代理机构资格的书面决定并说明理由和告知申请人享有依法申请行政复议或者提起行政诉讼的权利。政府采购代理机构逾期不申请资格延续的其《政府采购代理机构资格证书》自证书载明的有效期届满后自动失效，需要继续代理政府采购事宜的应当重新申请政府采购代理机构资格。

政府采购代理机构情况发生变化的应当按照下列规定到原发证机关办理相关手续，逾期未按规定办理相关手续的其政府采购代理机构资格自动失效。《政府采购代理机构资格证书》记载事项依法发生变更的应当自变更之日起10日内办理变更或者换证手续；解散、破产或者因其他原因终止政府采购代理业务的应当自情况发生之日起10日内交回《政府采购代理机构资格证书》并办理注销手续；分立或者合并的应当自情况发生之日起10日内交回《政府采购代理机构资格证书》并办理注销手续；分立或者合并后的机构需要代理政府采购事宜的应当重新申请政府采购代理机构资格。

（6）监督检查　财政部应当加强对省级人民政府财政部门实施政府采购代理机构资格认定工作情况的监督检查，及时纠正和依法处理资格认定工作中的违法行为。省级以上人民政府财政部门应当建立健全监督检查制度，加强对政府采购代理机构符合本规定规定资格条件情况以及依法使用《政府采购代理机构资格证书》情况的监督检查，发现政府采购代理机构有违法行为的应当依法追究法律责任。省级以上人民政府财政部门对政府采购代理机构代理政府采购事宜进行监督检查时应当将监督检查情况和处理结果予以记录并由监督检查人员签字后归档。政府采购代理机构在做出资格认定决定的省级人民政府财政部门管辖区域外违法代理政府采购事宜的，违法行为发生地的人民政府财政部门应当依法将政府采购代理机构的违法事实、处理结果抄告做出资格认定决定的省级人民政府财政部门。个人和组织发现政府采购代理机构违法代理政府采购事宜的有权向财政部门举报，收到举报的财政部门有权处理的应当及时核实、处理，无权处理的应当及时转送有权处理的财政部门处理。政府采购代理机构应当向委托人提供方便、稳定和价格合理的服务并履行普遍服务的义务。

（7）法律责任　申请人隐瞒有关情况或者提供虚假材料申请认定、延续政府采购代理机构资格的，省级以上人民政府财政部门应当不予受理或者不予资格认定、延续，并给予警告。申请人以欺骗、贿赂等不正当手段取得政府采购代理机构资格的，由认定其资格的财政部门予以撤销并收回《政府采购代理机构资格证书》。政府采购代理机构有下列情形之一的应责令限期改正并给予警告，情节严重的应取消其政府采购代理机构资格并收回《政府采购代理机构资格证书》。这些情形包括超出授予资格的业务范围承揽政府采购代理业务；向负责监督检查的财政部门隐瞒有关情况、提供虚假材料或者拒绝财政部门监督检查。政府采购代理机构出借、出租、转让或者涂改《政府采购代理机构资格证书》的应取消其政府采购代理机构资格并收回《政府采购代理机构资格证书》。政府采购代理机构对财政部门的行政处理、处罚决定不服的可以依法申请行政复议或者向人民法院提起行政诉讼。

1.1.16　政府采购信息公告管理规定

（1）基本要求　政府采购信息是指规范政府采购活动的法律、法规、规章和其他规范性文件，以及反映政府采购活动状况的数据和资料的总称。政府采购信息公告是指将本规定中规定应当公开的政府采购信息在财政部门指定的政府采购信息发布媒体上向社会公开发布。采购人、采购代理机构应当按照有关政府采购的法律、行政法规和本规定公告政府采购信息。采购代理机构是指集中采购机构和依法经认定资格的其他采购代理机构。政府采购信息公告应当遵循信息发布及时、内容规范统一、渠道相对集中、便于获得查找的原则。县级以上各级财政部门负责对政府采购信息公告活动进行监督、检查和管理，但下列职责由省级以上财政部门履行：确定应当公告的政府采购信息的范围和内容；指定并监督检查公告政府采购信息的媒体。财政部负责确定政府采购信息公告的基本范围和内容并指定全国政府采购信息发布媒体，省级（含计划单列市，下同）财政部门负责确定本地区政府采购信息公告的范围和内容并可以指定本地区政府采购信息发布媒体，除财政部和省级财政部门以外其他任何单位和个人不得指定政府采购信息的发布媒体。政府采购信息应当首先在财政部指定的政府采购信息发布媒体上公告，地方的政府采购信息可以同时在其省级财政部门指定的政府采购信息发布媒体上公告。

(2) 政府采购信息公告范围与内容 除涉及国家秘密、供应商的商业秘密,以及法律、行政法规规定应予保密的政府采购信息以外,下列政府采购信息必须公告:有关政府采购的法律、法规、规章和其他规范性文件;省级以上人民政府公布的集中采购目录、政府采购限额标准和公开招标数额标准;政府采购招标业务代理机构名录;招标投标信息包括公开招标公告、邀请招标资格预审公告、中标公告、成交结果及其更正事项等;财政部门受理政府采购投诉的联系方式及投诉处理决定;财政部门对集中采购机构的考核结果;采购代理机构、供应商不良行为记录名单;法律、法规和规章规定应当公告的其他政府采购信息。除上述规定内容外,省级以上财政部门还可以根据管理需要增加需要公告的政府采购信息内容。公开招标公告的主要内容应当包括采购人、采购代理机构的名称、地址和联系方式;招标项目的名称、用途、数量、简要技术要求或者招标项目的性质;供应商资格要求;获取招标文件的时间、地点、方式及招标文件售价;投标截止时间、开标时间及地点;采购项目联系人姓名和电话等。邀请招标资格预审公告的主要内容应当包括采购人、采购代理机构的名称、地址和联系方式;招标项目的名称、用途、数量、简要技术要求或招标项目的性质;供应商资格要求;提交资格申请及证明材料的截止时间及资格审查日期;采购项目联系人姓名和电话等。中标公告的主要内容应当包括采购人、采购代理机构的名称、地址和联系方式;采购项目名称、用途、数量、简要技术要求及合同履行日期;定标日期(注明招标文件编号);本项目招标公告日期;中标供应商名称、地址和中标金额;评标委员会成员名单;采购项目联系人姓名和电话等。采购信息更正公告的主要内容应当包括采购人、采购代理机构名称、地址和联系方式;原公告的采购项目名称及首次公告日期;更正事项、内容及日期;采购项目联系人和电话。采购代理机构、供应商不良行为记录名单公告应当包括当事人名称、事由、处理机关和处理结果等内容。投诉处理决定公告的主要内容应当包括采购人、采购代理机构名称;采购项目名称及采购日期;投诉人名称及投诉事项;投诉处理机关名称;处理决定的主要内容等。

(3) 政府采购信息公告管理 公告政府采购信息必须做到内容真实、准确可靠,不得有虚假和误导性陈述,不得遗漏依法必须公告的事项。在各政府采购信息指定发布媒体上分别公告同一政府采购信息的内容必须保持一致,内容不一致的以在财政部指定的政府采购信息发布媒体上公告的信息为准,但法律、行政法规另有规定的除外。在各政府采购信息指定发布媒体上公告同一政府采购信息的时间不一致的以在财政部指定的政府采购信息发布媒体上最早公告信息的时间为公告时间和政府采购当事人对有关事项应当知道的时间。政府采购法律、法规、规章和其他规范性文件以及集中采购目录、政府采购限额标准、公开招标限额标准等信息由省级以上人民政府财政部门负责在政府采购信息指定发布媒体上公告。招标投标信息由采购人或者其委托的采购代理机构负责在政府采购信息指定发布媒体上公告。对集中采购机构的考核结果以及采购代理机构、供应商不良行为记录名单等信息由同级人民政府财政部门按照有关规定在政府采购信息指定媒体上公告。除了本规定前述规定以外的其他信息,属于政府采购监督管理方面的由同级人民政府财政部门进行公告,属于采购业务方面的由采购人或者其委托的采购代理机构进行公告。采购人、采购代理机构需要公告政府采购信息的应当以传真、电子邮件等快捷方式将信息提供给政府采购信息指定发布媒体,也可经同级人民政府财政部门提供给政府采购信息指定发布媒体。

(4) 政府采购信息指定媒体管理 政府采购信息指定发布媒体负责承办本规定中规定的政府采购信息发布的具体事宜。政府采购信息指定发布媒体发布政府采购信息应当体现公益性原则。政府采购信息指定发布媒体应当按照信息提供者提供的信息内容发布信息,但当信息篇幅过大时政府采购信息指定发布媒体可以按照统一的技术要求进行适当的压缩和调整。进行压缩和调整的，不得改变提供信息的实质性内容。政府采购信息指定发布媒体发现信息提供者提供的信息违反法律、法规、规章和本规定规定的应当及时建议信息提供者修改，信息提供者拒不修改的应当向信息提供者同级的人民政府财政部门报告。财政部门指定的政府采购信息发布媒体中的网络媒体应当在收到公告信息之日起1个工作日内上网发布，指定的报纸应当在收到公告信息之日起3个工作日内发布，指定的杂志应当及时刊登有关公告信息。政府采购信息指定发布媒体应当对其发布的政府采购信息进行分类统计并将统计结果按期报送同级人民政府财政部门。政府采购信息指定发布媒体应当向社会公告本媒体的名称和联系方式，名称和联系方式发生变更的应当及时向社会公告并向负责指定其发布政府采购信息的财政部门备案。

（5）法律责任　采购人或者采购代理机构有下列情形之一的，由县级人民政府财政部门责令限期改正并给予警告，对直接负责的主管人员和其他直接责任人员应由其行政主管部门或者有关机关给予处分并予通报。这些情形包括：应当公告政府采购信息而未公告的；不首先在财政部指定的政府采购信息发布媒体上公告信息，或者不在财政部门指定的政府采购信息发布媒体上公告信息的；政府采购信息内容明显违反本规定规定的；在两个以上政府采购信息指定发布媒体上公告同一信息的实质内容明显不一致的；未按规定期限公告信息的。采购人或者采购代理机构有下列情形之一的采购无效并应由县级人民政府财政部门给予警告或者通报批评，属于政府采购代理机构责任且情节严重的应该依法取消其进行相关业务资格。这些情形包括：招标投标信息中以不合理条件限制或者排斥潜在投标人；公告的信息不真实及有虚假或者欺诈内容。政府采购信息指定发布媒体有下列情形之一的应由省级以上人民政府财政部门给予警告，情节严重的应依法取消其政府采购信息指定发布媒体资格，造成经济损失的应依法承担相应的赔偿责任。这些情形包括：违反事先约定收取或者变相收取信息发布费用；无正当理由拒绝发布信息提供者提供信息；无正当理由延误政府采购信息发布时间；发布政府采购信息改变信息提供者提供信息实质性内容；其他违反政府采购信息管理的行为。任何单位和个人非法干预政府采购信息公告活动的应由省级以上人民政府财政部门责令限期改正并给予警告，拒不改正的应转送有关机关依法处理。任何单位或者个人发现政府采购信息发布活动不符合本规定规定的有权向同级人民政府财政部门控告和检举，有关财政部门应当依法予以处理。

1.1.17　政府采购供应商投诉处理规定

（1）基本要求　制定政府采购供应商投诉处理规定是为了防止和纠正违法的或者不当的政府采购行为，保护参加政府采购活动供应商的合法权益，维护国家利益和社会公共利益，建立规范高效的政府采购投诉处理机制。本规定适用于供应商依法向财政部门提起投诉以及财政部门受理投诉并做出处理决定。县级以上各级人民政府财政部门负责依法受理和处理供应商投诉。财政部负责中央预算项目政府采购活动中的供应商投诉事宜，县级以上地方各级人民政府财政部门负责本级预算项目政府采购活动中的供应商投诉事宜。各级财政部门应当在省级以上财政部门指定的政府采购信息发布媒体上公告受理投诉的电话、传真等方便供应商投诉的事项。财政部门处理投诉应当坚持"公平、公正、简便、高效"原则，维护国家利益和社会公共利益。供应商投诉实行实名制，其投诉应当有具体的投诉事项及事实根据，不得进行虚假、恶意投诉。财政部门处理投诉不得向投诉人和被投诉人收取任何费用，但因处理投诉发生的鉴定费用，应当按照"谁过错谁负担"的原则由过错方负担，双方都有过错的由双方合理分担。财政部门应当建立投诉处理档案管理制度并自觉接受有关部门依法进行的监督检查。对在投诉处理过程中知悉的商业秘密及个人隐私，财政部门及知情人应当负保密责任。

(2) 投诉提起与受理　供应商认为采购文件、采购过程、中标和成交结果使自己的合法权益受到损害的应当首先依法向采购人、采购代理机构提出质疑，对采购人、采购代理机构的质疑答复不满意或者采购人、采购代理机构未在规定期限内作出答复时供应商可以在答复期满后15个工作日内向同级财政部门提起投诉。投诉人投诉时应当提交投诉书并按照被投诉采购人、采购代理机构（以下简称被投诉人）和与投诉事项有关的供应商数量提供投诉书的副本，投诉书的主要内容应当包括投诉人和被投诉人的名称、地址、电话等；具体的投诉事项及事实依据；质疑和质疑答复情况及相关证明材料；提起投诉的日期等。投诉书应当署名，投诉人为自然人的应当由本人签字，投诉人为法人或者其他组织的应当由法定代表人或者主要负责人签字盖章并加盖公章。投诉人可以委托代理人办理投诉事务。代理人办理投诉事务时除应提交投诉书外，还应当向同级财政部门提交投诉人的授权委托书，授权委托书应当载明委托代理的具体权限和事项。投诉人提起投诉应当符合下列条件：投诉人是参与所投诉政府采购活动的供应商；提起投诉前已依法进行了质疑；投诉书内容符合本规定的规定；在投诉有效期限内提起投诉；属于本财政部门管辖；同一投诉事项未经财政部门投诉处理国务院财政部门规定的其他条件。

财政部门收到投诉书后应当在5个工作日内进行审查，对不符合投诉条件的应分别按下列规定予以处理：投诉书内容不符合规定的告知投诉人修改后重新投诉；投诉不属于本部门管辖的转送有管辖权的部门并通知投诉人；投诉不符合相关条件的应书面告知投诉人不予受理并应当说明理由。对符合投诉条件的投诉自财政部门收到投诉书之日起即为受理。财政部门应当在受理投诉后3个工作日内向被投诉人和与投诉事项有关的供应商发送投诉书副本。被投诉人和与投诉事项有关的供应商应当在收到投诉书副本之日起5个工作日内以书面形式向财政部门做出说明并提交相关证据、依据和其他有关材料。

(3) 投诉处理与决定　财政部门处理投诉事项原则上采取书面审查的办法。财政部门认为有必要时可以进行调查取证，也可以组织投诉人和被投诉人当面进行质证。对财政部门依法进行调查的，投诉人、被投诉人以及与投诉事项有关的单位及人员等应如实反映情况并提供财政部门所需要的相关材料。投诉人拒绝配合财政部门依法进行调查的按自动撤回投诉处理，被投诉人不提交相关证据、依据和其他有关材料的视同放弃说明权利、认可投诉事项。财政部门经审查可对投诉事项分别做出下列处理决定，即投诉人撤回投诉的终止投诉处理；投诉缺乏事实依据的驳回投诉；投诉事项经查证属实的分别按照本规定有关条款处理。财政部门经审查认定采购文件具有明显倾向性或者歧视性等问题而给投诉人或者其他供应商合法权益造成或者可能造成损害的应按下列情况分别处理：采购活动尚未完成的责令修改采购文件并按修改后的采购文件开展采购活动；采购活动已经完成但尚未签订政府采购合同的应认定采购活动违法并责令重新开展采购活动；采购活动已经完成且已签订政府采购合同的应认定采购活动违法并由被投诉人按照有关法律规定承担相应的赔偿责任。

财政部门经审查认定采购文件、采购过程影响或者可能影响中标、成交结果的，或者中标、成交结果的产生过程存在违法行为的应按下列情况分别处理，即政府采购合同尚未签订的应分别根据不同情况认定全部或者部分采购行为违法并责令重新开展采购活动；政府采购合同已经签订但尚未履行的应责令撤销合同并重新开展采购活动；政府采购合同已经履行的应认定采购活动违法，对给采购人、投诉人造成损失的应由相关责任人承担赔偿责任。财政部门应当自受理投诉之日起 30 个工作日内对投诉事项做出处理决定并以书面形式通知投诉人、被投诉人及其他与投诉处理结果有利害关系的政府采购当事人。财政部门做出处理决定应当制作投诉处理决定书并加盖印章，投诉处理决定书的主要内容应当包括投诉人和被投诉人的姓名或者名称、住所等；委托代理人办理的代理人的姓名、职业、住址、联系方式等；处理决定的具体内容及事实根据和法律依据；告知投诉人行政复议申请权和诉讼权利；做出处理决定的日期。投诉处理决定书的送达依照民事诉讼法关于送达的规定执行。财政部门在处理投诉事项期间可视具体情况书面通知被投诉人暂停采购活动，但暂停时间最长不得超过 30 日，被投诉人收到通知后应当立即暂停采购活动且在法定的暂停期限结束前，或者财政部门发出恢复采购活动通知前，不得进行该项采购活动。

财政部门应当将投诉处理结果在省级以上财政部门指定的政府采购信息发布媒体上公告。投诉人对财政部门的投诉处理决定不服或者财政部门逾期未作处理的可以依法申请行政复议或者向人民法院提起行政诉讼。

(4) 法律责任　财政部门在处理投诉过程中发现被投诉人及其工作人员、评标委员会成员、供应商有违法行为，本机关有权处理、处罚的应当依法予以处理、处罚（本机关无权处理的应当转送有权处理的机关依法处理）。投诉人有下列情形之一的属于虚假、恶意投诉，财政部门应当驳回投诉并将其列入不良行为记录名单且依法予以处罚，这些情形包括 1 年内 3 次以上投诉均查无实据；捏造事实或者提供虚假投诉材料。被投诉人的违法行为给他人造成损失的应当依照有关民事法律规定承担民事责任。财政部门工作人员在投诉处理过程中滥用职权、玩忽职守、徇私舞弊的应依法给予行政处分，构成犯罪的应依法追究刑事责任。

1.1.18　自主创新产品政府首购和订购管理规定

(1) 基本要求　制定本规定是为贯彻落实《国务院关于实施〈国家中长期科学和技术发展规划纲要（2006～2020 年）〉若干配套政策的通知》（国发〔2006〕6 号），发挥政府采购政策功能，鼓励、扶持自主创新产品的研究和应用，规范政府首购和订购活动。本规定适用于国家机关、事业单位和团体组织（以下统称采购人）使用财政性资金开展的自主创新产品首购、订购活动。本规定所称的"首购"是指对于国内企业或科研机构生产或开发的、暂不具有市场竞争力但符合国民经济发展要求、代表先进技术发展方向的首次投向市场的产品（以下统称首购产品）通过政府采购方式由采购人或政府首先采购的行为。本规定所称"订购"是指对于国家需要研究开发的重大创新产品、技术、软科学研究课题等（以下统称订购产品）通过政府采购方式面向全社会确定研究开发和生产机构（以下统称订购产品供应商）的行为。首购和订购的产品应当具有首创和自主研发性质，属于自主创新产品的应当按照自主创新产品政府采购政策执行。政府首购和订购活动应当遵循公开透明原则、公平竞争原则、公正原则和诚实信用原则。各级人民政府财政部门和科技部门应当依法加强对政府首购和订购活动的监督管理。对于符合政府首购基本条件的试制品的采购活动参照本规定执行。本规定未做出规定的应当按照政府采购有关规定执行。涉及国家安全和秘密的项目不适用本规定。

(2) 首购管理　首购产品应当符合下列条件，即属于国家认定的自主创新产品；符合国民经济发展要求、代表先进技术发展方向；生产和制造供应商为在中国境内具有中国法人资格的企业、事业单位；首次投向市场、尚未具备市场竞争力但具有较大的市场潜力且需要重点扶持；具有潜在生产能力并质量可靠；符合国家法律、行政法规和政策规定。首购产品的认定按照科技部、发展改革委、财政部联合制定的《国家自主创新产品认定管理办法（试行）》（国科发计字［2006］539号）执行。首购产品由财政部会同科技部等部门研究确定后纳入《政府采购自主创新产品目录》（以下简称《目录》）予以公布并在有效期内实行首购。各地区、各部门可以按照有关规定向科技部推荐符合首购政策精神的产品，经科技部会同财政部等认定和评审后可以补充进入《目录》。采购人采购的产品属于首购产品类别的，采购人应当购买《目录》中列明的首购产品，将政府采购合同授予提供首购产品的供应商。

（3）订购管理　订购产品应当符合下列条件，即符合国家法律、行政法规又符合国家产业、技术政策和其他相关政策；属于国家需要研究开发的重大创新产品或技术，但目前尚未投入生产和使用；产品权益状况明确、开发完成后具有自主知识产权；创新程度高，涉及产品生产的核心技术和关键工艺或者应用新技术原理、新设计构思在结构、材质、工艺等方面对原有产品有根本性改进且能显著提高产品性能或者能在国内外率先提出技术标准；具有潜在的经济效益和较大的市场前景或能替代进口产品。采购人应当通过政府采购方式面向全社会确定订购产品供应商、签订订购产品政府采购合同、确保充分竞争，政府订购活动应当以公开招标为主要采购方式，因特殊情况需要采用公开招标以外的采购方式的，按照政府采购有关规定执行。

订购产品政府采购合同应当授予在中国境内具有中国法人资格的企业、事业单位。采购人及其委托的采购代理机构必须在采购文件的资格要求、评审方法和标准中明确对订购产品供应商的具体要求、订购项目成果的详细技术要求以及相关评分要素和具体分值等。采购人及其委托的采购代理机构应当根据项目需求合理设定订购产品供应商资格，包括技术水平、规模、业绩、资格和资信等，不得以不合理的要求排斥和限制任何潜在的本国供应商。以联合体参与投标的，投标供应商必须为在中国境内具有中国法人资格的企业、事业单位。政府订购合同不得分包或转包。订购产品政府采购合同应当约定考核验收、技术成果转化和应用推广等内容。政府订购产品的知识产权归属按国家有关规定执行。

（4）监督检查　在首购、订购产品政府采购合同履行过程中，双方当事人依法变更合同条款或者签订补充合同的不得违背促进自主创新的原则和首购、订购政策。双方当事人依法变更首购、订购合同条款或者签订补充合同的，采购人或者其委托的采购代理机构应当将变更后的合同、补充合同副本以及变更、补充合同的理由报同级财政部门和有关部门备案。采购人不执行政府首购、订购政策的应责令限期改正并给予警告，财政部门视情况可以拒付采购资金。对直接负责的主管人员和其他直接责任人员应由其行政主管部门或者有关机关给予处分并予通报。采购代理机构在代理政府首购和订购业务中有违法行为的应给予警告并可以按照有关法律规定并处罚款，情节严重的可以依法取消其进行相关业务的资格，涉嫌犯罪的移送司法机关处理。

中标、成交供应商有下列情形之一的应给予警告并列入不良行为记录名单且予以公告，财政部应当及时将相关产品和供应商信息反馈给科技部。这些情形包括：获得政府首购、订购合同后将合同转包；获得政府首购、订购合同后分包给其他供应商；提供的政府首购产品质量不合格、影响正常使用，或者承担的研究开发任务不能按照采购文件和合同约定完成。供应商有前款情形之一应按照有关法律法规给予处罚，给他人造成损失的应当按照有关民事法律规定和合同约定承担民事责任。

1.2 省级政府对政府采购项目招标投标的具体规定与要求

1.2.1 货物及服务省级政府采购方式变更管理参考办法

(1) 基本要求　政府采购方式应严格按照法律要求慎重选择，可采取市场调研、专家论证等方法掌握实际情况，力求更有利于政府采购活动"公开、公平、公正"原则的体现。采购人应尽早规划和安排所需采购项目的实施，及时申报政府采购计划和委托采购代理机构，以保证具体采购操作环节的必要时间，避免影响政府采购方式的合理选择。公开招标应作为主要的采购方式，不得将应当以公开招标方式采购的货物或者服务化整为零或者以其他任何方式规避公开招标采购。

(2) 政府采购方式的变更及申请　本办法所述"政府采购方式的变更"是指达到公开招标数额标准的货物或服务类采购项目在采购活动开始前或开标后因特殊情况需要采用公开招标以外采购方式或因特殊原因需要变更原已批准采用的政府采购方式。政府采购方式的变更应由采购人或其委托的集中采购机构按照管理权限向设区的市以上政府采购监督管理部门提出申请并填写《政府采购方式变更申请表》(以下简称为《申请表》)一式两份，集中采购机构代理采购的项目应由集中采购机构提出申请并填写《申请表》，采购人自行组织或委托集中采购机构以外的政府采购代理机构采购的项目由采购人提出申请并填写《申请表》。在公开招标数额标准之下的政府采购项目由采购人或其委托的集中采购机构按照《政府采购法》要求直接选用采购方式，若政府采购监督管理部门另有具体要求则按其规定执行。

(3) 政府采购方式变更申请的填报　在采购活动开始前申请政府采购方式变更的应与《申请表》同时向受理申请的政府采购监督管理部门提供相关法律依据和文件规定、有关证明资料等书面材料。

满足以下条件之一的采购项目可以申请采用邀请招标采购方式：具有特殊性而只能从有限范围的供应商处采购；采用公开招标方式的费用占政府采购项目总价值的比例过大。满足前述第 1 项条件的采购项目除有省级以上人民政府有关部门明确规定外均应先采用公开招标方式并按《政府采购信息公告管理办法》规定在"中国政府采购网"、"省级政府采购网"及其他政府采购信息发布媒体上发布招标公告以充分征集潜在供应商，符合《政府采购货物和服务招标投标管理办法》要求的按其规定执行。满足前述第 2 项条件的采购项目需提供充分的证明材料及市场调研情况和专家意见。

满足以下条件之一的采购项目可以申请采用竞争性谈判采购方式：招标后没有供应商投标或者没有合格标的或者重新招标未能成立；技术复杂或者性质特殊而不能确定详细规格或者具体要求；采用招标所需时间不能满足用户紧急需要；不能事先计算出价格总额。满足前述第 1 项条件的采购项目按本办法相关规定执行；满足前述第 2 项条件的采购项目需提供充分的证明材料及市场调研情况、专家意见；满足前述第 3 项条件的采购项目需明确政府采购计划文号(如果有)、采购人委托和计划使用时间以及能够证明紧急需要的文件及相关书面材料，对于有明显不合理时间要求的，或因故意拖延等不合理因素造成采购时间不足的，不在本条所列范围；满足前述第 4 项条件的采购项目需提供充分合理的证明材料。

满足以下条件之一的采购项目可以申请采用单一来源采购方式：只能从唯一供应商处采购；发生了不可预见的紧急情况不能从其他供应商处采购；必须保证原有采购项目一致性或者服务配套的要求而需要继续从原供应商处添购且添购资金总额不超过原合同采购金额 10%。

满足前述第 1 项条件的采购项目除因省级以上人民政府有关部门有明确规定外均应先采用公开招标方式并按《政府采购信息公告管理办法》规定在"中国政府采购网"、"省级政府采购网"及其他政府采购信息发布媒体上发布招标公告以充分征集潜在供应商（符合《政府采购货物和服务招标投标管理办法》相关要求的按相关规定执行）；满足前述第 2 项条件的采购项目需提供充分的证明材料及市场调研情况、专家意见；满足前述第 3 项条件的采购项目需提供能够有效体现"保证原有采购项目一致性或者服务配套的要求"的证明材料以及原有项目的采购合同复印件。在不改变合同其他条款的前提下可以与原供应商协商签订补充合同。

满足以下条件的采购项目可以申请采用询价采购方式：采购的货物规格、标准统一、现货货源充足且价格变化幅度小的政府采购项目需提供充分的证明材料及市场调研情况、专家意见。开标后因特殊情况需要改用公开招标以外采购方式的应符合《政府采购货物和服务招标投标管理办法》相关规定：申请人首先应认真核对招标文件、招标公告时间及程序确保符合"招标文件没有不合理条款，招标公告时间及程序符合规定"的要求，然后再根据实际情况和需要提出变更为竞争性谈判、询价或单一来源采购方式的申请。申请变更原已获批准的政府采购方式的需提供原已获批复的《申请表》之复印件并按本次申请变更的采购方式参照本办法相关要求提供书面材料。供应商预征集公告、招标预告等不能代替正式的公开招标公告，只有符合法律规定的公开招标公告和时间才满足"招标公告时间及程序符合规定"的要求。

（4）政府采购方式变更的审批　对于不符合本办法要求的采购方式变更申请政府采购监督管理部门应不予受理。政府采购监督管理部门对于政府采购方式变更申请的审批既要坚持科学合理、客观公正的原则又要充分考虑实际工作情况和需要，对于复杂或标的较大的项目应采用市场调研或专家论证或政府采购指定信息媒体公示等方式充分了解情况后进行审批。其中通过政府采购指定信息媒体公示时间不得少于 7 个工作日。政府采购监督管理部门在受理政府采购方式变更申请后应尽快予以审核并批复申报单位，除市场调研、专家论证、信息媒体公示等了解情况所必需的合理需要时间外不得超过 3 个工作日。

（5）监督考核　政府采购监督管理部门应对采购人及集中采购机构政府采购方式的应用情况进行检查或考核，发现违法违规行为应按《政府采购法》等规定予以处理。省财政厅应结合全省政府采购监督管理工作的考核对各地政府采购监督管理部门执行本规定的情况进行检查考核。本办法若与财政部规定不一致按财政部的规定执行。

1.2.2　省级政府采购评审专家管理参考办法

省级政府采购评审专家（以下简称"评审专家"）实行"统一条件、分级管理、资源共享、随机抽取、管用分离"的管理办法。评审专家的聘任条件由省级财政部门统一规定，各省辖市财政部门按属地原则负责本辖区评审专家的公开征集、审核和聘任等工作。评审专家通过省级政府采购评审专家库（以下简称"专家库"）管理。省级财政部门负责统一建立专家库，省辖市财政部门负责本辖区评审专家管理的事宜。

评审专家的使用不受地域限制，评审专家的管理与使用要相对分离，财政部门要建立评审专家库维护管理与抽取使用相互制约的管理制度（即专家库的维护管理与抽取使用相分离）。财政部门应当加强对采购人、采购代理机构（含集中采购机构，下同）抽取、使用专家情况的监督检查，加强对评审专家的后续教育工作，对评审专家违规行为进行处理。采购人、采购代理机构应积极推荐评审专家，严格按有关规定使用评审专家。评审专家应当具备以下条件，即具有较高的业务素质和良好的职业道德，在政府采购的评审过程中能以客观公正、廉洁自律、遵纪守法为行为准则；从事相关领域工作满8年，具有本科（含本科）以上文化程度、高级专业技术职称（或者具有同等专业水平），精通专业业务、熟悉产品情况，在其专业领域享有一定声誉；熟悉政府采购、招标投标的相关政策法规和业务理论知识，会基本的电脑操作，能胜任政府采购评审工作；本人愿意以独立身份参加政府采购评审工作并接受财政部门的监督管理；没有违纪、违法等不良记录；身体健康，能正常参加政府采购评审活动；符合财政部门规定的其他条件。符合本办法上述规定条件的在职和离退休人员均可向当地财政部门自荐，也可由所在单位、采购人、采购代理机构或本行业专家推荐，自荐或推荐时应填写《省级政府采购评审专家申请登记表》并交验以下材料，包括文化及专业资格证书原件及复印件；个人研究或工作成就简况，包括学术论文、科研成果、发明创造等；证明本人身份的有效证件以及财政部门要求的其他材料。评审专家采取随时申报、定期聘任的办法，省辖市财政部门根据自荐和推荐情况定期审核聘任，对经审核符合条件的专家经过初任培训合格后即获得政府采购评审专家资格并获得颁发的《省级政府采购评审专家聘书》且纳入专家库统一管理。

省辖市财政部门应当对所聘的评审专家每两年检验复审一次，符合条件的可以继续聘用并办理相关手续。对评审专家的检验复审应以平时的考评记录为主，包括本人的职业道德、专业水平、评审能力以及有无违法违纪行为等。经调查核实有下列情形之一者按检验复审不合格处理。这些情形包括：本人专业水平和执业能力不能继续满足政府采购评审工作要求；在项目评审中显失公正；在项目评审中未按规定回避；1年内参加政府采购评审累计3次迟到或早退或累计两次答应参加而无故缺席的，或1年内累计不参加次数占总抽到通知数（大于5次）50%以上，或总抽到通知次数不大于5次的累计不参加次数3次及以上；因身体状况及其他情况不再适宜从事评审工作；未按有关规定参加培训；不按规定参加检验复审。评审专家实行动态管理，对在政府采购评审工作中有违规行为、不再胜任评审工作、检验复审不合格的，或者本人提出不再担任评审专家申请的财政部门可随时办理有关解聘手续。评审专家在政府采购活动中享有以下权利：对政府采购制度及相关情况的知情权；对政府采购项目的独立评审权；推荐中标或成交候选供应商的表决权；按规定获得相应的评审劳务报酬；法律、法规规定的其他权利。

评审专家在政府采购活动中承担以下义务。

（1）为政府采购提供真实、可靠的评审意见。在评审工作中不受任何采购人、采购代理机构、供应商、监管部门或其他机构的干扰，客观、公正地履行职责，遵守职业道德，对所提出的评审意见承担个人责任。禁止出现下列行为：比如发表不负责任的言论，影响评审公正性；征询采购人的倾向性意见；不按采购文件的标准和方法评审。

（2）严格遵守政府采购评审工作纪律。按时参加政府采购项目的评审工作。遇特殊情况不能按时参加评审时应及时告知邀请单位，不得私下转托他人参加。回避与本人存在利害关系的评审活动。当被聘为某一采购项目评审成员时，如有下列情况情形之一的应立即主动提出回避或应采购人、采购代理机构的请求进行回避。这些情形包括：本人、配偶或直系亲属3年内曾在参加该采购项目的供应商中任职（包括一般工作）或担任顾问；与参加该采购项目的供应商发生过法律纠纷；曾经参加过该采购项目的采购文件征询工作以及其他可能影响公正评标的情况。

（3）不得向外界泄露评审情况。不得私下接触采购项目供应商，不得收受他人的财物或者其他好处。

（4）发现供应商在政府采购活动中有不正当竞争或恶意串通等违规行为应及时向采购人、采购代理机构或财政部门报告并加以制止。

（5）解答有关方面对政府采购评审工作中有关问题的咨询或质疑，配合财政部门处理供应商的投诉等事宜。

（6）当工作单位、技术职务聘任资格、通信联络方式等发生变化时及时告知当地财政部门。

（7）积极参加必要的学习培训。

（8）法律、法规规定的其他义务。

政府采购项目的评审专家应通过专家库抽取。抽取使用专家时原则上由采购人或采购代理机构的经办人在财政部门监督下随机抽取。特殊情况下，经采购人或采购代理机构同意也可以由财政部门专家库维护管理人员从专家库中随机抽取后，推荐给采购人或采购代理机构。任何单位和个人都不得指定评审专家或干预评审专家的抽取工作。抽取、通知时应安排相应的监督人员。参加评审专家抽取的人员、抽取结果及通知情况应当场记录备案（以备后查）。招标采购机构对技术复杂、专业性极强的采购项目，通过随机方式难以确定合适评审专家的，应填写《省级政府采购选择性方式确定评审专家申请表》，经省辖市以上财政部门同意，可以采用选择性方式确定评审专家。评审专家的抽取时间原则上应当在开标前半天或前1天进行，特殊情况不得超过两天。参加评审专家抽取的有关人员对被抽取专家的姓名、单位和联系方式等内容负有保密的义务。对参加评审活动的评审专家，由使用单位支付评审费用。费用标准可由当地财政部门根据当地经济发展水平等提出参考标准。

建立评审专家信息反馈制度。采购代理机构对政府采购项目专家评审情况做出记录，填写《省级政府采购评审专家评审情况信息反馈表》，每月终至下月10日前报送同级财政部门。评审专家有下列情况之一的将作为不良行为予以通报批评或记录，这些情况包括被选定为某项目并且已接受邀请的评审项目专家未按规定时间参与评审而影响政府采购工作；在评审工作中有明显倾向或歧视现象；虽违反职业道德和国家有关廉洁自律规定但对评审结果没有实质性影响；违反政府采购规定擅自向外界透露有关评审情况及其他信息；不能按规定回答或拒绝回答采购当事人询问；在不知情情况下评审意见违反政府采购政策规定等。评审专家有下列情况之一的，财政部门取消其政府采购评审专家资格同时办理解聘手续，这些情况包括故意并且严重损害采购人、供应商等正当权益；违反国家有关廉洁自律规定，私下接触或收受参与政府采购活动的供应商及有关业务单位的财物或者好处；违反政府采购规定向外界透露有关评审情况及其他信息而给评审结果带来了实质性的影响；评审专家之间私下达成一致意见、违背"公正、公开"原则、影响和干预评审结果；以政府采购名义从事有损政府采购形象的其他活动；弄虚作假骗取评审专家资格；评审意见严重违反政府采购有关政策规定等。评审专家在1年内发生2次通报批评或不良记录的将取消其1年以上的评审资格，累计3次以上者不得再从事评审工作。对属于行政监察对象的评审专家的个人行为由监察机关监督检查，涉及有关违规违纪行为的由有关部门按照有关规定给予相关人员相应处分。由于评审专家个人的违规行为给有关单位造成经济损失的，相关评审专家应当承担经济赔偿责任，构成犯罪的将移送司法机关追究其刑事责任。通报批评、不良记录和取消资格等对评审专家的处理结果可以在财政部门指定的政府采购信息发布媒体上公告。

采购人、采购代理机构应建立健全抽取和使用评审专家的内部监督机制，包括建立岗位工作纪律要求、抽取使用环节职责明确、内部监督制约体系完善；抽取使用专家程序合法完备；评审专家抽取使用档案规范完整；评审专家评审信息报送及时完整等。评审专家抽取使用情况应列入集中采购机构的考核内容。采购人或采购代理机构在抽取评审专家工作中违反操作要求予以指定或进行暗箱操作的,或故意对外泄露被抽取评审专家姓名、单位、联系方式等内容的,可根据具体情况由其上级部门或监察机关给予相应的行政处分。财政部门及其工作人员在评审专家的管理工作中有失职、渎职、徇私舞弊等行为以及不正确履行职责或借管理行为不正当干预政府采购工作的要予以通报批评,情节严重的由其上级部门或监察机关给予相应的行政处分。

这一类的表格有:省级政府采购评审专家申请登记表;省级政府采购选择性方式评审专家申请表;省级政府采购选择性方式评审专家申请表附表(备选专家名单);省级政府采购评审专家评审情况信息反馈表。

1.2.3 省级政府采购档案管理参考办法

(1) 基本要求 本办法所称"政府采购档案"是指在政府采购活动中形成的具有查考、利用和保存价值的文字、图表、声像等不同形式(载体)的历史记录。本办法适用于省级内各级政府采购监管部门、采购人和采购代理机构对政府采购档案的收集、归档、保管、使用和销毁等活动。政府采购档案工作实行统一领导、分级管理的原则,各级政府采购监管部门负责本级政府采购档案工作的管理和监督并接受同级档案行政管理部门的指导、监督和检查。各级政府采购监管部门、采购人和采购代理机构以及政府采购相关人员都有保护政府采购档案的义务。政府采购档案归档遵循"谁组织、谁负责"原则,采购代理机构组织采购的档案由采购代理机构负责归档,其中采购文件、评审报告及供应商的采购响应文件等相关资料应同时报送采购人存档备查,采购人自行组织采购的档案由采购人负责归档。各级政府采购监管部门、采购人和采购代理机构应加强政府采购档案管理,维护档案的完整、准确与安全,应便于社会各方面利用。

(2) 政府采购档案的内容和范围 政府采购档案的主要内容如下。

① 政府采购预算执行文件。比如政府采购预算表、政府采购计划申报表和审核表、有关政府采购预算和计划的其他资料等。

② 政府采购前期准备文件。比如委托代理采购协议书;核准采购进口产品的相关审批资料;自行组织采购的申请及批复资料;采购方式变更申请及批复;采购文件及采购人确认记录,包括评标办法、评标细则、评标纪律等有关文件、资料;采购公告、资格预审公告及其变更事项,包括报刊及电子网站等媒体原件或下载记录等;获取采购文件或资格预审文件的供应商名单登记表;专家咨询论证会记录;已发出采购文件或资格预审文件的澄清、修改说明和答疑记录;供应商资格审查情况报告;评审专家名单及抽取记录;库外专家使用备案审核表等。

③ 政府采购开标(含谈判、询价)文件。比如采购响应文件及有关资料;在递交采购响应文件截止时间前供应商对递交的采购响应文件进行补充、修改或撤回的记录;采购项目样品送达记录;接受供应商投标或谈判的记录;开标一览表;开标(谈判、询价)过程有关记录;开标(谈判、询价)过程中其他需要记载的事项等。

④ 政府采购评审文件。比如评审专家签到表及现场监督人员签到表;评审专家评审工作底稿等评审过程记录;供应商的书面澄清记录;评标或谈判报告,包括无效供应商名单及说明、中标(成交)候选供应商名单等;经监督人员签字的现场监督审查记录;评审过程中其他需要记载的事项等。

⑤ 政府采购中标（成交）文件。比如采购人对采购结果的确认意见；中标或成交通知书；采购结果公告（公示）记录（含报刊及电子网站等媒体原件或下载记录等）；公证书；与中标（成交）相关的其他文件资料等。

⑥ 政府采购合同文件。比如政府采购合同；政府采购合同依法补充、修改、中止或终止等相关记录等。

⑦ 政府采购验收及结算文件。比如项目验收记录；政府采购项目质量验收单或抽查报告等有关资料；发票复印件（扫描件）及附件；其他验收文件资料等。

⑧ 其他文件。比如供应商质疑材料、处理过程记录及答复；供应商投诉书、投诉处理有关记录及投诉处理决定；采购过程中的音像资料以及其他需要存档的资料。

（3）政府采购档案收集、整理与保管　各级政府采购监管部门、采购人和采购代理机构应依法做好政府采购档案的收集、整理和保管工作，明确档案管理人员工作职责并建立岗位责任制。政府采购合同签订后3个月内或项目竣工验收后1个月内，由项目经办人员或责任人将该采购项目的全套文件材料进行收集整理后移交档案管理人员归档。政府采购档案的归档要求是内容齐全完整；规格标准统一；要求是原件的不可用复印件替代；签名、印鉴手续齐全；首页应有"政府采购档案目录"字样；符合国家有关档案质量的标准；便于保管和利用。档案管理人员应按照档案管理的要求，负责收集、整理、立卷、装订、编制目录，应保证政府采购档案标识清晰、保管安全、存放有序、查阅方便，光盘、磁盘等无法装订成册的应在档案目录中统一编号、单独妥善保存。政府采购档案应按年度顺序编号组卷，卷内材料应按照政府采购工作流程排列：依次为项目预算及预算执行文件、项目采购准备文件、项目开标（谈判、询价）文件、项目评审文件、采购结果文件、项目采购合同文件、项目验收文件及其他文件资料。政府采购档案的保存期限按照政府采购法律法规和档案管理有关规定执行。采购人和采购代理机构因合并、撤销、解散、破产或其他原因而终止的，在终止和办理注销登记手续之前形成的政府采购档案应按档案管理的有关规定移交相关部门。政府采购项目档案清单见表1-9。本档案清单为公开招标形式的，其他采购方式的项目档案可参照本目录收集、整理归档。另外，对采购过程中形成的除上述目录以外的与采购活动和结果有关的档案也应保存。

表1-9　政府采购项目档案清单

序号	内容	必备档案(☆)
（一）	政府采购预算执行文件	
1	政府采购预算表	
2	政府采购计划申报表和审核表	
3	有关政府采购预算和计划的其他资料	
（二）	政府采购项目前期准备文件	
4	项目采购委托协议（自行采购的申请及批复材料）	
5	核准采购进口产品的相关审批材料	
6	采购方式变更申请批复	
7	采购文件相关资料；采购文件、采购文件的修改文件（通知到各个已购买标书的潜在投标人的回执）、澄清答疑材料（如果有的话）	☆
8	采购公告或资格预审公告、更正公告（如果有的话）（包括报刊及电子网站等媒体原件或下载记录等）	☆
9	资格预审相关记录	
10	评审专家抽取记录表	☆
11	库外专家申请备案表及审核意见（如果有的话）	
12	获取采购文件供应商登记表、投标保证金登记表	

续表

序号	内容	必备档案(☆)
13	评分办法(须与采购文件要求一致)	☆
(三)	政府采购开标(含谈判、询价)文件	
14	采购领导小组成员、监督委员会成员、公证员(如果有的话)及投标人代表等签到记录	☆
15	采购响应文件正本及截止前补充修改或撤回记录	☆
16	开标记录表及投标人开标一览表(记录唱标内容、记录员签字,招标方式必备)	☆
17	开标过程有关记录,包括采购项目样品送达记录	
18	开标(谈判、询价)过程中其他需要记载的事项	
(四)	政府采购评审文件	
19	评审专家签到表及现场监督人员签到表	☆
20	评审工作底稿等评审记录	☆
21	供应商书面澄清材料	
22	评标或谈判报告,包括无效供应商名单及说明、中标或成交候选供应商名单	☆
23	现场监督记录	
24	评审专家评审情况反馈表	
(五)	政府采购中标(成交)文件	
25	采购人对采购结果的确认意见	
26	中标、成交通知书	☆
27	中标公告、采购结果公告记录(含发布媒体下载记录等,如果有的话)	☆
28	公证书	
29	与中标(成交)相关的其他文件资料	
(六)	政府采购合同文件	
30	政府采购合同及其依法变更相关记录	☆
(七)	政府采购验收及结算文件	
31	项目验收报告或其他验收文件	
32	政府采购项目质量验收单或抽查报告等有关资料	
33	办理付款材料(资金申请支付书及用户签章的履约验收报告、发票复印件)	
(八)	其他文件	
34	供应商质疑材料、处理过程记录及答复	
35	供应商投诉书及相关资料、投诉处理决定	
36	采购过程的音像资料	
37	其他需要存档的材料(如领导关于本项目的批示等)	

(4) 政府采购档案的使用、移交与销毁 各级政府采购监管部门、采购人和采购代理机构应当建立健全政府采购档案查阅、使用制度。除法律另有规定外,未经批准不得擅自查阅、复印或出借政府采购档案。档案使用者应对档案的保密、安全和完整负责,不得传播、污损、涂改、转借、拆封、抽换。档案管理人员工作变动应按规定办理档案移交手续并经单位负责人签字确认。保管期满的政府采购档案应按照档案主管部门及档案法规规定程序和手续进行销毁。

(5) 监督检查与法律责任 采购人和采购代理机构的档案工作应当接受政府采购监管部门的监督检查。采购人、采购代理机构违反规定隐匿、销毁应当保存的采购文件或者伪造、变造采购文件的,由政府采购监督管理部门依照《中华人民共和国政府采购法》等法律法规予以处理处罚。政府采购监管部门、采购人和采购代理机构有下列行为之一的,由县级以上人民政府档案行政管理部门依照《省级档案管理条例》等法律法规予以处理处罚,这些行为包括将政府采购活动中形成的应当归档的文件、资料据为己有、拒绝归档;涂改、损毁档案;档案管理人员或对档案工作负有领导责任的人员玩忽职守而造成档案损失。

1.2.4 省级公安系统政府采购管理参考办法

(1) 基本要求 本办法所称的"政府采购"是指各单位〔含直属单位及经费纳入厅（局）财务管理的单位，下同〕以购买、租赁、委托和雇用等方式有偿取得货物、工程和服务的行为，为政府采购做准备的产品试用、联合开发等行为纳入政府采购管理。本办法所称的"服务"是指除货物和工程以外的其他政府采购项目，包括物业管理服务、软件开发、维护维修以及委托社会中介机构进行的涉案财产评估、经济案件审计查证、基建工程造价审计、企事业单位清算、资产评估等。本办法所称的"参与政府采购活动人员"包括采购机构和项目主办单位的相关工作人员。各单位使用财政预算内、预算外、自筹等各种资金办理的政府采购，经省财政厅（局）批准实施部门集中采购、分散采购的项目，均适用本办法。政府采购应遵循"公开透明、公平公正、竞争择优、诚实信用"原则，努力实现采购行为规范、廉洁和资金使用效益最大化的目标。省级公安厅（局）政府采购工作在省财政厅（局）指导、管理和监督下进行。

(2) 组织领导 为加强对政府采购工作的组织领导成立省级公安厅（局）政府采购工作领导小组，负责研究制定相关规章制度，审核确定各单位年度政府采购预算，审议各项重大项目的招投标文件，监督规范招投标行为，审定中标结果等，并对市、县公安机关使用公安业务费和涉及公安建设的政府采购工作进行指导、监督。领导小组组长由厅（局）长兼任，副组长由分管监督和财务工作的厅（局）领导兼任，成员由厅（局）纪委（监察室）、科技处、审计处、后勤管理处主要负责人组成。领导小组下设办公室〔以下简称厅（局）采购办〕，后勤管理处主要负责人兼任办公室主任，办公地点设在后勤管理处国资科，由领导小组成员单位派员参与工作。厅（局）采购办的基本职能包括负责组织、协调、实施省级公安厅（局）所有政府采购工作；指导、监督直属单位和各地公安机关相关的政府采购工作；拟定相应的政府采购程序和具体实施办法；负责全厅（局）政府采购预算和采购计划的编制、审核、汇总以及资金结算等工作；统一组织、协调、监督政府集中采购的计划编报、需求委托、开标、评标等活动；会同有关主办单位组织或委托具有相应资格的机构统一组织实施由省财政厅（局）授权的部门集中采购和省级政府集中采购目录之外、限额标准以上由省级公安厅（局）自行组织的政府分散采购招投标工作；监督政府采购合同的履行，组织项目验收。

(3) 采购范围 凡列入年度省级政府集中采购目录的由省级政府集中采购机构组织实施，年度集中采购目录之内有保密和特别技术要求的特殊警用装备器材经省财政厅（局）批准由厅（局）采购办指定专人组织部门集中采购〔具体范围和标准按省财政厅（局）批复执行〕。集中采购目录之外、各单位使用各种资金一次性购买、租赁、委托或雇用估价金额在5000元以上的货物、1万元以上的服务、5万元以上的工程均由厅（局）采购办按照政府采购的原则和要求组织采购。

(4) 采购方式及运用 政府采购一律采用法定的公开招标、邀请招标、竞争性谈判、询价、单一来源采购和国务院政府采购监督管理部门认定的其他采购方式。公开招标采购是指以招标公告的方式邀请不特定的供应商投标的采购方式。凡不涉及公安工作秘密，单项或批量合同估价在50万元以上的货物采购和租赁采购，合同估价在30万元以上的服务采购，合同估价在100万元以上的工程采购必须采用公开招标方式。邀请招标采购是指以投标邀请书的方式邀请3个以上特定的供应商投标的采购方式。适用于具有特殊性，只能从有限范围的供应商处采购；或者采用公开招标方式的费用占采购总价值比例过大的项目。竞争性谈判采购是指直接与3家以上供应商就采购事宜进行谈判的采购方式。适用于招标后没有供应商投标或者没有合格标的或者重新招标未能成立；技术复杂或者性质特殊，不能确定详细规格或者具体要求；采用招标所需时间不能满足紧急需要；不能事先计算出价格总额的项目。询价采购是指对3家以上的供应商提供的报价进行比较以确保价格具有竞争性的采购方式。适用于采购的货物规格、标准统一，现货货源充足且价格变化幅度小的项目。单一来源采购是指向特定供应商直接购买的采购方式。适用于因涉及国家秘密等原因只能向唯一供应商采购；发生了不可预见的紧急情况不能向其他供应商采购；必须保证与原有采购项目的一致性或者服务配套要求需要继续从原供应商处添购且添购资金总额不超过原合同采购金额10%的项目。

公开招标是政府采购的主要方式，按规定应当进行公开招标的采购项目必须采用公开招标方式，其他具备条件的项目也应尽量采用公开招标方式。因特殊情况需采用公开招标以外采购方式的应当在采购活动开始前由厅（局）采购办书面报省财厅（局）批准，严格遵循各种采购方式的适用范围和程序，其中单一来源采购应由主办单位在充分调研的基础上书面向厅（局）政府采购工作领导小组请示并对其理由、依据、预算金额等情况的真实性、准确性负责。为政府采购作准备的产品试用、委托或者联合开发等应由主办单位事先书面请示，经厅（局）采购办审核后报分管厅（局）领导和厅（局）政府采购工作领导小组批准。选择试用产品和开发单位应经过调研论证、多方比较，形成充分竞争，具备条件的应参照政府采购方式实施。未经批准实施的试用产品和委托、联合开发行为不能作为确定单一来源采购方式的理由和依据。政府采购的定标采用合理低价原则或综合评分等方式，具体由厅（局）采购办会同主办单位研究确定或报领导小组审定。合理低价原则，即供应的货物、服务完全符合采购方要求且报价最低者为中标候选人。

综合评分方式即全面考虑技术的先进性、报价、工期、售后服务等因素，集体评分确定中标候选人。涉及国家秘密的采购事项，实施中要坚决贯彻《中华人民共和国保密法》等相关法律法规和规章制度。不同方式的政府采购的办结时限由厅（局）采购办会同主办单位依据法律法规和实际需要提出，报领导小组批准后执行。

(5) 采购的程序和要求 公开招标采购和邀请招标采购的程序和要求按照《中华人民共和国招标投标法》和省财政厅《省级政府采购货物和服务公开招标监督管理规范》、《省级政府采购货物和服务公开招标操作规程》等有关规定执行。竞争性谈判采购的程序和要求是：由厅（局）采购办组织有关专家和相关处室局责任人成立3人以上单数的谈判小组（其中专家人数不得少于成员总数的2/3，专家应从数据库中随机抽取），谈判小组对采购项目进行详细论证、提出竞争性谈判采购方案，明确谈判程序、内容、合同草案的条款和评定成交的标准等事项，并根据采购项目的具体情况向不少于3家符合相应资格条件的供应商发出竞争性谈判邀请。谈判时谈判小组所有成员集体与各供应商逐家进行，参与谈判的任何一方和全体人员都必须遵守保密要求，谈判结束后谈判小组应当要求所有参加谈判的供应商在规定日期内提出最后报价，谈判小组根据报价和评审情况提出成交候选人由厅（局）采购办报领导小组审批确定并将结果通知所有参加谈判的供应商。

询价采购的程序和要求是：由厅（局）采购办会同主办单位成立询价小组向不少于3家符合相应资格条件的供应商发出询价单（询价单应详细说明采购项目的规格、型号、技术参数、售后服务承诺等要求），供应商对询价单提出报价、加盖公章予以确认并密封交厅（局）采购办，厅（局）采购办应妥善保管。在询价单回收截止日24小时内询价小组全体成员进行现场拆封，经充分论证评比后由厅（局）采购办按照符合需求且报价最低的原则确定或报领导小组审定成交供应商并将结果通知所有被询价的供应商。单一来源采购的程序和要求是：由厅（局）采购办会同主办单位成立单一来源商务谈判小组向唯一供应商发出询价单（询价单应详细说明采购项目的规格、型号、技术参数、售后服务承诺等要求），供应商提出报价并加盖公章予以确认，商务谈判小组根据报价等情况与供应商进行谈判确定成交价并由供应商授权代表签字确认，厅（局）采购办根据报价及商务谈判情况确定或报领导小组审定。

（6）政府采购中各相关单位的责任和工作流程　厅（局）采购办各成员单位和采购项目的主办单位要各司其职、各负其责、加强沟通协商，形成既密切协作又互相制约的工作机制。采购项目的主办单位负责提出并充分论证建议方案和技术需求、监督控制项目质量、报批签署并具体执行采购合同、进行项目初验并提出终验申请，协助厅（局）采购办编制招标文件、参与开标评标等工作。后勤管理处负责厅（局）采购办的日常工作，具体组织实施本办法的各项工作。厅（局）纪委（监察室）负责对政府采购的全过程实施监督，对相关投诉举报进行调查。科技处负责科技建设项目政府采购过程的质量监督，参与项目的论证、开标、评标、合同签订、合同履行、验收等。审计处负责政府采购的相关合同价格、工程结算和决算等审计工作（包括审核招标文件，参加开标、评标，参与项目验收等）。

省级公安厅（局）各年度政府采购工作要加强计划性，坚持精打细算、量入为出、勤俭办事、厉行节约方针，避免临时动议、仓促决策，杜绝损失浪费，并按以下流程和要求开展工作。

① 各单位在编报部门预算时一并编报年度政府采购预算，由后勤管理处汇总编制部门年度政府采购预算，经厅（局）党委批准后报省财政厅（局）核准执行，编入预算的采购项目必须是经过充分调研论证、确有需要、条件成熟的项目。

② 各单位根据省财政厅（局）核准的年度政府采购预算在每个月的10日前将下月政府采购计划报厅（局）采购办。采购计划应详细说明需采购项目的名称、规格型号、技术参数、数量、预算金额、资金来源以及经办人和联系电话等，重大项目应有论证报告和上级有关部门的书面批复或厅（局）领导的批示。项目建设和大型设备采购应在正式实施采购前两个月报送采购计划。

③ 厅（局）采购办对需由省级政府集中采购机构采购的项目应按月进行汇总上报并做好与省级集中采购机构的协调、联络工作。

④ 厅（局）采购办对可以自行组织采购的项目应按政府采购法律法规和本办法的规定组织采购并将有关材料报省财政厅（局）备案。

⑤ 各主办单位应会同中标单位草拟合同文本，按《省级公安厅（局）合同管理暂行规定》的要求报批后签署采购合同和廉政合同并认真执行，合同履行中要切实负责、全面行使甲方的权力与责任，坚决维护省厅（局）的合法权益，合同需要变更的应按规定请示报告。

⑥ 厅（局）采购办负责对所采购的货物或项目组织验收与发放并按规定进行国有资产登记，主办单位或使用单位对供应商履行合同后续条款、提供售后服务等情况进行监督并及时向厅（局）采购办反馈。

⑦ 厅（局）采购办应按季向省财政厅（局）上报自行组织的政府采购信息统计报表。

⑧ 因特殊情况下的紧急业务需要，对年度采购预算之外的采购项目应由主办单位书面说明理由、依据、预算金额和需求等并按调整部门预算的程序和权限报批后由厅（局）采购办采用快捷的采购方式组织实施。

（7）廉政规定和责任追究　参与政府采购活动的所有单位、人员都要严格按相关法律法规和本办法的规定进行政府采购，严格执行各项廉政规定、规范采购行为。严禁利用职务上的影响和便利乱拉关系、以权谋私、搞权钱交易；严禁要求供应商为个人办私事；不得要求或者接受供应商为个人及亲属住房装修、婚丧嫁娶、工作安排以及出国等提供方便；严禁向供应商及其工作人员借用汽车等交通工具、手机等通信工具、货币资金、电脑等财物；严禁私下接触参与竞标的供应商和潜在投标人并不得收取供应商或中间人的回扣、佣金和其他任何形式的好处；严禁擅自向外界透露有关政府采购的信息；严禁泄露招标项目预算、标底、投标人、评标委员会组成等情况；严禁接受供应商安排的宴请、娱乐、旅游等非公务活动；严禁由供应商报销应由个人负担的一切费用。

违反上述规定的由厅（局）纪检、监察部门根据有关规定查处并追究相关人员的责任。有下列情形之一的采购无效厅（局）财务部门按财政有关规定不予支付相关资金。这些情形包括参与政府采购活动的单位、人员违反廉政规定与供应商或者采购代理机构恶意串通；应当采用公开招标采购方式而未采用或者由于未公开采购信息而不能形成竞争；未经批准增加政府采购预算；质量验收不符合标准；委托不具备政府采购业务代理资格的社会中介机构承办采购事务；以不合理的条件对供应商实行差别待遇或者歧视；单一来源采购的依据和理由不能成立；供应商之间发生串标、陪标等行为而损害省级公安厅（局）利益；其他违反政府采购规定的行为。参与政府采购活动的供应商发生违反《政府采购法》、《采购廉政合同》和有上述情形之一的，除按有关规定和《采购廉政合同》追究责任外，在1~3年内禁止参加省级公安厅（局）的政府采购活动。

1.2.5 省级农林系统政府采购管理参考办法

（1）基本要求 省级农林系统行政单位，实行预算管理的事业单位（以下统称采购单位）使用财政性资金（含预算资金、预算外资金）和与财政资金相配套的单位自筹资金办理的政府采购适用本办法。本办法所称"单位自筹资金"是指采购单位按照政府采购拼盘项目要求，按规定用单位其他资金安排的采购资金。本办法所称"政府采购"主要是指采购单位按照政府采购制度规定的范围、方式和程序采购货物、服务和工程的行为。政府采购组织形式分为政府集中采购、部门统一采购和单位定点采购。政府集中采购是指纳入省财政厅公布的省级政府集中采购目录所列项目，必须委托省级集中采购机构组织实施的采购活动（集中采购目录每年由财政厅在制定年度政府采购计划时确定）。部门统一采购是指厅统一组织实施除集中采购目录之外的、单项或同批预算采购金额在10万元以上的采购活动。单位定点采购是指采购单位在统一的定点供应商处进行的采购活动，主要包括公务用车维修、加油、保险、办公印刷和购买办公用纸、国际机票，以及电脑及外部设备、打印机、空调等项目。厅计财处负责制定厅政府采购管理办法，编制、审核并批复厅行政事业单位年度政府采购预算，确定统一采购的采购方式，组织厅定点供应商的评审工作，监督检查厅各单位政府采购活动。

厅会计中心负责厅政府采购的具体操作（包括编制、审核、上报及批复厅行政事业单位月度集中采购计划，组织协调集中和统一采购项目，参与厅定点供应商的评审工作，办理采购资金的支付和核算，汇总编报全厅政府采购信息）。采购单位应严格执行各项政府采购规定，按规定的时间编制年度政府采购预算（与部门预算编制一致）、报送政府集中采购月度计划和统一采购项目计划申请、参与统一采购及重大集中采购项目的招标、依法执行采购方式、按要求签订和履行政府采购合同、组织采购商品的验收和办理采购资金支付手续等。

(2) 采购管理程序　采购管理程序主要包括编制年度政府采购预算（部门预算组统部分）、办理集中采购和统一采购月度计划和申请，选定采购方式（公开招标、邀请招标、竞争性谈判、询价和单一来源），执行采购方式；验收、定付资金、结算记账等。采购单位按照省财政厅规定，将本单位下年度采购项目及资金计划填制政府采购表并编入部门预算且报厅计财处审核，厅计财处审核汇总后报省财政厅审批。政府采购计划主要包括集中采购商品目录、购置数量、政府采购资金来源以及统一采购原则、采购项目资金预算额度、采购组织形式和其他管理方面的要求。政府集中采购应当遵循下列工作程序，即采购单位根据财政厅批复的年度政府采购预算结合实际需要和资金安排在每月 10 日前将本单位政府采购月度计划报送厅会计中心审核汇总后报省财政厅审批（为及时完成本预算年度的支出和采购计划任务，便于采购资金支付、结算，采购单位应在当年 10 月底前提出采购申请以确保年内采购完毕）；采购单位根据批复的采购计划填写采购委托单并详细说明品牌、型号、主要配置或技术参数、特殊要求等报会计中心；省级集中采购机构根据采购单位提出的采购要求组织采购商品（对一些技术性要求强的专业设备或价值比较高的商品购置，采购单位参与招投标工作）；采购项目中标后采购单位与供应商签订采购合同并组织有关验收工作。统一采购应当遵循下列工作程序，即采购单位根据财政厅批复的年度政府采购预算结合实际需要提交政府采购方式确定申请并由厅计财处商省财政有关部门确定具体采购方式，单项或同批采购预算金额在 10 万元（含 10 万元）以上、50 万元（不含 50 万元）以下的货物及服务类项目采购由厅计财处商有关部门确定采购方式。采购金额在 50 万元以上的货物及服务、100 万元以上的工程项目必须委托获财政厅备案登记的招标代理机构实行公开招标。因特殊情况需要采用公开招标以外采购方式的必须在采购活动开始前报省财政厅批准。

会计中心根据确定的采购方式（公开招标、邀请招标、竞争性谈判、询价和单一来源）会同厅有关部门按政府采购有关要求进行采购。采购单位与中标人签订合同并组织验收且按规定将项目采购档案收集归档。定点采购应当遵循下列工作程序，即由厅计财处、会计中心、监察室、办公室等有关部门组成评议小组在省财政厅确定的定点采购供应商名单中结合厅实际情况择优选择定点供应商并签订相应协议；采购单位必须在厅统一确定的供应商处按规定程序和要求进行采购。其中，汽车加油实行"一车一卡、定期结算"；汽车保险实行"统一险种、统一保期、统一结算"；汽车维修及办公用印刷品实行"事前报批、事后审核、定现结算"；办公用纸、计算机及其外部设备、空调等实行"提前询价、择优选择"的采购方式。

(3) 资金拨付管理　政府采购资金的拨付方式主要有财政直接拨付和会计中心拨付两种形式。财政直接支付是指财政厅财政结算中心按照政府采购合同约定，将政府采购资金直接拨给中标供应商的拨款方式，这种支付形式主要用于省财政有预算资金安排的集中和统一采购项目。具体支付办法是按照先集中后支付的原则，在采购活动开始前采购单位将单位自筹资金和预算外资金汇集到财政厅结算中心政府采购资金专户，需要支付资金时财政厅会计结算中心根据合同履行情况将预算资金和已汇集的单位自筹资金和预算外资金通过政府采购资金专户一并拨付给中标供应商。会计中心拨付是指会计中心根据单位的申请和采购合同约定的履行情况，将政府采购资金直接拨付给中标供应商的付款方式，这种方式主要用于采购单位用其他资金实施的集中和统一采购项目以及定点采购项目。会计中心要按规定及时办理采购资金拨付，设立政府采购资金明细账，并做好采购资金财务会计核算工作。

(4) 监督检查　厅计财处应会同厅有关部门加强对各单位政府采购活动的检查监督，定期和不定期地对各单位进行抽查，及时通报检查中发现的问题并按有关规定予以处理，确保厅政府采购工作规范有序进行。会计中心要做好政府采购日常管理工作。采购单位在执行中出现下列情况时会计中心可以停止采购资金的使用并报厅计财、监察等部门或省财政采购中心处理。这些情况包括：集中采购没有严格按照批准的采购计划进行有超计划或无计划采购行为；统一采购没有按规定进行报批、采购程序不符合规定，或者将应当以公开招标方式采购化整为零或者以其他任何方式规避公开招标采购；没有在厅规定的定点供应商范围内进行定点采购；在其他方面违反本管理办法规定。厅监察室依法对厅各部门（单位）政府采购活动的组织、运行情况进行监督，依法对参与政府采购活动的国家工作人员的廉政情况进行监督，厅监察室可根据情况直接参与重大采购项目活动并对该采购项目实行全过程跟踪监督。

1.2.6 省级教育系统政府采购管理参考办法

（1）基本要求　省教育厅及所属高校、中专校和直属事业单位（以下简称各单位）使用财政性资金办理的政府采购适用本办法。省教育系统政府采购是指各单位使用财政性资金采购省统一确定并公布的集中采购目录以内的或者采购限额标准以上的货物、工程和服务的行为。财政性资金是指中央及省财政安排的预算资金和预算外资金（即通过各种行政事业性收费等获得的收入）。在采购中，与财政性资金相配套使用的其他非财政性资金（包括自有收入、不用财政性资金偿还的借款等）一同实行政府采购。省教育系统政府采购应当遵循"公开、公平、公正和诚信"原则。省教育系统政府采购应当严格按照批准的预算执行。省教育系统政府采购组织形式为政府集中采购、部门集中采购和各单位分散采购。

政府集中采购是指政府集中采购机构代理组织实施的纳入省级政府集中采购目录内项目的采购活动。部门集中采购是指省教育厅组织实施的纳入部门集中采购目录内的项目和经有关部门批准的纳入政府集中采购目录内的项目的采购活动（部门集中采购目录由省教育厅制定）。各单位分散采购是指单位按照《政府采购法》及有关规定自行组织的，在省级集中采购目录以外、采购限额标准以下的采购活动（含零星采购），上述采购业务也可委托省级集中采购机构或政府采购社会招投标代理机构办理。省级集中采购信息应当按规定在有关媒体上公布。非省会所在地各单位纳入省政府集中采购目录以内的项目可由单位委托所在地市级政府集中采购代理机构组织实施。

（2）政府采购管理　省教育厅政府采购范围包括货物类采购、工程类采购和服务类采购。工程类采购主要是指工程建设项目包括新建、改建、扩建等项目的勘察、设计、施工、监理以及与工程建设有关的重要设备、材料等采购。货物类采购包括教学科研设备、一般设备、实验器材、耗材、药品、图书、教材、教学用品、办公用品、劳保用品、废旧物资等的采购。服务类采购包括各类装修、修缮、拆除、各类保险、校园绿化、保洁、保安、物业管理、学生公寓用品、房屋租赁、软件等的采购。省级政府集中采购目录和部门集中采购项目的限额由省政府授权省财政厅制定，其他单项（单台件）5000元以上或批量采购金额达2万元以上的采购活动均纳入政府采购范围管理。省属各高校必须成立政府采购领导小组以协调各方面工作并明确政府采购管理专职机构、落实责任人（领导小组成员应由纪检监察、审计、财务、国资及设备管理、基建和后勤等部门人员组成），厅直属事业单位也要确定一个部门负责此项工作。

（3）政府采购实施　省教育系统政府采购管理的主要职责是制订本部门政府采购管理办法，编制部门政府采购预算，审核各单位上报的政府采购预算及计划，汇总各单位政府集中采购项目并报省财政厅有关部门，组织实施省教育厅集中采购工作，指导各单位政府采购工作，监督检查政府采购计划执行情况，汇总并编报省教育厅年度政府采购统计信息，组织各单位相关人员进行业务培训等。各单位政府采购职能部门的主要职责是制定本单位政府采购管理办法，编制本单位年度采购项目计划并纳入部门预算且上报省教育厅、省财政厅审批，编制并上报政府集中采购和部门集中采购执行计划并向省级集中采购机构报送采购需求，组织实施本单位的分散采购工作，按要求签订和履行政府采购合同等。省教育系统政府采购工程项目进行招标投标的适用《招标投标法》。各单位政府采购可采用以下方式，即公开招标、邀请招标、竞争性谈判、单一来源采购、询价以及省政府采购监管部门认定的其他采购方式。

公开招标采购是指招标单位以招标公告的方式邀请不特定的法人或者其他组织投标的采购方式。达到公开招标数额标准或规定应当公开招标的项目应当采用公开招标采购方式。邀请招标采购是指招标单位以投标邀请书的方式邀请特定的法人或者其他组织投标的采购方式。对于某些有特殊性只能从有限范围供应商采购的或采用公开招标方式的费用占政府采购项目总价值的比例过大的可采用邀请招标的方式采购。凡是达到公开招标数额标准或规定应当公开招标的项目，因特殊情况拟采用邀请招标或招标以外其他采购方式的必须在采购活动开始前经省教育厅审核后报省财政厅批准。实施招标采购方式的应按《政府采购法》、《招标投标法》和《政府采购货物和服务招标投标管理办法》规定的有关程序进行。即编制招标标书；在省财政厅指定的媒体上发布招标公告或发出投标邀请；接收投标人投标；组织开标；评标及定标；授标签约；履行合同。

符合下列条件之一的货物或服务可采用竞争性谈判方式采购。这些条件包括：招标后没有供应商投标或没有合格供应商投标或重新招标未能成立；技术复杂或性质特殊不能确定详细规格或具体要求；采用招标所需时间不能满足用户紧急需要；不能事先计算出价格总额。实施竞争性谈判采购方式的应遵循下列基本程序。

① 成立采购谈判小组。谈判小组由采购人及有关专家共3人以上的单数组成，其中专家的人数不得少于成员总数的2/3。

② 制定谈判文件。谈判文件应当明确谈判程序、谈判内容、合同草案条款以及评定成交的标准等事项。

③ 确定邀请参加谈判的供应商名单。谈判小组应从符合相应资格条件的供应商中确定不少于三家的供应商参加谈判并向其提供谈判文件。

④ 谈判。谈判小组所有成员集中与单一供应商分别进行谈判。谈判中谈判的任何一方不得透露与谈判有关的其他供应商的技术资料、价格和其他信息。谈判文件有实质性变动的，谈判小组应以书面形式通知所有参加谈判的供应商。

⑤ 确定成交供应商。谈判结束后，谈判小组应要求所有参加谈判的供应商在规定的时间内进行最后报价。谈判小组根据符合采购需求、质量和服务相等且报价最低的原则确定成交供应商，并将结果通知所有参加谈判的未成交供应商。

符合下列条件之一的货物或服务可采用单一来源方式采购。这些条件包括：只能从唯一供应商采购；发生了不可预见的紧急情况不能从其他供应商采购；必须保证原有采购项目一致性或服务配套的要求需要继续从原供应商处添购且添购资金总额不超过原合同采购金额10%。采取单一来源方式采购时采购单位与供应商应当遵循有关法律规定在保证采购项目质量和双方商定合理价格的基础上进行采购。采购的货物规格、标准统一，现货货源充足且价格变化幅度小的政府采购项目可采用询价采购。采用询价采购方式的应遵循下列程序。

① 成立询价小组。询价小组由采购人代表和有关专家共3人以上的单数组成，其中专

家的人数不得少于成员总数的 2/3。询价小组应对采购项目的价格构成和评定成交的标准等事项作出规定。

② 确定被询价的供应商名单。询价小组根据采购需求，从符合相应资格条件的供应商名单中确定不少于 3 家的供应商并向其发出询价通知书让其报价。

③ 询价。询价小组要求被询价的供应商一次报出不得更改的价格。

④ 确定成交供应商。询价小组根据符合采购需求、质量和服务相等且报价最低的原则确定成交供应商，并将结果通知所有被询价的未成交供应商。在招标采购中出现下列情况之一的应予废标。这些情况包括：符合专业条件的供应商或对招标文件中做出实质性响应的供应商不足 3 家；出现影响采购公正的违法、违规行为；投标人报价超过了采购预算而采购人不能支付；因重大变故使采购任务取消。采购人应将废标理由通知所有投标人，废标后除采购任务取消情况外应重新组织招标，需要采取其他方式采购的应在采购活动开始前经省教育厅审核后报省财政厅批准。参与各单位依法采购的评标专家应从政府采购专家库内随机抽取，特殊项目经省财政厅同意后可由招标单位直接确定专家组成员，与供应商有利害关系的专家必须回避。

各单位采购职能管理部门或采购代理机构和中标人应当自中标、成交通知书发出之日起 30 日内按照采购文件确定的事项签订政府采购合同，所订的合同不得对招标文件和中标人的投标文件作实质性修改。对省级集中采购项目，凡是由各单位在采购前填报采购品目技术清单、有明确采购数量且集中招标确定出中标人后由各单位自行签订合同的，各单位应在接到有关中标结果通知后 30 日内按通知要求与该中标人签订书面合同。不按通知要求与中标人签订书面合同的应根据《政府采购法》有关规定承担相应法律责任。各单位和供应商应当按照平等、自愿原则签订政府采购合同并明确双方的权利和义务，省级集中采购合同可以由各单位职能管理部门与中标供应商签订。也可以委托采购代理机构代表其与中标供应商签订。由采购代理机构以采购人名义签订合同的应提交采购人的授权委托书并作为合同附件。各单位组织分散采购的单位职能管理部门应及时与中标供应商签订合同，合同书应经单位审计部门（合同管理部门）审核，政府采购合同依法签订后的合同双方当事人均应按照合同约定履行各自的义务并不得擅自变更、中止或者终止合同，政府采购合同在履行过程中若采购人需追加与合同标的相同的货物、服务的应符合规定，即在不改变合同其他条款的前提下，可以与供应商协商签订补充合同，但所有补充合同的采购金额不得超过原合同采购金额的 10%。按照政府采购合同约定，所采购的货物在运抵用户后应立即组织有关技术人员按合同约定的条款进行质量验收，且应在规定时间之内验收完毕并签署验收报告，对于大型或复杂的政府采购项目应邀请国家认可的质量检测机构参加验收，验收方成员应在验收书上签字并承担相应的法律责任。实行政府采购的各单位对政府采购项目每项采购活动的采购文件应妥善保存。采购文件的保存期限为从采购结束之日起至少保存 15 年，不得伪造、变造、隐匿或销毁，采购文件包括采购活动记录、采购预算、招标文件、投标文件、评标标准、评估报告、定标文件、合同文本、验收证明、质疑答复、投诉处理决定及其他有关文件、资料，采购活动记录至少应当包括下列内容：采购项目类别、名称；采购项目预算、资金构成和合同价格；采购方式（采用公开招标以外方式的应载明原因和做其他相应记载）；邀请和选择供应商的条件及原因；评标标准及确定中标供应商的原因；废标的原因等。

(4) 政府采购资金拨付　政府采购资金拨付方式主要有财政直接拨付和分散（授权）拨付两种形式。财政直接拨付时，各单位参加部门集中采购或参加政府集中采购资金中属当年财政预算内资金、集中管理的预算外资金和与上述资金配套的其他资金安排的由省财政厅直接拨付。分散（授权）拨付时，单位分散采购或单位政府集中采购的资金由各单位自行（或授权）拨付给中标供应商或采购代理机构。财政直接拨付的政府集中采购资金，在不改变各单位预算级次和单位会计管理职责的前提下，由省财政厅在拨付之前按预算额度将采购资金预留在国库或政府采购专户，不再拨给各单位。

（5）监督检查 省教育厅有关部门及各单位应当建立、健全内部监督管理制度，明确采购活动的决策和执行程序并相互监督、相互制约，明确经办采购的人员与负责采购合同审核、验收人员的职责并相互分离。政府采购监督管理部门不得参与政府采购项目的采购活动，任何单位和个人不得违反《政府采购法》规定要求采购人员向指定的供应商进行采购。政府采购监督管理部门应加强对政府采购活动的监督检查，建立、健全经常性的政府采购工作监督管理及检查制度。政府采购工作监督管理检查的重点内容包括有关政府采购的法律、行政法规和规章的执行情况；政府采购范围、采购方式和采购程序的执行情况；纳入集中采购目录的政府采购项目委托集中采购代理机构采购情况；有关政府采购按规定程序报批和备案情况；政府采购合同履行情况和采购资金拨付情况；政府采购人员的职业素质和专业技能以及应当监督检查的其他相关内容。省教育厅将对各单位的政府采购工作进行检查并组织专家对各采购项目的运行进行评审、提出评审意见，除政府采购预算中的采购项目作为每年专项审计检查内容外，省教育厅还将定期或不定期对其他形式的政府采购活动进行监督检查，对检查中发现的问题将按照有关规定予以处理，任何单位和个人对政府采购活动中的违法违规行为有权控告和检举。有关部门应当依照各自的职责及时处理。

（6）法律责任 省教育厅有关部门和各单位以及相关人员必须加强法律意识，严格遵守《政府采购法》、《招标投标法》等相关法律、法规，认真组织实施政府采购活动。各单位在实施政府采购活动中，有下列行为之一的应当承担相应责任，这些行为包括必须进行政府采购的项目而不实施政府采购；必须进行集中采购的项目而不委托集中采购代理机构实施集中采购；必须进行招标的项目而不招标，或者将必须招标的项目化整为零，以其他任何方式规避招标；以不合理的条件限制、排斥潜在投标人，对潜在投标人实行歧视待遇或限制投标人之间竞争，或者指定供应商；必须进行招标的项目与投标人就投标价格、投标方案等实质性内容进行谈判。

1.2.7 省级政府采购方式确定及变更程序的参考办法

应严格执行《政府采购法》规定的采购方式，即公开招标、邀请招标、竞争性谈判、单一来源采购、询价、国务院政府采购监督管理部门认定的其他采购方式。公开招标方式应作为政府采购的主要采购方式，集中采购机构不得将应当以公开招标方式采购的货物或者服务化整为零或者以其他任何方式规避公开招标采购。因特殊情况需要采用公开招标以外采购方式的或变更原已批准确定的采购方式的，集中采购机构应分别填写"政府采购方式确定申请表"或"政府采购方式变更申请表"一式两份。在采购活动开始前，省级集中采购机构报省级政府采购监督管理部门审批，市、县级集中采购机构报所属省辖市政府采购监督管理部门审批。政府采购监督管理部门在接到集中采购机构的"政府采购方式确定申请表"或"政府采购方式变更申请表"后3个工作日内审批完毕并批复1份申请表给集中采购机构，集中采购机构据此进行采购活动。采购人采购集中采购目录以外限额标准以上项目的分散采购，其政府采购方式确定和变更的报批程序参照此规定办理。对于集中采购机构或分散采购的采购人未按本规定确定或变更采购方式的，政府采购监督管理部门应责令其限期改正并给予警告且可以并处罚款。对直接负责的主管人员和其他直接责任人员，由其行政主管部门或者有关机关给予处分并予通报。

1.2.8 关于严禁私自收取政府采购有关费用的参考规定

定点供应商是经过公开招标产生的，采购人采购定点范围内的计算机及外设和空调只能在定点供应商中进行询价采购，不得再次组织招标，也不得向供应商收取任何费用。采购人如需采购大批量的不定品牌设备可委托省级集中采购机构代理采购，具体采购方式由集中采购机构按规定确定。

1.2.9 省级政府集中采购计划操作规程

（1）政府集中采购计划的编报　集中采购计划按预算管理隶属关系编报，省级行政机关、事业单位和团体组织（以下统称采购人）按月将《省级政府集中采购计划申请表》报送上级预算管理单位，各主管预算单位应对下属单位报送的采购计划进行审核、汇总并于每月10日前将下月的《省级政府集中采购计划申请表》报至省财政厅有关业务处室。各部门编制年度政府集中采购计划（即各部门在编制政府采购预算）时，凡参加省级集中采购的项目必须根据部门预算要求编制详细的政府采购执行计划并由省财政厅批复到各部门。如需追加预算安排政府采购项目（或因故需要调整采购项目预算的）应按预算编制规定的程序和权限报经批准后填报集中采购计划。为及时完成本预算年度的各项预算支出任务，便于采购资金支付、结算，采购人应根据工作需要和资金的安排情况合理确定实施进度。对纳入政府采购预算（包括调整预算）的项目，采购人应尽量在当年10月底前提出采购申请，以确保年内采购完毕。政府集中采购计划表应统一使用EXCEL制表格式，主管预算单位在报送采购计划表的同时应将报表软盘送交省财政厅政府采购管理处或发送电子邮件。

（2）政府集中采购计划的审批　省财政厅有关业务处室于每月20日前将审核后的政府集中采购计划集中送至政府采购管理处审核汇总。省财政厅政府采购管理处于每月25日前将政府集中采购计划批复至主管预算单位，同时抄送省财政厅有关业务处室、财政结算中心和省级集中采购机构。各主管预算单位在规定期限之后报送的采购计划原则上转入下一月度办理。批准的采购计划一般不得调整，采购人确有特殊情况需要对采购数量或采购预算进行调整时，必须按报送集中采购计划的程序进行审批。

（3）政府集中采购计划的实施　主管预算单位应根据省财政厅批复的集中采购计划及时通知下属单位向省级集中采购机构提出采购需求并委托集中采购机构办理采购事宜。集中采购机构根据采购人提出的采购需求制定各采购项目的具体操作方案并按双方委托约定时间按时组织完成采购工作。政府采购方式的确定及变更程序应按照省财政厅相关文件规定执行。集中采购机构和采购人在开展采购活动时不得进行无预算或超预算采购，要透明、规范操作，要做好招标文件、评标报告、采购合同等采购文件的档案管理和政府采购信息统计工作。省财政厅对政府采购合同的签订、履行将进行不定期的检查。

（4）政府采购资金的集中、支付和结算　省级政府集中采购资金中属当年财政安排的预算资金、专户核拨预算外资金和与上述资金配套的其他资金实行财政直接支付，由省财政厅财政结算中心通过"政府采购资金专户"统一办理资金集中、支付和结算等。省级政府集中采购资金中的财政预算资金和专户核拨预算外资金，省财政厅业务处室在收到政府采购管理处批复的单位采购计划后两个工作日内开具"拨款通知单"并通知国库处和综合处将资金直接拨至"政府采购资金专户"。省级政府集中采购资金中单位配套的其他资金,各主管预算单位在收到省财政厅批复的采购计划后5个工作日内将资金汇至"政府采购资金专户"。省级政府集中采购资金中全部属其他财政性资金安排的由采购人自行向供应商支付资金。通过省财政厅"政府采购资金专户"支付的资金,由采购人填写《政府采购资金支付申请》并附采购合同副本(含中标供应商的开户银行和账号)、采购人验收单、发票复印件向财政结算中心提出支付申请。财政结算中心对《政府采购资金支付申请》及附件进行审核,手续齐全、资金到位、经厅领导批准后及时将资金支付给供应商。财政结算中心按季编制《政府集中采购已结束项目资金对账单》与主管预算单位办理资金结算(政府采购结余资金由财政结算中心及时退给主管预算单位)。财政国库集中支付单位的政府采购资金支付工作按省财政厅有关文件规定执行。

实行定点采购的公务用车维修、保险、加油和大宗印刷、办公用纸、国际机票以及计算机和外部设备、空调等项目可由采购人在定点供应商中自行采购、自行支付资金,采购人应严格按照部门预算实施定点采购(不得实行无预算或超预算的采购)。

1.2.10 省级工程建设项目招标范围和规模标准参考规定

本规定根据《中华人民共和国招标投标法》、《中华人民共和国政府采购法》、《省级招标投标条例》和《工程建设项目招标范围和规模标准规定》的规定结合本省实际制定。本行政区域内下列工程建设项目的勘察、设计、施工、监理、重要设备和材料的采购,达到本规定相关规模标准的必须进行招标。包括大中型基础设施、公用事业等关系社会公共利益、公众安全的项目;使用国有资金投资或者国家融资的项目;使用国际组织或者外国政府贷款、援助资金的项目。关系社会公共利益、公众安全的基础设施项目的范围包括煤炭、石油、天然气、电力、新能源等能源项目;铁路、公路、管道、水运、航空以及其他交通运输业等交通运输项目;邮政、电信枢纽、通信、信息网络等邮电通信项目;防洪、灌溉、排涝、引(供)水、滩涂治理、水土保持、水利枢纽等水利项目;道路、桥梁、地铁和轻轨交通、地下管道、公共停车场、污水排放及处理、垃圾处理等城市设施项目;大气环境、河湖水环境治理等生态环境建设和保护项目以及其他基础设施项目。关系社会公共利益、公众安全的公用事业项目的范围包括供水、供电、供气、供热、园林、绿化、路灯照明等市政工程项目;科技、教育、文化、体育、旅游、卫生、社会福利、防灾减灾项目;新闻出版、广播电视项目;经济适用房、职工集资房以及其他公用事业项目。使用国有资金投资项目的范围包括使用各级财政预算资金的项目;使用纳入财政管理的各种政府性专项建设基金或者行政事业性收费资金的项目;使用国有企事业单位自有资金或者借贷资金并且国有资产投资者实际拥有控制权的项目。使用国家融资项目的范围包括使用国家发行债券所筹集资金的项目;使用国家对外借款、政府担保所筹集资金的项目;使用国家政策性贷款的项目;政府授权投资主体融资的项目;政府特许的融资项目。使用国际组织或者外国政府贷款、援助资金项目的范围包括使用世界银行、亚洲开发银行等国际金融组织贷款资金的项目;使用外国政府及其机构贷款资金的项目;使用国际组织或者外国政府援助资金的项目。

依法必须招标的规模标准是:勘察、设计、监理等服务的采购,单项合同估算价在30万元人民币以上的;施工单项合同估算价在100万元人民币以上或者建筑面积在2000平方米以上的;重要设备和材料等货物的采购,单项合同估算价在50万元以上的;单项合同估算价低于前述3项规定的规模标准但符合下列标准之一的项目:总投资额在2000万元人民币以上的，总投资中使用财政预算资金、纳入财政管理的各种政府性专项建设基金或者行政事业性收费资金、国家融资的金额在100万元人民币以上的。依照本规定必须进行招标的项目中，省、市人民政府确定的地方重点建设项目、全部使用国有资金投资或者国家融资的项目、国有资金投资占控股或主导地位的项目应当公开招标。

依照本规定必须进行招标的项目，有下列情形之一的可以不进行招标：涉及国家安全、国家秘密或者抢险救灾而不宜招标；使用扶贫资金实行以工代赈、需要使用农民工；建设工程的设计采用特定专利技术、专有技术或者其建筑艺术造型有特殊要求；施工所需的主要技术、材料、设备属专利性质且在专利保护期内；或停建或者缓建后恢复建设的工程且承包人未发生变更；施工企业自建自用的工程且该施工企业资质等级符合工程要求；在建工程追加的附属小型工程（追加投资低于原投资总额的10%）或者主体加层工程且承包人未发生变更；法律、法规、规章规定可以不招标。属于前述规定范围但单项合同估算价或投资总额在规定限额标准以下的项目可以采用竞争性谈判、询价等方式发包，采用竞争性谈判、询价等方式发包的办法由省发展改革部门会同有关行政主管部门制定。重要设备和材料包括的范围由省发展改革部门会同有关行政主管部门制订相应的目录并予以公布。依法必须进行招标的工程建设项目的规模标准由省政府依法确定，各地、各部门不得再行制定必须招标范围和规模标准。

1.2.11 省级政府分散采购管理参考规定

分散采购是政府采购的组织形式之一，是指采购人使用财政性资金采购政府集中采购目录以外、限额标准以上的货物、服务和工程的政府采购活动。

（1）适用范围　纳入省级部门预算管理的国家机关、事业单位和团体组织的分散采购活动。属于集中采购目录范围内的项目因特殊情况经省财政厅批准而自行组织采购的也适用本规定。

（2）采购方式与实施　分散采购应当按照《政府采购法》规定的五种方式进行。政府分散采购可以由采购人自行组织采购，采购人不具备编制招标文件和组织评标能力的应当委托采购代理机构（包括集中采购机构和获财政部、省财政厅登记备案的招标代理机构）代理采购，采购人委托采购代理机构采购的应当与其签订委托代理协议书（具体委托事宜应当在委托协议书中明确）。分散采购达到公开招标数额标准的必须进行公开招标，工程类的招标应按《招标投标法》组织，货物和服务类的公开招标应按省财政厅相关规定组织。因特殊情况需要采用公开招标以外的采购方式或者变更原已批准确定的采购方式的应当在采购活动开始前获得省财政厅的批准，采购方式的确定与变更按省财政厅相关文件执行。

（3）信息发布　有关分散采购的信息应按规定在省级政府采购网及《省日报》上发布，在省级政府采购网上发布信息须填制省级政府采购网信息发布单。

（4）专家抽取　采购人委托采购代理机构或自行组织的分散采购所需评审专家必须按规定在省政府采购评审专家库中随机抽取。

（5）现场监督　公开招标、邀请招标和竞争性谈判应当邀请政府采购监督机关实施现场监督，可根据政府采购监督管理和情况需要决定是否实行现场监督。

（6）资料备案　分散采购资料应按规定实行备案制度。

（7）资金支付　按省财政厅国库集中支付有关规定执行。

（8）档案管理　部门或单位应当建立分散采购档案管理制度，真实、全面反映和记录分散采购活动情况并接受政府采购管理机关以及监察、审计部门的检查监督,分散采购文件的保存期限为从采购结束之日起至少 15 年。

(9) 内部管理 部门或单位应当加强系统内部政府采购工作的管理,指定专门机构(或专人)负责政府采购事宜,应建立、健全内控机制,及时发现并纠正管理工作中存在的漏洞,确保各项规定的贯彻落实。

(10) 数据统计 部门或单位年度分散采购的信息统计表应于年度终了后 30 日内报省财政厅。

1.2.12 省级工程类政府采购操作流程参考规定

以下为省级工程类政府采购项目操作流程。

(1) 编制政府采购预算或计划 属于部门预算资金安排的建设工程项目(包括建筑物和构筑物的新建、改建、扩建、装修、拆除、修缮等),省级采购人(指属部门预算编制范畴的,依法进行政府采购的省级国家机关、事业单位和团体组织)均应在编制下一年度的部门预算时按规定编制政府采购预算。属省级集中采购目录中的工程项目编制集中采购预算;集中采购目录之外分散采购限额标准以上的工程项目编制分散采购预算;属于预算内专项安排的和统筹基建项目暂不属部门预算编制范畴而应按照省财政厅有关规定编制相应计划;工程类政府采购项目不得进行无预算、无计划或超预算、超计划的采购;因特殊原因突破或需要追加原批准预算或计划时必须由采购人按规定程序履行相应预算或计划的追加变更手续并经批准后方可继续执行。

(2) 政府采购工程项目实施 集中采购项目(属省级集中采购目录中的项目),采购人应按照省财政厅相关规定中的有关要求向省财政厅申报集中采购计划,省财政厅按规定审核并批复采购计划,采购人依据批复的集中采购计划委托省级集中采购机构按有关规定进行采购。分散采购项目,采购人应按照省财政厅相关规定自行组织采购或按以下原则委托代理机构采购并将有关信息在"省级政府采购网"等省财政厅指定的媒体发布。这些原则包括项目金额在省相关部门确定的建设项目招标范围和规模标准之下的可委托集中采购机构或在省财政厅登记备案的政府采购招标代理机构采购;项目金额在省政府确定的建设项目招标范围和规模标准之上的(含)应委托有工程招标代理资质的代理机构采购;"省级政府采购网"等媒体的信息发布应按照省财政厅相关规定执行。

(3) 签订合同并备案 采购人或采购代理机构根据采购结果与供应商签订合同后应将所签订的合同副本报省财政厅备案,属于建设工程施工的,采购人或采购代理机构还应将建设工程施工合同分送省建设厅和工商行政管理部门备案。另外,对于国家有要求的建设工程项目还应按有关规定办理工程项目施工许可证等手续。

(4) 支付工程资金 工程项目实施后,采购人应依据合同约定向供应商支付资金。具体操作流程按照省财政厅、中国人民银行等相关规定执行。

(5) 按规定向省财政厅报送统计数据 集中采购项目的统计数据应由集中采购机构统一报送,分散采购项目统计数据应由采购人按照省财政厅相关规定中的要求报送。非驻省会的省级单位的工程类项目政府采购按照属地原则进行管理。

1.2.13 省级政府集中采购有关事项确定公布权限的参考规定

(1) 关于集中采购目录和限额标准 根据《政府采购法》规定,结合省情,对省级政府采购的集中采购目录、限额标准，省政府授权省财政厅确定公布并报省政府备案，各市则授权市政府确定公布并报财政厅备案。

（2）关于公开招标的数额标准　根据《政府采购法》规定及省公开招标成本和实际执行情况，同意将省级采购人采购货物和服务采用公开招标的数额标准确定为货物类采购人单项或批量采购 50 万元以上。另外，服务类项目应全部通过公开招标方式确定一定期限内的供应商。以上标准由省财政厅公布并执行（以后如需调整应报省政府审定）。各市公开招标的数额标准省政府授权市政府确定公布并报省财政厅备案。

1.2.14　省级政府采购工作实施意见参考规定

（1）政府采购的适用范围　本规定中的"采购人"是指纳入部门预算管理的省级机关、事业单位和团体组织（以下统称采购人）。"采购资金"是指财政性资金，包括财政预算内资金和预算外资金。财政预算内资金是指年初预算安排的资金和预算执行中财政追加的资金。预算外资金是指政府批准的各类收费或基金等。配套的非财政性资金主要是指事业单位和团体组织的自有收入（包括经营收入、捐赠收入）以及不用财政性资金偿还的借款等。"采购项目"是指纳入省级集中采购目录以内或者采购限额标准以上的项目。"采购对象"是指符合《政府采购法》规定的货物、工程和服务（凡同时符合上述范围的政府采购项目都必须依照《政府采购法》规定开展采购活动）。

（2）政府采购的原则　政府采购应当遵循"公开、公平、公正"和诚实信用原则。政府采购实行集中采购和分散采购相结合的原则，属于省级政府集中采购目录以内的项目实行集中采购，集中采购目录以外、采购限额标准以上的项目实行分散采购。

（3）政府采购管理　省财政厅是省级政府采购工作的监督管理部门，其主要职责是制定政府采购管理规章制度；编制政府采购预算和计划；经省政府授权拟定政府集中采购目录、采购限额标准和公开招标限额标准；审批政府采购方式；对代理政府采购业务的社会中介机构进行备案；考核省级集中采购机构的业绩以及政府采购信息的统计和发布工作；组织政府采购人员的业务培训；制订集中采购机构从业人员人员岗位要求；监督检查省级部门政府采购执行情况；受理政府采购投诉事宜并对违法违规问题进行处理。省级主管预算单位是本部门、本系统政府采购的管理部门，其主要职责是制订本部门、本系统政府采购管理办法；编制政府采购预算和计划；负责本部门、本系统集中采购资金的管理和结算；指导所属非驻省会单位的政府采购并进行监督检查。非驻省会的省级单位参加当地的政府采购。

（4）政府采购的组织实施　纳入省级集中采购目录以内的政府采购项目必须委托省级集中采购机构代理采购。省级集中采购机构应本着采购价格低于市场平均价格、采购效率更高、采购质量优良和服务良好的要求为采购人实施采购，其主要职责是根据核准的采购计划、受采购人委托、制订集中采购的具体操作方案并组织实施；直接组织招标活动；根据采购人委托的权限签订或组织签订采购合同并督促合同履行；制订集中采购机构内部操作规程；受采购人委托代理集中采购目录以外的分散采购。分散采购项目可由采购人按政府采购有关规定自行组织采购，也可以委托省级集中采购机构或政府采购社会招投标代理机构采购。

（5）政府采购方式　政府采购采用以下方式，即公开招标、邀请招标、竞争性谈判、询价、单一来源采购和国务院政府采购监督管理部门认定的其他采购方式。有关政府采购方式的确定和变更程序另有规定。

(6) 政府集中采购工作程序

① 编制政府采购预算。政府采购预算是反映采购人年度政府采购项目及资金的计划，是部门预算的组成部分。采购人应当按照省财政厅的要求编制政府采购预算。

② 签订政府采购委托代理协议。采购人委托集中采购机构办理的采购事宜，双方应当签订《委托代理协议》，确定委托代理协议采取一年一订的方式。特殊项目类的委托代理协议由采购人与集中采购机构另行签订，一般采取一事一订的方式。

③ 制订政府采购计划。采购人根据批复的集中采购计划向省级集中采购机构报送采购需求进行委托采购；省级集中采购机构根据采购人的需求制订具体采购方案并报省财政厅且根据省财政厅批复的集中采购计划向省级集中采购机构报送采购需求及进行委托采购；省级集中采购机构根据采购人的需求制订具体采购方案并报省财政厅政府采购管理处备案。批准的政府采购计划一般不得调整，采购人确需调整的必须按报送采购计划的程序进行。

(7) 政府采购资金的集中与支付　政府采购资金中属当年财政预算内资金、预算外资金和与上述资金配套的其他资金安排的实行财政直接支付办法，按照先集中后支付的原则由省财政厅财政结算中心通过"政府采购资金专户"统一办理、直接支付。政府采购资金中属其他财政性资金安排的以及公务用车维修、保险、加油和印刷、办公用纸、国际机票、计算机及外设、办公用空调定点采购和其他有省财政厅文件明确的采购项目的资金由采购人自行向供应商支付。政府采购资金应由省主管预算单位填写《政府采购资金支付申请书》向省财政厅财政结算中心提出支付申请，《政府采购资金支付申请书》应附采购合同副本、使用单位验收单、发票复印件以及中标供应商的开户银行和账号等。财政国库集中支付部门的政府采购资金支付工作按省财政厅相关文件规定执行。

(8) 政府采购的监督检查　省财政厅负责对省级集中采购机构和采购人执行有关政府采购的法律、法规和规章的情况进行监督检查并按法律规定受理政府采购活动中的投诉，对违规行为予以通报批评（情节严重的按有关规定给予处理）。省监察厅负责对参与政府采购活动的国家机关、国家公务员和国家行政机关任命的其他人员的监察。省审计厅负责对政府采购进行审计监督。省级集中采购机构要加强内部规章制度建设和工作队伍建设，实行项目责任制度、人员轮岗制度和回避制度，建立、健全内部监督制约机制。任何单位和个人都有权检举和投诉政府采购活动中的违法违纪行为。

1.2.15　省级工程类政府采购项目管理参考办法

本规定所称"省级政府采购工程项目"是指全部或部分使用财政性资金进行的建设工程，包括建筑物和构筑物的新建、改建、扩建、装修、拆除、修缮等。省级政府采购工程项目的范围根据当年公布的省级集中采购目录和采购限额标准确定。纳入集中采购目录的工程项目实行集中采购，集中采购目录以外采购限额标准以上的工程项目实行分散采购。省级政府采购工程项目的建设应严格执行基本建设程序并按国家有关规定履行报批手续。省级政府采购工程项目的采购人（即省级国家机关、事业单位和团体组织）应当依法编制政府采购预算和采购计划。省财政厅是省级政府采购工程项目的监督管理部门，主要负责编制工程项目政府集中采购目录和限额标准；审批工程项目政府采购预算和政府采购计划；对工程项目政府采购的采购方式、采购活动以及资金使用情况进行监督管理；处理有关投诉事宜等。省级政府采购工程达到招标规模标准以上的项目（包括集中采购目录中的项目）应当采用招标方式采购，省级政府采购工程项目进行招标投标的适用《招标投标法》和《省级招标投标条例》，对招标投标活动的行政监督按照省政府规定的有关部门的职责分工执行。采购人不具备招标能力的应委托经国家有关部门认定资格的工程招标代理机构组织招标，属于集中采购目录之内且招标规模标准以下的项目采购人应委托省级集中采购机构采购，属于集中采购目录之外、招标规模标准以下的项目可以委托政府采购代理机构采购。省级政府采购工程项目的采购人进行委托采购的应与受托方签订委托协议。省级政府采购工程项目采购的相关信息，除应在有关部门指定的媒体上发布外还应当在省财政厅指定的媒体上发布。采购人或采购代理机构应当依法将省级政府采购工程项目的合同副本报省财政厅备案。属于建设工程施工的，采购人或采购代理机构还应当将建设工程施工合同分送建设主管部门和工商行政管理部门备案。省级政府采购工程项目财政性资金实行财政直接支付，即由财政结算中心通过"财政零余额账户"体系或"政府采购资金专户"将财政性资金直接支付到材料供应商、承建单位（指负责承建工程项目的企业），部分基本建设资金已拨付到建设单位账户的由建设单位予以支付。省级政府采购工程项目中采购人的自有资金部分由采购人按照采购合同约定自行支付。政府采购的工程项目应当严格按照批准的政府采购预算执行，因特殊情况确实需要突破原批准预算时必须由采购人按规定程序报批并落实资金来源后再继续执行。采购人和采购代理机构在组织实施工程采购活动中应主动接受财政、监察、审计等相关部门的监督检查，对重大招标项目采购人或采购代理机构应邀请财政、监察等部门实施现场监督。

1.2.16 关于省级集中采购机构收费问题的参考规定

"中标服务费"不再收取，"标书工本费"可继续收取。省级集中采购的业务经费由省财政厅在每年预算中统筹安排（依据是实施的采购规模及工作考核成绩等）。

1.2.17 省级政府采购监督管理工作考核参考办法

（1）考核对象和主要内容　考核对象为各省辖市财政局政府采购监督管理部门。考核内容包括政府采购的规模与范围，政府采购监督与管理，政府采购信息统计，政府采购宣传、培训与调研，综合材料的报送及其他5个方面共14条（详见《省级政府采购监督管理工作考核测评表》）。

（2）考核方法和要求　考核采取定性与定量、自查和核查相结合的办法进行。每年2月底前各市按本办法要求就上一年度政府采购工作按考核测评表的内容和要求逐项自查评议，将自查考核及得分情况于3月10日前报省财政厅政府采购管理处。各市按规定上报省的有关情况、省财政厅不定期的检查考核情况均作为对各市考核的依据。根据各市的自查情况，结合平时的考核检查记录，核准和认定各市的分值，确定考核结果。

（3）考核结果的公布　考核结束后将及时公布考核结果。

1.2.18 省级政府采购协议供货管理参考办法

本办法所称"协议供货"是指通过公开招标等方式确定特定政府采购项目的中标供应商及中标产品的价格和服务条件并以协议书的形式固定，再由采购人在供货有效期内自主选择中标供应商及其中标产品的一种采购形式。定点采购是协议供货的一种特殊形式，主要适用于通用服务类采购项目。政府集中采购目录中，规格或标准相对统一、品牌较多、日常采购频繁且市场货源充足的通用类产品（或者通用服务类项目）可以采用协议供货形式开展采购活动。省级的协议供货项目由省财政厅确定并统一委托集中采购机构组织实施而不再需要省级各部门（经下简称采购人）就此类项目和集中采购机构签订委托协议。集中采购机构实施的协议供货结果应当符合采购价格低于市场平均价格、采购效率更高、采购质量优良和服务良好的要求。省级采购人要严格执行协议供货制度，采购协议供货范围内的货物及服务均应严格按照省财政厅委托的集中采购机构的采购结果执行，不得采购协议供货范围外的产品。未按协议供货规定进行的采购，不得报销和支付采购资金，并应按有关规定进行处理。如协议供货范围内的产品或供应商无法满足采购人需要，采购人应根据各个项目的具体情况向省级集中采购机构提出申请，由集中采购机构按规定程序予以确认后代理采购（该确认程序由省级集中采购机构制定并报省财政厅核准）。省财政厅依法履行对协议供货项目采购活动及其实施情况的监督管理职责。主要包括制定省级政府采购协议供货制度办法；确定省级政府采购协议供货项目的范围；审批省级协议供货项目的采购方式和实施方案；对省级政府采购协议供货合同进行备案；处理投诉事宜；监督检查省级的协议供货制度执行情况。省级的集中采购机构依法组织实施省级政府集中采购目录中项目的协议供货工作。主要包括制订协议供货项目实施方案；组织协议供货项目的招标投标工作；确定协议中标供应商；与中标供应商签订协议书；监督协议供应商履行投标承诺；协调采购人和供应商执行协议供货要求；统计收集协议供货有关信息；对协议供货的日常协调工作，包括市场价格的调查，采购人验收协助，供应商履约情况跟踪，采购人反映情况的受理等。协议供货有关的文件规定、协议供货的产品及服务以及供应商的服务承诺、联系方式和售后服务等详细信息应通过相关文件、《服务指南》、"省级政府采购网"等方式予以公布，各采购人在采购时可通过上述信息渠道及时了解查询。规定对以下 12 类项目实施协议供货：即定点采购，包括计算机及打印机等外设；公务用车保险、公务用车维修；公务用车加油；汽车轮胎；空调；传真机及复印机；数码相机及摄像机；办公用纸；公务印刷；锅炉燃油；会议（三类会议）。鉴于各个项目的实际情况不一，因此具体的采购程序应有所区别，在统一印制的《服务指南》中有详细说明（采购人应仔细阅读并遵照执行）。各采购人要充分利用协议供货制度规定的价格及服务的优惠条件，监督协议供货商履行承诺书及采购合同约定的各项应尽义务，对实际执行过程中发现的问题及有关工作建议采购人可向省财政厅和省级集中采购机构反映。在协议供货制度执行过程中，如供应商出现违反合同条款的情况，各采购人应依照合同约定的方式进行处理。直接追究供应商的违约责任并将有关情况向省级集中采购机构反映。如果无法自行处理的可以提请省级集中采购机构协助处理。集中采购机构应及时将有关情况向省财政厅报告。各采购人要注意保护协议供应商合法权益，不得无故拖欠货款，不得向协议供应商提出超出合同范围的其他要求。省财政厅将会同有关部门对协议供货制度及政府采购合同的执行情况开展检查，对于未履行协议供货制度及合同条款的采购人或供应商按《中华人民共和国政府采购法》及其他有关法律法规进行处理。

1.2.19 省级自主创新产品认定管理参考办法

（1）基本要求　本办法所称"自主创新产品"是指符合国民经济发展要求和先进技术发展方向，技术或工艺路线国际原创、产品性能国际先进、核心部件和整机产品省内自主开发生产，产品已在国内率先提出技术标准或其核心技术拥有发明专利，并能够替代进口、引领国内市场和带动省级产业发展的产品。省科技行政管理部门归口管理自主创新产品认定工作，按照"公开、公平、公正"的程序对自主创新产品进行认定并向社会公告。经省认定的自主创新产品列入《省级自主创新产品目录》并向社会公布。省各级政府机关、事业单位和团体组织用财政性资金进行政府采购时应优先购买列入《省级自主创新产品目录》的产品。其中，对具有较大市场潜力并需要重点扶持的试制品和首次投向市场的产品可以由政府进行首购或订购。

（2）申请条件　自主创新产品认定工作坚持企业自愿申请的原则，不向企业收费、不增加企业负担。申请认定的自主创新产品应具备下列条件。

① 产品的生产企业为依法在省级登记注册的企业法人。

② 产品符合国家有关法律法规和产业政策的规定。

③ 产品的技术水平在同类产品中处于国内领先并达到国际先进且属于下列情况之一：在国际上属于自主研究和开发并拥有全部知识产权；或在国际上突破关键核心技术并拥有自主知识产权；或对现有产品实现了工艺、结构、材料及性能等方面的根本性改进并拥有自主知识产权。

④ 产品具有潜在的经济效益和较大的市场前景或替代进口。

自主创新产品认定所需材料包括以下几种。

① 省级自主创新产品认定申请表。

② 工商管理部门核发的营业执照副本或营业执照复印件。

③ 申请单位必须提交的证明材料包括说明产品自主创新及知识产权状况的相关证明材料（凡属于联合申报或多个单位共同享有知识产权的必须提交与产品技术归属及权限有关的技术转让、技术许可、授权、合作生产、合作开发的合同或协议）；特殊行业许可证（对医药、医疗器械、农药、计量器具、压力容器、邮电通信等有特殊行业管理要求的新产品，申报时必须附行业规定许可生产、销售的必备文件）。

④ 经会计师事务所审核过的企业上年度财务报表。

⑤ 产品采标证明。

⑥ 省级以上法定检测单位提供的产品质量性能测试报告。

⑦ 辅助材料。对申请表和必备材料未充分说明的情况做进一步说明，有利于了解情况，申报单位可根据产品的具体情况选择提交。一般包括鉴定证书或其他相当的技术证明材料；由省（部）级以上（含）查新单位出具的查新报告（若有环境污染的项目需提交产品投产后实测的环保达标证明；若属中外合资应附股比说明；属专利技术的产品需附专利证书；获奖产品需附获奖证明）；用户使用意见；产品进入市场的证明材料（出口产品须提交出口证明）。

（3）申报和认定程序　自主创新产品认定工作每年进行1次。每年初由省科技行政管理部门公布当年申报产品的受理截止时间。凡申请认定自主创新产品的企业应按要求向县（市、区）科技行政管理部门提出申请，填写《省级自主创新产品认定申请表》并附所需材料，省辖市科技行政管理部门按本办法前述规定的条件对县（市、区）科技行政管理部门上报的产品及其材料进行审核并在签署意见后上报省科技行政管理部门。省科技行政管理部门对各省辖市上报的产品组织专家进行咨询，对符合条件的产品予以认定并向社会公示，公示无异议的颁发"省级自主创新产品证书"。经认定的省自主创新产品，其有效期一般为3年。

（4）其他　建立自主创新产品使用意见反馈机制（自主创新产品生产单位应及时向产品使用部门了解产品的应用情况和存在问题，不断加以改进和完善）。在自主创新产品申报认定过程中隐瞒真实情况、提供虚假材料或采取其他欺诈手段骗取自主创新产品证书的，由省科技行政管理部门撤销认定证书并从《省级自主创新产品目录》中删除且予以公告，3年内不再受理该企业的自主创新产品申请并取消其自主创新因素而获取的各种待遇。

1.2.20 省级自主创新产品政府采购实施参考办法

发挥政府采购政策功能，促进企业自主创新。自主创新政府采购政策是发挥政府采购的宏观调控功能、拓展政府采购工作广度和深度、充分发挥公共财政职能的首要措施之一，也是促进企业自主创新的重要手段。各地区、各部门要高度重视，在财政预算安排、政府采购等过程中主动按照国家和省要求优先购买自主创新产品，同时要加强组织管理和监督，确保自主创新产品政府采购工作落到实处。定期认定和发布省级自主创新产品及目录，省科技厅会同省财政厅共同研究制订《省级自主创新产品认定管理办法》并结合省级政府采购工作实际认定了自主创新产品、编制《省级自主创新产品目录》。省级政府采购网及省科技厅网站为《省级自主创新产品目录》的指定公告媒体。各级财政部门要加强政府财政预算控制，在采购支出项目已确定的情况下，预算安排中应优先安排采购自主创新产品的项目预算。各级国家机关、事业单位和团体组织（以下统称"采购人"）及政府采购代理机构用财政性资金进行的政府采购应当优先采购《省级自主创新产品目录》内的或符合国家规定的自主创新产品。

对价格为主的采购项目，在满足采购需求的条件下根据科技含量和市场竞争程度等因素，自主创新产品企业报价不高于排序第一的一般产品企业报价一定比例的可优先获得采购合同。对以综合评价为主的采购项目，要增加自主创新评分因素并合理设置分值比重。对经认定的自主创新技术含量高、技术规格和价格难以确定的服务项目采购，报经财政部门同意后可采用竞争性谈判采购方式，将采购合同授予具有自主创新能力的企业。省重大建设项目以及其他使用财政性资金采购重大装备和产品的项目，有关部门应将承诺采购自主创新产品作为申报立项的条件并明确采购自主创新产品的具体要求。在政府投资的重点工程中，国产设备采购比例一般不得低于总价值的60%。建立激励自主创新的政府首购和订购制度。省内企业或科研机构生产或开发的试制品和首次投向市场的产品，且符合国民经济发展要求和先进技术发展方向，具有较大市场潜力并需要重点扶持的，经认定，政府进行首购，由采购单位直接购买或政府出资购买。省内企业研发和生产的一类新药和二类中药应优先进入医保目录。政府对于需要研究开发的重大创新产品或技术应当通过政府采购招标方式，面向社会确定研发机构、签订政府订购合同并建立相应的考核验收和研究开发成果推广机制。

各级财政部门要切实落实省财政厅相关文件精神，和科技等部门积极协调、有效配合，共同推进自主创新产品的认定、评估体系的建设和应用。一方面应该做好对采购人的宣传解释工作，树立国货意识；另一方面，结合自身工作实际，在采购文件的制订和评审方法上，邀请专家、政府集中采购机构及有关职能部门共同研究探索如何对自主创新产品优先采购的具体条件及优惠幅度进行量化和具体化，积极探索经验研究建立对采购自主创新产品的有效激励机制。各级财政及科技部门应建立和完善监管机制，实行跟踪问效（采购人或其委托的采购代理机构未按上述要求采购的，有关部门要按照有关法律、法规和规章予以处理。财政部门视情况可以拒付采购资金。对于在自主创新产品政府采购工作中取得明显成绩和贡献的单位和个人应予以鼓励和表彰），同时要加强与审计、监察等部门的沟通，共同做好自主创新产品的政府采购工作。

1.2.21 省级政府采购人员学习和培训参考办法

本参考办法规定的政府采购人员为从事政府采购工作的人员，具体包括集中采购机构从业人员、部门集中采购机构从业人员、政府采购代理机构从事政府采购业务的人员、政府采购评审专家、政府采购监管机构人员以及采购人单位经办政府采购事务的人员。政府采购人员学习和培训应坚持联系实际、讲求实效、学以致用的原则。政府采购人员学习和培训内容包括政府采购理论与实务;政府采购、招标投标等法律法规制度;其他相关法规制度和知识以及必要的其他知识。政府采购人员学习和培训包括个人自学、单位组织学习和接受培训3种形式。

个人自学形式包括个人自行学习政府采购法律、法规和知识,个人在省级以上公开出版刊物上发表的政府采购研究论文等(每千字可折合1个接受培训小时),经省辖市以上财政部门政府采购监管机构认可的政府采购培训班授课(1个授课小时可折合3个接受培训小时)。单位组织学习形式包括部门或单位组织的业务学习、岗位培训;部门和单位组织的政府采购课题研究(其成果在省级以上公开出版刊物上发表的,每千字可分别折合课题组各成员1个接受培训小时)。接受培训形式包括省辖市以上(包括省辖市,下同)财政部门政府采购监管机构组织或委托的培训;省辖市以上财政部门政府采购监管机构认可的培训或其他形式。集中采购机构从业人员、部门集中采购机构从业人员学习和培训时间每三年累计应不少于120小时(其中单位组织学习时间不少于80小时,接受培训时间不少于40小时);政府采购评审专家接受培训时间每两年累计不少于8小时;政府采购代理机构从事政府采购业务的人员(以申请政府采购代理机构资格的申报人数为准)学习和培训时间每3年累计不少于80小时(其中单位组织学习时间每3年累计不少于40小时,接受培训时间每3年累计不少于40小时)。全省政府采购人员学习和培训按照"统一规划、分级管理"的办法进行。

省级财政部门政府采购监管机构负责全省政府采购人员学习和培训的组织和监管工作,包括制订全省政府采购人员学习和培训制度及规划;编写或推荐全省政府采购学习和培训参考教材或资料;组织全省性政府采购学习和培训活动;对全省政府采购人员学习和培训进行监督管理。各省辖市财政部门政府采购监管机构负责本市政府采购学习和培训的组织和监管工作,包括制订本市政府采购人员学习和培训制度及规划;在使用省级以上政府采购监管部门编写或推荐的政府采购学习和培训参考教材或资料的基础上可结合本市的实际需要补充编写或推荐适合本市特点的政府采购人员学习和培训参考资料;组织开展本市政府采购学习和培训活动;对本市政府采购人员学习和培训进行监督管理。财政部门政府采购监管机构应注意发挥高等院校、教育培训机构等社会教育资源在政府采购培训活动中的作用,鼓励、支持其参与政府采购培训活动,逐步建立与本地区政府采购学习培训任务相适应的政府采购学习培训网络。各部门和单位应鼓励和支持政府采购人员参加规定的政府采购学习和培训,保证政府采购人员参加学习培训的时间和其他必要条件,并根据有关要求积极开展本部门和本单位政府采购业务学习和岗位培训。政府采购人员应遵守政府采购人员学习和培训有关规定,自觉参加政府采购学习和培训活动,保质保量完成规定的学习和培训任务。

为系统记录政府采购人员学习和培训情况,政府采购人员学习和培训实行登记制度。政府采购人员个人自学情况由个人保存备查。单位组织的学习活动由本人或所在单位提供有关证明材料,经同级财政部门政府采购监管机构审核确认后,自行保存备查。政府采购人员接受培训情况实行证书登记制度。政府采购评审专家接受政府采购培训情况可直接记入政府采购评审专家资格证书。政府采购评审专家以外政府采购人员学习培训情况记入省级政府采购培训证书。省级政府采购培训证书是记录除政府采购评审专家以外政府采购人员接受培训情况的有效凭证,是政府采购人员接受政府采购培训的主要依据,培训结束后,应由培训单位如实记录培训的时间、内容和成绩等情况并签章,经省辖市以上财政部门政府采购监管机构审核确认签章后有效。

省级政府采购培训证书由省级财政部门监制,省辖市以上财政部门按有关规定发放与管理。省辖市以上财政部门政府采购监管机构应按照各自职责范围建立政府采购人员学习和培训档案。对应完成而未完成规定学习和培训任务的政府采购人员,政府采购监管部门及政府采购人员所在单位应督促其完成学习和培训任务。应按照监督、考核、激励相结合的原则建立政府采购人员学习和培训定期检查考核制度。应结合对各市政府采购监管部门的考核对政府采购监管机构人员学习和培训情况每年检查考核一次;应结合对集中采购机构的考核对集中采购机构从业人员、部门集中采购从业人员学习和培训情况每年检查考核一次;应对采购人单位经办政府采购事务的人员学习和培训情况适时进行检查;应给合对政府采购专家资格检验复审工作对政府采购评审专家接受培训情况每两年检查一次;应结合对政府采购代理资格管理对政府采购代理机构从事政府采购业务的人员学习和培训情况每3年检查1次。集中采购机构每年完成规定学习和培训任务的人员小时数不足3年累计应完成人员小时总数(人员总数乘以规定3年累计学习和培训小时数)30%的,同级财政部门按财政部《集中采购机构监督考核办法》有关规定进行处理;政府采购评审专家未按规定完成每2年累计接受培训任务的,按财政部《政府采购评审专家管理办法》规定以检验复审不合格而不再办理其政府采购评审专家续聘手续;政府采购代理机构每3年累计完成规定学习和培训任务的人员总数不足90%的,省级财政部门根据财政部《政府采购代理资格认定办法》有关规定不予办理其资格证书期满后乙级政府采购代理机构资格的延续手续,或提请财政部不予办理其资格证书期满后甲级政府采购代理机构资格延续手续。采购人单位经办政府采购事务的人员未按规定参加政府采购学习和培训的,将按有关规定对采购人单位予以通报。政府采购监管机构未按规定完成政府采购学习和培训任务的或未按本办法要求对本地区政府采购学习培训进行规范管理的,结合对各市政府采购监管部门的年度考核工作按有关规定进行处理。

1.2.22 省级政府采购专项经费管理参考办法

省级政府采购专项经费是指为保证省级政府采购工作的正常开展,省财政预算每年安排的经费。省级政府采购专项经费规模按照上年度省级政府采购规模及年度平均增长等情况予以测算和安排。省级政府采购专项经费由集中采购机构业务经费、集中采购机构工作考核及创新奖励经费、政府采购工作发展经费三部分组成,其构成比例分别为80%、10%和10%。集中采购机构业务经费是指根据国家和省的相关规定,依照"谁委托谁付费"的原则,由每年财政预算统筹安排的省级政府集中采购机构的业务经费。集中采购机构工作考核及创新奖励经费是指省级政府采购监督管理部门依法对省级集中采购机构进行监督考核后,对考核情况优秀,工作成绩突出且有创新的给予的资金奖励。政府采购工作发展经费是指为推动省级政府采购工作的创新发展而开展的专项研究、课题计划及相关工作等所需要的资金。省级政府采购专项经费安排的范围为省级政府集中采购机构和承担省级政府采购专项研究、课题计划及相关工作的单位等。省级政府采购专项经费安排的原则如下。

(1) 保障运转、促进创新。对实施政府采购的基本运转经费给予保障,并对工作创新给予支持和鼓励。

(2) 客观公正、公开公平。经费安排采取因素分配法,按客观实际情况进行分配。

(3) 绩效挂钩、奖罚并重。对政府采购活动中成绩突出的给予奖励,对工作中出现问题的给予扣减。

根据经费安排原则，具体经费安排因素及方法如下：集中采购机构业务经费分为基本费用和协议供货费用两项。基本费用占采购业务经费的80%，按各集中采购机构的采购规模确定，具体按上年度和本年度的采购规模综合测算。协议供货费用占采购业务经费的20%，根据各集中采购机构分别承担的协议供货项目数量及工作量进行测算。集中采购机构工作考核及创新奖励经费结合对政府集中采购机构工作的上年度考核情况在年度中安排奖励经费。主要参考相应机构的采购规模、采购次数、采购质量、采购效率、服务水平和创新业绩等因素，对工作成绩优秀的给予奖励，对工作中出现问题的视情节予以扣减。凡发生严重违法违纪行为的实行一票否决，不考虑该集中采购机构本年度的工作考核奖励。政府采购工作发展经费是为深入研究政府采购工作、创新工作思路和方法、充分发挥政策导向功能而设置。省级政府采购监督管理部门于每年初根据政府采购工作计划及发展规划，安排有关政府采购专项研究、课题计划及相关工作经费。集中采购机构业务经费是省级集中采购机构在编制下年度部门预算时，根据部门预算编制及批复情况向省财政厅申报采购业务经费预算项目，应逐项附文字说明。集中采购机构工作考核及创新奖励经费由省级政府采购监督管理部门结合对省级集中采购机构的定期考核和定项考核，根据考核的结果和创新工作情况予以分批拨付奖励资金。具体拨付方法按省级政府集中采购机构监督考核有关文件规定执行。政府采购工作发展经费由省级政府采购监督管理部门根据政府采购工作计划及发展规划予以科学合理的安排和使用。其中，专项研究及课题计划等经费，由项目或课题的承担单位提出具体实施方案及经费预算报省财政厅。

省财政厅将对有关方案及经费预算进行评估及审核，通过后按经费预算及项目实施进度拨付资金。政府采购专项经费应按规定用途使用。集中采购机构业务经费主要用于省级政府集中采购工作开展所发生的专家评审费用、信息公告费用、开评标场地费用，以及省级集中采购机构为保障机构的正常运作和有效发展而必需的其他费用。集中采购机构工作考核及创新奖励经费主要用于促进机构自身建设发展、员工培训等，同时可安排部分用于弥补本机构业务经费的不足。政府采购工作发展经费主要用于省级政府采购的监督检查、业务培训、《政府采购法》宣传、质疑投诉调查处理、政府采购网络建设、信息发布及评审专家管理等经费以及为提高政府采购工作水平、创新政府采购方式而开展的专项研究、课题计划及相关工作等。经费拨付实行定期拨付和专项拨付两种。定期拨付指每年年初、年中预拨，年底根据各经费使用单位的工作实际和经费使用情况予以增减。专项拨付是指对各项专项研究、课题计划及相关工作的经费予以专项拨付。政府采购专项经费使用由省财政厅负责监督，各使用机构应在每年年终了后将使用情况报告省财政厅并接受检查。对违反本办法及其他有关财务管理规定使用资金的将相应扣减有关单位当年或下年的专项经费并按《财政违法行为处罚处分条例》有关规定追究有关责任人的责任。

1.2.23　省级政府采购投诉处理流程

（1）投诉受理

① 投诉人提交投诉书。投诉人投诉时应当提交投诉书，并按照被投诉采购人、采购代理机构和与投诉事项有关的供应商数量提供投诉书的副本。投诉书应当包括下列内容［格式1：政府采购供应商投诉书（本书略）］：投诉人和被投诉人的名称、地址、电话等；具体投诉的事项及事实依据；质疑和质疑答复情况及相关证明材料；提起投诉的日期。投诉书应当署名，投诉人为自然人的，应当由本人签字。投诉人为法人或者其他组织的，应当由法定代

表人或者主要负责人签字盖章并加盖公章。投诉人可以委托代理人办理投诉事务。代理人办理投诉事务时，除提交投诉书外，还应当向同级财政部门提交投诉人的授权委托书，授权委托书应当载明委托代理的具体权限和事项。投诉人或投诉代理人投诉时还应提交身份证明文件。

② 审查。投诉人提起投诉应当符合的条件包括投诉人是参与所投诉政府采购活动的供应商；提起投诉前已依法进行质疑；投诉书内容符合《政府采购供应商投诉处理办法》的规定；在投诉有效期限内提起投诉；属于本财政部门管辖；同一投诉事项未经财政部门投诉处理；以及国务院财政部门规定的其他条件。

③ 告知。财政部门收到投诉书后，应当在5个工作日内进行审查，对不符合投诉条件的应分别按下列规定予以处理：投诉内容不符合规定的，告知投诉人修改后在规定的期限内重新投诉；投诉不属于本部门管辖的，转送有管辖权的部门并通知投诉人；投诉不符合其他条件的，书面告之投诉人不予受理并应当说明理由。

④ 受理。对符合投诉条件的投诉，自财政部门收到之日起即为受理。投诉人应签收投诉受理通知书或不予受理通知书［格式2：政府采购供应商投诉受理通知书；格式3：政府采购供应商投诉不予受理通知书；格式4：政府采购供应商投诉收件签收单］。财政部门应当在受理投诉后3个工作日内向被投诉人和与投诉事项有关的供应商发送投诉书副本。

(2) 调查取证

① 报送说明。被投诉人和与投诉事项有关的供应商应当在收到投诉书副本之日起5个工作日内以书面形式向财政部门做出说明并提交相关证据、依据和其他有关资料。财政部门收到后应当签收。

② 书面审查。财政部门处理投诉事项原则上采取书面审查的办法。主要根据供应商投诉事项，对招标文件、投标文件、评分标准以及专家评委的评分情况，被投诉人和与投诉事项有关的供应商做出的说明、提交的相关证据、依据和其他有关资料等进行书面审查。

③ 调查取证。财政部门认为有必要时可以进行调查取证，发送调查取证通知书［格式5：政府采购供应商投诉调查取证通知书］，也可以组织投诉人和被投诉人当面质证。对财政部门依法进行调查的，投诉人、被投诉人以及与投诉事项有关的单位及人员等应当如实反映情况，并提供财政部门所需要的相关材料。投诉人拒绝配合财政部门依法进行调查的按自动撤回投诉处理，被投诉人不提交相关证据、依据和其他有关材料的视同放弃说明权利并认可投诉事项。

④ 专家复议。对情况复杂的，财政部门可组织专家评委对原评标过程进行复议，同时应邀请有关人员进行现场监督。在复议过程中要做好取证记录，要求到场的相关人员签字，并将有关证据复印件附后［格式6：政府采购供应商投诉调查取证记录表］。

⑤ 暂停采购活动。财政部门在处理投诉事项期间，可以视具体情况书面通知被投诉人暂停采购活动但暂停时间最长不得超过30日［格式7：暂停政府采购通知书；格式8：恢复政府采购通知书；格式9：终止政府采购通知书］。

(3) 处理决定 财政部门经审查对投诉事项可分别做出下列处理决定：投诉人撤回投诉的终止投诉处理；投诉缺乏事实依据的驳回投诉；投诉事项经查证属实的分别按照《政府采购供应商投诉处理办法》有关规定处理。财政部门经审查，认定采购文件具有明显倾向性或者歧视性等问题，给投诉人或者其他供应商合法权益造成或者可能造成损害的按下列情况分别处理：采购活动尚未完成的责令修改采购文件并按修改后的采购文件开展采购活动；采购活动已经完成但尚未签订政府采购合同的决定采购活动违法并责令重新开展采购活动；采购活动已经完成且已经签订政府采购合同的决定采购活动违法并由被投诉人按照有关法律规定承担相应的赔偿责任。财政部门经审查,认定采购文件、采购过程影响或者可能影响中标、成交结果的,或者中标、成交结果的产生过程存在违法行为的,按下列情况分别处理:政府采购合同尚未签订的分别根据不同情况决定全部或者部分采购行为违法并责令重新开展采购活动;政府采购合同已经签订但尚未履行的决定撤销合同并责令重新开展采购活动;政府采购合同已经履行的决定采购活动违法(给采购人、投诉人造成损失的,由相关责任人承担赔偿责任)。财政部门应当自受理投诉之日起 30 个工作日内对投诉事项做出处理决定并以书面形式通知投诉人、被投诉人及其他与投诉处理结果有利害关系的政府采购当事人。财政部门做出处理决定应当制作投诉处理决定书［格式 10:政府采购供应商投诉处理决定书］并加盖印章,投诉处理决定书应当包括下列主要内容:投诉人与被投诉人的姓名或者名称、住所等;委托代理人办理的,代理人的姓名、职业、住址、联系方式等;处理决定的具体内容及事实根据和法律依据;告知投诉人行政复议申请权和诉讼权利;做出处理决定的日期。

(4)送达　投诉处理决定做出后应依照民事诉讼法关于送达的规定执行。送达投诉处理文书必须有送达回证,由受送达人在送达回证上记明收到日期并签名或者盖章［格式 11:送达回证］。送达投诉处理文书,应当直接送交受送达人签收(受送达人已向投诉处理部门指定代收人的,送交代收人签收)。受送达人或者代收人在送达回证上签收的日期为送达日期。受送达人拒绝接收投诉处理文书的,送达人应当邀请有关单位的代表到场说明情况并在送达回证上记明拒收事由和日期,由送达人、见证人签名或者盖章,把投诉处理文书留在受送达人的住所即视为送达。直接送达投诉处理文书有困难的可以邮寄送达(邮寄送达的,以回执上注明的收件日期为送达日期)。受送达人下落不明,或者其他方式无法送达的,公告送达(自发出公告之日起,经过 60 日,即视为送达)。

(5)公示　财政部门应当将投诉处理结果在省级以上财政部门指定的政府采购信息发布媒体上公告。

(6)投诉处理档案管理　投诉事项处理结束后,应及时整理投诉书、投诉处理决定书和调查取证等有关资料,装订归档,备行政诉讼及有关部门依法进行监督检查。

1.2.24　省级人民政府促进中小企业平稳健康发展的参考意见

(1)推动经济发展方式转变　引导中小企业增强自主创新能力,优化产业结构,提升产业层次,转变发展方式。省有关部门要认真落实国家出台的支持中小企业创新的各项税收优惠政策。省经贸委、中小企业局、科技厅评定的省中小企业技术服务示范平台取得的技术转让、技术开发和与之相关的技术咨询、技术服务等业务收入,免征营业税、城市维护建设税和教育费附加。将省中小企业局、知识产权局联合确定的中小企业专利新产品列入省科技厅、财政厅发布的《省级自主创新产品目录》。各级行政机关、事业单位和社团组织用财政性资金进行政府采购时,同等条件下优先购买中小企业专利新产品。省科技成果转化和创新专项资金同等条件下优先支持中小企业项目。鼓励支持中小企业扩大自主知识产权新产品的生产和销售。

(2)加快产业集群建设　各地要结合资源、区位优势,因地制宜、合理规划,促进区域产业科学布局,防止结构趋同。促进装备制造业、高新技术产业、现代服务业和特色产业加快发展,形成一批区域特色鲜明、竞争力强的产业集群。支持重点产业集群实施品牌战略、培育优势品牌。依托重点产业集群和各级各类产业园区,延伸和壮大主导产业链,扶持龙头企业加快发展。完善产业集群载体的服务功能,提升产业集群发展水平。

(3) 大力培育创业载体　以构建创业平台、降低创业成本、完善创业服务、培育创业主体、提高创业成功率为重点，加快中小企业创业基地建设。采取切实有效措施盘活土地存量，通过改造利用闲置场地、厂房建设创业基地。各地对创业基地的多层标准厂房建设要优先供地。今后3年，省政府将安排一定数量的用地指标，对多层标准厂房建设与使用成效显著的地区予以奖励。加强对创业基地建设的扶持，增强其培育、服务中小企业的能力，促进一批中小企业创立和成长。

(4) 加大资金扶持力度　各市、县（市）人民政府要认真执行《中华人民共和国中小企业促进法》和《省级中小企业促进条例》的规定，建立扶持中小企业发展专项资金。已经建立的市、县（市）要根据财政收入增长情况增加专项资金规模。省级扶持中小企业发展专项资金的规模要逐年增加。专项资金主要用于支持省中小企业技术创新、产业集聚、信用担保、创业载体和公共服务平台建设等。

(5) 完善信用担保体系　按照国家有关文件精神，规范和加快中小企业信用担保机构发展，提高其融资担保和风险防范能力。省经贸委会同有关部门抓紧完善对中小企业信用担保的激励和风险补偿办法，对按低于国家规定标准收取担保费以及按规定提取风险准备金的担保机构给予适当补助，对增加资本金的担保机构给予奖励，鼓励担保机构为更多的中小企业提供融资担保服务。

(6) 引导金融机构加大对中小企业的信贷投放　进一步建立和完善小企业贷款奖励和风险补偿机制，将年销售收入2000万元以下、在金融机构融资余额500万元以下的各种所有制形式的小企业纳入风险补偿范围，省、市、县（市）财政对金融机构小企业贷款年度新增部分，给予一定比例的风险补偿。省级小企业贷款风险补偿资金增至1亿元。改进风险补偿资金使用管理办法，安排一定比例的资金奖励金融机构相关人员。鼓励金融机构创新金融产品和服务，积极开展面向中小企业的知识产权权利质押贷款业务。推进中小企业信用制度建设，提高中小企业的信用意识和信用水平，提升企业的融资能力。

(7) 拓宽中小企业融资渠道　积极稳妥推动民间借贷合法运行和规范发展，各地组建的小额贷款公司应将中小企业纳入服务对象。引导各类创业投资机构加大对中小企业的投资力度。支持中小企业在资本市场上直接融资，加大对企业境内外上市的引导、培育力度，形成一批运作规范、实力雄厚、运行健康的上市企业。择优选择600家符合国家产业政策、具有高成长性和上市意愿的中小企业作为培育对象予以重点扶持指导。对新上市的中小企业，各级政府要给予一定奖励；涉及资产所有权和土地使用权过户发生的费用，根据有关规定给予减免。鼓励和帮助中小企业通过发行企业债券、短期融资债券、集合债券、股权融资、项目融资和信托产品等形式直接融资，积极开展中小企业集合债券发行试点工作。

(8) 切实减轻中小企业负担　在办理各类注册、年检、更换证照等环节简化程序，杜绝不合理收费。不得强制要求中小企业参加各种协会、学会等社团组织，严禁各种形式的摊派。认真贯彻省政府相关文件要求，加快推进行政事业性收费清理工作，对决定取消和停止征收的行政事业性收费和政府性基金，各地和有关部门不得继续征收，公民、法人和其他社会组织有权拒缴。对生产经营困难的中小企业需要缴纳的各种规费，有关部门应在职权范围内酌情减免或予以缓交。

(9) 推进服务体系建设　建立市、县（市）中小企业服务中心，抓紧培育核心骨干服务机构，动员和整合社会资源，为中小企业发展提供服务，形成功能健全的中小企业社会化服务体系。引导各类中小企业服务机构增强服务意识，拓展服务领域，提升服务能力，提高服务绩效。

(10) 帮助开拓国内外市场　鼓励中小企业积极利用国际国内两个市场、两种资源加快发展。鼓励企业提高出口商品附加值和科技含量,增强市场竞争能力。扶持高新技术产品和自主品牌产品出口,扶持纺织服装、食品、农产品加工等传统产业产品出口。出台贸易便利化措施,提高通关效率,加快出口退税进度。发挥中小企业驻外代表处的作用,积极为中小企业提供国外市场信息,帮助中小企业参加国际展会和各类合作交流,开展上市融资和对外投资等活动。

1.2.25 省级中小企业促进条例

(1) 基本要求 本条例所称"中小企业"是指在本省行政区域内依法设立并符合国家中小企业标准的各类企业。省人民政府负责制订本省行政区域内中小企业政策,对中小企业发展进行统筹规划。设区的市、县(市、区)人民政府应当把中小企业发展纳入国民经济和社会发展总体规划,制订促进本地区中小企业发展的具体措施。县级以上地方人民政府中小企业行政管理部门负责本行政区域内中小企业的综合协调和指导服务工作,督促发展中小企业各项政策措施的落实;政府其他有关部门在各自的职责范围内对中小企业进行指导和服务,落实有关政策措施。省中小企业行政管理部门负责组织实施国家和省中小企业政策和规划,并根据国家产业政策和中小企业发展产业指导目录,结合本省企业的区域发展状况,定期公布扶持重点,引导和鼓励中小企业发展。中小企业享有法律、法规规定的各项权利,任何单位和个人不得侵犯中小企业的合法权益。中小企业应当履行法律、法规规定的相关义务,依法经营管理,不得损害社会公共利益和职工合法权益。

(2) 创业扶持 县级以上地方人民政府应当加大创业扶持力度,鼓励群众自主创业,应建立完善鼓励创业的政策支持体系,积极开展创业服务、减少创业限制、改善创业环境、降低创业成本。县级以上地方人民政府及其有关部门应当采取措施支持创办各类中小企业,定期发布有关创业信息,提供创业政策指导和服务。放宽中小企业准入领域,法律、行政法规未明令禁止和我国政府承诺对外开放的领域中小企业均可以平等进入。县级以上地方人民政府应当在城乡建设规划中安排必要的场地和设施,为创办中小企业提供条件。县级以上地方人民政府应当引导创业者和中小企业进入各类开发区(园区)及其建立的产业化基地、科技企业孵化基地和技术创新基地创业和发展。县级以上地方人民政府可以采用多种方式利用原有存量建设用地、闲置厂房和因资金困难等原因中止建设的建筑物等改造建设创业基地,为创业者创业和中小企业提供生产、经营场所。鼓励社会各类资本利用现有开发区(园区)资源投资建设中小企业创业区(鼓励建造多层标准厂房)。

中小企业可以依法通过招标、拍卖、挂牌或者协议的方式取得国有土地使用权;通过与农村集体经济组织共同设立企业由农村集体经济组织以土地使用权入股、联营取得集体非农业建设用地使用权。中小企业依法取得的国有土地使用权可以依法转让、出租、抵押;依法取得的集体非农业建设用地使用权可以依据省人民政府的规定以租赁、联营、作价入股等方式进行流转。使用存量建设用地和多层标准厂房的中小企业享受国家和省规定的优惠政策。失业人员、大中专毕业生、事业单位人员和转业、退伍军人创办中小企业的有关部门应当予以扶持。对机关和事业单位工作人员辞职创办中小企业的应当给予合理经济补偿。其中工龄达到20年的,经批准可以参照提前退休的工资标准给予一次性补偿。高等院校以及其他单位科技专业技术人员和管理人员创办科技型中小企业的可以保留公职2年、工龄连续计算。有关部门应当为中小企业在员工户籍、档案管理、社会保险等方面提供政策咨询和相关服务。对于失业人员、大中专毕业生创立的中小企业、当年吸纳下岗失业人员或者安置残疾人员达到国家规定比例的中小企业、符合国家支持和鼓励发展政策的高新技术中小企业,经主管税务机关或者有关主管机关审查批准，减征、免征所得税、营业税等有关税、费。鼓励以知识产权等无形资产作价出资创办中小企业。以无形资产出资创办中小企业的，出资额占企业注册资本比例可以由投资各方协商约定。创办有限责任公司和股份有限公司的，按照《中华人民共和国公司法》和国家有关规定执行。

（3）**创新推动** 县级以上地方人民政府及其有关部门用于技术进步的专项资金，应当对中小企业技术创新予以支持。县级以上地方人民政府的技术进步专项资金应当安排一定比例支持中小企业信息化建设，引导中小企业运用现代化信息技术改造业务流程，改善经营管理，推动企业信息化水平的提高。中小企业建立的工程技术研究中心、技术研发中心、公共技术服务平台，区域性、行业性的技术中心、技术交流站和技术服务机构，可以享受国家和省规定的扶持政策。各类开发区（园区）建立的中小企业技术创新基地、产业化基地和科技企业孵化基地，可以享受政策和资金支持。中小企业申报国内外专利的，政府及其有关部门应当给予辅导并可以给予资金支持。中小企业在科技成果引进、转化及生产过程中，技术开发费用按照实际发生额计入管理费用，不受比例限制。中小企业用于研究开发新产品、新技术、新工艺的费用可以按照实际发生额计入成本在税前扣除（其中工业企业发生的该项费用比上年实际增长10%以上的，可以再按技术开发费用实际发生额的50%抵扣当年度的应纳税所得额）。中小企业投资开发的项目，属于国家重点鼓励发展的产业、产品和技术目录的，在投资总额内进口的自用设备，按照国家规定免征关税和进口环节增值税。中小企业技术改造投资符合国家产业政策的，可以按照国家规定以国产设备投资抵免企业所得税。中小企业生产和销售新产品、高新技术产品或者转让技术符合国家有关规定的，可以依法享受国家规定的税收优惠政策。中小企业技术创新项目以及为大企业产品配套的技术改造项目，可以享受国家和省贷款贴息优惠。鼓励有专长的离退休人员为中小企业提供技术服务。科技型中小企业支付给引进的从事技术开发的科技人员的报酬，可以按比例作为技术开发费用。支持中小企业创立企业品牌，维护商标信誉，通过科技创新与开发形成自主知识产权。工商、专利等有关部门和司法机关应当宣传知识产权保护法律、法规，加大对中小企业知识产权保护力度，维护中小企业合法权益。

（4）**市场开拓** 中小企业改造、重组企业物流源，投资建立区域性商品交流中心和行业性产品购销中心，新办独立核算的物流企业，可以按照规定享受减免所得税、国债贴息、绿色通关等政策支持。中小企业与大企业建立以市场配置资源为基础的、稳定的原材料供应、生产、销售、技术开发和技术改造等协作关系的，其项目可以享受贴息支持。政府采购应当安排一定的比例，向中小企业购买产品或者服务，具体比例由县级以上地方人民政府根据实际情况确定。中小企业开展自营进出口业务政府有关部门和机构应当提供指导和服务，出口高新技术产品的中小企业可以享受国家和省有关优惠政策。鼓励中小企业到境外投资、扩大生产规模，允许境外带料加工装配企业按照国家规定将获利后五年内的所获利润充实资本金。支持中小企业取得质量管理体系认证、环境管理体系认证和产品认证等国际标准认证，对取得认证的企业给予便捷通关待遇。支持中小企业积极开拓国际市场，到境外投资，开展加工贸易、服务贸易、劳务合作和国际科技经贸活动。中小企业制造高附加值产品或者提供高附加值服务、开拓外销市场的，外经贸、科技等政府有关部门应当给予技术和营销指导，协助中小企业参加国外展览，了解国际市场，办理联合广告、注册商标、申请专利和在国外设置发货仓库。支持中小企业建立网站，开展网上交易活动，促进产品市场化、国际化。

（5）**资金支持** 省人民政府应当在省级财政预算中安排省中小企业发展专项资金。设区的市、县（市、区）人民政府应当根据本地实际情况，在本级财政预算中安排中小企业发展专项资金，为中小企业提供财政支持。省中小企业发展专项资金主要用于下列扶持中小企业的事项；创业辅导和服务；支持信用担保体系建设；支持技术创新、技术进步和信息化建设；支持中小企业服务机构开展培训和咨询；支持专业化发展、产业集聚、清洁生产、与大企业的协作；国家扶持资金的配套；支持国际市场开拓和国际合作交流；引导民间资本和境外资本参与中小企业风险投资。省中小企业发展专项资金的具体管理使用办法由省财政部门会同省中小企业管理部门制定。设区的市、县（市、区）的中小企业发展专项资金的扶持事项及管理使用办法由本级财政部门会同中小企业管理部门制定。省级财政用于扶持企业发展的其他各项资金，省人民政府财政部门应当确定并逐步提高扶持中小企业发展的比例。金融机构应当根据国家信贷政策，调整信贷结构，创新信贷方式，改善中小企业的融资环境，完善对中小企业的授信制度，并为中小企业提供信贷、结算、财务咨询、投资管理等方面的服务。金融机构应当提高对中小企业的贷款比例，对中小企业符合国家产业政策、有市场发展前景、技术含量高、经济效益好的高新技术成果转化和技术改造项目以及火炬计划项目，应当优先提供信贷支持。鼓励有条件的地方采用多种形式依法组建面向中小企业的财务公司、民资银行等地方金融机构，为中小企业提供金融服务。县级以上地方人民政府应当安排中小企业信用担保专项资金用于担保机构的建立、风险补偿和补贴。县级以上地方人民政府以及有关部门应当推进和组织建立中小企业的信用担保体系，落实信用担保机构准入制度以及国家与省有关信用担保的优惠和扶持政策，完善信用评估和风险控制制度，加强对信用担保机构的监管。鼓励民间资本和境外资本投资设立商业性信用担保机构和企业间互助性担保机构。鼓励金融机构、信用担保机构和中小企业的合作，采用流动资金贷款担保、技术改造贷款担保、存兑汇票业务担保、招标保函担保以及下岗再就业担保等方式，扩大中小企业信用担保范围。完善风险投资机制，发展各类风险投资基金，通过吸纳民间资本和境外资本，为中小企业提高技术创新能力、促进科技成果产业化提供资金支持。

（6）服务指导 省中小企业行政管理部门会同省统计部门建立健全中小企业统计监测体系，制定中小企业统计制度，反映中小企业发展运行状况。县级以上地方人民政府应当建立健全中小企业服务体系，并引导和协调各类社会中介机构为中小企业提供服务。政府资助建立的中小企业服务机构向中小企业提供服务的，应当免费或者降低收费标准。推进省中小企业信用制度建设，推动建立中小企业、经营者、中介机构的信用信息征集与评价体系，推动以中介机构为运营主体的信用记录、信用采集、信用评估、信用公示、信用担保、信用风险防范、失信追究的社会化信用服务体系建设。发展和规范各类行业协会、商会等行业自律性组织，支持其按照章程独立开展工作。行业自律性组织应当维护中小企业的合法权益，向政府及有关部门反映中小企业的建议和要求。鼓励行业协会、商会和各类社会中介机构为中小企业提供创业辅导、信息咨询、市场营销、投资融资、产权交易、技术支持、产品开发、人才引进、人员培训、对外合作和法律咨询等服务。鼓励科研机构、大专院校发展面向中小企业的科技服务产业从事技术中介、咨询、推广等服务活动，培训中小企业经营管理、市场营销、专业技术等方面的人员。鼓励建立区域性的中小企业经理人才测评与推荐中心，促进中小企业职业经营者市场的发展。支持中小企业充分利用世界贸易组织规则所允许的贸易救济措施，积极运用反倾销、反补贴、保障措施等合法手段，维护企业利益，保护产业安全。

（7）权益保护 中小企业出资人的合法权益受法律保护，任何单位和个人不得非法改变企业的产权关系，不得非法占有或者无偿使用企业财产。中小企业依法享有生产和经营自主权，任何单位和个人不得干涉和侵犯。中小企业依法享有劳动用工权，在法律、法规规定的范围内，可以自主决定用工条件、形式、数量、期限和工资数额以及订立、变更、解除和终止劳动合同。依法保护中小企业参与市场公平竞争的权利，任何单位和个人不得歧视，不得附加任何不平等的交易条件。中小企业因配合环境保护、城市规划、道路建设或者其他市政建设项目，经营活动受到影响或者需要拆迁的，政府及其有关部门应当协助解决资金、建设用地等问题，并依法给予补偿。中小企业因自然灾害遭受重大损失时，政府以及有关部门应当给予适当救助。规范行政许可行为，公开办事指南、许可条件和相关制度，除法律、行政法规规定外，一律不得对中小企业设立设置前置性许可。规范检查和检验行为，执行法定程序，除法律、法规规定外，不得对中小企业及其产品进行检查、检验。政府及其有关部门依法进行的检查、检验，不得妨碍企业正常的生产经营活动。规范行政收费行为，公示收费项目、标准、范围和依据（对于收费项目、标准、范围和依据发生变更的，应当在实施之日10日前公布。行政收费应当使用省级以上财政部门统一印制的财政收据）。任何机关或者单位不得在法律、法规和国务院财政、价格主管部门以及省人民政府规定的收费项目和收费标准之外，向中小企业收取费用。对于违反前款规定收取行政事业性收费、检验和检测费等费用的，中小企业有权拒绝，已收取的应当立即返还并支付自收取之日起至返还之日止的利息。有关机关在行使审批权和登记权时，除依照法律、法规收取审批、登记环节的费用外，不得收取其他费用。任何单位和个人不得以任何理由强制中小企业提供各种赞助或者接受有偿服务。政府部门不得将行政职权转移到中介机构，不得为中小企业指定中介机构提供各种有偿代理和咨询服务，不得强制中小企业加入各种协会，不得向中小企业摊派订购报刊。任何机关和单位不得强制或者变相强制中小企业参加各类培训、达标、评比、鉴定、考核等活动（法律、法规另有规定的除外）。

县级以上地方人民政府及其有关部门应当实行政务公开，为中小企业提供工商、财税、融资、劳动用工、社会保障等方面的政策咨询和服务，受理中小企业的投诉和举报。政府及其有关部门对受理的投诉和举报，应当在3个工作日内作出自办、会办、转办或者督办的处理决定（自办的应当在10个工作日内办结。会办、转办和督办的，有关部门应当自会办之日或者接到转办、督办通知之日起20个工作日内办结。投诉人要求答复的，承办单位应当在办结后及时给予答复。因特殊原因不能按期办结的，经行政管理部门负责人批准，可以适当延长办理期限，但延长时间最长不得超过10个工作日，并告知投诉人）。政府及有关部门有下列行为之一的，由其上级行政机关或者监察机关责令改正，对直接负责的主管人员和其他直接责任人员依法给予行政处分（这些行为包括违法改变中小企业产权关系；或违法占有或者无偿使用中小企业财产；或违法撤换中小企业法定代表人；或违法向中小企业收费、摊派、检查或者进行行政处罚；或强制中小企业加入各种协会；或违法举办评比活动；或截留、挪用中小企业发展资金和其他专项资金；或对中小企业投诉事项推诿不办、查处不力或者违法处理），因前款行为给中小企业造成经济损失的应当依法予以赔偿，构成犯罪的应依法追究刑事责任。

1.3 国际招标采购的通行惯例与相关约定

1.3.1 国际招标采购方式和招标采购要求

1.3.1.1 采购方式的划分

本节所讲的国际招标是指利用国际金融组织和外国政府贷款项目的招标。在市场经济中，采购货物、土建工程和服务的方式多种多样，有招标采购方式、询价采购方式、直接采购方式、拍卖方式、谈判采购方式、议标采购方式等。在这几种采购方式中，招标具有公开透明、公平、公正的性质。从招标广告的刊登、招标文件编制、投标文件格式和递交、公开开标、评标、授标、签中标合同等各个步骤都要严格按照公开、公平、公正原则进行。

招标有2种分类方法：一是按投标人的注册国来分，包括国内招标和国际招标两类；二是按投标人的数量来分，包括公开招标和有限（邀请）招标两类。这两种分类方法结合起来，招标的种类有国际公开招标、国内公开招标、国际有限招标、国内有限招标4种。国际公开招标是在国内外公开刊登招标广告和出售招标书，接受国内外任何一个合格投标人英文书写（或招标书里规定的别的语言文字）的投标。国内公开招标是在国内公开刊登招标广告和出售招标书，接受国内任一投标人的投标。国际有限招标则不登广告，而是在国际上直接邀请（也含邀请国内）有限几家投标人参加投标竞争。除了不登广告外，有限招标程序与公开招标是相同的。国内有限招标也是不登广告，直接邀请国内几家投标人参加投标。

从实施步骤上又可将上述几种招标分为"一步招标法"和"两步招标法"两种。一步招标法（是一般大量运用的方法）是指招标人一次报出投标价和技术响应书，截标后紧接着开标、评标授标。两步招标法是投标人先报出技术响应书（不带报价），开标后招标人研究分析各个投标技术方案，筛选淘汰不合格的投标方案，可进行技术澄清或商谈，然后平衡综合修改原招标书，写出新的招标技术规格书，发给合格的投标人，这是第一步。第二步是和一步招标法一样的，投标人按新的招标技术规格书，报出自己的技术响应书和投标价，截标后开标唱价，招标人组织商务和技术审核，然后计算各投标人的评标价高低，按评标价最低中标的原则确定中标人。两步招标法不常使用，只在工艺复杂、技术含量高的货物采购和工程量不容易确定、施工复杂的土建工程招标中才使用。

从国际金融组织和外国政府贷款项目的招标来看，国际招标比国内招标更容易被成员国政府所接受。因为在国际招标中，成员国的货物制造商、贸易商、土建工程承包商都有平等机会参加投标竞争，而国内招标只有借款国国内的制造商、承包商能成为中标受益人，其他成员国很难参加借款国国内招标的竞争。在国际招标中，公开招标（或叫竞争性招标）具有广泛的竞争性或无限制性，各成员国感兴趣的投标人均可自由参加竞争。有限招标是由招标人直接邀请几个投标人来参加投标，没被邀请的潜在投标人或国家可能会提出不满，怀疑是否受到不平等对待。世界银行和亚洲开发银行的资金来源于成员国缴纳的股金，资金使用要接受成员国政府的监督，银行对贷款项目的资金使用情况也特别关注，所以只有国际公开招标方式（或叫国际竞争性招标方式）才是成员国政府和银行最放心的、最能接受的采购方式。因此，世界银行和亚洲开发银行都对国际有限招标和国内招标的适用范围做出了明确限定。一般来说，国际有限招标仅适用于以下3种情况：合同金额小；供货人数量有限；有理由可证明不采用国际公开招标方式是正当的。当采用国际有限招标时，国内优惠方面的规定不适用。国内招标仅适用于预计国外厂商不会感兴趣的以下四种情况：中标合同金额小；土建工程的地点分散或时间可能拖得很长；土建工程为劳动密集型；当地可获得该货物或当地土建工程的价格低于国际市场价格。

至于招标以外其他采购方式的运用，世界银行和亚洲开发银行也都规定了明确的限定范围。询价采购是邀请至少来自2个成员国（含借款国）3家以上的供货人提出报价以确保价格具有一定竞争性，这种采购方式仅适用于采购小金额的货架交货的现货或标准规定的商品。直接采购是直接与一个供货人或土建工程承包人签订合同（没有一点竞争性），这种采购方式仅适用于以下5种情况。

（1）对某个按照银行接受的程序授予的现有货物或土建工程合同进行续签以增购或增建

类似性质的货物或土建工程。在这种情况下，应使银行满意地认为进一步竞争不会得到任何好处且续签合同的价格是合理的。

（2）为了与现有设备相配套。设备或零配件的标准化可以作为向原供货人增加订货的正当理由。证明直接采购合理的条件应该是原有设备必须是适用的；新增品目的数量一般应少于现有的数量；价格应合理；采购者对从其他厂商或设备来源处另行采购的好处已进行了考虑并已给予否定，否定理由是银行可以接受的。

（3）所需设备具有专卖性质并且只能从单一货源获得。

（4）负责工艺设计的承包人要求从某一特定供货商处采购关键部件并以此作为性能保证的条件。

（5）有特殊情况比如应付自然灾害。

除询价采购和直接采购外，世界银行的《采购指南》中还允许存在自营工程、从联合国机构采购2种采购方式。自营工程即借款人使用自己的人员和设备进行施工，这可能是承建某些种类的土建工程唯一实际可行的方法，自营工程仅适用于下列所述情况；包括无法事先确定所涉及的工程量；工程小而分散或位于边远地区（有资格的施工公司不大可能以合理的价格投标）。要求在不给日常运营造成混乱的情况下进行施工；不可避免的工作中断的风险由借款人承担要比由承包人承担更合适；需要迅速采取行动的紧急情况。从联合国机构采购是指在有些情况下，从联合国的专门机构（作为供货人）按照自己的程序采购那些小批量的货架交货的货物（主要用于教育、卫生及农村供水和环境卫生等领域）可能是最经济有效的采购方式。从上述介绍可以看到，招标以外（特别是公开招标以外）的采购方式不是普遍运用的方式，而是局限在一定范围内运用的，使用公共资金采购货物、土建工程和服务一般都运用公开招标的方式，借用世界银行及亚洲开发银行的贷款项目的采购方式应征得银行同意并通常要在贷款协定中规定清楚（不能由借款人自行决定）。日本海外经济协力基金和科威特阿拉伯经济发展基金贷款所要求的采购方式与亚洲开发银行、世界银行是一致的，都是以国际公开招标为最常用方式。

1.3.1.2 招标采购的要求

招标这种采购方式可以使招标人买到便宜的、合用的货物，使投标人得到公平竞争的机会。但招标也有自身的缺点，比如时间较长，有时反而买到价格高的货物（其原因是招标书中技术规格要求过高或暗指某个厂商的产品，商务条款苛刻，甩给投标人的风险太大，分包不合理，抬高业绩要求使国内产品失去投标资格等），一般买不到性能最好的产品等。充分认识招标的特点，对于顺利招标、投标是很重要的，总的说来招标大致有14条规则。

（1）静态采购　静态采购中，招标书和投标书的内容在开标后都不能改动，不允许利用开标后的评标环节对招标书或投标书的内容作实质性改动；投标价在开标后不能改动，招标人不能要求投标人改变价格，也不允许投标人主动变更价格；评标时的废标标准和评标因素及其量化计算方法或打分的具体方法事先制订好并写在招标书里，开标后不能再改动；不允许投标人在开标后到投标有效期截止前撤回其投标，若撤回，投标保证金将被没收。静态采购是相对于谈判采购而言的。谈判采购是动态采购，采购人今天向供货商提出采购内容要求，明天供货商回答提出报价方案（含技术方案），后天采购人又修改采购要求，供货商又重新报价，采购人还可变更采购要求，供货商再报价，这样反复谈上1个月、2个月、半年，来回讨价还价，至于最后把订单给谁，全由采购人自己决定。动态采购时，供货商不知道采购人凭什么标准来做出决定，这种采购方式缺乏公平、公正、公开透明的实质，因此招标就不能这么办。招标应遵照静态的特点,招标人应把自己的采购意图和评标标准充分地、详细地写在招标书里,不能在开标之后再进行变动,这是招标人的风险。采购要求要提得合理、正确(提高了要付出高价;提低了或漏了又买不到合用的货物),所以在静态的特点下投标人有风险、招标人也有风险。

(2) 采用书面方式进行的采购 招标是一种书面对书面的买卖活动,口说无效。其书面买卖活动的特点表现在:招标人的购买意图要写在纸上(以公开出售的招标书为准,若要修改补充,则应在截标前的足够时间内书面通知所有购买招标书的投标人);标前会上招标人对招标书内容的解释和对投标人的要求若作为招标书的一部分应以书面形式送给所有购买了招标文件的投标人;开标后对投标书的澄清招标人要书面提问、投标人要书面回答;投标人应用招标书中规定的语言文字编辑投标书并要打印出来(不能手写);投标书每页都要由投标签字人小签(签字人若不是企业法人时,则应在投标书里附上企业法人代表的授权书)。

(3) 限定时间 招标有很强的时间性,"时间就是金钱"这句话在招标过程中有明确的体现,主要表现在:出售标书的时间有限定;截标时间有钟点限制;开标时间有规定;投标书有效期从开标日算起有具体的天数规定;投标保证金的有效期也有具体规定;投标人接到澄清通知后就按要求时间回答澄清;投标人从接到中标通知书之日起必须在限定天数内与招标人签订中标合同并按规定时间提交履约保证金。投标人不遵守上述各种时间规定就会导致投标无效或被取消中标资格(这些时间规定视不同标有不同的天数规定,不是每个标都是一样天数)。

(4) 投标人交纳投标保证金 参加招标活动的所有投标人都必须提交投标保证金,并且应遵守下述原则:即必须提交且要在递交投标书的同时提交;保证金的数额有规定(一定得满足数额要求,只可多不可少);保证金的币种必须与招标书的要求相一致;保证金可以是银行担保函或现金、保兑支票、现金支票。如果是银行担保函,其格式要求在招标书的商务部分已给出,投标人必须照着填写。有的招标书还规定如果是外国银行开出的保函还必须经过中国银行总行确认(或叫背签)。设立投标保证金的目的是为了保护招标人的合理利益。投标人必须认真按照标书要求办,马虎不得,稍有差错就会导致废标。但招标人要求的保证金额也不宜过高,过高会影响投标人的积极性,导致缺乏竞争性。

(5) 以成熟的货物为采购标的 用试制品(或第一次制造的货物)投标不能中标,所以招标书普遍对投标人的制造资格做出明确规定。一般规定是在投标前曾制造过与本标相类似的产品多少台并经过多少年运行证明是成功的制造商,具备这一条的才有资格投标或委托他人投标。至于产品制造了多少台、多少年,依不同产品有不同的规定。需要注意的是,"有没有资格"与"能不能做"是两个不同的概念。"资格"是指曾经制造过产品没有,其运行是否成功。投标人一定要改变过去的销售观念,充分认识招标的这个特点。

(6) 坚持广泛竞争 招标是一种为所有合格的投标人提供公平竞争机会的交易方式,因此招标书内容必须具有广泛竞争性。招标书中引用的标准和技术规格应达到能够促使最广泛的、可能的竞争,应最大可能采用国家标准或国际上认可的准备(如 ISO、IEC 等)。技术规格应以相关的技术性参数和特征为依据,不能够引用某一家制造商的商品名称、商标、目录号作为依据,也不能引用独家生产的技术参数和特征作为依据。如果确实需要引用才能完整、清楚地表达技术规格要求时,则应在该引用后面加上"或相当于"的字样。招标应允许接受特征相似和性能至少与规定的性能指标实质相等的货物。业绩资格规定也要符合广泛竞争性原则,不能规定得太苛刻或有专指性(以致只有一家制造商有资格)。招标信息的发布也要符合广泛竞争性原则,招标项目的总采购预告和具体采购的资格预审或招标广告均应至少刊登在普遍发行的一种报纸上，也要将广告副本转发给表示感兴趣的投标人，要防止只让局部范围内的投标人知道招标信息。

（7）提交制造商的正确委托书　投标人若不是货物的制造者时，应在投标文件里递交制造厂的正确委托书。这是保证货源可靠的措施，也是防止投标作假或以次充好的措施，对于维护招标人的利益有着重要的意义。投标人须按招标书中给出的格式填写并正确签字，制造厂和投标人都要由企业法人代表签字或由其授权的代表签字，授权书应附在投标书里。

（8）投标人提交银行资信函　市场经济活动中，财务和资信是重要的需要考虑的因素。过去习惯计划销售，常常忽略银行资信函。现在我国的企业和银行对投标开具"银行资信函"都不适应，需要尽快跟上来。

（9）投标报价要求详细、完整　招标书的商务部分对报价有详细要求并附有报价表格。除要求报总价以外还要求报分项价格（具体分哪些项在招标书里已写清楚）。报价表格中有的要求除报单价和总价外，还要求报出"标准备件、易损件专用工具费用"、"附属件费用"、"安装、试验、培训、设计联络和技术服务费用"等栏目。在招标书的技术规格部分对报价也有不少要求，如有的要求报出两年指令性备品备件的价格并列出清单（数量、单价、总价），有的还要求报出3年或5年的备品备件供业主选购并列出清单。有的要求报出买方在卖方培训、监造或检验的费用（人日数及单价），报出卖方到项目现场安装、调试的指导费用（人日数及单价）。有的还要求附带测试仪器和附件，其价格含在总报价中并要列出单价。这些报价内容若漏报可以导致废标或评估时被加价而失去中标机会。所以投标人要认真阅读招标书中的报价要求，不可漏报或错报。

（10）公开开标　开标是招标的重要程序，必须采取公开方式，允许投标人或其代表出席，也可请公证机关出席作证。开标应允许记录、拍照、录音、录像。招标必须公开开标，才能体现和维护公开透明、公平公正的原则。不开标或秘密开标是违反公开透明原则的，公开才能促公平公正，公开才能防腐败欺诈。开标时应高声唱读投标人名称、每个投标的总金额、有无折扣或价格修改、有无投标保证金，如果要求或允许报替代方案的话，还应宣读替代方案投标的总金额。没有开封或开标时没有宣读的投标均不得考虑。开标之后若出现新的投标人或出现新的投标价格，是违反公平竞争原则的，将会损害正当投标人的权益。开标必须在紧接着截标时间之后进行，防止间隔时间过长，出现投标书被窥窃、涂改的情形。在第一个投标人被开标唱读之后，不应要求或允许任何投标人改变其投标。

（11）公开评标原则　评标要按公开的、已制订的废标标准和方法进行。招标的透明度也表现在评标环节上，评标的基本原则是：必须把废标的标准和评标因素及其量化计算方法事先制订好并写在招标书里，开标后照着进行评标，不能开标后再针对投标内容来随意制订评标原则和计算方法。评标依据是招标书和投标书中的内容，招、投标书内容以外的东西不能作为评标依据。招标书中要求不明确、前后矛盾或界限含糊不清的要求均不得作为评标依据。违反国家法律、法规的不能中标，如违反我国公布的"民法通则"、"反不正当竞争法"等法律法规的应取消其中标资格。

（12）公开授标原则　授标要授给符合招标书要求的评估价最低的投标人，而不是授给开标价价格最低的投标人，也不是授给设备性能最好（质量最好）的投标人。授标时，不能要求投标人承担招标书中没有规定的责任或要求其修改投标书内容并以此作为授予合同的条件。这些授标原则要在招标书里公布，授标时应遵照执行。

（13）集体讨论确定中标者　招标的公开、公平、公正性质也体现在中标结论是由集体讨论做出这一点。中标结论是在商务和技术检查（或称商务和技术初评）之后筛选掉不合格者，合格者和基本合格者进入终评（即评标价计算），再把计算出的评标价按由低到高的顺序排列，最低者就是中标人。商务和技术检查、终评、计算出评标价等工作不是由一个人或一个单位去做，而是由评标小组集体讨论、计算出来。评标小组由招标代理机构、业主单位、设计院、业主单位的主管机关、设备制造业（没有参加投标者）、律师业和财务会计业及公证单位等各方面的人员组成。在成套设备系统评标时，还得请出各种专业的设备专家参加评标。比如火电机组的招标进行评标，锅炉专业、汽轮机专业、汽轮发电机专业都得各有专家参加。因为不可能一个人熟悉这三个专业，不可能一个人就能做出公平、公正的科学结论。评标小组（或叫评标委员会）集体讨论、计算，做出中标结论，是招标的鲜明特点之一。在商业经营活动中由一个人做决定出问题的风险性很大。比如新加坡巴林银行，一夜之间破产了，就是一个人（利森）决定交易所造成的。全世界的金融界都从这个事件中吸取了教训，我国有的银行从此决定签发证明得由两个人签字才有效。招标的优点之一就是要求集体讨论做出中标决定，这是减少出差错和防止腐败的有效预防措施之一。因此在市场经济社会里，招标这种采购方式才被广大纳税人所推崇。

（14）招标内幕人员不得参与投标活动 为保证招标的公开、公平、公正性质，招标内幕人员不得参与某投标人的投标活动，这也是反腐败的有效预防措施之一。投标内幕人员包括业主单位、编写招标书单位、咨询单位、招标代理机构、评标小组等人员。招标内幕人员不得帮助某投标人编制投标书以及分担一部分投标工作或中标后分包一部分工作量或指导某投标人投标或参与其他与投标有关的活动。

从以上所述可知，招标有它自身的许多特点（或叫规则），它不同于别的采购方式。招标的四种方式（国际公开招标、国际有限招标、国内公开招标和国内有限招标）都具备上述14个特点，都必须遵守上述14项规则。

1.3.2 FIDIC 国际工程标准合同概貌

FIDIC 条款为 FIDIC 编制的《土木工程施工合同条件》的简称，也称为 FIDIC 合同条件。FIDIC 条款具有结构严密，逻辑性强的特点，其内容广泛具体、可操作性强。

FIDIC 即国际咨询工程师联合会（Fédération Internationale Des Ingénieurs-Conseils），于1913年在英国成立。第二次世界大战结束后 FIDIC 发展迅速。至今已有60多个国家和地区成为其会员。中国于1996年正式加入。FIDIC 是世界上多数独立的咨询工程师的代表，是最具权威的咨询工程师组织，它推动着全球范围内高质量、高水平的工程咨询服务业的发展。

FIDIC 下设2个地区成员协会，即 FIDIC 亚洲及太平洋成员协会（ASPAC），FIDIC 非洲成员协会集团（CAMA）。FIDIC 还设有许多专业委员会用于专业咨询和管理，比如业主/咨询工程师关系委员会（CCRC），合同委员会（CC），执行委员会（EC），风险管理委员会（ENVC），质量管理委员会（QMC），21世纪工作组（Task Force21）等。FIDIC 总部机构现设于瑞士洛桑（FIDIC P. O. Box 861000 Lausanne 12，Switerland）。

FIDIC 出版的各类合同条件先后有 FIDIC 合同条件《土木工程施工合同条件》（1987年第4版，1992年修订版）（红皮书）；《电气与机械工程合同条件》（1988年第2版）（黄皮书）；《土木工程施工分包合同条件》（1994年第1版）（与红皮书配套使用）；《设计-建造与交钥匙工程合同条件》（1995年版）（橘皮书）；《施工合同条件》（1999年第1版）；《生产设备和设计-施工合同条件》（1999年第1版）；《设计采购施工（EPC)/交钥匙工程合同条件》

(1999年第1版)；《简明合同格式》(1999年第1版)；多边开发银行统一版《施工合同条件》(2005年版)等。

FIDIC于1999年出版的4种新版的合同条件继承了以往合同条件的优点，在内容、结构和措辞等方面做了较大修改，进行了重大的调整。新版合同条件被称为第1版可为今后改进留有余地。2002年，中国工程咨询协会经FIDIC授权将新版合同条件译成中文本。《施工合同条件》(Conditions of Contract for Construction)，简称"新红皮书"。该文件推荐用于有雇主或其代表——工程师设计的建筑或工程项目，主要用于单价合同，在这种合同形式下通常由工程师负责监理，由承包商按照雇主提供的设计施工，但也可以包含由承包商设计的土木、机械、电气和构筑物的某些部分。《生产设备和设计-施工合同条件》(Conditions of Contract for Plant and Design-Build)，简称"新黄皮书"，该文件推荐用于电气和（或）机械设备供货和建筑或工程的设计与施工，通常采用总价合同，由承包商按照雇主的要求设计和提供生产设备和（或）其他工程，可以包括土木、机械、电气和建筑物的任何组合进行工程总承包，但也可以对部分工程采用单价合同。《设计采购施工（EPC）/交钥匙工程合同条件》(Conditions of Contract for EPC/Turnkey Projects)，简称"银皮书"，该文件可适用于以交钥匙方式提供工厂或类似设施的加工或动力设备、基础设施项目或其他类型的开发项目，采用总价合同，这种合同条件下项目的最终价格和要求的工期具有更大程度的确定性，由承包商承担项目实施的全部责任，雇主很少介入，即由承包商进行所有的设计、采购和施工，最后提供一个设施配备完整、可以投产运行的项目。《简明合同格式》(Short Form of Contract)，简称"绿皮书"，该文件适用于投资金额较小的建筑或工程项目，根据工程的类型和具体情况，这种合同格式也可用于投资金额较大的工程，特别是较简单的、或重复性的、或工期短的工程，在此合同格式下一般都由承包商按照雇主或其代表——工程师提供的设计实施工程，但对于部分或完全由承包商设计的土木、机械、电气和（或）构筑物的工程此合同也同样适用。

新版的FIDIC合同条件同过去版本比较具有以下6方面特点。

(1) 编排格式上的统一化，新版中的通用条件部分均分为20条，条款的标题以至部分条款的内容能一致的都尽可能一致。

(2) 4种新版合同条件的使用范围大大拓宽，适用的项目种类更加广泛。

(3) 与老版本相比较新版条款的内容作了较大的改进和补充。

(4) 编写思想上有了新的变化，新版本尽可能地在通用条件中做出全面而细致的规定，便于用户在专用条件中自行修改编写。

(5) 新版本对业主、承包商双方的职责、业务以及工程师的职权都做了更为严格而明确的规定，提出了更高的要求。

(6) 新版合同条件在语言上比以前的老版本简明，句子的结构也相对简单清楚，因比老版本更易懂、易读。

FIDIC与世界银行、亚洲开发银行、非洲开发银行、泛美开发银行、加勒比开发银行、北欧开发基金等国际金融机构共同工作，对FIDIC《施工合同条件》(1999年第1版)进行了修改补充，编制了用于多边开发银行提供贷款项目的合同条件——多边开发银行统一版《施工合同条件》(2005年版)。这本合同条件，不仅便于多边开发银行及其借款人使用FIDIC合同条件，也便于参与多边开发银行贷款项目的其他各方使用，比如工程咨询机构、承包商等。多边开发银行统一版《施工合同条件》在通用条件中加入了以往多边开发银行在专用条件中使用的标准措辞，减少了以往在专用条件中增补和修改的数量，提高了用户的工作效率，减少了不确定性和发生争端的可能性。该合同条件与 FIDIC 的其他合同条件的格式一样，包括通用条件、专用条件以及各种担保、保证、保函和争端委员会协议书的标准文本，方便用户的理解和使用。

FIDIC 出版的协议书也是一种合同格式，通常适用于应用功能比较单一、条款比较简单的合同。目前常用的协议书范本有《客户/咨询工程师（单位）服务协议书范本》（1998 年第 3 版）（白皮书）；《客户/咨询工程师（单位）服务协议书》；《代表性协议范本（新）》；《EIC 的施工-运营-转让/公共民营合作制项目白皮书》；《联营（联合）协议书》；《咨询分包协议书》。其中，《客户/咨询工程师（单位）服务协议书范本》（白皮书第 3 版），用于建设项目业主同咨询工程师签订服务协议书时参考使用，文本适用于由咨询工程师提供项目的投资机会研究、可行性研究、工程设计、招标评标、合同管理、生产准备和运营等涉及建设全过程的各种咨询服务内容，该协议书中对客户和工程咨询单位的职责、义务、风险分担和保险等方面在条款内容上做了更加明确的规定，增加了反腐败条款和友好解决争端等条款，更好地适应了当前工程市场的需要，这对加强工程咨询市场的规范化，提高工程咨询质量，进而提升项目决策和管理水平有较大的帮助。

FIDIC 为了帮助项目参与各方正确理解和使用合同条件和协议书的涵义，帮助咨询工程师提高道德和业务素质、提升执业水平，相应地编写了一系列工作指南。FIDIC 先后出版的工作指南达几十种，比如《FIDIC 合同指南》（2000 年第 1 版）；《客户/咨询工程师（单位）服务协议书（白皮书）指南》（2001 年第 2 版）；《咨询工程师和环境行动指南》；《咨询分包协议书与联营（联合）协议书应用指南》；《工程咨询业质量管理指南》；《工程咨询业 ISO9001：9004 标准解释和应用指南》；《咨询企业商务指南》；《根据质量选择咨询服务和咨询专家工作成果评价指南》；《FIDIC 关于提供运行、维护和培训（MT）服务的指南》；《FIDIC 生产设备合同的 EIC 承包商指南》；《设计采购施工（EPC）/交钥匙工程合同的 EIC 承包商指南》；《红皮书指南》；《业务实践指南系列》；《业务实践手册指南》；《工程咨询业实力建设指南》；《选聘咨询工程师（单位）指南》；《施工质量-行动指南》；《质量管理指南》；《ISO9001：2000 质量管理指南解读》；《业务廉洁管理指南》；《职业赔偿和项目风险保险：客户指南》；《联合国环境署-国际商会-FIDIC 环境管理体系认证指南》；《项目可持续管理指南》等。

新版《FIDIC 合同指南》（2000 年第 1 版）是 FIDIC 针对其 3 本新版合同条件（1999 年第 1 版），于 2000 年编写的权威性应用指南。FIDIC 3 本新版合同条件，即《施工合同条件》、《生产设备和设计-施工合同条件》和《设计采购施工（EPC）/交钥匙工程合同条件》。为帮助有关人员更好地学习应用这套新版合同条件，《FIDIC 合同指南》将 3 种合同条件的特点进行了对比；对编写中的思路以及一些条款做了说明；对如何选用适合的合同格式、如何编写合同专用条件及附件等提供了指导意见。这对于加深理解和合理使用这些合同条件具有指导意义。

新版《客户/咨询工程师（单位）协议书（白皮书）指南》（2001 年第 2 版）FIDIC 于 2001 年在原白皮书（1991 年）的基础上，针对 1998 年 FIDIC《客户/咨询工程师服务协议书范本》（白皮书）第 3 版重新修订。全书共分 8 章。第 1 章为引言，介绍了"白皮书"的编写背景和指导原则。第 2 章对"白皮书"中的工程咨询服务协议书通用条件及专用条件 44 条规定做了详细说明；对需要在专用条件中对通用条件做补充调整的给出了范例条款。第 3 章是对"白皮书"的附加讨论，针对不同的委托服务方式，对有关条款特别是双方责任划分和保险等问题做了进一步说明，对需要补充的专用条款的有关规定，都给出了范例条款，包括可能需要增加的第 45~50 条的附加条款范例。第 4 章介绍作为服务协议书附录 A 的服务范围，提出了咨询工程师可提供的咨询服务，包括投资前、详细规划、设计、采购、实施和运行 6 个阶段的各类咨询；给出了每一阶段咨询工程师可以提供的服务及协议书中应明确的原则，并在附件 1 和附件 2 中对土木和环境工程咨询工程师可提供的服务分别开列了详细清单。第 5 章是介绍作为协议书附录 B 的"需要客户提供的人员、设备、设施和其他服务"的相关背景。第 6 章对如何计算和支付报酬作了详细说明，并给出相应的范例条款。第 7 章是编写委托服务范围（TOR）、建议书和协议书的注意事项。第 8 章是新开列的参考文献。

FIDIC 编制的文件中有许多关于咨询业务的指导性文件，主要有工作程序与准则以及工作手册等，这些文件对于规范工程市场活动、指导咨询工程师的工作实践、提高服务质量均有重要的借鉴和参考价值。FIDIC 根据咨询的业务实践的需要编制和出版了一些重要的工作程序与准则以指导工作，其中包括 FIDIC 招标程序；咨询专家在运行、维护和培训中的作用——运行、维护和培训；编制项目成本估算的准则及工作大纲；根据质量选择咨询服务；推荐常规——供在解决建设上争端中作为专家的设计专业人员使用；职业责任保险入门；建设、保险与法律；国外施工工程英文标准函；大型土木工程项目保险；承包商资格预审标准格式。

FIDIC 的工作手册可以作为咨询工程师的培训资料，对于提高他们的职业道德和业务素质起着有益的作用。常用的工作手册有《风险管理手册》、《环境管理体系培训大全》、《业务廉洁管理体系培训手册》、《业务实践手册》、《质量管理体系培训材料》等。

FIDIC 专业委员会编制了一系列规范性合同条件，构成了 FIDIC 合同条件体系。它们不仅被 FIDIC 会员国在世界范围内广泛使用，也被世界银行、亚洲开发银行、非洲开发银行等世界金融组织在招标文件中使用。在 FIDIC 合同条件体系中，最著名的有《土木工程施工合同条件》（Conditions of Contract for Work of Civil Engineering Construction，通称 FIDIC "红皮书"）、《电气和机械工程合同条件》（Conditions of Contract for Electrical and Mechanical Works，通称 FIDIC "黄皮书"）、《业主/咨询工程师标准服务协议书》（Client/Consultant Model Services Agreement，通称 FIDIC "白皮书"）、《设计-建造与交钥匙工程合同条件》（Conditions of Contract for Design-Build and Turnkey，通称 FIDIC "橘皮书"）等。

为了适应国际工程业和国际经济的不断发展，FIDIC 对其合同条件要进行修改和调整，以令其更能反映国际工程实践，更具有代表性和普遍意义，更加严谨、完善，更具权威性和可操作性。尤其是近十几年，修改调整的频率明显增大。比如被誉为土木工程合同的圣经的 "红皮书"，第一版制定于 1957 年，随后于 1963 年、1977 年和 1987 年分别出了第二、三、四版，1988 年、1992 年又 2 次对第四版进行修改，1996 年又作了增补，1999 年 FIDIC 在原合同条件基础上又出版了 2 份新的合同条件，这是迄今为止 FIDIC 合同条件的最新版本。《施工合同条件》（Condition of Contract for Construction，简称 "新红皮书"），其与原红皮书相对应，但其名称改变后合同的适用范围更大，该合同主要用于由业主设计的或由咨询工程师设计的房屋建筑工程（Building Works）和土木工程（Engineering Works）。《永久设备和设计-建造合同条件》（Conditions of Contract for Plant and Design-Build，简称 "新黄皮书"），其与原黄皮书相对应，其名称的改变便于与新红皮书相区别，在新黄皮书条件下承包商的基本义务是完成永久设备的设计、制造和安装。《EPC 交钥匙项目合同条件》（Conditions of Contract for EPC Turnkey Projects，简称 "银皮书"），银皮书又可译为 "设计-采购-施工交钥匙项目合同条件"，它与桔皮书相似但不完全相同，它适于工厂建设之类的开发项目，是包含了项目策划、可行性研究、具体设计、采购、建造、安装、试运行等在内的全过程承包方式，承包商"交钥匙"时提供的是一套配套完整的可以运行的设施。《合同的简短格式》（Short Form of Contract）主要适于价值较低的或形式简单、或重复性的、或工期短的房屋建筑和土木工程。

FIDIC 合同条件是在总结各个国家、各个地区的业主、咨询工程师和承包商各方经验基础上编制出来的，也是在长期的国际工程实践中形成并逐渐发展成熟起来的，是目前国际上广泛采用的高水平的、规范的合同条件。这些条件具有国际性、通用性和权威性。其合同条款公正合理、职责分明、程序严谨、易于操作。考虑到工程项目的一次性、唯一性等特点，FIDIC 合同条件分成了"通用条件"（General Conditions）和"专用条件"（Conditions of Particular Application）两部分。通用条件适于某一类工程，比如红皮书适于整个土木工程（包括工业厂房、公路、桥梁、水利、港口、铁路、房屋建筑等）。专用条件则针对一个具体的工程项目，是在考虑项目所在国法律法规不同、项目特点和业主要求不同的基础上，对通用条件进行的具体化的修改和补充。

国际金融组织贷款和一些国际项目可直接采用 FIDIC 合同条件。在世界各地，凡世行、亚行、非行贷款的工程项目以及一些国家和地区的工程招标文件中大部分全文采用 FIDIC 合同条件。在我国，凡亚行贷款项目全文采用 FIDIC "红皮书"；凡世行贷款项目，在执行世行有关合同原则的基础上，执行我国财政部在世行批准和指导下编制的有关合同条件。

许多国家在学习、借鉴 FIDIC 合同条件的基础上编制了一系列适合本国国情的标准合同条件。这些合同条件的项目和内容与 FIDIC 合同条件大同小异。主要差异体现在处理问题的程序规定上以及风险分担规定上。FIDIC 合同条件的各项程序是相当严谨的，处理业主和承包商风险、权利及义务也比较公正。因此，业主、咨询工程师、承包商通常都会将 FIDIC 合同条件作为一把尺子、与工作中遇到的其他合同条件相对比，进行合同分析和风险研究，制定相应的合同管理措施，防止合同管理上出现漏洞。

FIDIC 合同条件的国际性、通用性和权威性使合同双方在谈判中可以以"国际惯例"为理由要求对方对其合同条款的不合理、不完善之处作出修改或补充，以维护双方的合法权益。这种方式在国际工程项目合同谈判中普遍使用。即使不全文采用 FIDIC 合同条件，在编制招标文件、分包合同条件时仍可以部分选择其中的某些条款、某些规定、某些程序甚至某些思路，使所编制的文件更完善、更严谨。

在项目实施过程中也可以借鉴 FIDIC 合同条件的思路和程序来解决和处理有关问题。需要说明的是，FIDIC 在编制各类合同条件的同时还编制了相应的"应用指南"。在"应用指南"中，除了介绍招标程序、合同各方及工程师职责外，还对合同每一条款进行了详细解释和说明，这对使用者是很有帮助的。另外，每份合同条件的前面均列有有关措辞的定义和释义。这些定义和释义非常重要，它们不仅适合于合同条件，也适合于其全部合同文件。系统地、认真地学习和掌握 FIDIC 合同条件是每一位工程管理人员掌握现代化项目管理、合同管理理论和方法，提高管理水平的基本要求，也是我国工程项目管理与国际接轨的基本条件。

FIDIC《施工合同条件》不仅适用于建筑工程，也可以用于安装工程施工。《施工合同条件》中的合同文件由合同协议书、中标函、投标函、合同专用条件、合同通用条件、规范、图纸、资料表等构成。目前最新的全套 FIDIC 合同条件文本为《The Red Book：Conditions of Contract for Construction, for Building and Engineering Works Designed by the Employer, First Edition 1999》、《The Pink Book：Conditions of Contract for Construction,

MDB1 Harmonised Edition for Building and Engineering Works Designed by the Employer, June 2010》、《The Red Book Subcontract: Conditions of Subcontract for Construction for Building and Engineering Works Designed by the Employer, First Edition 2011》、《The Yellow Book: Conditions of Contract for Plant and Design-Build for Electrical and Mechanical Plant, and for Building and Engineering Works, Designed by the Contractor, First Edition 1999》、《The Silver Book: Conditions of Contract for EPC/Turnkey Projects, First Edition 1999》、 《The Gold Book: Conditions of Contract for Design, Build and Operate Projects, First Edition 2008》、《The Green Book: Short form of Contract, First Edition 1999》、《The White Book: Client/Consultant Model Services Agreement, Fourth Edition 2006》。

1.3.3 FIDIC 电气与机械工程合同条件

1.3.3.1 FIDIC 电气与机械工程合同条件概貌

FIDIC 电气与机械工程合同条件（黄皮书）由第一部分和第二部分组成。

第一部分为通用条件。这部分包含了适用于任何机电工程合同的条款。对条款的任何修改、补充或保留应在第二部分的专用条件中做出规定。如果在第二部分中做出了修正的规定则业主、承包商和工程师对第一部分就会变得熟悉起来，能够消除因投标阶段对文本的变化未加注意而导致误解的可能性。

第二部分为专用条件，分为 A、B 两项。在第二部分中 A 项用于说明在通用条件（第一部分）中规定的变通解决方法，除非在第二部分的 A 项规定了变通解决方法，否则将采用通用条件中的规定。因此，除非需要对第一部分中有关规定做出变通解决，否则无需在 A 项中编入此项条款。在 A 项中还要涉及履约保证、有关图纸和设计的批准方法、支付以及仲裁规则这些款项。B 项可用于补充特别工程项目所需要的，而 A 项中尚未做出规定的任何进一步的专用条件。

1.3.3.2 通用条件中的定义与解释

（1）定义 在本合同中（如下文所定义）下列措辞和用语应具有此处所赋予它们的含义。"开工日期"是指下列日期中最迟的日期，这些日期是序言中规定的开工日期或承包商收到下列付款或通知的日期。包括支付条件中可能规定的开工之前的预付款；为开始履行合同所需颁发任何进口许可证的通知；关于合同生效所需的任何法律要求已经完成的通知；在相关文件中规定的作为开工先决条件所需的任何财务和行政管理方面的要求已经完成的通知等。"条件"是指本合同条件的序言以及本合同条件中的第一部分（通用条件）和第二部分（专用条件）。"合同"是指为实施工程业主和承包商之间的约定而达成的协议，包括条件、规范、业主的图纸和承包商的图纸、已标价的和填完的价格表、投标书、中标函以及中标函中明确编入的附加文件。"合同协议书"是指记录业主和承包商之间的合同条款的文件（FIDIC 机电工程合同条件附有一个合同协议书的样本）。"合同价格"是中标函中规定的、为实施工程而支付给承包商的那笔金额。"承包商"是指其投标书已被业主接受的当事人以及取得承包商资格的法定继承人，但不指承包商的任何受让人（除非业主同意）。"承包商的图纸"是指承包商根据相关条款提交的所有的图纸、样品、图样、模型、操作和维修手册。

"承包商的设备"是指为工程之目的所需要的任何性质的装置和物品,但不包括工程设备。"承包商的风险"是指相关条款中定义的风险。"缺陷责任证书"是根据相关条款由工程师颁发给承包商的证书。"缺陷责任期"是指一年或第二部分规定的移交工程后的时间段,在该期间内承包商根据相关条款负责修复好缺陷和损害。

"业主"是指序言中指定的当事人以及取得业主资格的法定继承人,但不指业主的任何受让人(除非承包商同意)。"业主的图纸"是指业主或工程师根据合同向承包商提供的所有图纸和资料。"业主的风险"是指相关条款中定义的那些风险。"工程师"是指业主任命的为了合同目的作为工程师去工作并在序言中被指定的人员。"工程师代表"是指工程师根据相关条款随时任命的工程师的任何代表。"最终支付书"是指工程师根据相关条款向业主颁发的证书。"不可抗力"具有相关条款赋予它的含义。"外币"是指工程设备安装所在国之外的某一国货币。"严重渎职"是指承包商违背最基本的勤勉之则的任何行为或失职,而该规则是一个有责任心的承包商在同样的地位和同样的情况下所应遵循的。"中标函"是指业主对投标书的正式接受函,包括业主与承包商商定的对投标书进行的任何调整或变动。"履约保证"是承包商根据相关条款为恰当地履行合同而提供的保证。"工程设备"是指按合同提供的安装到工程上的机器、仪器、材料以及所有物品。"进度计划"是指承包商根据相关条款提交的进度计划以及任何批准的对进度计划的修订。"暂定金额"是指根据相关条款所述的那笔用于进行工作或提供货物或服务的金额。"风险转移日期"是指根据相关条款将工程损失或损害的风险从承包商处转移给业主的日期。"价格表"是指由承包商连同投标书一起递交的已填完并且已标价的价格表(或其中任何部分或单个的价格表),上述价格表构成合同文件的一部分。"区段"是指合同中专门确定作为区段的工程的一部分。"现场"是指由业主提供或使之可用的、承包商工作所在的或运入工程设备的那个或那些场所以及经业主同意后承包商施工涉及的、在工程周围的那部分场所(不只是为了通行)。

"规范"是指包括在合同中的规范以及根据相关条款对其所做的任何修改。"分包商"是指在合同中指定的实施工程的任何部分的任何当事人(不是指承包商)或是经工程师同意后已经分包了合同的任何部分的任何当事人以及取得分包商资格的法定继承人,但不指分包商的任何受让人。"移交证书"是指工程师根据相关条款向承包商颁发的证书。"投标书"是指承包商为实施工程送交业主的标有价格的报价书。"竣工检验"是指合同规定的或由工程师与承包商另行商定的并在工程递交给业主之前进行的检测。"变更命令"是指工程师根据相关条款向承包商颁发的任何书面命令或被认为是书面的命令。"工程"是指承包商根据合同提供的全部工程设备及进行的工作。

(2) 标题和题名　本条件中的标题和题名不应视为是本条件的一部分,在合同的解释或构成中也不应考虑这些标题和题名。

(3) 解释　凡指当事人或各方的措辞应包括商行、公司以及具有法人资格的任何组织。仅表明单数形式的词也包括复数含义,视上下文需要而定,反之亦然。

(4) 书面通信　凡合同中规定通信是"书面的"或是"用书面形式"的,是指任何手写的、打印的或印刷的通信(包括电报、电话和传真发送)。

(5) 通知、同意和批准　凡合同规定任何人发出通知、同意或批准时该同意或批准不得被无故扣压。除非另有规定,该通知同意或批准应是书面的并应对"通知"一词做出相应解释。

(6) 费用、企业管理费和利润　凡按照本条件承包商有权得到费用支付时,该费用应为恰当产生的费用并应包括合理分摊到该费用上的任何企业管理费(但不包括利润。除非另有规定）。任何应得利润应按序言中规定的百分比增加到费用上。

（7）时段　本条件中"日"指公历日，"年"指 365 天。

1.3.3.3　通用条件中的工程师和工程师代表

（1）工程师的职责　工程师应履行合同中规定的职责。根据业主任命工程师的条件，如果要求工程师在履行任何神圣职责之前须得到业主的具体批准，则此种要求的所有细节应在第二部分予以阐明。除非合同中有明确规定，工程师无权解除合同规定的承包商的任何义务。

（2）工程师代表　工程师代表应由工程师任命并对工程师负责，并应仅履行和行使工程师根据相关条款可能赋予他的职责和权力。

（3）工程师授权的权力　工程师可随时将赋予工程师的任何职责授权给工程师代表，并可在任何时候撤回这种授权。任何授权或撤回都应采用书面形式并且在将其副本送交承包商和业主之后方能生效。由工程师代表根据此授权向承包商发出的任何决定、指示或批准应具有与工程师发出的决定、指示或批准相同的效力。但工程师代表没有对任何工程设备或工艺提出否定意见不应影响工程师对上述工程设备或工艺提出否定意见并发出指示要求对其修正的权力；且如果承包商对工程师代表的任何决定或指示有疑问有权将该疑问提交工程师（工程师应对上述决定或指示予以确认、否定或更改）。

（4）工程师应行为公正　根据合同要求工程师应按下述方式行使他的处理权，即做出决定（表示意见或同意）、表示满意（或批准）、确定价值、采取可能会影响业主或承包商权利和义务的行动。工程师应在合同条款的范围内（并兼顾所有具体情况）做出公正的处理。

（5）工程师的决定和指示　承包商应遵循工程师根据本条件做出的决定和指示。

（6）书面确认　承包商可要求工程师书面确认工程师的任何非书面的决定或指示，承包商应将上述要求及时通知工程师，在承包商收到书面确认后此类决定或指示方能生效。

（7）对工程师的决定和指示提出质疑　如果承包商对相关条款所述的任何决定或指示或者是对相关条款所述的书面确认提出不同意见或存有疑问，他应在收到上述决定、指示或书面确认后 28 天内通知工程师并陈述自己的理由。工程师应在下一个 28 天期限内通知承包商和业主并对上述决定或指示进行确认、否定或更改（同时说明理由）。如果任一方对工程师采取的行动持有不同意见或如果工程师在规定的 28 天内没有对承包商的通知做出答复且上述问题又未能友好解决，则这一方有权在相关条款规定的条件下根据合同将这一问题提交仲裁。

（8）工程师的替代　没有承包商的同意，业主不得任命任何人替代工程师行使职权。

1.3.3.4　通用条件中的转让与分包

（1）转让　承包商不得将合同或合同中他的义务的任何部分转让出去。以承包商的银行为受款人，收取合同规定的任何到期款项不应视为转让。

（2）分包　承包商不得将整个工程分包出去（除非合同另有规定，没有工程师的事先同意，承包商不得将工程的任何部分分包出去）。但承包商为了购买材料或者签约购买少量零部件或者工程中的任何部分是由合同指定的制造商或供应商提供时则不需征得同意。承包商应将任何分包商及其代理人或雇员的行为、违约或疏忽看作与承包商及其代理人或雇员的行为、违约或疏忽一样，并为之完全负责。

1.3.3.5 通用条件中的合同文件

(1) 主导语言　如果合同版本是用几种语言编写的,具有优先权的版本应在序言中予以规定,该版本的语言称为主导语言。

(2) 日常通信　日常通信使用的语言应在序言中予以规定。

(3) 合同文件的优先次序　除非合同中另有规定,合同文件的优先次序依次为中标函、序言、合同条件的第二部分、合同条件的第一部分、构成合同一部分的任何其他文件。

(4) 文件应相互解释　在遵守相关条款的条件下,合同文件应被认为可相互解释,任何含糊或歧义应由工程师解答(他应就此向承包商发出指示)。如果承包商认为遵循工程师的指示将导致他不可能合理预计的费用应随即通知工程师并附上全部的详细证明材料,此时如果工程师批准他将为上述的合理费用连同适当的利润开具证明并将之加到合同价格中,反之,如果遵循上述指示导致承包商费用低于他合理预计的费用则在考虑适当的利润之后工程师应开具证明从合同价格中予以扣除。

(5) 承包商的图纸　承包商应将以下材料提交工程师批准,这些材料包括在合同或进度计划规定的时间内可能用于合同和进度计划的图纸、样品、模型或资料(并按规定的份数提交);在工程进行中合同中规定的或工程师可能要求的工程总体布置图及详图。工程师应对上述材料表明批准或不批准。在合同或进度计划规定的时间内,或若无时间规定在收到材料的28天内,如果工程师没有表明批准或不批准,上述材料即被认为得到了批准。获得了批准的图纸、样品和模型应由工程师签字或表示认可。承包商应按合同规定的格式及份数提供获得批准的图纸的附加副本。

(6) 不批准承包商图纸的后果　工程师未批准的任何承包商的图纸都应立即予以修正以符合工程师的要求,并应再次提交。

(7) 获得批准的承包商图纸　除相关条款的规定外,获得批准的承包商的图纸不得被违背。

(8) 对承包商的图纸的检查　在合理的时间内,工程师有权在承包商的基地检查工程任何部分的全部承包商的图纸。

(9) 有关安装的资料　在合同或进度计划规定的时间内承包商应提供图纸,说明工程设备如何安装,以及以下情况要求的任何其他资料,这些情况包括准备合适的基础或其他的支撑方法;为将工程设备和任何必要的施工设备送往工程设备安装所在地提供合适的现场通道;与工程设备必要的连接等。

(10) 操作和维修手册　根据相关条款移交工程之前,承包商应提供操作和维修手册以及修建工程的图纸,这些资料应足够详细以使业主能够操作、维修、调整和修补工程的所有部分。除非在第二部分中另有规定,手册和图纸应使用合同中规定的主导语言以及按合同规定的格式和份数提供。除非另有商定,在上述手册和图纸提供给业主之前,不能认为按照移交要求工程业已竣工。

(11) 业主使用承包商的图纸　业主只能为完成、操作、维修、调整和修补工程之目的使用承包商的图纸。

(12) 承包商使用业主的图纸　业主或工程师提交给承包商的业主的图纸、规范以及其他资料仍应为业主的财产,除非是为了合同的需要。未经业主同意,承包商不得使用、复制这些资料或将之传递给第三方。

(13) 设备制造图纸　除非在合同第二部分中另有规定,不应要求承包商向业主或工程师披露承包商的保密的设备制造图纸、设计、技术秘密或制造工艺、工序或作业方法。

（14）承包商图纸中的错误　承包商应对其图纸中的任何错误或遗漏负责，除非它们可归因于业主或工程师提供的不正确的业主的图纸或其他书面资料，工程师对承包商图纸的批准不应解除本款规定的承包商的任何责任。由于承包商拖延提供其图纸和其他资料或由于图纸资料中存在他对之负责的错误或遗漏而可能导致的任何费用应由承包商负担。承包商对他负责的、因上述错误或遗漏所必须进行的任何更改或修补工作应自费处理，并据之修改承包商的图纸和其他资料。承包商履行本条中规定的义务应视为对本条中承包商责任的全部清偿，但不应解除相关条款中他的责任。

（15）业主或工程师的错误　业主应对业主或工程师提供的业主的图纸和其他书面资料负责，并对由其中任一方指定的特定工作的详图负责。如果上述业主的图纸、资料或详图不正确而且需对工作加以变更时，则业主应向承包商支付由工程师开具证明的修改费用和利润。

1.3.3.6　通用条件中的承包商的义务

（1）一般义务　承包商应按照合同以应有的细心和勤勉对工程设备进行设计、制造并将之运到现场、安装、检验和将其试运行，且应在竣工期限内完成工程。承包商还应提供全部必要的承包商设备、监理人员、劳务以及除第二部分中规定以外的全部必要的设施。

（2）放线　承包商应按工程师书面给出的原始基准点、基准线和参考标高对工程进行放线，并为此目的提供全部必要的仪器、装置和劳务。在工程施工过程中任何时候，如果工程的位置、标高尺寸或准线出现错误，承包商应修正上述错误。承包商应负担修正错误的费用，除非上述错误是由业主或工程师书面提供的错误资料引起（或由另一承包商的错误引起），在此情况下业主应负担费用和利润。工程师对任何放线的检查不应解除承包商对放线准确度的责任。

（3）合同协议书　如果要求的话，承包商应签订一份合同协议书以记录合同的全部条款。该协议书应按所附格式拟定并完成，费用由业主负担。

（4）履约保证如果合同条件第二部分要求承包商取得履约保证时，他应在收到中标函28天内按所要求的保证金额取得此种保证。履约保证应由一当事人按业主批准的格式提供。遵循本条要求的费用应由承包商负担。

（5）有效期　在承包商按照合同对工程进行施工、完成以及修复缺陷之前履约保证将一直有效，在缺陷责任证书颁发之后不能根据此履约保证提出索赔并应在缺陷责任证书颁发后14天内将此履约保证退还给承包商。

（6）按履约保证索赔不论履约保证的条款是否规定了在业主要求时应予支持，只有满足下列条件之一业主才能根据履约保证提出索赔，这些条件是：承包商不履行合同并且在收到业主要求其补救此违约的书面通知后42天内没有照办（该通知应说明按照履约保证索赔的意图、索赔数额以及所依据的违约事实）；业主和承包商业已书面同意将要求支付的款额支付给业主而该款额在此后42天内并未支付；在按相关条款所述的仲裁中已判给业主一笔款额而这笔款额在此判决后42天内并未支付；承包商已停止清理或业已破产。在上述情况下，业主在索赔时都应送交承包商一份副本。

（7）现场资料应当认为投标书是基于现场的气候、水文和综合条件以及用于工程运行的资料的，这些资料是业主或工程师为投标之目的向承包商提供的。承包商应为自己对这些资料的解释负责。

(8) 合同价格的充分性。承包商应被认为已彻底查清并在其投标书中考虑到了以下各种情况，这些情况包括影响合同价格的全部条件和情况；完成合同中所述工程的可能性；现场的综合情况（是否已向他提供了通道）；现场总的劳务状况等。承包商不应对业主或工程师书面提供的信息的准确性负责，但要对其从各种渠道收到的信息的解释负责。

(9) 外界障碍和条件　如果在现场实施工程期间，承包商遇到了相关条款中规定的外界障碍或条件，他应有权获得由此导致的附加费用。工程师应为以下各种情况导致的附加费用开具证明并将之加到合同价格中，这些情况包括遵循工程师在与业主及承包商磋商之后颁发给承包商的有关的任何指示；在无工程师明确指示的情况下承包商可能采取的任何必要措施等。

(10) 提交进度计划　承包商应向工程师提交进度计划以取得他的批准，该计划应包括承包商拟实施工程的顺序（包括设计、制造、运至现场、安装、检验及试运行）；提交和批准承包商的图纸所需要的时间；承包商要求业主完成相关工作的时间，包括提交任何业主的图纸，提供通往现场的通道，完成必要的土木工程工作（包括设备所需的地基），获得为工程之目的所需的任何进口许可证、同意、道路通行权及批准等。承包商应在开工日期之后28天内按序言规定的格式提交进度计划，工程师对该进度计划的批准不应解除合同规定的承包商或业主的任何义务。

(11) 进度计划的变更　没有工程师的批准不得对进度计划作实质性变更。鉴于相关条款中的规定，对进度计划的任何实质性变更须征得工程师的批准。

(12) 修改进度计划　如果工程进展不符合进度计划工程师可指示承包商修改进度计划。如果要求做出上述修改的原因不是由承包商负责时，工程师应为编制修改的进度计划之费用开具证明并将之加到合同价格中。

(13) 承包商的代表　承包商应雇佣一名或多名有能力的代表在现场监督工程的实施，他们应能流利地使用日常通信语言，在现场工作开始之前应将他们的姓名书面通知工程师。工程师向承包商代表发出的任何指示或通知都应被视为已发给了承包商。

(14) 对承包商雇员的反对　在收到工程师的书面指示后，承包商应从该工程调离他在实施工程中雇佣的任何渎职的或不胜任的或玩忽职守的人员。

(15) 承包商的设备　除了第二部分中规定的范围外，承包商应提供完成工程所需的全部承包商的设备。所有承包商的设备在运至现场后都应被视为准备专门用于工程实施的，承包商不得将任何上述设备运离现场，除非不再需要该设备完成工程或工程师已表示同意。

(16) 安全预防措施　承包商应遵守有关现场安全的全部适宜的规章。除非另行商定，从现场开工至工程移交，承包商应提供工程所需的围栏、照明、护卫和值班并应为毗邻财产的物主和占有者、公众和其他人提供便利和保护可能需要的临时通道、人行道、护板和围栏。

(17) 电、水和气　承包商应有权为工程之目的使用现场可能提供的电、水、气及其他服务，其细节应在序言中给出，承包商应为上述使用按合理的价格向业主进行支付，承包商应自费提供为上述使用所需的任何装置。

(18) 业主的设备　如果承包商为实施工程而要求的话，业主应运行任何可供使用的设备，其细节应在序言中给出，承包商应为上述使用按合理的价格向业主进行支付，在设备运行期间业主应对设备有控制权并负责设备的安全生产。

(19) 现场清理　在工程进行中，承包商应随时清除和运走所有剩余材料和垃圾。竣工后，承包商应将全部的承包商设备运走，使整个现场和工程保持清洁并处于良好的状态，以使工程师满意。

(20) 为其他承包商提供机会　在不阻碍或干扰工程进行的前提下，承包商应根据工程师的指示为受雇于业主在现场工作的其他承包商及现场上的合法人员提供所有合理的机会以使他们能够完成自己的工作，承包商还应为业主的雇员提供同样的机会。如果承包商根据工程师的书面要求提供任何承包商的设备或任何其他服务，业主应据之向承包商进行支付（所付款额应由工程师开具证明并加到合同价格之中）。

(21) 通行权　除非工程师允许，只许可承包商和分包商的雇员留在现场。承包商应随时向工程师及其代表、业主的代表、当局和官员提供视察工程的方便。

(22) 为获得进口许可证和特许证提供信息　承包商应及时向业主提供有关全部工程设备和承包商设备的详细情况以使业主获得所有必要的进口许可证和特许证。

(23) 遵守法规、规章　在履行合同时出现的一切事宜中，承包商应在各个方面遵守国家的或州的任何法规、法令或其他法律（或任何合法当局的任何规章或细则的规定）并按照其要求发出通知和支付一切费用。

(24) 遵守法律　承包商应遵守设备制造国有关设备制造的法律以及设备安装所在国的法律（只要这些法律涉及制造、安装和工程的运行）。

(25) 专利权　承包商应保障业主免受因侵犯任何专利、已注册的设计、版权、商标或商品名称或其他知识产权而导致的索赔，但须以满足下列全部条件为前提，这些条件包括该索赔或诉讼起因于由承包商提供的工程或任何工程设备的设计、施工、制造或使用；于合同签字的日期在承包商本国或工程设备制造或安装所在国该权利已得到保护；这种侵权或声称的侵权是由于为了规范中明示的或可合理推论出来的目的而使用该工程引起的；这种侵权或声称的侵权不是由于任何工程设备与非承包商提供的任何设备的配套或联合使用引起的（除非这种配套或联合在投标日期之前已向承包商公开说明）；这种侵权或声称的侵权不是由于承包商遵循业主或工程师的设计或指示引起的。

(26) 有关专利权的索赔　当业主遭受到本条中的索赔时应立即通知承包商，承包商应自费为解决该索赔去进行谈判并接受由此索赔引起的任何诉讼。业主对可能有损于承包商的谈判或诉讼应不予承认，除非在被要求之后的一合理时间内承包商未去谈判或应诉。但承包商在向业主提供业主可能要求的合理保证之后方可去进行谈判或应诉，该保证总额应为业主可能负责的且在相关条款的保障内容中包含的补偿费、损坏赔偿费、各种开支和诉讼费的一项估算款额。在承包商要求下，业主应为辩驳上述任何索赔或诉讼提供一切可能的帮助并应得到由此产生的全部合理费用。

(27) 业主对专利权的保证　如果不是由于承包商根据相关条款规定负责保障业主的任何事宜引起承包商侵权或声称侵犯任何专利、注册、设计、商标、版权或其他知识产权，则业主应保障承包商免受为之可能招致的一切索赔、损害赔偿费、各种开支和诉讼费。相关条款的规定在细节上做出必要的修改后也同样适用。

1.3.3.7　通用条件中的业主的义务

(1) 进入和占用现场　业主应在合理的时间内允许承包商进入和占用现场，但该现场不可能为承包商独家占有。业主应按规范规定的范围提供将全部工程设备和承包商的设备运往现场的通行方法。

(2) 协助查明当地规章　业主应协助承包商查明工程设备安装所在国的任何法律、规章、法令或细则以及该国关税的性质和范围，因为这一切都可能影响承包商履行合同中规定的义务。如果要求的话，业主应以承包商的费用为承包商设法获得上述文件的副本及有关资料。

（3）现场土木工程　业主在现场提供的任何建筑物、结构、基础或各种通行方法在进度计划表所指示的时间内应适合于工程的接收、迁移、安装和维修。

（4）同意和通行权　业主应在适当的时间获得或给予工程所需的所有同意（包括工作许可证、通行权以及批准）。

（5）进口许可证和特许证　在与送交工程设备和工程竣工的时间有关的合理时间内，业主应获得工程设备或工程的任何部分所需的全部进口许可证和特许证。

1.3.3.8　通用条件中的劳务

（1）劳务的雇佣　除非合同书中另有规定，承包商应自行安排所有劳务的雇佣以及他们的酬金、住房、膳食和交通。

（2）有关劳务的统计表　承包商应提交详细的统计表说明承包商以及分包商在现场随时雇佣的管理人员和各种等级的劳务人员的数量，该统计表应按工程师规定的格式和时间间隔提交。

（3）工作时间　在现场，承包商应遵守序言中规定的正常工作时间。业主应允许承包商在正常工作时间内在现场不间断地进行工作。在与业主及承包商协商后，工程师可指示在其他时间进行工作，额外费用及利润应加到合同价格中（除非上述做法是为了在竣工期限内完成工程所必需的且应归因于承包商的违约）。

（4）对工作时间的限制　在正常的工作时间之外或在当地公认的休息日不得在现场进行任何工作，除非合同有此规定或为抢救生命（或财产或为了工程的安全）该工作无法避免或必须进行（在此情况下，承包商应立即通知工程师）或工程师已表示同意。

1.3.3.9　通用条件中的工艺和材料

（1）实施方法　拟提供的全部工程设备的制造以及要做的全部工作的实施均应按合同规定的方法进行。如果合同中没有规定制造与实施的方法，则该项工作应按公认的良好的习惯做法以恰当和熟练的方法去实施。

（2）封盖工作　承包商应给予工程师充分的机会去检查、测量和检验现场上即将封盖或掩蔽的任何工作。当此类工作已为检查、测量或检验做好准备时承包商应及时通知工程师。除非工程师通知承包商他考虑没有必要，工程师没有理由拖延进行检查、测量和检验。

（3）移去封盖工作　如果工程师发出指示的话承包商应剥露工程的任何部分（之后承包商应使该部分恢复原状并使之完好，以使工程师满意）。如果工程的任何部分按相关条款已被封盖或掩蔽并被发现是符合合同要求的，承包商遵照工程师的指示而招致的费用（包括利润）应由工程师开具证明并加到合同价格中去。

（4）独立的检查　如果合同规定或承包商同意，工程师可将对设备的检查或检验授权给一个独立的检查员。应按相关条款所要求的方式实施这种授权，该独立检查员应被视为为此目的的工程师代表，该任命的通知（14天前）应由工程师发给承包商。

（5）制造期间的检查和检验　在设备制造期间工程师有权检查、试验和检验材料与加工工艺以及检查按合同提供的所有设备的制造过程，这项工作应在工作时间内于承包商的材料场地和加工车间内进行。如果设备在其他的地方制造，承包商应为工程师的检查、试验和检验获得许可。所有的检查、试验和检验不能免除承包商遵守合同的任何义务。

（6）检查和检验的日期　承包商应接合同的规定与工程师协商设备检验的时间和地点，工程师应把他打算检验的意图提前 24 小时通知承包商。如果工程师未按协商一致的时间参加检验，除非工程师指示承包商不必检验，承包商可单独进行检验，该检验可以被认为是在工程师到场的情况下所进行的，承包商应立即向工程师递交检验结果的正式证明副本，如果工程师没有参加检验他应承认检验的数据有效。

（7）为检验提供设备　凡合同规定在承包商或分包商厂房进行检验时，承包商应提供为有效地进行检验所必需的帮助、劳务、材料、电、燃料、备用品、装置和仪器。

（8）检验证书　当设备通过了本条所指的检验时，工程师应向承包商颁发一份证书（或为此在承包商的检验证书上签字）。

（9）拒收　如果按相关条款所进行的检查、试验或检验的结果使工程师认为设备有缺陷或不符合合同要求，他可以拒收该设备并立即将有关情况通知承包商（通知应说明工程师拒收的理由）。工程师不应拒收有微小缺陷的任何设备，只要该缺陷并不影响该设备的营利运行。承包商随后应迅速修补缺陷或保证任何被拒收的设备符合合同要求。如果工程师要求对该设备再行检验，该检验应按同样的条款和条件重复进行，由重复检验招致的业主的全部费用应从合同价格中扣除。

（10）对运送设备的许可　承包商应向工程师书面申请运送工程设备或承包商的设备至现场，没有工程师的书面同意，承包商不得将其运送到现场。承包商应负责在现场接收工程设备和承包商的设备。

1.3.3.10　通用条件中的工程、运送或安装的暂停

（1）暂时停工命令　工程师可随时指示承包商暂停工程的进行；或暂停运送在进度计划中规定的运送时间（或者如未规定时间，在拟定运送的适当时间）准备运往现场的工程设备（或承包商的设备）；或暂停安装业已运至现场的工程设备。当阻止承包商按进度计划运送或安装工程设备时即应认为工程师已下达了暂时停工的指示（除非此类阻止是由于承包商的违约引起）。在暂时停工期间，承包商应保护并保障处在承包商的工厂或其他地方或现场（视情况而定）受到影响的工程或工程设备免受任何损蚀、损失或损害。

（2）暂时停工的费用　承包商因对工程或工程设备进行保护、保障和保险或遵守工程师根据相关条款下达的指示以及复工而招致的附加费用应加到合同价格中。如果由于承包商一方违约而导致必须停工时，则承包商无权取得任何附加费用。除非承包商在收到暂停工程进行或暂停运送工程设备的命令后 28 天内或根据相关条款确认暂时停工的日期后 28 天内把要求进行该项索赔的意图通知工程师，否则他亦无权取得附加费用。

（3）暂时停工情况下的支付　如果有关工程设备的工作或工程设备的运送被中止超过 28 天，则承包商有权获得该未被运至现场的工程设备的支付款项。在暂时停工 28 天后，承包商有权获得相当于该工程设备在停工日期时的价值的付款。同时应颁发一份支付证书，但须满足相关条件，即根据工程师的指示承包商已把这些工程设备标记为业主的财产，暂时停工不是由于承包商的违约引起。

（4）持续的暂时停工　如果相关条款中所述的停工持续 84 天以上且此停工不是由于承包商的违约引起，则承包商可通知工程师要求在 28 天内同意继续实施工程。如果在上述时间内没有得到许可，承包商可将此停工视为相关条款中所述的对停工影响到的区段的删减或如果停工影响到整个工程承包商可终止合同并且执行相关条款的规定。

(5) 复工　如果承包商没有根据相关条款将持续的停工视为删减或终止合同，在承包商的要求下业主应接受对中止的工程的保护、保管、安全以及保险的责任，中止的工程受到损失或损害之风险从此转移给业主。在收到继续工作的许可或命令后，承包商应在及时通知工程师后检查受到暂停影响的工程或工程设备，承包商应补救好工程或工程设备在暂停期间可能发生的任何损蚀、缺陷或损失，承包商由于此暂停所合理支出的费用（即如果没有暂停不可能支出的费用）连同利润应加到合同价格中。承包商无权获得由于补救因有缺陷的工艺或材料或因承包商未能采取相关条款中规定的措施而引起的任何损蚀、缺陷或损失所招致的费用。如果业主根据本款接受了中止的工程的风险和责任，那么在承包商收到复工的许可或命令后14天，该风险和责任应重新归属承包商。

1.3.3.11　通用条件中的竣工

(1) 竣工期限　工程应在竣工期限内完成并通过竣工检验。

(2) 竣工期限的延长　如果由于下列的任何原因致使或将使承包商延误完成工程，承包商可要求延长竣工期限，这些原因包括根据相关条款中书面指示额外的或附加的工作；异常恶劣的气候条件；承包商不可能合理预见的自然障碍或条件；业主或工程师的指示（但不是由于承包商的违约引起的）；业主未能根据合同履行其任何义务；业主雇佣的任何其他承包商的延误；根据相关条款中的任何暂时停工（由于承包商的违约除外）；任何劳资纠纷；业主的风险；不可抗力。承包商应在得知索赔延期的事件后14天内将其索赔延期的意向通知工程师，通知发出后承包商应尽快发出附有全部详细材料的延期要求。在与业主和承包商适当协商后，工程师应及时地给予承包商预期的或追溯既往的此类合理延长竣工期限的许可，且工程师应相应地通知业主和承包商。无论在竣工期限之前或之后出现的延误，承包商均应有权获得此类延期。

(3) 分包商的误期　如果分包商的误期是由于相关条款中提到的某一原因，而该误期阻碍承包商按竣工期限竣工时，则承包商应有权进行延期索赔。

(4) 提前竣工　业主可在下述条件下要求工程或工程的一部分在竣工期限之前完成，这些条件包括：业主和承包商应首先商定支付承包商在竣工期限之前完成工程或其中一部分的每日的额外款额；对未能在提前的时间内完成工程或其中一部分承包商不承担相关条款中规定的责任。本款规定业主有权要求工程或部分工程早于规定期限竣工，业主有关提前竣工的要求应满足两个条件，即业主和承包商应在合同中约定应付报酬（约定的应付报酬应为竣工期限前实际完成的部分工程的每日额外款项）；对约定提前竣工时间内的延误承包商不承担赔偿责任（换言之，即使业主已要求提前竣工并且已就报酬问题达成协议，只有在竣工期限到期时才会出现以上所述后果。相关条款中的规定是业主要求提前竣工的唯一途径。业主不得援引根据相关条款发出的变更命令来改变对上述条款的执行）。

(5) 竣工拖延　如果承包商未能在竣工期限内完工，业主应有权减少合同价格，除非从出现的事件中能够合理地断定业主不会遭受损失。业主应在一合理的时间内将其要求减少合同价格的意向通知承包商。每日减少的百分比应按序言中的规定执行（即归因于未能如期完工而不能预期投入使用的那部分工程的合同价格的每日百分比），此减少应按竣工期限和实际竣工日期之间的天数计算，此减少绝不应超出序言中规定的、该部分合同价格的最大百分比，此减少不应包括对有关承包商未能在竣工期限内竣工业主所做的任何其他补救，但相关条款中有规定的除外。

(6) 进一步的误期　如果根据相关条款业主有权对工程的任何部分的合同价格进行最大

限度地减少，他可通知承包商要求其完成工程（该通知应确定一个合理的最后竣工的期限）。如果不是由于业主或其雇佣的某个其他承包商负责的原因，承包商未能在该期限内竣工时，业主可再一次通知承包商，要求承包商完成或用承包商的费用由业主完成工程（只要他以合理的方式这样做）或终止合同。如果业主终止了合同，他应有权就他所蒙受的任何损失从承包商处得到序言中规定的最高限额的补偿。若没有规定最高限额，业主无权得到超出归因于承包商未能如期完工而不能预期投入使用的那部分工程的合同价格的补偿。业主应将他保留的工程的任何部分的价值记入贷方。

1.3.3.12 通用条件中的竣工检验

（1）检验通知　承包商应提前14天将一日期通知工程师，说明在该日期后他将准备好进行竣工检验（下文中称为"检验"），除另有商定，检验应在该日期后14天内工程师通知承包商的某一日或数日内进行。

（2）检验时间　如果工程师没有在承包商要求之后指定检验时间或未在指定的时间和地点参加检验，承包商应有权在工程师不在场的情况下着手进行检验（该检验应被视为是在工程师在场的情况下进行的，并且检验结果被认为是准确的）。

（3）延误的检验　如果承包商无正当理由延误检验时，工程师可通知承包商要求他在收到该通知后21天内进行检验，承包商应在此期限内他可能确定的日期进行检验并将此日期通知工程师。如果承包商未能在21天内进行检验时工程师可单独着手进行检验，工程师如此进行的所有检验的风险和费用应由承包商承担（此费用应从合同价格中扣除），该检验应被视为是在承包商在场的情况下进行的并且检验结果应被认为是准确的。

（4）为竣工检验提供方便　除非另有规定，业主应免费提供为进行检验承包商可能合理要求的此类劳务、材料、电、燃料、水、备用品、仪器和原料。

（5）重复检验　如果工程或任何区段未能通过检验时，工程师或承包商可要求按相同的条款和条件重复此类检验，根据本款或相关条款进行重复检验所招致业主的所有费用应从合同价格中扣除。

（6）对检验结果的分歧　如果工程师和承包商对检验结果的解释有分歧，双方应在该分歧出现后14天内向对方提交一份阐明自己意见的报告（该报告应附有一切有关的证明材料）。竣工检验是确定工程已完满结束并可移交业主的手段，因此，工程师与承包商对检验结果很可能产生分歧。在此类情况下要求承包商与工程师分别向对方提交一份阐明自己意见的报告。此类报告应附有一切有关证明材料并应在分歧产生后14天提交。仲裁时，上述报告可作为判断工程是否确已竣工及是否需要复验的重要证明文件。

（7）未能通过竣工检验的后果　如果工程或任何区段未能通过根据相关条款所进行的重复检验时，在与业主和承包商适当协商后，工程师应有权指示按照相关条款规定的条件再进行一次重复检验；或拒收工程或区段（在此情况下，业主应从承包商处获得与相关条款规定相同的补偿）；或尽管工程尚未竣工但业主愿意前提下颁发一份移交证书。合同价格应按业主与承包商可能商定的数额给予减少，若未能达成一致可按仲裁决定予以减少。

（8）业主的使用　在考虑根据相关条款所进行的检验结果时，工程师应考虑到由于业主对工程的任何使用而对工程的性能或其他特性所产生的影响。

（9）检验证书　一旦工程或工程的任何区段通过了检验，工程师应立即就此向承包商和业主颁发一份证书。

1.3.3.13 通用条件中的移交

(1) 移交 当工程根据合同已经竣工（那些不影响工程预期投入使用的次要部分除外）且已通过竣工检验并根据相关条款已经颁发或认为已颁发了移交证书时业主应接收工程。

(2) 移交证书 承包商可在他认为工程将竣工并根据相关条款准备移交前不早于14天向工程师发出通知申请移交证书，工程师在收到承包商的申请后的28天内应向承包商颁发移交证书，同时将一份副本呈交业主，说明工程竣工和准备移交的日期，或者驳回申请，提出工程师的理由并详细说明为了使移交证书得以颁发承包商还需进行的工作。如果在28天的期限内工程师未颁发移交证书或未驳回承包商的申请时应认为在上述期限的最后两天他已颁发证书。如果根据合同工程被分成区段时，承包商有权就每一个此类区段申请单独的移交证书。

(3) 移交前的使用 业主不得使用工程的任何部分（除非工程师颁发了该部分的移交证书）。然而，如果业主使用了工程的任何部分时，该被使用的部分应被认为在此种使用之日已经移交，工程师应根据承包商的要求相应地颁发移交证书。如果业主在工程移交前使用了工程的任何部分，承包商应被给予最早的机会用以采取可能需要的某些措施进行竣工检验。相关条款中的规定不适用于业主正在使用的工程的任何部分，应如同该部分在被使用之日已经移交那样。

(4) 对竣工检验的干扰 如果由于业主或工程师或业主雇佣的其他承包商负责的原因妨碍承包商进行竣工检验时，则应认为业主已在本该完成但因上述妨碍未完成竣工检验的日期接收了工程，工程师应相应地颁发一份移交证书。如果工程实质上不符合合同要求则不应认为工程已被接收。如果按照本条规定接收工程的话，承包商仍应在缺陷责任期内进行竣工检验，工程师应提前14天发出通知要求承包商根据相关条款中的有关规定进行竣工检验。承包商在缺陷责任期内因进行竣工检验所支出的任何附加费用应加到合同价格中。

1.3.3.14 通用条件中的移交后的缺陷

(1) 缺陷责任期 如果工程的任何部分单独移交，则该部分工程的缺陷责任期应从其移交之日开始。

(2) 修复缺陷 除相关条款规定之外，承包商应负责修复缺陷责任期内可能出现或发生的由下列情况引起的工程的任何部分中的任何缺陷或损害，这些情况包括任何有缺陷的材料、工艺或设计；在缺陷责任期内承包商的任何行为或失职等。承包商应以尽快可行的方式自费修复缺陷或损害。

(3) 缺陷通知 如果出现任何此类缺陷或发生损害时业主或工程师应当立即将上述情况通知承包商。

(4) 缺陷责任期的延长 本条规定应适用于由承包商进行的所有重置或更新，如同此类重置或更新在其完成之日已被移交一样。工程缺陷责任期应延长一段时间，其长短应与工程因某种缺陷或损害而不能使用的时间相等。如果只是部分工程受到影响则缺陷责任期应仅就该部分进行延长。在上述两种情况下，缺陷责任期的延长都不得超过1年。当发生相关条款所述的工程设备安装或交付暂停时，本条所规定的承包商的义务则不适用于工程设备本应交付（但由于此暂停而未交付）之日3年之后或在第二部分中可能规定的此类期限之后发生的任何缺陷。

(5) 未能补救缺陷 如果承包商未能在某一合理的时间内修补某一缺陷或损害时，业主可确定一个修补缺陷或损害的最终时间。如果承包商未能照办，业主可自己或由他人进行此项工作（但他应以合理的方式去做，由承包商承担风险和费用。业主因修补缺陷或损害所招致的合理费用应从合同价格中予以扣除，但承包商对此项工作不负有责任）；或要求承包商同意业主按商定的意见或按相关条款中的仲裁决定合理减少合同价格；或对不能预期投入使用的那部分工程终止合同（如果该缺陷或损害使业主实质上无法享有工程或工程的一部分所带来的全部利益）。除上述规定的任何补偿外，业主还应有权获得为该部分工程所支付的所有费用以及拆除工程、清理现场和向承包商归还工程设备或根据承包商的指示卖掉该设备所支付的费用的补偿。

（6）清除有缺陷的工程　如果此类缺陷或损害不能在现场迅速地得到修复时，在工程师或业主的同意下，为了修复之目的，承包商可将任何有缺陷的或损害的部分工程从现场清除。

（7）进一步的竣工检验　如果重置或更新可能影响工程进行时业主可要求重复必要的竣工检验，该要求应在重置或更新之后28天内提出并通知承包商，检验应按相关条款中的规定进行。

（8）出入权　在最终支付证书颁发之前，承包商应有出入工程各个部分以及查阅工程的工作记录和运行记录的权利。该出入权应限定在业主的正常工作时间内并由承包商承担风险和费用。同样，承包商的任何正式授权代表也应得到此类出入权，该授权代表的名字应事先书面通知工程师。承包商还可以自己的风险和费用进行他认为有必要的任何检验，但须取得工程师的批准。

（9）业主和工程师设计中的缺陷　承包商不应对由业主或工程师提供或指定的设计引起的任何缺陷负责。

（10）由承包商调查　如果工程师书面要求，承包商应在工程师的指导下调查产生任何缺陷的原因。如果该类缺陷根据本条规定不由承包商负责时，在调查产生缺陷原因的工作中，承包商支付的费用应加到合同价格中。

（11）缺陷责任证书　当工程或其任何部分的缺陷责任期已终止，根据合同，承包商已履行了弥补工程或部分工程的缺陷的义务时，工程师应在28天内就此向业主和承包商颁发一份缺陷责任证书。

（12）其他的补救　除出现严重的渎职情况外，本条中规定的业主的补救应取代并解除与任何缺陷有关的任何其他补救。

1.3.3.15　通用条件中的变更

（1）工程师有权变更　工程师可在工程移交前的任何时候可向承包商发布变更命令，指示承包商更改、修正、删减、增加或以其他方式变更工程的任何部分。除了根据工程师的变更命令外，承包商不得变更或更改工程的任何部分，但承包商可随时向工程师提出变更工程的建议。

（2）变更命令的程序　在根据相关条款发布任何变更命令前，工程师应将此类变更的性质和方式通知承包商。在收到该通知后，承包商应尽快向工程师提交将要实施的工作的说明（如有时）以及工作的实施进度计划；根据相关条款对进度计划或根据合同对承包商的义务进行任何必要的修改的建议；承包商对合同价格调整的建议。收到承包商的上述递呈后，在与业主和承包商适当协商后工程师应尽快决定是否进行变更。如果工程师决定进行变更，他应根据承包商的上述递呈或按照协议所作修改发布一条明确的变更命令。如果工程师与承包商未能就合同价格的调整达成一致意见则应按相关条款中的规定处理。

(3) 对合同价格调整的不同意见　如果承包商与工程师未能就合同价格的调整达成一致意见则应根据价格表中规定的费率确定调整价格。若价格表中包含的费率不直接适用于有关具体工作工程师应确定能反映价格表中价格水平的合适的费率。当所述的价格表中未包含费率时总额应适合全部情况并应适当考虑因变更追加或减少承包商的管理费。承包商还应有权得到相应付款，这些付款包括由于此类变更而使部分实施的工程变为无用而导致的费用；对已经制造或正在制造的设备进行必要改动的费用（或对任何已做但因此类变更而必须进行改动的工作的费用）；由于进度计划中详细规定的工程进度被破坏而招致承包商的任何附加费用；因此类变更造成对承包商的财务费用的实际影响（包括利息）。工程师应在此基础上确定费率或价格以便使部分付款能够包括在支付证书中。

(4) 承包商开始执行　一旦收到变更命令承包商应立即开始进行变更，并在执行变更过程中接受本合同条件的约束（如同此类变更已在合同中规定）。在准予延长竣工期限或根据相关条款对合同价格进行调整之前工作不得延误。

(5) 费用记录　在任何情况下，当指示承包商在确定有关合同价格的调整之前进行变更时，承包商应保持进行变更的费用记录和所花费的时间记录。在所有合理的时间内此类记录应供工程师查阅。

1.3.3.16　通用条件中的设备的所有权

设备的所有权。根据合同提供的设备应在下述时间中较早的时间成为业主的财产，这些时间是当设备在现场交付时以及当根据相关条款中的规定承包商有权得到设备价格的付款时。

1.3.3.17　通用条件中的证书与支付

(1) 支付条件　支付条件应在序言中规定。

(2) 申请的方法　除非第二部分中另有规定，承包商应按以下方法向工程师申请支付。这些方法是：有关工程进度方面应提交工程师可能要求的此类已完成的工作的价值的证明材料；有关运至现场的及在途中的工程设备方面应说明有关工程设备并提交此类装运、运费和保险费用的证明材料以及工程师可能需要的此类其他文件；或根据相关条款中的附加的付款进行。任何其他付款申请均应说明要求的款额以及提出申请的有关细节。

(3) 颁发支付证书　在收到承包商有权提出的付款申请后 14 天内，工程师应向业主颁发一份支付证书并说明应支付的款额（同时将一份副本送交承包商），此支付证书不是最终支付证书且不得由于以下原因扣发（这些原因包括不影响工程使用的那类小缺陷），在对申请付款的任何部分有争议情况下应对无争议的款额颁发一份支付证书。

(4) 对支付证书的修正　工程师可在任何支付证书中对任何以前的证书进行任何必要的适当修正或更改。

(5) 支付　除非在第二部分中另有规定，业主应从每一份支付证书颁发之日起 28 天内在其业务总部向承包商支付已证明的款额。

(6) 延误的支付　如果根据相关条款应予支付的任何款额被延误支付时，承包商应有权得到延误期间未付款额的利息。除非在第二部分中另有规定，此利息的年息应为承包商所在国中央银行的贴现率加上 3 个百分点。承包商有权得到此类付款而不需正式通知且不损害其任何其他权利或补偿。

(7) 对未能颁发证书或支付的补偿 下列情况下，承包商在向工程师和业主发出通知 14 天后有权停止工程，这些情况包括承包商提出正当申请后工程师未颁发支付证书；或业主未按本条规定进行支付，由于停工和随后恢复工作所引起的承包商的费用及利润应加到合同价格中。在任何情况下，当承包商提出正当申请后工程师未颁发支付证书时，在向工程师和业主发出通知 28 天后承包商有权终止合同。

(8) 采用计量支付 对根据所提供的数量或所做的工作进行支付的工程的任何部分来说，有关计量的规定应在第二部分中说明。

(9) 申请最终支付证书 在缺陷责任证书（如果有多个缺陷责任证书时则指最后一个缺陷责任证书）颁发后 28 天内，承包商应向工程师申请最终支付证书。申请此最终支付证书时应附有一份由承包商准备的最终结算单，该最终结算单应详细说明提供的所有工程设备的价值和根据合同所做的工作同时还应说明商定的对合同价格的此类增减以及承包商可能认为自己有权得到的附加款的一切要求。

(10) 最终支付证书的颁发 在收到根据相关条款发出的申请后 28 天内工程师应向业主颁发最终支付证书（同时将一份副本送交承包商）。如果承包商未能在相关条款规定的时间内申请最终支付证书，工程师应要求承包商在下一个 28 天期限内提出申请，如果承包商未提出此类申请，工程师应就他认为正确的款额颁发最终支付证书。

(11) 确定性的最终支付证书 最终支付证书应是工程符合合同要求以及承包商根据合同已履行了其所有义务时工程的价值的确定性证明。支付最终支付证书中开具的款额应是业主根据合同已履行了其所有义务的确定性证明。在下列情况下，最终支付证书或者支付不应为确定性的（即涉及或影响证书中所述的任何事情存在欺骗或不诚实时；或在最终支付证书颁发后 84 天期满前任何一方根据合同已开始提交仲裁或已开始向法庭提起诉讼）。

1.3.3.18 通用条件中的索赔

(1) 程序 当根据本合同条件出现承包商认为他有权索赔附加付款的任何情况时承包商应采用以下 2 种途径索赔，如果他打算索赔任何附加付款的话应在得知上述情况后 28 天内将其索赔意图通知工程师并说明索赔理由；或在此通知发出后合理可行时应尽快向工程师提交其全部和详细的索赔材料，除非工程师另外同意，索赔材料的提交不得超过发出索赔通知后的 182 天。无论如何，此类索赔材料的提交不得晚于最终支付证书的申请。此后承包商应立即提交工程师为了对索赔的合理性进行评估可能合理要求的进一步详细材料。

(2) 评估 当工程师收到承包商根据相关条款提交的全部和详细的索赔材料以及他可能合理要求的此类进一步的详细材料时，在与业主和承包商适当协商后他应确定承包商是否有权得到附加付款并据之通知有关各方。工程师可驳回不符合相关条款中规定的任何要求附加付款的索赔。

1.3.3.19 通用条件外币和汇率

(1) 外币支付 外币支付应按照序言中的规定办理。

(2) 货币限制 业主应就下列情况引起的任何损失赔偿承包商，这些情况包括货币限制以及对支付承包商的货币进行货币汇兑时的限制，此类限制由根据合同进行任何支付的所在国政府或政府授权机构强制实施。本款仅适用于工程投标书递交截止日期前 28 天后实施的限制。

(3) 汇率　如果合同规定使用外币支付，则为合同之目的货币上的汇率应予确定并应为序言中规定的汇率。如果序言中没有规定此种汇率，则依据的汇率应为工程投标书截止日期之前的28天当天或距28天最近的一天由所有国中央银行公布的该国货币售出汇率。

1.3.3.20　通用条件中的暂定金额

(1) 暂定金额的使用　一项暂定金额应按照工程师的指示全部或部分地使用。支付给承包商的总金额仅应包括按照工程师的指示与暂定金额有关的工作、供应或服务的那类款额。

(2) 指示用暂定金额工作　对于每一项暂定金额，工程师在与业主和承包商适当协商后，可指示承包商实施工作，包括提供货物、材料或服务。实施此类工作的价值应按相关条款确定并按相关条款支付给承包商。或指示承包商购买货物和材料（为此应按相关条款中的规定进行支付）。

(3) 发票与收据　当工程师要求时，承包商应出示反映暂定金额支出情况的报价单、发票、凭证以及账单或收据。

(4) 使用暂定金额支付　对于承包商实施的所有工作或承包商根据相关条款提供或购买的货物、材料或服务，支付给承包商的金额中应包括承包商已支付的或应支付的实际价格以及已支付的或应支付的实际价格的一个百分比（有关所有其他收费和利润方面。此百分比应为序言中规定的百分比）。

1.3.3.21　通用条件中的风险与责任

(1) 风险和责任的分担　对于由履行合同引起的物质财产的损失或损害以及人身伤亡等风险，业主和承包商应分担的责任如下：业主负责相关规定中规定的业主的风险；承包商负责相关规定中规定的承包商的风险。

(2) 业主的风险　业主的风险包括战争与敌对行动（不论宣战与否）、入侵、外国敌人的行动；在与工程所在国有关的或与运送工程设备必须通过的国家有关的范围内的叛乱、革命、暴动、军事政变或篡夺政权或内战；由于任何核燃料或核燃料燃烧后的任何核废料、放射性的有毒炸药或任何爆炸的核装置或其核部件的其他危险性质引起的离子辐射或放射性污染；以音速或超音速飞行的飞机产生的压力波；暴乱、骚乱或混乱（但完全限制在承包商或其分包商的雇员引起的此类事件除外）；由业主使用或占用工程或工程的任何部分；由工程师、业主或其他由业主负责的人员造成的出现于工程任何部分的设计中的毛病、错误、缺陷或遗漏；工程或工程的任何部分或为了履行合同使用或占用现场；按照合同在工程建设中不可避免的（无论是永久的还是临时的）对道路、灯光、空气或水的使用权的干扰；对任何在他人土地上的通行权（地役权）、道路通告权或类似性质的权利的干扰；业主在任何土地的地表、地下、上方、其中或通过该土地建设工程或工程的任何部分的权利；按照合同在工程建设中所不可避免的损坏（由于承包商的建设方法引起的除外）；工程师、业主或由业主雇佣的其他承包商或他们各自的雇员或代理人的行动、疏忽或遗漏或违反合同或违反法律的责任；一个有经验的承包商无法预见的所有风险（或虽可预见，但该承包商无法合理地采取措施防止发生损失、损害或伤害的所有风险）等。

(3) 承包商的风险　承包商的风险是指除规定为业主的风险以外的所有风险。

1.3.3.22　通用条件中的对工程的照管和风险的转移

(1) 承包商对工程照管的责任　从开工之日起直到根据相关条款中规定的适宜的风险转

移日期止，承包商应对工程或工程的任何区段负有照管责任。承包商还应对缺陷责任期内由他实施的任何未完成的工作涉及的工程的任何部分负有照管责任直到完成该未完成的工作。

(2) 风险转移日期　与工程或工程的某一区段有关的风险转移日期为下列日期中的最早日期：颁发移交证书的日期；当认为工程师已颁发了移交证书或认为按照相关条款已移交了工程的日期；当业主或承包商按照本条件终止合同时终止通知中的终止日期。

(3) 对工程损失或损害的风险的转移　在适宜的风险转移日期，对工程或工程任何区段的损失或损害的风险应从承包商处转移给业主。

(4) 风险转移日期之前的损失或损害　在风险转移日期之前发生的工程或工程任何区段的损失或损害分两种情况。如果是由任何承包商的风险引起的损失或损害应由承包商立即以自己的费用修复；如果是由任何业主的风险引起的损失或损害，倘若在损失或损害发生后28天内工程师要求的话应由承包商用业主的费用修复（修复此类损失或损害的价格在所有情况下都应是合理的）并应由业主和承包商商定或未能商定一致时按照相关条款通过仲裁确定。

(5) 风险转移日期之后的损失或损害　在风险转移日期之后，承包商对有关工程的任何部分的损失或损害的责任（除严重的渎职情况外）应限定在以下两个方面，即完成相关条款规定的与工程的任何部分中的缺陷有关的承包商的义务，立即修复承包商在缺陷责任期内造成的损失或损害。

1.3.3.23　通用条件中的财产损害和人员伤害

(1) 承包商的责任　除相关条款规定外，在最终缺陷责任证书颁发之前发生的涉及任何物质财产的损失或损害（工程除外）以及人员伤亡方面的所有损失、开支及索赔，凡属由下列原因引起的承包商应对之负责并保障业主免于所有的损失、开支及索赔，这些原因包括承包商有缺陷的设计、材料或工艺以及承包商（或其分包商或他们各自的雇员和代理人）的疏忽或不履行法定责任。

(2) 业主的责任　无论何时发生的、属业主的风险引起的、涉及任何物质财产的损失或损害或人员伤亡方面的所有损失、开支或索赔，业主应对之负责并保障承包商免于所有的损失、开支或索赔。

(3) 事故　凡与承包商或其分包商为合同目的而雇佣的任何人员的伤亡有关而导致的所有损失、开支或索赔，承包商应对之负责并保障业主免于上述损失、开支或索赔，除非上述人员的伤亡是由工程师、业主或业主雇佣的其他承包商或其各自的雇员或代理人的任何行为或违约引起的。在该种情况下，业主应对与此有关的所有损失、开支及索赔负责并保障承包商免于上述损失、开支及索赔。

1.3.3.24　通用条件中的责任的限度

(1) 对间接或相应引起的损害的责任　双方中任何一方均不应负责对方的任何利润损失、使用权损失、生产损失、合同损失或对方可能遭受的任何其他间接或相应引起的损害，但特殊情况除外。比如相关条款明确规定的；本条件中明确规定承包商有权得到利润的。

(2) 最大的赔偿责任　根据本条件承包商对业主所负赔偿责任决不应超过序言中规定的金额，如未规定该金额时则不应超过合同价格。

(3) 缺陷责任期终止后的责任　除非由于承包商的严重渎职引起，对于缺陷责任期终止之后发生的业主的物质财产的任何损失或损害承包商不应对业主负责。

（4）其他的补救　业主和承包商均认为只有本条件中规定的他们各自的权利、义务和责任才能决定他们在合同中以及与工程有关的权利。因此，合同中规定有关的或由于以下情况引起的补救包括任何违反合同的情况；任何疏忽行为或遗漏；人员伤亡；任何财产的损失或损害，除非属于严重渎职者外，应排除根据合同法或其他条文一方可能对另一方进行的任何其他补救。

（5）减少损失或损害　在所有情况下，根据合同宣称对方违约或自己得到保障的两方，必须采取所有合理的措施去减少已经发生或可能发生的损失或损害。

（6）可预见的损害赔偿　如果业主或承包商负责向对方支付损害赔偿费，则该费用不应超过在合同签订日期违约方可能合理预见的损害。

1.3.3.25　通用条件中的保险

（1）工程　承包商应以承包商和业主的联合名义，以全部重置价值在下列时间就以下方面为工程投保（免赔限额不应超过序言中的规定）：从开工日期到风险转移日期由任何承包商的风险和序言中规定的任何其他风险引起的任何损失或损害；在缺陷责任期内由相关原因引起的任何损失或损害，这些原因是由承包商完成任何扫尾工作或根据相关条款履行其义务所致或由发生在风险转移日期之前任何承包商的风险所致。

（2）承包商的设备　在承包商的设备运往现场期间，从开始装车到现场卸车完毕，承包商应以全部重置价值为承包商的设备投保，在承包商的设备停留于现场期间他应为由于任何承包商的风险引起的承包商的设备的全部损失或损害以全部重置价值投保。

（3）第三方责任　承包商应为由于履行合同引起的并且在缺陷责任证书颁发之前发生的任何人员伤亡或任何物质财产的损失或损害进行第三方责任保险。该项保险应于承包商在现场开始任何工作之前生效，保险不应少于序言中规定的总额。

（4）雇员　承包商应为其在相关条款中的责任投保并使此项保险持续有效。承包商需提供相关的业主责任或员工赔偿金。

（5）有关保险单的总体要求　承包商应在业主要求的任何时间出示根据合同要求他取得的任何保险单或保险证明以及保险费的收据；承包商应向承包人办理他应负责的全部保险并符合业主批准的条件；没有业主的批准承包商不得对保险条款作实质性的变动，如果承保人对条款作任何实质性的变动，承包商应立即通知业主；承包商应在各个方面遵守合同要求他取得的保险单上规定的任何条件。

（6）允许保险单不包括的例外　承包商办理的保险范围可不包括任何下列各项，即修复有缺陷的或不符合合同要求的工程的任何部分所需费用（并规定该费用包括补救由于上述缺陷或不符合合同要求而导致的工程的任何其他部分的任何损失或损害的费用）；间接的或随之发生的损失或损害（包括因误期而对合同价格的任何减少）；磨损、短缺和偷窃；法律要求为之进行第三方保险或其他保险约有关车辆的风险等。

（7）承包商未办保险的补救　如果承包商未能出示相关条款规定的保险范围的证明则业主可办理此类保险并保持其有效，业主为此目的支付保险费应从合同价格中扣除。

（8）未收回的金额　任何未从承保人处收回的金额应根据相关条款中规定的他们的责任由业主或承包商负担。

1.3.3.26　通用条件中的不可抗力

（1）不可抗力的定义　不可抗力指双方无法控制的任何情况，包括（但不限于）下列情况,即战争和其他敌对行动(不论宣战与否)、入侵、外国敌人的行动、战时动员、军事征用或禁运;由于任何核燃料或核燃料燃烧后的任何废料、放射性的有毒炸药或任何爆炸的核装置或其核部件的其他危险性质引起的离子辐射或放射性污染;叛乱、革命、暴动、军事政变、篡夺政权和内战;暴乱、骚乱或混乱(完全由承包商的雇员引起的除外)。

(2) 不可抗力的影响　如果在中标函颁发之日或合同生效之日(取较早日期)之后出现任何不可抗力的情况从而阻止履行合同中的义务,则双方中任何一方均不应被认为未履行或违背该方在合同中的义务。

(3) 通知发生的情况　如果双方中任一方认为已发生任何可能影响履行其义务的不可抗力的情况,他应就此立即通知另一方及工程师。

(4) 继续履行义务　在发生任何不可抗力的情况时,只要合理可行承包商应尽力继续履行其合同中的义务。承包商应通知工程师他准备采取的措施,包括不可抗力不能阻止的任何合理的替代履约方法。如果工程师未指示照此去做,承包商不得采取任何此类措施。

(5) 不可抗力引起的附加费用　如果在执行工程师根据相关条款发布的指示中承包商支出了附加费用,则该费用应由工程师开具证明并加到合同价格中。

(6) 不可抗力引起的损害　如果由于不可抗力使工程遭受损失或损害,承包商应有权将已完成的工作的价值包括在支付证书中而不考虑已发生的损失或损害。

(7) 不可抗力导致的终止　如果不可抗力已发生并将持续182天,则尽管由于此原因可能已允许承包商延长竣工期限,双方中任何一方均有权在通知对方28天后终止合同。如果28天的期限到期后不可抗力仍在持续合同即告终止。

(8) 因不可抗力而终止合同时的支付　如果根据相关条款终止合同则应将已完成的工作的价值支付给承包商,承包商还应有权收到下列款项,这些款项包括有关任何准备项目的应付金额(只要该类项目所包含的工作或服务业已完成)以及有关其中任何一个项目的适当比例的应付金额(如果该项目所包含的工作或服务仅完成了一部分);为了工程或为了与工程相关的使用订购的且已交付承包商或承包商具有法定的义务去接受交货的材料或物品的费用(当业主为之付款后,此类材料或物品应成为业主的财产并由业主对之承担风险,承包商应将此类材料或物品交由业主处置);为完成整个工程承包商在某些情况下合理支出的任何其他费用的总额;将承包商的设备撤离现场并运回承包商本国厂房或任何其他目的地(运费不超过运回承包商本国厂房的运费)的合理费用;在合同终止日期将完全是为工程雇佣的承包商的职员和工人遣返回国的合理费用等。

(9) 履约的解除　如果不可抗力的情况发生并因此根据合同法双方均被解除进一步履行合同,则业主支付给承包商的金额应与根据相关条款支付给承包商的金额相同。

(10) 不可抗力影响下的工程师的职责　在发生不可抗力阻碍工程师履行合同规定的任何他的职责的情况下,相关条款中的各项规定同样适用。

1.3.3.27　通用条件中的违约

(1) 违约通知　如果承包商未按合同施工或因疏忽而未能履行合同中的义务以致严重影响工程进行时,工程师可通知承包商要求他补救上述失误或疏忽。

(2) 承包商的违约　如果承包商在一合理时间内未能遵守根据相关条款发出通知或没有业主的书面同意转让合同或将整个工程分包出去,或破产或无力偿还债务(收到法院对他发出的宣告破产并指定破产财产管理人的命令或与债权人达成有关协议,或为了其债权人的利益在财产管理人、财产委托人或财务管理人的监督下营业或停止清理),则业主可在向承包商发出通知 7 天后终止合同并将承包商逐出现场。任何此种驱逐或终止都不应损害合同规定的业主、工程师或承包商的任何其他权利或权力。在此种终止后，业主可自己或由任何其他承包商完成工程。

（3）终止日期时的估价 在上述终止合同之后，工程师应根据相关条款尽快为工程的价值以及在终止合同日期承包商应得的所有金额开具证明。

（4）终止后的支付 在工程完成之前业主没有义务向承包商支付任何进一步的款项。工程完成后在根据相关条款考虑应支付给承包商的任何金额后，业主有权从承包商处收回完成工程所招致的额外费用（如果有的话），如果没有此类额外费用业主应向承包商支付应付给承包商的任何结存金额。

（5）对误期责任的影响 在不损害可能已经发生的相关条款中的任何责任的情况下，当业主将承包商逐出现场后，该条中有关承包商的责任应立即终止。

（6）业主的违约 在下述情况下，承包商在向业主和工程师发出通知 14 天后可终止合同，这些情况包括业主在工程师的任何证书中应支付的金额到期后 28 天内未能向承包商支付；干涉或阻挠工程师颁发任何证书；破产或无力偿还债务（收到法院对他发出的宣告破产并指定破产财产管理人的命令或与债权人达成有关协议，或为了其债权人的利益在财产管理人、财产委托人或财务管理人的监督下营业或停业清理）；一直未履行其合同义务；未经承包商同意擅自指定一名人员与工程师一同工作或取而代之等。任何此类终止均不应损害合同规定的承包商的任何其他权利。

（7）承包商的设备运离 在上述终止时承包商有权立即将在现场的所有承包商的设备运离。

（8）因业主违约而终止时的支付 倘若发生上述终止，业主应向承包商支付按相关条款计算得出的一笔金额。除此之外，业主还应支付因合同终止承包商可能遭受到的任何损失或损害的金额包括利润损失，但附加金额不应超过序言中规定的限额。

1.3.3.28 通用条件中的费用和法规的变更

（1）劳务、材料和运输 如果因劳务、材料、运输之费用或者实施工程的其他费用发生变化而对合同价格予以调整时，计算此类调整的方法应在序言中规定。在计算调价时不应考虑由承包商的过失或疏忽而导致的任何增加的费用。

（2）法规及其他规章 合同价格的调整应考虑由现场所在国的法规的变化或公认的对法律的解释的变化而导致的费用的任何增加或减少。法规指提交工程投标书的截止日期之前的 28 天以后制定的并对承包商履行其合同中的义务有影响的任何法律、法令、规章或具有法律约束力的细则。工程师应为导致的费用增加或减少的金额开具证明（并将其增加到合同价格中或从中减去）。

1.3.3.29 通用条件中的关税

（1）关税及进口税 除非在第二部分中另有规定，业主应支付由于进口工程设备所引起的全部关税、进口税及各种税收。如果要求承包商支付此类关税、进口税及各种税收的话，业主应补偿上述金额。

（2）结关 业主应协助承包商获得全部工程设备和承包商的设备的海关结关单以及获得在承包商的设备运离现场时该类设备再出口的任何必需的政府许可。

1.3.3.30 通用条件中的通知

(1) 致承包商的通知 根据本条件由业主或工程师发给承包商的一切证明、通知或书面命令均应通过航空邮寄、电报、电传或传真传送形式发往或送到承包商的主要营业地址或承包商为此目的而指定的其他该类地址（或可送交给承包商的代表）。

(2) 致业主和工程师的通知 根据本条件发给业主或工程师的任何通知均应通过航空邮寄、电报、电传或传真传送形式发往或送到在序言里为此目的指定的各自的地址或送交给被授权接收通知的业主的代表或工程师的代表。

(3) 会议记录 记入会议记录或备忘录的、由此类通知的发出方和接收方的授权代表签字的、向承包商发出的通知或指示以及由承包商发给工程师或业主的通知均应为用于合同之目的有效的通知或指示。

1.3.3.31 通用条件争议与仲裁

(1) 关于工程师的决定的争议 如果双方中任何一方对工程师根据相关条款确认、撤销、变更的决定或指示不满意，则该方可依据相关条款将此事提交仲裁。除非在该决定或指示做出后 56 天内不满意的一方已将其对上述争议提交仲裁的意图通知对方和工程师，否则他应被认为已接受上述决定为最终决定。提交仲裁不应解除承包商根据工程师的决定或指示继续实施工程的义务，也不解除业主在合同中的任何义务。在任何此类仲裁中，承包商应有权提出除依据相关条款发出的通知中所述理由之外的理由。

(2) 仲裁 在任何时间，如果业主和承包商之间发生有关或起因于合同或工程实施的任何疑问、争议或分歧，任何一方均有权将此事件提交仲裁以得到最终解决，仲裁将按国际商会的调解和仲裁规则并据之任命一名或数名仲裁人（或根据第二部分规定的此类其他规则进行仲裁）。仲裁人应全权公开、审查及修正以下内容：根据相关条款提交仲裁的工程师的任何决定或指示；与争议有关的工程师的任何证书等。

(3) 工程的继续 除非业主命令暂停，否则合同的履行应在仲裁进行期间继续进行。如果命令进行任何此类暂停，承包商由之招致的或由此引起的合理的费用应加到合同价格中。任何到期的或业主支付的款项均不得由于提交仲裁而扣压。

(4) 仲裁时间的限制。正式仲裁通知必须在不迟于最终支付证书颁发后 84 天交给另一方以及适当的仲裁机构（如果要求的话）。

1.3.3.32 通用条件中的法律及程序

(1) 适用的法律 适用于合同及据之解释合同的法律应在序言中规定。
(2) 程序法 根据相关条款进行任何仲裁的程序及仲裁的管理的法律应在序言中规定。
(3) 语言 仲裁的语言及地点应在序言中规定。

1.3.4　FIDIC 土木工程施工合同

FIDIC 土木工程施工合同共有 2 大部分（即第Ⅰ部分、第Ⅱ部分）组成。第Ⅰ部分的某些条文必须包含第Ⅱ部分中的附加词句才能使条件完备，其他条款也可能要求增补一些词句以便补充第Ⅰ部分或能包括特殊的情况或工程类型（疏浚工程就是一个例子），用于特殊用途的第Ⅱ部分和所附关于编写第Ⅱ部分的原则应在另外装订的文件中。以下为第Ⅰ部分的主要内容。

1.3.4.1 定义和解释

在本合同中，下列名词及术语除上下文另有要求外，均应具有本款所赋予的含义。"雇主"指本合同条件第Ⅱ部分指定的当事人及其合法继承人，但不指该当事人的任何受让人（除非得到承包人同意）。"承包人"指其投标书已为雇主所接受的当事人及其合法继承人，但不指该当事人的任何受让人（除非得到雇主同意）。"分包人"指合同中指名承担得到部分工程施工的当事人或经工程师同意分包了一部分工程的当事人及合法继承人，但不指分包人的任何受让人。"工程师"指雇主任命的为执行合同规定的工程师任务并在本合同条件第Ⅱ部分提出姓名的当事人。"合同"指合同条件（第Ⅰ部分和第Ⅱ部分）、技术规范、图纸、工程量清单、投标书，中标通知书、合同协议书（如果已签订）及其明确列入中标通知书或合同协议书（如果已签订）中的其他文件。"规范"指合同中包括的工程技术规范和根据相关条款或由承包人提供经工程师批准而做出的修改或补充。"图纸"指工程师根据合同规定向承包人提供的所有图纸，计算书和性质类似的技术资料，以及由承包人提出并经工程师批准的所有图纸、计算书、样品、图样、模型、操作与养护手册及其他性质类似的技术资料。"工程量清单"指构成投标书一部分并已标价填好的工程量清单。

"投标书"指承包人根据合同规定为实施并完成本工程及其缺陷修复而向雇主提出并为中标通知书所接受的报价书。"中标通知书"指雇主对投标书的正式接受。"合同协议书"指相关条款所述的合同协议（如果已签订）。"投标书附件"指合同条件中所附的投标书后的附件部分。"开工日期"指承包人接到工程师根据相关条款规定签发的开工通知书的日期。"竣工时间"指从开工之日算起按合同规定（或根据相关条款而延期）完成施工或工程施工并通过竣工检验所用的时间。"竣工检验"指合同规定的检验或经工程师和承包人另有协议的其他检验，这些检验应由承包人在雇主接收本工程或其任何区段或部分工程之前完成。"接收证书"指根据相关条款规定签发的证书。"合同价格"指中标通知书中写明的，完成工程实施及其缺陷修复而按照合同规定应支付给承包人的金额。"保留金"指雇主根据相关条款规定保留的所有款项的累计金额。

"工程"指永久工程和临时工程，或视具体情况指两者中的任何一个。"永久工程"指根据合同规定拟实施的永久性工程（包括设备）。"临时工程"指在实施和完成工程及其缺陷修复工作中所需的各种临时性工程（不包括承包人的设备）。"设备"指预定构成永久工程或其一部分的机械、仪表和类似装置。"承包人设备"指为施工和完成工程以及修复工程内缺陷所需的全部设备和各种器具（临时工程除外），但不包括已成为或将成为永久工程的设备、材料和其他物品。"区段"指合同内专门确定作为区段的工程部分。"现场"指由雇主提供进行工程施工的场所，及在合同中可能具体指定为现场组成部分的其他任何场所。"费用"指现场内外发生或正在发生的全部正常开支，包括日常管理费和其他正当分摊的开支，但不包括利润提成。"天"指日历日。"外币"指工程所在国以外的其他国家的货币。"书面函件"指手写、打字或打印的函件，包括电传、电报和传真。关于"标题和旁注"，本合同条件的标题和旁注不作为合同的一部分，在合同条件或合同本身的解释中也不应考虑这些标题旁注。凡指"当事人"或"当事各方"的词应包括公司、股份有限公司及具有法人资格的任何组织。关于"单数和复数"，仅表示单数形式的词也包括复数含义，视上下文要求而定，反之亦然。关于"通知、同意、批准、证明和决定"，除合同另有规定外，凡合同条款规定要由某人给出或发布任何通知、同意、批准、证书和决定时均应是书面的并相应地采用"通知"、"证明"或"决定"等词，任何这类同意、批准、证书或决定都不应被无理扣压或拖延。

1.3.4.2 工程师和工程师代表

（1）工程师的责任和权力　工程师必须履行合同规定的职责。工程师可以行使合同中规定的或合同必然暗示的权力，但是，如果雇主任命工程师的条款规定，要求工程师在行使上述权力前必须取得雇主的专门批准，则此要求应详细列入本合同条件第Ⅱ部分中，进而认为，工程师所行使的权力都已取得了雇主必要的批准。除在合同中有明确的规定外，工程师无权解除合同规定应由承包人所尽的任何义务。

（2）工程师代表　工程师代表应由工程师指定，并对工程师负责。工程师代表履行和行使工程师按相关条款可能委托给他的职责和权力。

（3）工程师权力的委托　工程师可以随时将任何已授予工程师的责任与权力委托给工程师代表，并可以随时撤回这种委托。任何这种委托和撤回委托必须写成书面文件，而且只有将文件副本送给雇主和承包人后才能生效。工程师代表根据上述的委托向承包人发出的任何函件，都和工程师发出的具有同等效力。工程师代表由于疏忽未能对某一工作、材料或设备提出否定意见，不影响工程师对这一工作、材料或设备提出否定意见并发出纠正指令的效力。如果承包人对工程师代表的任何函件有疑问他可将该疑问提交工程师，而工程师应对此函件内容做出确认、否定或更改。

（4）助理的任命　工程师或工程师代表可以任命任何数量的人员协助工程师代表完成相关条款规定的工程师代表的任务。工程师或工程师代表应向承包人通知上述人员的姓名、职责和权力范围。上述助理无权向承包人签发任何指令，除非此类指令对他们履行本身职责和保证他们能够按合同规定对材料、设备或工艺质量进行验收是必不可少的。他们任何人为了上述目的发出的任何指令都应认为是工程师代表已经给出的。

（5）书面指令　工程师发出的指令必是书面的。但如果由于某种原因工程师认为有必要发出任何口头指令，则承包人必须执行此口头指令。工程师口头指令的书面确认无论是在该指令执行之前或之后，都应认为是本款含义之内的指令。如果承包人在7天之内以书面形式就工程师的任一口头指令向工程师提出确认，而工程师在7天之内没有以书面形式驳回上述确定，则该指令应该视为是工程师的指令。本条的规定同样地适用于工程师代表所出的指令，并适用于根据相关条款规定任命的工程师或工程师代表的助理所发出的指令。

（6）工程师要行为公正　凡是合同要求工程师以某种方式（包括做出决定，表示意见或同意；或表示满意或批准；或确定价值；或所采取的行动可能影响雇主或承包人的权利和义务时）行使职权时，工程师应根据合同规定，考虑各方面情况，公正地行使上述职权。任何上述决定、意见、同意、表示满意、批准、确定价值或采取行动都可以按照相关条款规定予以公开、复查或修改。

1.3.4.3 转让和分包

（1）合同的转让　没有雇主的事先同意（尽管有相关条款规定，这种同意必须由雇主自行决定），承包人不得将本合同或其任何部分（或本合同中及名下的任何收益和利益）转让给他人，但有些情况，比如按合同规定支付给承包人指定银行托管的属于或将属于承包人的任何款项，或将承包人从其他有责任的当事各方取得减轻损失的补偿金的权力转让给其担保人(在担保人已经免除了承包人损失或债务的情况下)等除外。

(2) 分包　承包人不得将整个工程分包出去。没有工程师事先书面同意,承包人不得将工程的任何部分分包出去,除非合同另有规定。承包人即使取得上述同意也不应解除合同规定的承包人的任何责任和义务。对于任何分包人、分包人代理人、雇员或工人的行为、违约和疏忽,承包人应完全负责,并应视为承包人自己及其代理人、雇员或工人的行为、违约或疏忽。但是,承包人在某些事项上,不必要求取得工程师的书面同意,这些事项包括提供劳务,按合同规定的标准购买材料,将工程的任何部分分包给合同已指名的分包人。

(3) 分包人的义务转让　如果某一分包人已对承包人承担了工程施工或提供货物、材料、设备及服务的责任期限超过了合同规定的缺陷责任期时,则在该缺陷责任期终止后,承包人应根据雇主的要求,由雇主付手续费,向雇主转让分包人在超出缺陷责任期的剩余责任期限承担的义务而带来的利益。

1.3.4.4　合同文件

(1) 语言和法律　在本合同条件第Ⅱ部分中应写明用以拟定该合同的一种或几种语言以及适用于该合同,并据此对该合同进行解释的法律是何国或何州的法律。如果上述合同文件是用一种以上的语言拟定的,则据此解释和说明该合同的那种语言也应在本合同条件第Ⅱ部分中予以指定,作为本合同的"主导语言"。

(2) 合同文件的优先次序　组成合同的几个文件应该认为是彼此互为解释的,但在出现含糊或互不一致的情况下,工程师应该向承包人发出有关指令以便对此做出解释和调整。在这种情况下,除非合同另有规定,组成合同的几个文件的优先次序应依次为合同协议书(如果已签订)、中标通知书、投标书、本合同条件第Ⅱ部分、本合同条件第Ⅰ部分、构成本合同组成部分的其他任何文件。

(3) 图纸和文件的保管与提供　图纸应仅由工程师单独保管,但应免费提供两份复印件给承包人。承包人需要更多的复印件时应自费复制。除非为了本合同目的而需要外,雇主或工程师提供的图纸、技术规范和其他文件,未经工程师的同意,承包人不得转给第三方使用或与第三方交流。发给缺陷责任期终止证书时,承包人应将合同规定提供的所有图纸、技术规范和其他文件退还给工程师。承包人应向工程师提供根据相关条款规定由承包人提交并经工程师批准的全部图纸、技术规范和其他文件的复印件四份,同时对无法用复印机复制达到同等标准的资料提供一份可复制的副本。此外,工程师可根据雇主的需要,书面要求承包人提供更多的这类图纸、技术规范和其他文件的复印件,费用由雇主自理。

(4) 一份图纸应保存在现场　向承包人提供或由承包人提供的图纸,应由承包人在现场保存一份,以便随时提供给工程师和任何由工程师书面委派的其他人员检查和使用。

(5) 工程进度干扰　工程师如果未在合理的时间发出进一步需要的图纸和指令就有可能延误或干扰工程的计划和进度,则承包人应向工程师发出通知并将一份副本呈交雇主,该通知应包括所要求的图纸或指令、需要的理由和时间以及如果延误则有可能造成工程进度的拖延或干扰等详细说明。

(6) 图纸延误和延误所造成的费用　如果由于工程师未曾或未能按照相关条款规定在合理时间内发出承包人按上条通知所要求的图纸或指令,而使承包人蒙受进度延误和(或)造成费用的增加,则工程师在与雇主和承包人协商后要做出相关决定(即按照相关条款规定承包人可以延长工期;在合同价格上增加的上述费用金额要相应地通知承包人并将一份副本呈交雇主)。

(7) 承包人未能提交图纸　如果工程师不能发出图纸或指令，其全部或部分原因是承包人未能提交按照合同规定应该提交的图纸、技术规范或其他文件，则工程在根据相关条款规定做出决定时应将承包人这种失误因素考虑在内。

(8) 补充图纸和指令　为使工程正确施工、完成及修复本工程内的缺陷，工程师应有权随时向承包人发出所需的补充图纸和指令，承包人应按此执行并受其约束。

(9) 承包人设计的永久工程　合同应明文规定由承包人设计部分永久工程时，承包人应将以下文件提交给工程师批准，这些文件包括为使工程师对该设计的适用性和完备程度感到满意而需要的图纸、技术规范、计算书和其他资料；已竣工的永久工程的使用和维护手册及永久工程的竣工图纸（其详细程度应使雇主能够使用、维护、拆卸、重装及调整该永久工程）。只有当上述使用和维护手册与竣工图纸一起交出并经工程师批准才能认为该工程已竣工并可按相关条款进行接收。

(10) 不受批准影响的责任　工程师根据相关条款规定所发的批准并不解除承包人按合同应负的责任。

1.3.4.5　一般义务

(1) 承包人的一般责任　根据合同的各项规定，承包人要细心和勤奋地进行设计（在合同规定的范围内）、实施和完成工程及修复工程任何缺陷，承包人应当提供上述设计、实施和完成工程及其缺陷修复所需的全部监督管理、劳力、材料、设备、承包人装备和其他物品。不论是临时性或永久性的，只要上述各项在合同内有规定或暗示的要求皆应及时提供。

(2) 现场作业和施工方法　承包人应对全部现场作业和施工方法的适应性、稳妥性和完全性完全负责。但是，承包人对不是他所制订的永久工程的设计或规范或者任何临时工程的设计或规范不应承担责任（但合同中写明的或可能另有协议者除外）。如果合同明确规定部分永久工程应由承包人设计，则尽管有工程师的任何批准，承包人仍应对该部分永久工程完全负责。

(3) 合同协议书　如果雇主有此要求，承包人应同意签订并履行合同协议书，其格式需按照本合同条件所附的格式（必要时可作修改）。准备与完成合同协议书的费用由雇主承担。

(4) 履约担保　如果合同要求承包人为其正常履行合同取得担保时，承包人应在收到中标通知书后 28 天内按投标书附件中注明的金额取得担保并将担保证书提交给雇主。承包人向雇主提交担保证书时应将此事通知工程师。担保证书应采用本合同条件附件中的格式或雇主和承包人双方同意的其他格式。提供担保的单位应由雇主批准。除非合同另有规定，执行本款时所需的费用应由承包人承担。

(5) 履约担保的有效期　履约担保的有效期要到承包人按照合同要求实施和完成工程并修复工程中任何缺陷之后为止。根据相关条款规定发出缺陷责任终止证书后就不应对此项担保再提出任何索赔。此担保证书应在上述缺陷责任终止证书发出 14 天内归还给承包人。

(6) 履约担保项下的索赔　雇主在对履约担保提出索赔要求之前，在任何情况下都应通知承包人说明有关此索赔要求所涉及承包人违约的性质。

(7) 现场考察　在承包人送交投标书之前，雇主应向承包人提供由雇主或雇主代表根据有关该项工程的勘察所取得的水文及地表以下状况的资料，但是承包人应对他自己就上述资料的解释负责。应该认为承包人对现场和其周围环境以及与之有关的可得到的资料已经进行了考察和检查，并在投标前对以下情况已经自行查明（已考虑到费用和时间的实际可能），这些情况包括现场的地形和性质（包括地表以下状况）、水文和气候条件、实施和完成工程和修复工程内任何缺陷所需做的工作和材料的性质和范围、进入现场的方法和承包人可能需要的食宿供应条件等，总之应认为是承包人对上述可能对其投标有影响或起作用的风险、意外及其所有情况必要的资料，应认为承包人的投标书是以雇主已经备有的资料和他自己进行的所有上述考察和检查为依据的。

(8) 投标书的完备性　应认为承包人在投标前对自己的投标书和工程量清单中开列的各项费用和价格的正确性与完备性已确认无误。除在合同中另有规定外，上述文件应包括了合同中规定的承包人的全部义务（包括在提供货物、材料、设备或服务的义务以及需支付暂定金额的不可预见工作的义务）以及为实施和完成该工程和修复工程缺陷所必需的一切事务。

(9) 不利的障碍或自然条件　在施工期间，承包人如果遇到不属于现场气候条件的障碍或自然条件而且承包人认为这些障碍或条件是一个有经验的承包人不能合理预见的，则承包人应立即就此向工程师发出有关通知并将一份副本呈交雇主。工程师收到该通知后如果认为该障碍或条件不可能为一个有经验的承包人所合理预见则工程师在与雇主和承包人协商后应作出决定，决定包括承包人按照相关条款规定可延长工期以及承包人因遭受这种障碍或条件而可能造成的费用金额（该费用金额应加到合同价格上）。应将上述决定通知承包人并将一份副本呈交雇主，做上述决定时应该考虑工程师为此可能发给承包人的指令并应考虑在没有工程师具体指令的情况下承包人可能已经采取的被工程师接受的合理而又恰当的措施。

(10) 工程要符合合同要求　除非在法律上和客观上不可能实现，承包人应严格按照合同规定实施和完成工程并修复工程内任何缺陷，达到使工程师满意的程度。承包人应该严格遵守与执行工程师对涉及或有关工程的任何事件（无论这些事件在合同中写明与否）所做的指令。承包人应只从工程师或者按照相关条款的规定从工程师代表处取得各项指令。

(11) 工程进度计划的提交　承包人在接到中标通知书后应在本合同条件第Ⅱ部分规定的时间内向工程师提交一份格式和详细程度均符合工程师规定的工程进度计划以便工程师审定同意。如果工程师提出要求，承包人还应随时以书面形式提交一份有关承包人为完成本工程而建议采用的施工安排和施工方法的说明以备工程师查阅。

(12) 修订的工程进度计划　无论何时，如果工程师认为工程的实际进度不符合根据相关条款已经同意的工程进度计划，根据工程师的要求承包人应拟定一份修订的工程进度计划，表明其对工程进度计划所做的必要的修改以保证在竣工期内完成本工程。

(13) 现金流动估算的提交　承包人在接到中标通知书后应在本合同条件第Ⅱ部分规定的时间内向工程师提交一份按照合同规定承包人有权得到的全部金额的详细的季度现金流通估算表（以备工程师查阅）。其后如果工程师要求承包人提供修订的季度现金流通估算表，承包人必须满足工程师的这一要求。

(14) 不解除承包人的义务或责任　承包人向工程师提交上述工程进度计划或向其提供的总说明或现金流动估算并取得工程师的同意并不解除根据合同规定承包人应负的义务或责任。

(15) 承包人的监督　在工程实施期间以及其后工程师认为必要的一段时间内，为使承包人正确地履行合同义务，承包人应提供一切必要的监督。承包人或一名经工程师批准的（该批准可随时撤回）有资格的授权代表，必须用其全部时间进行本工程的监督，此授权代表应代表承包人接受工程师的指令或按照相关条款的规定接受工程师代表的指令。如果工程师撤回了对承包人代表的批准，承包人在接到该撤回通知后（考虑下文中提及的撤换人员的要求）应尽快地将该代表调离本工程（以后也不得再雇用该代表担任本工程的任何职务）并同时委派另一名经工程师批准的代表接替承包人的雇员。承包人应向现场提供为实施和完成工程及修复工程缺陷有关的下述人员,即在本行业中技术熟练、经验丰富的技术助理及有能力进行正确的工程监督的工长和领工以及保证承包人正确而及时地履行合同义务所需要的熟练技工、半熟练技工及非熟练工人。

(16) 工程师有权反对　工程师应有权反对并要求承包人立即从工程中撤换那些由承包人提供的但工程师认为是行为不轨或不能胜任工作或玩忽职守的任何人员以及工程师认为在现场工作不合格的人员,而且上述人员未经工程师同意不得重新从事本工程工作。任何上述从本工程撤掉的人员应尽快更换成称职的并经工程师批准的人员。

(17) 放样　承包人应根据工程师书面给定的原始基准点、基准线和基准标高负责对本工程进行准确的放样工作,应根据上述基准对本工程各部分的位置、标高、尺寸及其轴线的正确性负责,应提供与上述职责有关的所有必要的仪器、机具和人力。在本工程进展过程中的任何时候,如果本工程的任何部分的位置、标高、尺寸或轴线方面出现差错,当工程师要求对此进行纠正时承包人应自费纠正这些差错直到工程师满意为止。如果这些差错是由于工程师书面提供的数据不正确所致则工程师应根据相关条款规定确定合同价格的增加额并相应地通知承包人,同时呈交雇主一份副本。工程师对任何放样(或任何轴线,或标高的核查)决不应解除承包人对其准确性应负的责任。承包人应该仔细保护和保持一切水准点、龙门桩、测桩和工程放样用的其他标志。

(18) 钻孔和勘探性开挖　工程施工期间,无论何时,如果工程师要求承包人探孔取样或进行勘探开挖,除非在工程量清单中已经含有这类工作的一个支付项目或含有关于这类工作的暂定金额,否则此项要求应由工程师按相关条款发出指令。

(19) 安全、可靠和环境保护　在工程施工、竣工及修补工程缺陷的整个过程中,承包人应当高度重视所有取得现场工作权利的人员的安全,使现场(在承包人的管理下)和本工程(包括尚未完成或未被雇主占用)保持井然有序以免使上述人员发生人身事故。承包人应为保护本工程或为了保障公众与他人的安全和方便在确有必要的时间和地点(或当工程师或任何合法的主管机构提出要求时)自费提供和维护全部照明、护栏、围栏、警告牌及看守。承包人应采取一切合理措施保护现场内外的环境,避免由于承包人的操作方法引起的污染、噪声或其他原因造成的对人身的伤害或公众或他人财产的伤害或妨碍。

(20) 雇主的责任　如果雇主按照相关条款规定自行雇用工人在现场工作,则雇主在进行这一工作时应该充分关注所有授权在现场工作的全体人员的安全并使现场保持井然有序(以免对这些人员的安全造成威胁)。如果按照相关条款规定,雇主可在现场雇用其他承包人,则雇主应同样要求在现场雇用的其他承包人注意安全和避免危险。

(21) 工程的照管　从开工之日起直到整个工程交接证书签发之日为止,承包人应全面负责照管本工程及用于或安装在本工程中的材料和设备,此后,上述照管即交给雇主。但是如果工程师就永久工程的任何区段或部分颁发了交接证书,则从交接证书签发之日起承包人应立即停止对该工程区段或部分的照管,此时该区段或部分的照管责任应移交给雇主。承包人应对他在缺陷责任期内承担的尚未完成的本工程及用于和安装在本工程内的材料和设备的照管负完全责任,直到根据相关条款规定将该未完成工程完工为止。在承包人负责照管期间,如果本工程或其任何部分(或用于或安装在本工程内的材料或设备)发生任何损失或损坏,不论出于什么原因(除相关条款规定的风险外)承包人均应自费弥补上述损失或损坏,以便使永久工程在各方面都符合合同的规定和使工程师满意。为了履行相关条款规定的义务,承包人在进行任何作业的过程中由他造成对本工程的任何损失或损坏时应自负其责。

(22) 由于雇主的风险所造成的损失或损害　由相关条款规定的任何一种风险造成的、

或与其他风险合并造成的任何上述的损失或损坏承包人应该在工程师要求时或其范围内修补损失或损坏，工程师应按照相关条款规定决定合同价格的增加额并相应地通知承包人并将一份副本呈交雇主。在若干种风险合并造成损失或损坏的情况下，任何上述决定都应考虑承包人和雇主双方按比例承担的责任。

（23）雇主的风险　雇主的风险包括战争、敌对行动（不论宣战与否）、入侵、外国敌人的行动；叛乱、革命、暴动、军事政变或篡夺政权或内战；由于任何核燃料或核燃料燃烧后的核废物或有放射性的有毒炸药或任何爆炸性核装置或其核成分的其他危险性质引起的电离辐射或放射性污染；以音速或超音速飞行的飞机或其他飞行装置引起的压力波；暴乱、骚动或混乱，但纯系承包人或其分包人雇用人员由本工程施工引起的骚乱、混乱除外；除合同规定者外永久工程的任何区段和部分确因雇主使用或占用而造成的损失或损害；因本工程设计不当引起的损失或损坏，但承包人提供的或承包人负责设计的任何部分除外；一个有经验的承包人通常不可能预见并采取措施加以预防的任何一种自然力的作用等。

（24）工程和承包人装备的保险　在相关条款中规定的承包人和雇主的义务和责任不受限制的条件下，承包人应给本工程（连同用于工程内材料和设备）进行保险达到全部重置成本，应另加上述重置成本15%的附加费或本合同条件第Ⅱ部分可能规定的附加费用，以补偿包括业务费、工程任何部分拆除和运走及碎料清除费用在内的损失或损害修复的任何附加费用和其连带费用，应给承包人已经运到现场的承包人设备和其他物品保险，保险金额应足以供其在现场的重置。

（25）保险范围　相关条款中的保险应以承包人和雇主的联合名义保险，并应包括给雇主和承包人保险除相关条款规定以外的任何原因产生的一切损失或损坏［时间应从在现场开始施工起到给本工程或某一区段或某一部分（根据具体情况）签发相应的交接证书之日止］以及由承包人负责的在缺陷责任期间对缺陷责任期开始之前由于某一原因造成的损失或损坏和承包人为履行相关条款规定的义务而进行的任何作业过程中所蒙受的损失或损坏。

（26）对未能收回金额的责任　任何未保险或不能从保险公司收回的偿额，应根据相关条款对雇主和承包人责任的规定由雇主或承包人承担。

（27）保险不包括的项目　在相关条款中，保险公司不负责包括由下列原因引起的损失或损坏，这些原因包括战争、敌对行动（不论宣战与否）、入侵、外国敌人的行动；叛乱、革命、暴动、军事政变或篡夺政权或内战；任何核燃料或核燃料燃烧后的核废物或有放射性的有毒炸药或任何爆炸性核装置或其核成分的其他危险性质引起的离子辐射或放射性污染；以音速或超音速飞行的飞机或其他飞行装置引起的压力波等。

（28）人身和财产的损害　除合同另有规定以外，承包人应保障雇主免予承担下述原因产生的全部损失或索赔，即任何人员死亡或致伤或上述人员的伤亡或财产的损害是在实施和完成本工程及修复工程中任何缺陷的过程中发生或引起的，并应保障雇主免于承担与此有关的索赔、诉讼、损害赔偿、诉讼费、指控费及其他开支，但按相关条款所限定的情况属于例外。

（29）例外　在上述条款中所指的"例外"是指本工程或本工程的任何部分所永久使用或占用的土地；雇主在任何土地之上、之下、之内或越过其间实施本工程或本工程任何部分的权利；按照合同规定实施和完成工程或修补其任何缺陷所导致的、无法避免的对财产的损害；由雇主、其代理人、雇员或不是该承包人所雇用的人员或其他承包人的任何行为或疏忽所造成的人员伤亡或财产损失或损害或与此有关的任何索赔、诉讼、损害赔偿、诉讼费、指控费及其他费用，或当承包人、其雇员或代理人也对伤害或损坏负有部分责任时公正而合理地按雇主、其雇员或代理人或其他承包人对上述伤害或损坏应负的不同程度的责任而确定的上述伤害或损坏的相应部分。

（30）由雇主赔偿 雇主应保障承包人免于承担上述条款所述的例外情况中所规定的有关一切索赔、诉讼、损害赔偿、诉讼费、指控费及其他费用。

（31）第三方保险（包括雇主的财产） 在上述条款规定的承包人和雇主的义务和责任不受约束的条件下，承包人应以承包人和雇主的联合名义对因履行合同而产生的任何财产（本工程除外）的损失或伤害或任何人的死亡或致伤所负的责任进行保险（但相关条款中所限定的情况例外）。

（32）最低保险额 上述保险至少是投标书附件中所规定的金额。

（33）相互责任 保险单应包括相互责任条款，使该保险适用于被分别保险的承包人和雇主。

（34）工人事故或致伤 雇主对承包人或任何分包人雇用的任何工人或其他人员的任何伤害或补偿支付不负责任，除非事故或致伤是由于雇主、其代理人或雇员的任何行为或过失所造成的。承包人应保障并持续保障雇主不承担除上述应由雇主负责以外的一切伤害赔偿和补偿以及与此有关的一切索赔、诉讼、损害赔偿、诉讼费、指控费及其他费用。

（35）工人事故的保险 承包人应对他为此工程雇用的任何人员进行上述责任进行保险，并应对本工程中雇用的任何人员的全部期间持续地进行上述保险。但是，对于任何分包人雇用的任何人员，如果该分包人已对上述人员的责任进行了保险，使雇主根据保险单得到保障，则本款前述的承包人的保险义务即得到履行。但在需要时，承包人应要求上述分包人向雇主出示此项保险的保险单及本期保险金的支付收据。

（36）保险的证明和条款 承包人应在现场开工前向雇主提供证明，证明合同规定的保险已经生效并在开工之日后的84天之内向雇主提供保险单。承包人向雇主提供这种证明和保险单时应将此情况通知工程师。这种保险单必须与发出中标通知书之前同意的总的保险条件相一致，承包人应与承保人一起负责使其根据雇主认可的保险条件所投的所有保险生效。

（37）完备的保险额 承包人应通知承保人有关工程施工的性质、规模或计划方面的改变，始终使保险额符合合同条件的要求，以及在必要时应向雇主出示生效的保险单和保险金的支付收据。

（38）对承包人未办保险的补救办法 如果承包人未按合同规定办理所需的任何保险并保持有效，或未能在相关条款规定的期限内向雇主提交各项保险单，则在此种情况下雇主可以对上述各项投保且保持其生效并支付为此目的可能需要的任何保险金并随时从任何应付或可能到期应付给承包人的款项中扣除所付的上述费用或视为到期债款向承包人收回上述费用。

（39）遵守保险单的条件 如果承包人或雇主未能遵守根据合同生效的保险单规定的条件，一方应保护另一方不受由于此类失误而造成的全部损失和索赔。

（40）遵守法令、规章 承包人应在各个方面（包括发出一切通知和支付所有费用）遵守一些基本规定，这些规定包括国家或州的任何法令、法规或其他法律、任何条例、涉及本工程的实施和完成及工程中任何缺陷的修补的任何当地或其他当局的地方法规以及产权或权利受到或可能受到本工程任何影响的公共团体及公司的规章制度。而且承包人应保证雇主免于承担由于违反任何上述规定的各种罚款和责任。但雇主应负责取得为了施工所需的任何规划、分区规划或其他类似的许可，并且应该根据相关条款规定对承包人给以补偿。在工程现场发现的所有化石、硬币、有价值的物品或文物、结构物以及具有地质或考古价值的其他遗迹或物品等就雇主和承包人之间而言应认为是属于雇主的绝对财产，承包人应采取合理的预防措施防止其工人或其他任何人员移动或损坏任何这些物品，并且一旦发现这些物品应在移动之前立即通知工程师并执行工程师关于处理上述物品的指令，如果因执行这些指令使承包人的工期受到延误或引起费用增加则工程师在与雇主和承包人适当协商后应确定按照相关条款规定承包人应得到的延长工期以及应加到合同价格上的这部分费用款额（并应相应地通知承包人及呈送雇主一份副本）。

（41）专利权　承包人应保护和保障雇主免于承担由于本工程所用的或与本工程有关的任何承包人的装备、材料或设备方面侵犯任何专利权、商标或其他受保护的权利而引起的索赔与诉讼费用，并应保护和保障雇主免于承担由此导致或与此有关的一切损害赔偿、诉讼费、指控费和其他费用。但凡是因遵守工程师提供的设计或规范而引起的这种违反例外。

（42）矿区使用费　除另有规定外，承包人应支付为获得本工程所需的石料、砂、砾石、黏土或其他各种材料的一切吨位费和其他矿区使用费、租金及其他支出或补偿费（如果有）。

（43）对交通和相邻财产的干扰　在符合合同要求所许可的范围内，实施和完成工程及修补工程中任何缺陷所需的一切作业，在进行时均不应对公众的方便（或公用道路或私人道路以及通往属于雇主或任何他人所有的财产的人行道的进出、使用或占用）有必要的和不适当的干扰，承包人应保护并保障雇主免于承担由承包人负责的上述事项所导致的或与此有关的一切索赔、诉讼、损害赔偿、诉讼费、指控费及其他费用。

（44）避免道路损坏　承包人应采取一切合理的措施防止承包人或其任何分包人的任何运输车辆破坏或损伤通往现场的道路或桥梁，尤其应当选定运输线路，选用运输车辆，限制和分配载运重量，从而使材料、设备、承包人装备或临时工程在运进或运出现场时所出现的任何此类特殊交通运输尽可能合理地受到限制，使上述道路和桥梁不致造成任何不必要的损坏和损伤。

（45）承包人设备或临时工程的运输　除合同另有规定外，在通向现场的路线上，承包人应负责加固任何桥梁（或改建或改善任何道路）并支付其费用以便利承包人设备或临时工程的运输。承包人应该使雇主不承担因这种运输造成的任何道路或桥梁损坏的一切索赔（包括直接向雇主提出的此类索赔）并应该协商和支付纯粹因为此类损坏而引起的一切索赔。

（46）材料或工程设备的运输　尽管有上述规定，但如果在通向现场的路线上或进场有关的路线上因运输材料或设备引起任何桥梁或道路的损坏，承包人在得知这类损坏后（或收到有权索取这种索赔的主管机构的索赔要求后）应立即通知工程师并给雇主一份副本，凡根据任何法律和规章要求材料或设备的承运人赔偿道路主管机构的损害则雇主对与此有关的任何诉讼费、指控或其他费用不负责任。如果没有上述法律规定，雇主应该通过协商解决并支付所有应付的费用，并保证承包人不承担与此有关的一切索赔、起诉、损害赔偿、诉讼费、指控费及其他开支。但是，如果工程师认为上述索赔的全部或一部分实属承包人一方未能遵守和履行相关条款规定的承包人义务所造成的，则工程师在与雇主和承包人适当协商后对确属此类失误的该部分费用应由承包人偿还雇主而且可以由雇主从任何应付或到期应付给承包人的款项中扣除上述费用，工程师应相应地通知承包人并给雇主一份副本。如果需要通过谈判解决时，雇主应通知承包人，凡应由承包人支付的任何款项雇主应与承包人协商之后再达成此项解决协议。

（47）水运　在工程性质要求承包人使用水路运输的情况时，本条上述各项规定应解释为"道路"一词的含义包括船闸、码头、海堤或与水路有关的其他结构物，而"运输工具"一词的含意则包括船舶，因而本条中上述各款的规定同样有效。

(48) 为其他承包人提供机会　按照工程师的要求，承包人应向下列人员提供一切合理的机会，这些人员包括雇主所雇用的其他承包人和工人，雇主的工人，在现场或现场附近实施本合同未包括的任何工作的工人，或为了实施雇主可能签订的与本工程有关或附属于本工程的合同而雇用的任何合法机构的工人。

(49) 为其他承包人提供便利　根据相关条款的规定，如果工程师提出书面要求，承包人应该供其他承包人、雇主或任何此类机构使用由承包人负责维修保养的任何道路或通道并应允许上述人员使用现场上的临时工程或承包人的设备且为上述人员提供任何性质的其他服务，工程师应根据相关条款规定确定合同价格的增加额并相应地通知承包人同时将一份副本呈交雇主。

(50) 承包人保持现场整洁　在工程实施期间，承包人应合理地保持现场不出现不必要的障碍物，将任何承包人设备和多余材料妥善处置和贮存，并将任何废料、垃圾及不再需要的临时工程从现场清除、拆除并运走。

(51) 竣工时的现场清理　在签发交接证书时，承包人应从交接证书所涉及的那部分现场清除并运出一切承包人的设备、剩余材料、垃圾和各种临时工程，并保持整个现场和工程的整洁，达到工程师满意的使用状态。但是，在缺陷责任期结束之前承包人有权在现场保留为完成缺陷责任期内履行各项义务所需的材料、承包人的设备和临时工程。

1.3.4.6　劳务

(1) 职员和工人的雇用　除合同另有规定外，承包人应自行安排一切从当地或其他来源的职员和工人的雇用，以及负责支付上述人员的劳务、住房、膳食与交通费用。

(2) 劳务和承包人装备的统计表　如果工程师提出要求，承包人应随时向工程师提交一份详细的统计表，统计表的格式和其间隔时间应符合工程师的要求，写明承包人在现场雇用的职员和各种等级的工人人数以及工程师要求的有关承包人设备的资料、材料、设备和操作工艺。

(3) 材料、设备和操作工艺的质量　一切材料、设备和操作工艺均应该是为合同所规定的相应类级并符合工程师指令要求，并应随时按工程师的要求在制造、装备或准备地点、或在现场、或在合同中可能规定的其他地点或若干地点、或在上述所有地点或其中任何地点进行检验。为了对任何材料或设备进行检查、测量和检验，承包人应提供一切正常需要的协助、劳务、电力、燃料、库房、仪器并应在材料用于本工程之前提供材料样品，且按照工程师的选择和要求进行检验。

(4) 样品费用　如果检验样品的提供已在合同中明确指明或规定则全部样品应由承包人自费提供。

(5) 检验费用　如果检验属于下列情况则进行任何检验的费用由承包人负担，这些情况包括在合同中明确指明的或规定的；或在合同中已特别指出的（仅限于一项荷载试验或一项旨在确认任何已竣工或部分竣工的工程的设计是否达到预定目的的检验）并作出足够详细的说明使承包人能在其投标书中报价或便于报价的。

(6) 未规定的检验费用　如果工程师所要求做的任何检验为合同未曾指明或规定的；或在上款所述情况下没有特别指出的；或虽已指明或规定但工程师所要求做的检验是在被检验材料或设备的制造、装配、准备地点以外的任何其他地点去进行。如果在上述任一情况下所要求的检验表明操作工艺或材料没有符合合同规定和使工程师满意，则检验费用由承包人承担，但是在任何其他情况下则应按下述条款的规定处理。

(7) 未规定的检验由工程师决定 根据上述条款的规定，凡该款适用之处工程师应在与雇主和承包人适当协商后确定（包括根据相关条款规定给予承包人应得的延长工期，以及应该加到合同价格上的上述费用款额）并应相应地通知承包人，同时将一份副本呈交雇主。

(8) 作业的检验 工程师及其授权的任何人在任何合理的时间均应能够进入现场以及制造、装配或准备材料和设备的所有车间或场所，承包人应为他们有权进入上述场所提供一切便利和协助。

(9) 检查和检验 在材料和设备制造、装配或准备过程中，工程师有权检查和检验按合同提供的材料和设备。如果材料和设备在不属于承包人的车间或场所制造、装配或准备，则承包人应使工程师获准在这些车间或场所进行上述检查或检验。上述检查或检验并不能解除承包人对合同所承担的任何义务。

(10) 检查和检验日期 承包人应该同工程师商定检查或检验合同规定的任何材料或设备的日期和地点。工程师至少应提前24小时通知承包人关于他将执行检查或参加检验的意向。如果工程师或其正式授权的代表未能在商定的日期出席，则在工程师没有另外发出指令的情况下，承包人可以进行检验，而且应该认为这一检验是在工程师在场的情况下完成的。承包人应立即向工程师提交检验数据的正式证明的副本。如果工程师没有参加检验，他应承认上述检验数据为准确的读数。

(11) 拒收 如果未能准备好在上述条款商定的时间和地点进行材料或设备的检查或检验，或工程师根据本条的检查或检验的结果确定材料或设备有缺陷或不符合合同要求，工程师可以拒收材料或设备并将此情况立即通知承包人（通知应说明工程师拒收的原因）。承包人应立即修补缺陷，或保证被拒收的材料或设备符合合同的规定。如果工程师要求在同样条件下进行或重做被拒收材料或设备的检验，则重复检验所造成的全部费用由工程师在与雇主和承包人适当协商后确定，然后由雇主从承包人处收回，也可以从任何应付或到期应付给承包人的款项中扣除上述费用。工程师应相应地通知承包人，将一份副本呈交雇主。

(12) 独立的检验 工程师可将材料或设备的检查和检验委托给一家独立的检验人进行。按照相关条款的规定，任何此类委托应该是有效的，为此，该独立检验人应该视为工程师助理。工程师应将这种委派的通知书（在14天前）交给承包人。

(13) 覆盖前的工程 没有工程师的批准工程的任何部分均不得覆盖或掩蔽，承包人应保证工程师有充分的机会对将予以覆盖或掩蔽的工程的任何部分进行检查或测量，以及将本工程任一部分修筑在基础上之前对该基础进行检查。无论何时，当任一部分工程或基础已经或即将为检查做好准备时，承包人应及时通知工程师，工程师应立即参加上述工程的检查和量测（或基础的检查），并且不得无故拖延（除非工程师认为没有必要检查，并就此通知承包人外）。

(14) 剥开和开孔 承包人应按工程师任何时候发出的指令剥开工程的任何一部分，在其内部或贯穿其内部开孔并负责使该部分恢复原状。如果该部分已经根据相关条款要求已予覆盖或掩蔽并经查明其施工被认为符合合同规定，则工程师在与雇主和承包人适当协商后应确定剥开或在其内部或贯穿其内部开孔以及恢复原状的费用，并应将此费用加到合同价格上，然后相应地通知承包人，并呈交对下述事项给雇主一份副本。

(15) 不合格工程、材料或设备的拆运 工程师有权随时对下述事项发出指令，即根据指令规定的时间内一次或几次将工程师认为不符合合同规定的任何材料或设备从现场运走（或用合格适用的材料或设备取代）；以及指令尽管先前已经对其进行过任何检验或已在预期中支付但工程师认为由于材料、设备或操作工艺或承包人的设计或承包人负责的设计不符合合同规定的任何工程予以拆除并彻底地重新施工。

(16) 承包人不执行指令的违约　如果承包人一方在指令规定的时间内（如果在指令中没有规定时间，在一段合理的时间内）不执行上述指令而违约，则雇主有权雇用他人执行该项指令并向其支付有关费用。所有由此造成的或伴随产生的全部费用，由工程师在与雇主和承包人适当协商后确定，应由雇主向承包人收回，或由雇主从任何应付或到期应付给承包人的款项中扣除。工程师应相应地通知承包人并呈交给雇主一份副本。

1.3.4.7　暂时停工

(1) 工程的暂时停工　一旦工程师有指令，承包人应按照认为必要的时间和方式暂时停止本工程或其任何部分的施工。在暂时停工期间，承包人应妥善地保护本工程或工程师认为必要的任何工程部分并保障其安全。除了一些情况暂时停工外，比如在合同中另有规定的；由于承包人一方某种失误或违约导致的或承包人应对其负责的必要的暂时停工；由于现场气候条件导致的必要停工；为了本工程的合理施工或为了本工程及其任何部分的安全所需的停工（不包括工程师或雇主的任何行为或失误所引起的，或相关条款规定的任何一种风险而引起的）等。其他情况下应按下一条款办理。

(2) 暂时停工后工程师的决定　凡属于前述条款的情况并按照该款的规定执行时，工程师应在与雇主和承包人适当协商后做出如下决定，即根据相关条款规定给予承包人的延长工期的权力并将由于此类暂时停工给承包人造成的费用增加额加到合同价格上，工程师应相应地通知承包人并呈交给雇主一份副本。

(3) 暂时停工持续84天以上　如果根据工程师的书面指令暂停了本工程或其任何部分的施工，并且在自暂时停工之日起的84天以内工程师未发出复工许可，如果此种暂时停工不属于前述条款所规定的情况则承包人可向工程师发出书面通知要求自接到该通知后28天内准许对已经暂停的工程或本工程任何部分继续施工，如果上述时间内未得到批准复工则承包人可以（但非必须如此）决定对此暂停做出如下选择：把仅影响本工程一部分的停工按照相关条款规定将该部分工程取消，同时将此事通知工程师，或者当此项停工影响整个工程时承包人可根据相关条款的规定将此暂停视为雇主违约事件并根据合同终止其被雇用，此时应执行相关条款的各项规定。

1.3.4.8　开工和延误

(1) 工程的开工　承包人接到工程师有关的开工通知书之后，应在合理可能的情况下尽快地开工，然后迅速而不延误地继续施工。开工通知书应在发出中标通知书以后在投标书附件中规定的期限内发出。

(2) 对现场及其出入道的占有　除合同可能另有规定外，应供承包人随时占有本工程现场各区段的用地范围并供承包人在上述各区段的先后占用顺序（还应服从于合同中有关本工程施工顺序的任何要求），否则雇主应在工程师下达开工通知的同时给承包人占用一定范围的现场，且雇主按合同应提供出入现场道路以便承包人能够开工并按相关条款所提的进度计划持续施工，如没有此种进度计划，则按承包人提出的合理建议进度持续施工。应相应地通知工程师并呈交给雇主一份副本。随着工程的进行雇主应不时地让承包人占用施工所需的更多的现场部分使其根据上述进度计划或视具体情况按其合理建议尽快地进行本工程的施工。

(3) 未能给予占用权　如果由于雇主方面未根据前述条款的规定给予现场占用权而导致

承包人延误工期和（或）付出的费用则工程师应在与雇主和承包人适当协商后确定根据相关条款规定承包人有权得到的延长工期以及应该加到合同价格上的此类费用的款额，工程师应相应地通知承包人并呈交给雇主一份副本。

（4）道路通行权和设施　承包人应承担为其进出现场所需要的专用或临时道路通行权的一切费用和开支。承包人还应自费提供他所需要的供本工程使用的位于现场以外任何附加设施。

（5）竣工时间　整个工程和其在投标书附件规定的（如果有）某一具体时间内应完成的任何区段均应根据相关条款规定在投标书附件中为整个工程或（按具体情况）为该区段规定的时间内完成，并从开工之日算起（或按相关条款可能已经允许的延长工期内完成）。

（6）竣工时间的延长　如果由于额外或附加的工作量或性质；或本合同条件所提到的任何延误原因；或异常恶劣的气候条件；或雇主造成的任何延误、妨碍或阻止；或可能发生的其他特殊情况（除非由于承包人的失误或承包人应负责的违约）而使承包人有权延长本工程或本工程的任何区段的竣工时间，工程师在与雇主和承包人适当协商后应确定此工期延长的期限，并相应地通知承包人同时呈交给雇主一份副本。

（7）承包人应提供的通知和具体细节　工程师可以不做出任何决定，除非承包人已做到在上述事件首次出现后28天之内通知工程师同时呈交给雇主一份副本并且在上述通知后的28天之内（或在工程师可能同意的其他合理的时间内）向工程师提交承包人认为有权延期的具体细节（以便及时对上述通知与细节进行调查研究）。

（8）工期延长的暂时决定　如果某个事件有持续性影响，致使承包人实际上不可能在相关条款规定的28天之内提交具体的详细资料，只要承包人在不超过28天的间隔时间内向工程师提交暂时的详细资料和在该事件造成的影响结束后的28天之内提交最终的详细资料，则承包人仍有权要求延长工期。工程师收到上述暂时的详细资料时不应延误，应立即做出延长工期的暂时决定，并在收到最后的详细资料时审查全部情况，确定关于该事件的总的延长工期。在这两种情况下，工程师都应在与雇主和承包人适当协商后确定，并将此确定相应地通知承包人，同时呈交给雇主一份副本。最后的审查不应该使工程师对已经确定的延长工期予以缩短。

（9）工作时间的限制　在合同中无相反规定的情况下，除下文规定的情况外，任何永久工程不经工程师的许可均不得在夜间或当地公认的休息日施工，但是，为了抢救生命或财产或为了工程的安全而不可避免的或绝对必要的作业除外。在这种情况下承包人应立即向工程师提出建议。但是，本条款的规定不适用于习惯上采用多班制的任何作业。

（10）工程进度　在承包人没有理由取得延长工期的情况下，如果工程师认为工程或其任何部分在任何时候施工进度过慢不能按预定的竣工期限竣工时，则工程师应将此情况通知承包人，承包人应立即据此采取工程师同意的必要措施以加快工程进度使工程能在预定的工期内竣工，承包人无权要求为了采取这些措施而支付任何附加费用。如果为了执行工程师按照本条款发出的任何指令，承包人认为有必要在夜间或当地公认的休息日进行的任何作业，则有权要求工程师对此予以准许。如果承包人为了履行本条款规定的义务而采取措施使雇主开支额外的监督费用，这笔费用由工程师在与雇主和承包人适当协商后确定，并由雇主从承包人处收回或由雇主从任何应付或可能到期应付给承包人的款项中扣除，工程师应相应地通知承包人同时呈交给雇主一份副本。

（11）拖期违约损失赔偿金　如果承包人未能按照相关条款规定的竣工时间完成整个工程，或者（如果适用）未能在相关条款规定的相应的期限内完成任何区段，则承包人必须向雇主支付投标书附件中写明的金额作为拖期违约的损失赔偿金而不作为罚款。该写明的金额应是承包人此种违约唯一应付的金额。自有关的竣工时间起到整个工程或有关区段交接证书写明的日期止，以每日或不足一日计算，且不超过投标书附录中写明的限额。雇主可以从应付或到期应付给承包人的任何款项中扣除此赔偿金，但不能排除其他扣款方法，此项支付或扣除不应解除承包人对完成该项工程的义务或合同规定的承包人的任何其他义务和责任。

（12）拖期违约赔偿金减少　如果在整个本工程或其任何区段（如果适用）竣工期之前对本工程或区段的任一部分已经签发了交接证书，则对于这种交接证书写明的日期以后任何剩余部分的延误，在合同中无替代条款的情况下，其拖期违约赔偿金应按比例减少，即按已签发交接证书的工程或区段具有的价值对整个本工程或（如适用）区段工程的价值的比例相应地减少。本款的规定仅适用于拖期违约赔偿金的比率，而不应该影响该赔偿金的限额。

（13）交接证书　当整个工程已经实质上竣工并圆满地通过合同可能规定的任何竣工检验时，承包人可就此事向工程师发出通知，呈交给雇主一份副本，同时附上一份在缺陷责任期内尽快完成任何未完工作的书面保证。此项通知和保证应视为承包人要求工程师发给关于本工程交接证书的申请。工程师应在收到该通知的 21 天之内或者发给承包人一份交接证书，其中写明工程师根据合同规定认为工程已实质上竣工的日期，同时呈交给雇主一份副本；或者给承包人书面指令列明工程师认为在发给交接证书之前承包人应完成的工作。工程师也应将在发出上述书面指令之后和工程竣工之前可能出现的对于工程实质上竣工有影响的任何缺陷通知承包人，承包人在完成以上列明的各项工作和修补好指出的缺陷并使工程师满意之后，有权在 21 天之内得到交接证书。

（14）区段或部分工程的交接　根据前述条款规定的程序，承包人可以向工程师就下述情况提出与上款类似的要求，而工程师应对下列各项颁发交接证书，即投标书附件中对其规定有单独的竣工时间的任何区段；已经竣工并使工程师满意和已被雇主所占有或使用的永久工程的任何主要部分（但合同另有规定者除外）；在竣工之前雇主已经选择占用或使用的永久工程的任何部分（这里所提的事先占用和使用在合同中没有规定，或这种作为临时的措施还没有取得承包人同意）。

（15）部分工程实质上的竣工　如果永久工程的任何部分已经基本上竣工并且圆满地通过了合同规定的任何最后检验，则工程师可在整个工程竣工之前就该部分发给交接证书。而且一经发给此证书之后，即应视为承包人已经承担在缺陷责任期内尽快完成该部分永久工程的任何未完成的工作。

（16）要求复原地表面。在全部工程竣工之前发给的关于永久性工程的任何区段或部分的交接证书不能认为是需要恢复原状的地上或地表面的工作已经完成的证明，除非交接证书对此有明确的说明。

1.3.4.9　缺陷责任

（1）缺陷责任期　在本合同条件中"缺陷责任期"一词应指投标书附件中指定的缺陷责任期，其时间从工程师根据相关条款证明的本工程竣工之日算起（或在工程师根据上述条款规定发给一份以上交接证书的情况下，应从各该证书的签发之日分别算起）。凡与缺陷责任期相关的"本工程"一词，其含义应作相应地理解。

（2）未完工程的完成和缺陷的修复　为了能在缺陷责任期终止时或在缺陷责任期终止后在实际上尽可能快的时间内，按合同所要求的条件将本工程移交给雇主（合理磨损之处除外），达到工程师满意的程度，承包人应该对于在交接证书规定之日尚未完成的工程（如果有)尽快地予以完成以及在缺陷责任期内或在缺陷责任期终止后 14 天内按照工程师可能指出承包人要做的工作和工程师或其代表在缺陷责任期终止前检查的结果进行一切修正、重建及修补缺陷、缺损或其他不合格之处。

(3) 缺陷修复的费用　如果工程师认为前述条款所指的全部工作的必要性是由于所用的材料、设备或操作工艺不符合合同的要求(或承包人负责设计的部分永久工程在设计中有失误；或承包人一方疏忽或未遵守合同中对承包人一方明确或隐含地规定的任何义务)导致，则所有此类工作应由承包人自费进行。如果工程师认为进行上述工作的必要性是由于任何其他原因，则工程师应根据相关条款确定合同价格的增加额并相应地通知承包人，同时呈交给雇主一份副本。

(4) 承包人未能执行指令　如果承包人在合理的期限内没有执行上述指令，则雇主有权雇用他人从事该工作并付给报酬。如果工程师认为该项工作根据合同应是由承包人自费进行的工作则所有由此造成的或伴随产生的费用，经与雇主和承包人协商后由工程师决定，由雇主向承包人索取或由雇主从其应付给承包人的或可能到期应付给承包人的款项中扣除，工程师应将此事通知承包人并呈交给雇主一份副本。

(5) 承包人的调查　如果在缺陷责任期终止前的任何时间，在本工程中出现任何缺陷、缺损或其他不合格之处，则工程师可以通知承包人，给雇主一份副本，在工程师指导下调查上述缺陷、缺损或其他不合格之处的原因。如果上述缺陷、缺损或其他不合格之处不属于合同项下承包人的责任，则工程师在与雇主和承包人适当协商后确定承包人进行上述调查的费用，将此费用加到合同价格上，并相应地通知承包人，同时呈交给雇主一份副本。如果根据合同，上述缺陷、缺损或其他不合格之处是属于承包人的责任，则上述有关的调查费用应由承包人承担，在这种情况下，承包人应根据相关条款规定自费修复上述缺陷、缺损或其他不合格之处。

1.3.4.10　变更、增加和取消

(1) 变更　如果工程师认为有必要时，可以对本工程或其任何部分的形式、质量或数量做出任何变更，并为此目的或根据他认为适当的任何其他理由有权指令承包人，而承包人则应根据工程师的指令进行下述任何工作：增加或减少合同中包括的任何工程的数量；取消任何上述工程，但被取消的工程是由雇主或其他承包人实施的除外；改变任何上述工程的性质、质量或种类；改变本工程任何部分的标高、基线、位置和尺寸；完成本工程所必要的任何种类的附加工作；改变本工程任何部分方式的任何规定顺序或时间安排等。任何上述变更均不应以任何方式使合同作废或无效，但是所有这类变更(如果有)的结果应根据相关条款规定进行估价。但是，如果发出本工程的变更令是因承包人违约、承包人违反合同或承包人责任造成的，则这种违约引起的任何额外费用应由承包人承担。

(2) 变更指令　没有工程师的指令，承包人不得作任何这样的变更。但是，任何工程量的增加或减少如果不是本条款项下发出的指令的结果，而是由于其工程量超出或少于工程量清单中的规定，则该项增加或减少不需要任何指令。

(3) 变更的估价　前述条款所述的所有变更和根据相关条款要求确定的合同价格的增加额(本条称之为"变更的工程")，如果工程师认为适当，应以合同中规定的单价或价格予以估价。如果合同未包含任何适用于变更后工程的单价或价格，则合同内的单价和价格只要合理，可用作估价的基础。如果不适用，则在工程师与雇主和承包人适当协商之后，由工程师和承包人协议适当的单价或价格。如果不能达成协议，则工程师应根据自己的意见，定出他认为合理的单价或价格，并相应地通知承包人，同时呈交给雇主一份副本。在单价或价

格未达成协议或确定之前，工程师应确定暂时单价或价格，以便使暂付账款能够列入根据相关条款规定发出的证书中。

（4）工程师确定单价的权力 如果其中某个工程细目在性质上或在工程量上的变更关系到本工程的总体或某一部分的性质或工程量，使工程师认为合同中包括的任何工程细目的任何单价或价格因这种变更而变得不合理或不适用时，则在工程师与雇主和承包人适当协商之后，由工程师和承包人协议一个合适的单价或价格；当不能达成协议时，工程师应根据自己的意见定出他认为合理而恰当的上述变更后工程的另外的单价或价格，并应相应地通知承包人，同时呈交给雇主一份副本。在单价或价格协议或商定之前，工程师应确定暂时的单价或价格，以便使应付账款能够列入根据相关条款规定签发的证书中。但是，由工程师根据相关条款规定指令变更的工程不应按照前述条款或按照本款规定进行估价，除非在这种指令发出之日的14天之内和（取消了的工程不同属此情况）在变更后工程动工之前已经发出了下列通知：由承包人将其索取额外付款或变更单价或价格的要求通知工程师；或由工程师将其变更单价或价格的意图通知承包人。

（5）变更超过15% 如果在签发整个工程的交接证书时，发现合同价格的增加或减少总共超过"有效合同价格"的15%。就本款而言，"有效合同价格"是指除去暂定金额和计日工费用（如果有）后的合同价格，其价格的增减不是由于其他原因，而是由以下情况造成的，即根据前述条款规定估价的全部变更后工程及根据对工程量清单中开列的估算工程量的计量所做的各种调整（但不包括暂定金额、计日工费用和相关条款规定做出的价格调整），则在这种情况下（还要将本条中其他任一款规定已经采取了任何措施的因素考虑在内），在工程师与雇主和承包人适当协商后，按承包人与工程师协商结果，在合同价格中加上或减去一笔调整金额。如果协议达不成一致，则由工程师考虑了承包人用于本合同的现场管理费和上级管理费后，确定此调整金额。工程师应将依据本条款做出的任何决定通知承包人，并呈交给雇主一份副本。这笔调整金额应以增加或减少超过有效合同价格15%为依据。

（6）计工日 工程师如认为必要或可取可以指令按计日工完成任何变更的工程。对于这种变更的工程，应按合同中包括的计日工明细表中所定的细目和承包人在其投标书中对细目所报的单价或价格向承包人付款。承包人应向工程师提交作为已付款的凭证可能需要证实的收据或其他凭单，并应在订购材料之前向工程师提交订货报价单以供批准。对所有按计日工方式施工的工程，承包人应在该工程持续进行过程中，每天向工程师送交确切地开列有受雇于该工程的所有工人的姓名、工种及工时的清单一式两份以及表明该项工程所用材料和承包人装备（但如果在上交中提及的计日工明细表中已包括了以附加百分比表示的承包人装备，则不在此列出）的名称和数量的清单一式两份。如果这些清单的内容正确或经同意时，应由工程师在每种清单和结单的一份上签字，并退还给承包人。在每月月末，承包人应向工程师送交一份所用劳务、材料和承包人装备（上段提到的除外）的有标价的报表，除非已完整按时地提交了上述清单与报表否则承包人无权获得任何款项。但是，如果工程师认为承包人由于某种原因不可能按上述规定报送上述清单或报表，他仍应有权核准为此种工程付款。此支付款可按计日工计算，但工程师对该工程使用的劳务、材料与承包人装备应满意，也可以按工程师认为是对该项工程公平合理的价值计算。

1.3.4.11 索赔程序

（1）索赔通知 尽管合同有其他任何规定，如果承包人根据本合同条件任何一款或其他有关规定要求索赔任何附加支付，他应在要求索赔的事件首次发生的28天内将自己的意向通知工程师，并呈交给雇主一份副本。

（2）同期记录　在前述条款所指的事件发生后，承包人应保持同期记录以便合理地证明承包人后来要申请的索赔。工程师在收到前述条款所说的通知时，在不必承认雇主责任的情况下，应先检查这些同期记录，并可能指定承包人进一步做好同期记录（因为这样的同期记录对承包人的索赔意向通知来说是合理的，但可能是相当重要的资料）。承包人应允许工程师检查按本款规定而保存的全部记录，并在工程师发出指令时向工程师提供记录的副本。

（3）索赔的证实　在根据前述条款规定的通知发出的28天内，或在可能得到工程师同意的其他合理期限内，承包人应送给工程师一份说明索赔款额的具体细节账目并说明索赔所依据的理由（如果引起索赔的事件有持续影响，上述账目应认为是一笔暂时账目）。在工程师可能合理的要求的间隔时间内承包人应该送交后来进一步发生的暂时账目，列明此项索赔累计金额和作为索赔根据的进一步理由。如果各项暂时账目已送达工程师，承包人应该在导致索赔的事件终止后28天内送去最后账目。如果工程师要求时，承包人应该将根据本款规定送交工程师的全部账目的副本送给雇主。

（4）不合规定　如果承包人提出的任何索赔与本条中有关索赔的任何规定不符，那么承包人有权得到的索赔付款将不超过工程师或根据相关条款指定的任何仲裁人或几位仲裁人通过同期记录核定估价的索赔总额（不管此类记录是否按前述条款的要求已提交给工程师考虑）。

（5）索赔的支付　如果承包人提供了足够的详细资料使工程师能够决定应付款额，而且在与雇主和承包人协商后认为应支付给承包人，则承包人有权要求任何经工程师按相关条款证实的任何期中支付证书中应包括有关索赔的任何款项。若详细资料不足以证实全部索赔，则承包人有权要求详细资料能够令工程师满意地证实的那一部分的支付。工程师应将根据本款所做的决定通知承包人，并呈交给雇主一份副本。

1.3.4.12　承包人设备、临时工程和材料

（1）承包人设备临时工程和材料应专用于本工程　由承包人提供的全部承包人设备、临时工程和材料送到工地后，就应认为是专为本工程施工所用。没有工程师的同意不能全部或部分移走（从工地一处移到另一处的情况除外）。但是，将任何职员、劳务人员、临时工程、工程设备或材料运输出入工地的车辆不必征得同意。

（2）雇主不对损坏承担责任　除相关条款所提及的情况外，雇主无论何时均不对任何上述承包人的设备、临时工程或材料的损失或损坏承担责任。

（3）结关　在需要时，雇主应尽力协助承包人为承包人设备、材料及工程所用其他物品办理海关结关手续。

（4）承包人设备的再出口　对于承包人为本工程目的而进口的任何承包人的设备，在需要时雇主应尽力协助承包人获得必需的政府许可，以使承包人能在按合同条款运走有关设备时，将这些承包人设备再出口。

（5）承包人设备的租用条件　根据相关条款规定，一旦合同终止，为了保证为工程施工目的而租用的任何承包人设备仍可继续使用，承包人不得将任何租用的承包人设备带至现场，除非有一个租用此类设备的协议（应认为此协议不包括一项租购协议），该协议包括一项规定，即如果雇主在合同终止生效后7天之内提出书面要求，而且雇主保证从这一天起支付所有的租费，设备所有者将上述承包人的设备以与原来租给承包人时完全相同的条件租给雇主使用。此外，雇主还有权根据相关条款规定，为实施、完成及修补任何工程缺陷之目

允许所雇用的任何其他承包人使用这些设备。

（6）承包人设备的租用费用　一旦雇主根据前述条款规定签订了租用承包人设备的协议，由雇主按照任何上述协议的规定合理支付的所有金额和在签订该协议中所发生的所有费用（包括印花税），应被认为是执行相关条款规定对工程的施工和竣工以及修补任何工程缺陷的费用的一部分。

（7）编入分包合同的条款　在为任何部分的施工而进行了任何分包的地方，承包人应把本条中有关分包人带到工地的承包人的设备、临时工程或材料的规定包括在这种分包合同中（通过附注或其他方式）。

（8）不意味对材料的批准　本条款的执行不意味着工程师对其中所涉及的材料或其他事情的任何批准，也不妨碍工程师在任何时候对任何上述材料的拒绝。

1.3.4.13　计量

（1）工程量　工程量清单中所规定的工程量是工程的估算工程量，不应认为是承包人完成合同义务时实际准确的工程量。

（2）应计量的工程　除另有规定外，工程师应按照合同通过计量来核实并决定工程的价值，承包人应根据相关条款规定得到付款。当工程师提出对工程任一部分进行计量时，他应在适当的时间内通知承包人授权的代理人，而该代理人应立即参加或派出称职的代表协助工程师进行上述计量并提供工程师所需的一切详细资料。如果承包人不参加，或由于疏忽或遗忘而未派上述代表参加，则由工程师进行的或由他批准的测量应被视为对工程该部分的正确测量。在对永久工程进行测量需用记录和图纸时，工程师应在工作过程中准备好记录和图纸，而当承包人被书面要求进行该项工作时应在14天内参加审查并就此类记录和图纸和工程师达成一致，且在双方一致时在上述文件上签名。如果承包人不出席上述图纸和记录的审查和确认则应认为这些记录和图纸是正确无误的，如果承包人对该图纸和记录不予同意或不签字表示同意则承包人应在上述审查后14天之内向工程师提出申诉（申明承包人认为上述记录与图纸中并不正确的各个方面），在接到这一申诉通知后工程师应复查这些记录和图纸或予以确认或予以修改。

（3）总额支付项目的细目　为了按照相关条款提交结账单，承包人应在接到中标通知书后28天之内把包含在投标书内的每个总额支付项目的细目提交给工程师。该细目必须由工程师批准。

1.3.4.14　暂定金额

（1）"指定的分包人"的定义　将由雇主或工程师指定、选定或批准的进行与合同中所列暂定金额有关的任何工程的施工或任何货物、材料、工程及设备或服务的提供的所有专业人员、商人、零售商及其他人员，以及根据合同规定要求承包人进行分包的一切有关人员，在从事这些工作的实施或货物、材料、工程设备或服务的提供过程中均应视为承包人雇用的分包人，并在此合同中称为"指定的分包人"。雇主或工程师不应要求承包人或认为承包人有任何义务雇用承包人有理由反对的指定的分包人或雇用拒绝与承包人签订包含下述条款分包合同的指定的分包商，即对于分包合同中所涉及的工程、物资、材料、设备装置或服务，指定的分包人应承担义务和责任以使承包人能够免除合同条款要求他对雇主所承担的义务和责任。并应保障承包人不承担上述义务和责任以及由此引起或与此相关的，或未能履行上述义务或完成上述责任所引起的所有索赔、诉讼、赔偿、诉讼费、指控和其他费用支出，以及指定的分包人应向承包人保证并使承包人免予承担下述责任，指定的分包人及其代理人、工人或工作人员的疏忽以及滥用承包人为执行合同而提供的临时工程及对上述各项的索赔。

（2）应明确规定设计要求 如果要提供与任何临时金额有关的服务（包括永久工程的任何部分，或要安装在永久工程中的任何设备的设计或技术说明），则这种要求应在合同中明确地予以规定并应包括在任何指定的分包合同中。指定的分包合同应规定提供上述服务的指定分包人并保障承包人免予承担由于上述事项，以及任何由于指定分包人的违章或失职而引起的一切索赔、诉讼、损害赔偿、诉讼费、指控费及其他费用。

（3）对指定分包人的付款 对于任何指定的分包人完成的所有工程或已提供的货物、材料、工程设备或服务，分包人应有权得到按照工程师的指示并根据分包合同规定由承包人付给或应付给的实际价格，例如工程量清单中的由承包人提供的与上述项目有关的劳务费用（如果有的话），如果是工程师按照相关条款规定做出的指示则按相关条款确定款额。关于一切其他费用和利润，其金额按已支付的或应予支付实际价格的百分比计算，当工程量清单中对该项暂定金额规定有比率时即按承包人对该项目填写的比率计算，或者当没有此项规定时，则按承包人在标书附件中填写的并在工程量清单中为此目的的某一专项中做出这种规定时加以重复填写的比率计算。

（4）对指定分包人的支付证书 在根据相关条款颁发任何包括关于任何指定的分包人已完成的工作或已提供的货物、材料、工程设备或服务的任何支付证书之前，工程师应有权要求承包人提供合理的证明，证明以前的证书包括的该指定的分包人的有关工作或货物、材料、工程设备或服务的所有费用（扣除保留金）均已由承包人支付或偿清。如果承包人未提供上述证明，除非承包人以书面材料使工程师同意他有正当的理由扣留或拒绝支付该项款额并向工程师提交合理的证明（证明他已将上述情况书面通知该指定的分包人），否则雇主有权根据工程师的证明直接向指定的分包人支付分包合同内已规定的而承包人未支付的一切款项（但扣除保留金）并以冲账形式从雇主应付给或将付给承包人的款项中将雇主支付的上述金额扣回。但是，凡在工程师已确认雇主已如上述规定直接付款的情况下，工程师在发给承包人的任何其他证书时，应从该证书的支付款额中扣除上述由雇主直接付款的金额，但不应拒发或拖延按合同条款规定应发的证书。

1.3.4.15 证书和支付

（1）月报表 承包人应在每月末按工程师可随时指定的格式向工程师提交一式6份的报表，每份均由工程师按相关条款规定批准的承包人代表签字，报表说明承包人认为自己有权在月末得到涉及以下方面的款项：已完成的永久工程的价值；在工程量清单中的任何其他细目（包括承包人的设备、临时工程、计日工等细目在内）；材料表中列出的材料发票面值的百分比（如投标书附件中所注明的）和承包人为装到永久工程内而运到现场但尚未装到永久工程之内的设备发票面值的百分比；按相关条款进行的调整；按合同规定承包人有权得到的任何其他金额等。

（2）月支付 工程师应在接到上述报表28天内向雇主证明他认为到期应支付给承包人的有关付款金额，但应扣除相关项目，即第一要受保留金的限制（该保留金是用投标书附录中的保留金百分比乘以根据相关条款付与承包人的款额，直到如此算出的保留金额达到投标书附录中规定的保留金限额）；第二是相关条款规定之外的承包人到期应付给雇主的任何金额，但是，如果该金额经保留和扣除后少于投标书附件内列明的期中支付证书的最低额，则工程师可不根据本款签署支付证书。尽管有本条或合同任何其他条款的规定，必须直到履约担保（如果根据合同规定需要时）已经由承包人提供和经雇主批准时，工程师才签署支付证书。

（3）保留金的支付　在签发整个工程的交接证书时，保留金的一半（或在发出某一区段或部分工程的永久工程的交接证书时工程师考虑该区段或部分工程的永久工程的相对价值确定保留金的比例）应由工程师核证并交付给承包人。在工程的缺陷责任期满时，保留金的另一半将由工程师开具证书付给承包人，但根据相关条款，不同的区段或部分工程已有不同的缺陷责任期，则对于本款来说，"缺陷责任期满"这一词语的含义认为是上述缺陷责任期中最后一个责任期的期满，但是，如果在某一时间按相关条款发出的指令本工程尚有遗留工程有待承包人完成，则工程师有权在剩余工程完成之前扣发工程师认为与需要完成的工程费用相应的保留金余款的支付证书。

（4）证书的修改　工程师可以用签发任何期中支付证书的方式对他过去签发的任何证书作任何改正或修改。如果任何正在进行中的工程的完成情况不能使工程师满意，工程师有权在任何一次期中支付证书内扣除或折减该工程的价值。

（5）竣工报表　在整个工程交接证书签发84天之内，承包人应向工程师呈交一份竣工报表，该报表应附有按工程师批准的格式编写的证明文件，文件应详细地说明相关内容（包括根据合同规定直到交接证书中写明之日完成的全部工程的最终价值；承包人认为应该支付的任何进一步的款项；以及承包人认为根据合同将支付给他的估算数额）。估算的数额应在此竣工报表中单独列出。工程师应根据相关条款开具支付证书。

（6）最终报表　根据相关条款在颁发缺陷责任证书后的56天之内，承包人应向工程师提交一份最终报表草案供工程师考虑，该草案应附有按工程师批准的格式编写的证明文件，文件应详细地说明有关内容，包括根据合同规定已经完成的全部工程的价值以及承包人根据合同规定认为应该付给他的任何进一步的款项。如果工程师不同意或是不能证实该最终报表草案的任何一部分，承包人应按照工程师可能的合理要求提交进一步的资料并在草案中做出他们之间可能同意的修改，然后由承包人编制并向工程师提交已经同意的最终报表（在本条件中被称为"最终报表"）。

（7）结账单　在提交最终报表时，承包人应给雇主一份书面结账单以进一步证实最终报表中的总额（相当于由合同引起的或与合同有关的全部和最后确定应支付给承包人的所有金额）并将一份副本呈交工程师。但该结账单仅在根据下述条款规定发出的最后支付证书项下的应付款已经支付和相关条款所指的履约担保金（如果有的话）已经退还给承包人之后才生效。

（8）最终证书　在接到最终报表和书面结账单28天之内，工程师应该向雇主发出一份最终证书，说明工程师认为根据合同规定的最后应付的金额以及在工程师使雇主对以前所付的全部款额和雇主根据合同规定应得的全部款项予以确认后，表明雇主欠承包人的或承包人欠雇主（视具体情况）的差额（如果有的话），并给承包人一份副本。

（9）雇主责任的终止　除非承包人在其最终报表中以及（整个工程交接证书颁发之后发生的事件或事情除外）在相关条款提及的竣工报表中已经包括索赔事宜，对由合同及工程实施引起的或与之有关的任何问题和事件，雇主不应对承包人负有责任。

（10）付款时间　工程师根据本条或合同的任何其他条款发出的任何期中支付证书项下应付给承包人的金额，雇主应在该期中支付证书送交雇主后28天之内支付给承包人。如果是按相关条款规定的最终证书送交雇主后56天之内由雇主支付给承包人还应服从相关条款的规定。如果雇主在上述期限内不能付款，则雇主应按投标书附件中规定的利率，从应付之日起计向承包人支付全部未付款额的利息。本款的规定不使承包人在相关条款下的合法权利受到损害。

（11）仅凭缺陷责任方批准　只有在下述条款规定的缺陷责任终止证书才应视为构成对本工程的批准。

（12）缺陷责任证书　只有在工程师签发了缺陷责任终止证书，同时将一份副本送交承包人（写明承包人实施和完成本工程及修复工程中任何缺陷的义务已经完成，并得到工程师满意的日期），才能认为本合同已经完成。缺陷责任终止证书应由工程师在缺陷责任期终止后 28 天之内发给，如果不同的缺陷责任期适用于永久工程的不同区段或部分时，则在最后一个缺陷责任期终止或根据相关条款在任何被指示的工程已完成并达到工程师满意之后尽快签发。但签发缺陷责任终止证书不应作为将相关条款规定的第Ⅱ部分保留金支付给承包人的先决条件。

（13）未履行责任证书　尽管颁发了缺陷责任终止证书，但承包人和雇主仍应对在缺陷责任终止证书颁发前按合同规定应予履行而在缺陷责任终止证书颁发时尚未履行的义务承担责任。为了确定任何此类义务的性质和范围，合同应被认为对合同双方仍然有效。

（14）承包人的违约　如果从法律上认为承包人无力偿付他应付的债务，或者自动或者非自动宣告破产、停业清理或解体（为合并或重建而进行的自愿清理除外），或已无力偿还债务，或与其债权人做出安排或得到其债权人的同意转让合同，或同意在其债权人的监督委员会监督下执行合同，或将其资产的任何重要部分任命接受人、管理人、委托人或清理人，或根据与债务的重新组织、安排或重新调整有关的任何法律或法规对承包人起诉，或已经通过了解散或清理的决议，或采取了措施在承包人资产的任何重要部分上强制实施抵押权益，或对承包人或其资产采取了行动，或发生了事件，这种行动或事件按任何可行的法律与上述行动或事件具有本质上相似的效力，或承包人已经违反相关条款的规定，或其货物被扣押或工程师向雇主证明（给承包人一份副本）他认为承包人有下述情况：包括已放弃合同；无正当理由而未能按相关条款开工；按相关条款收到通知之后 28 天内继续进行工程或工程之任何区段的施工；在接到根据相关条款规定发出的通知或指令的 28 天之后仍不遵守该通知或指令；无视工程师事先的书面警告一贯或公然忽视履行其合同规定的义务；已经违反相关条款的规定。则雇主在向承包人发出通知的 14 天后可以进驻现场和工程并在不解除承包人按合同规定的任何义务与责任或影响合同赋予雇主或工程师的各种权利和权限的情况下终止对承包人的雇用。雇主可自己完成该工程，或雇用其他任何承包人去完成工程。雇主或其他上述承包人在他或他们认为合适时，为完成该工程可使用他们认为合适的那部分承包人的设备、临时工程和材料。

（15）合同终止日的估价　在雇主进行任何上述进驻和终止合同之后，工程师应尽快单方面地或通过与各方协商或协商后，或在他认为适宜进行或实施调查或查询之后确定和决定，并应证明在上述进驻和终止合同时承包人根据合同实际完成的工程已经合理地得到的或理应得到的款额（如果有的话）以及未用过的或已经部分使用过的任何材料、任何承包人装备及任何临时工程的价值。

（16）合同终止后的付款　如果雇主根据本条规定终止对承包人的雇用，则在缺陷责任期期满以前以及期满以后，在工程师对本工程实施和完成与缺陷修补费用及竣工拖延损失赔偿费（如果有）以及由雇主已支付的所有其他款额予以查明证实之前，雇主没有义务再向承包人支付款额（包括赔偿费）。此后，承包人仅能有权得到由工程师证明原应支付给承包人已完工程款额并扣除上述款额之后的一笔或数笔款额（如果有的话）。如果应扣款额超过承包人应得的原应支付给他的已完工程的款额，则当提出要求时承包人应将此超出部分付给雇主，并应被视为承包人欠雇主而应付的债务。

（17）合同的利益的转让　在前述条款所指的进驻终止后 24 天之后，如果工程师发出指示而且法律允许，承包人应将其为该合同目的可能签订的、有关提供任何货物或材料或服务或有关实施任何工作的合同利益转让给雇主。

（18）紧急补救工作　无论在工程施工期间或是在缺陷责任期间，如果由于在工程中或工程的任何部分或与之有关的方面发生任何事故、失误或其他事件，工程师认为进行任何补救或其他工作是工程安全的紧急需要而承包人无能力或不愿立即进行这类工作时，则雇主有权在工程师认为必要时雇用其他人员从事该项工作并支付费用。如果工程师认为由雇主按此方式完成的工作和修补按合同规定应由承包人负责以自费进行的，则因此而引起的或与之有关的全部费用应由工程师在与雇主和承包人适当协商后，并由雇主向承包人索回（或由雇主从应付或可能到期应付给承包人的款项中扣除），工程师应尽快地通知承包人并呈交给雇主一份副本。但在任何上述紧急事件发生后，在可能的条件下，工程师应尽快地通知承包人。

1.3.4.16　特殊风险

（1）对特殊风险不承担责任　承包人对下述条款所提到的任何特殊风险造成的有关下列后果均不负赔偿或其他责任，包括对本工程的破坏或损坏（但在下款所指的任何特殊风险发生之前按相关条款规定而被宣告为不合格的工程除外）；或不管是雇主的或是第三方的财产的破坏或损坏；或人身死亡。

（2）特殊风险　特殊风险是指相关条款中所定义的风险以及在工程实施所在国范围内相关条款所定义的风险。

（3）特殊风险对工程的损害　如果由于上述特殊风险致使本工程或任何材料或设备或承包人设备在现场或在现场附近或在运往现场途中遭到破坏或损坏时，根据合同规定承包人应有权就任何已建的永久工程和对受上述破坏或损坏的任何材料或设备得到支付，而且还应有权就工程师可能要求或可能为已建工程所必需的下述工作得到支付；包括任何上述的工程破坏或损坏的修复以及更换或修复上述损坏的材料或承包人设备。工程师应根据相关条款确定合同价格的增加额（如果涉及更换承包人设备的费用则应包括由工程师确定的有关设备的公平市场价值）并应相应地通知承包人，同时将一份副本呈交雇主。

（4）炮弹、导弹　不论何时何地发生任何地雷、炸弹、爆破筒、手榴弹或是其他炮弹、导弹、弹药或战争用爆炸物的爆炸或冲击造成的破坏、损害或人身伤亡，均应视为上述特殊风险的后果。

（5）由特殊风险引起的费用增加　除了按合同中任何其他条款规定承包人有权得到付款外，雇主应偿还承包人在工程施工方面产生的任何附带费用，但在任何特殊风险发生之前根据相关条款规定已宣告为不合格工程的重建费用除外。此费用不管是归因于上述特殊风险还是其他（或随其而来，或为其后果，或以任何方式与之有关）但要受到下款中关于战争爆发条款的制约。而承包人一旦知道有任何此类费用应立即通知工程师，工程师在与雇主和承包人适当协商后应确定与此有关的应加到合同价格上的承包人费用额，相应地通知承包人，并呈交给雇主一份副本。

（6）战争的爆发　在合同执行过程中，如果在世界任何地方爆发战争（不论宣战与否），而在财务上或在其他方面对本工程施工有实质性影响，则除按本条款规定合同被终止外，承包人应继续尽最大努力完成工程的施工直至合同终止。但是，在战争爆发后的任何时候，雇主应有权通知承包人终止合同，一经发出此项通知，除按本条和执行相关条款规定的各方权利外，此合同应告终止，但不损害双方中任何一方对在以前发生的任何违约所应有的权利。

（7）合同终止时承包人设备的撤离　如果根据前述条款规定合同被终止，承包人应尽快从现场撤离其全部设备，并应为他的分包人提供相同的方便撤离其设备。

（8）合同终止后的付款　如果合同按上述情况予以终止，则雇主应按合同中规定的费率和价格向承包人支付在合同终止日期以前完成的全部工作的费用，但应减去账上已支付给承包人的款项与项目并另外支付下述费用：有关在工程量清单中所指的任何开办费细目的应付款额，只要上述细目中的工作或服务已经进行或履行，及任何上述细目中已经部分进行或履行了的工作和服务的相应比例的费用；为该工程所合理订购的材料、工程设备或货物的费用，如已将其交付给承包人或承包人对之依法有责任收货时则雇主一经支付此项费用则该项材料、工程设备或货物即成为雇主的财产；承包人为完成整个工程所合理发生的任何开支的总计而该项开支未包括在本款提及的任何其他付款中；按相关条款规定的应支付的任何附加款额；考虑到为工程施工已支付或将支付的费用和按照相关条款撤离承包人设备的费用以及在承包人提出要求时，将承包人的设备运回其注册国内承包人的设备基地或其他目的地的费用的合理部分，但不得多索取费用；承包人雇用的所有从事工程施工及工程有关的职员和工人在合同终止时的合理遣返费等。但是，雇主除按本款规定应予支付的上述费用外亦有权要求承包人偿还任何所有承包人设备、材料和工程设备的预付款的未结算余额，在合同终止之日按合同规定应支付的金额应由工程师在同雇主和承包人适当协商后确定，并应相应地通知承包人，同时将一份副本呈交雇主。

1.3.4.17　解除履约

解除履约时的付款。如果在发出中标通知书后双方无法控制的任何情况致使双方任何一方履行其合同义务成为不可能或不合法（或根据合同法双方均被解除继续履约时），则应由雇主支付给承包人的已建工程的款额应与根据相关条款的规定终止合同时向承包人应付的款额相同。

1.3.4.18　争端的解决

（1）工程师的裁定　无论在施工过程中或在工程竣工之后，无论在否定或终止本合同之前或之后，如果雇主和承包人之间关于合同或起因于合同，或因工程施工发生任何争端，包括对工程师的任何意见、指令、证书或估价方面的任何争端。争端中的问题首先应以书面形式提交工程师（并将一份副本提交另一方），并应说明此提交件是根据本款规定做出的。工程师在接到该提交件后84天之内应将自己的裁定通知雇主和承包人，此裁定也应说明是根据本款做出的。除非本合同已被否定或终止，承包人无论在何种情况下都应以应有的精心继续完成工程，在根据以下的规定以友好解决或仲裁裁决的方式对上述争端做出修改之前承包人和雇主应使工程师的上述每一个裁定付诸实施。如果雇主或承包人不满意工程师的任何裁定，或如果工程师在接到提交件于84天或在此之前没有通知自己的裁定，则雇主或承包人任何一方都可以在接到上述裁定的通知后70天或在此之前（或视情况而定，在上述84天期满后的第70天或在此之前）通知另一方（并给工程师一份副本供其参考）说明自己要根据下述规定对争端中的问题开始仲裁的意向,该通知将确立提出仲裁该争端的一方按以下规定开始仲裁的权利。按相关条款规定,如果没有发生这种通知上述仲裁就不能开始。如果工程师已将他对争端所做的决定通知了雇主和承包人,而雇主和承包人双方收到工程师有关此决定的通知后第 70 天或在此之前均未发出要将该争端提交仲裁的通知,则上述裁定将被视为最后裁定并对雇主和承包人双方均有约束力。

(2) 友好解决　按前述条款规定已经发出将把一件争端提交仲裁的通知后,这种争端的仲裁只有当双方已经首先设法友好解决这一争端之后才开始。但是,除双方另有协议,仲裁可以在要求开始裁决争端的通知发出后的第 56 天或在此之后开始,不管是否已做过友好解决的尝试。

(3) 仲裁　有关以下方面的任何争端,包括工程师的裁定(如果有的话)按前述条款规定已经不成为最后的和有约束力的;以及在前述条款规定的期限内没有达成友好解决均应按国际商会的调解与仲裁章程并由据此章程指定的一名或数名仲裁人予以最终裁决(除非在合同中另有规定),上述仲裁人有全权解释、复查和修改工程师对争端所做的任何决定、意见、指示、确定、证书或估价。双方中任何一方在仲裁人的仲裁程序中均不受根据相关条款中为取得工程师的上述决定而向工程师提供证据或论据的限制。工程师的上述任何裁定均不应取消他被传为证人在一名或数名仲裁人面前就与该争端有关的任何问题作证的资格。仲裁可以在竣工之前或竣工之后进行,但雇主、工程师和承包人的义务不得因在工程实施期间进行仲裁而有所改变。

(4) 未能遵守工程师的裁定　在前述条款规定的期限之内,雇主和承包人都未发出要求开始仲裁争端的通知且上述有关的裁定已经成为最后的和有约束力的情况下,如果另一方未能遵守这样的裁定则任何一方可在不损害另一方可能具有的其他权利情况下根据前述条款的规定将未能遵守工程师裁定的事项提交仲裁处理。

1.3.4.19　通知

(1) 致承包人的通知　根据合同条款由雇主或工程师发给承包人的所有证明、通知或指令均应通过邮寄、电报、电传或传真发至或留在承包人的主要营业场所或承包人为此指定的其他地址。

(2) 致雇主的工程师的通知　根据合同条款发给雇主或工程师的任何通知均应通过邮寄、电报、电传或传真发至或留在本条件第Ⅱ部分中为此目的而指定的各有关地址。

(3) 地址的变更　合同双方的任何一方均可在事先通知另一方,将指定地址改变为工程施工所在国内的另一地址并将一份副本送交工程师,工程师也可在事先通知合同双方后如此更改其地址。

1.3.4.20　雇主的违约

(1) 雇主的违约　如果雇主发生以下事件时:在雇主根据合同有权扣除的数额后在根据相关条款规定的支付期满之后 28 天之内未能向承包人支付根据工程师签发的任何证书规定的应付款额,或干涉、阻挠或拒绝对任何上述证书颁发后需要的批准,或宣告破产(或作为一个公司宣告停业清理,但不是为了改组或合并的计划而进行的清理),或通知承包人由于不可预见的原因(由于经济混乱)而不可能继续履行其合同义务等,则承包人应通知雇主,并给工程师一份副本,有权终止其在本合同项下的受雇,该终止在发出该通知14天后生效。

(2) 承包人设备的撤离　在前述条款规定的通知满14天之后,承包人将不受相关条款规定的约束,应尽快从现场撤离所有其带至现场的设备。

(3) 合同终止时的付款　如果发生上述合同终止,雇主在付款方面对承包人承担的义务与相关条款规定的终止合同时所承担的义务相同。除按相关条款规定的付款之外,雇主还应向承包人支付由于合同终止而引起的、或与之有关的、或由其后果造成的任何损失或损害的金额。

(4) 承包人暂停工作的权利　在不影响承包人根据相关条款规定有权获得利息和根据相关条款规定有权终止其受雇的情况下,在雇主有权根据合同进行任何扣除时,如雇主在相关条款规定的应付款时间期满后28天之内未能向承包人支付凭工程师签发的任何证书项下应付的款额,则承包人在提前28天给雇主发出通知并给工程师一份副本后可以暂停工程或者减缓工作进度。如果承包人根据本款的规定暂停工程或者减缓工作进度因此而受到延误或发生费用,工程师在与雇主和承包人适当协商后应确定根据相关条款规定承包人有权得到的工期延长以及在合同价格中增加上述发生的费用,并将此决定通知承包人,同时呈交给雇主一份副本。

(5) 复工　当承包人按相关条款规定已发出通知后暂停工程或减缓工作进度,雇主后来又支付了应付款额(包括相关条款中规定的利息),在这种情况下,如果终止合同的通知未曾发出,则根据相关条款规定的承包人权利应予终止,而承包人应尽可能快地恢复正常工作。

1.3.4.21　费用和法规的变更

(1) 费用的增加或减少　随着劳务和(或)材料或影响工程施工成本的任何其他事项的价格涨落而引起的款额增减,应根据本合同条件第Ⅱ部分的规定加到合同价格上或从合同价格中扣除。

(2) 后继的法规　如果在本工程的送交投标书截止日之前的28天以后,在本工程施工或预计施工的所在国中,国家或州的法令、法规或其他法律(或任何条例,或任何当地或其他当局的地方法规)发生变更,或任何上述州的法令、法规、命令、法律、条例或地方法规等的采用,致使承包人在施工中的费用发生相关条款规定情况以外的增加或减少,则此项增加或减少的费用应由工程师在与雇主和承包人适当协商后确定,增加到合同价格上或从合同价格中扣除。工程师应相应地通知承包人,并呈交给雇主一份副本。

(3) 货币限额　在呈递合同投标书截止日期前28天以后,如果在本工程施工或预定施工所在国的政府或政府授权机构,对支付合同价款所用的一种或几种货币实行货币限额和(或)货币汇兑限额,则雇主应赔偿承包人由此而引起的任何损失或损害且不影响承包人在这种事情发生时有权行使的任何其他权利或应得的补偿。

(4) 兑换率　如果合同规定以一种或多种外国货币全部或部分地向承包人支付款项,则此项支付不应受上述指定的一种或多种外国货币与本工程施工所在国货币之间的兑换率的变化的影响。

(5) 货币比例　如果雇主已要求投标书以单一货币报价但用一种以上的货币支付且承包人已声明了他要求得到用于支付的另一种货币或多种货币的比例或数额,则适用于计算该比例或数额的一种或多种兑换率,除非在本合同条件第Ⅱ部分中另有说明,应为在合同投标书递交截止日期前28天的当日由预定工程施工所在国中央银行决定的通行兑换率,并由雇主在标书递交之前通知承包人（或在投标书中予以规定）。

（6）支付暂定金额的货币　如果合同规定以一种以上的货币进行支付，当暂定金额按相关条款规定全部或部分使用时，以外币支付的比例或数额应按前述条款规定的原则予以确定。

1.3.4.22　投标书

投标书见表1-10。

表 1-10　投标书

合同名称： 致： 1. 在研究了上述工程的施工合同条件、规范、图纸、工程量表以及附件第　　号以后，我们　　（即文末签名人）兹报价以　　或根据上述条件可能确定的其他金额，按合同条件、规范、图纸、工程量表及附件要求，实施并完成上述工程并修补其任何缺陷。 2. 我们承认该附件为我们投标书的组成部分。 3. 如果我们中标，我们保证在接到工程师开工通知后尽可能快地开工，并在招标附件中规定的时间内完成合同中规定的全部工程。 4. 我们同意从确定的接收投标之日起　　天内遵守本投标书，在此期限期满之前的任何时间，本报标书一直对我们具有约束力，并可随时接受中标。 5. 在制订和执行一份正式助协议书之前，本投标书连同你方书面的中标通知，应构成我们双方之间有约束力的合同。 6. 我们理解你们并不一定非得接受最低标或你方可能收到的任何投标书的约束。 于　　年　　月　　日。 签字人： 职务： 授权代表： 地址： 证人： 地址： 职业： 附件： 担保金额（如有时）为合同价格的　　%。第三方保险的最低金额　　。不限发生次数，平均每次颁发开工通知的时间为　　天。竣工时间误期损害赔偿费金额为　　。每天误期损害赔偿费限额为　　。每天缺陷责任期　　天，暂定金额调整的百分比　　%，表中所列材料发票价值的　　%，保留金百分比　　%，保留金限额　　，临时付款证书的最低金额　　，未付款额的利率　　%。 投标书签署人签名：

需要说明的是：所有标注的详细说明应在标书文件发出之前填。以下所列所有细节，除了对应于相关条款的百分数以外，所有详细数字应在标书文件发出之前填入。凡应填入天数之处应与本合同条件保持一致（希望该数为7的倍数）。凡合同中包括与下列条款有关的规定时应附加相应的条款：包括区段的竣工、区段误期损失赔偿费、奖金、工地材料的支付、外币付款、预付款、特定材料引起的合同价调整、各种兑换率等。

1.3.4.23　协议书

协议书见表1-11。

表 1-11 协议书

本协议书于　　年　月　　日由　　　为一方(以下称"雇主")和　　　为另一方(以下称"承包人")双方达成的。 　　鉴于雇主愿将本工程授予承包人即　　来施工,并接受了承包人为施工和完成本工程以及修补其任何缺陷所交的投标书。 现本协议书以如下的内容作依据。 1. 本协议书的措辞和其含义分别与下面提到的合同条款中所用的措辞相一致。 2. 下列文件将认作本协作协议书的组成部分并作为协议书的一部分加以引用。 　(1)中标通知书。 　(2)上述投标书 　(3)合同条件(第Ⅰ部分和第Ⅱ部分)。 　(4)规范。 　(5)图纸。 　(6)工程量表。 3. 考虑到雇主要按下述的规定,对承包人进行付款,因此,承包人向雇主立约保证全按合同规定承担施工和完成工程并修补其任何缺陷的任务。 4. 雇主在此立约保证对合同价格中的工程施工、完工与修补其任何缺陷的金额或按合同规定应付的款项,按合同所规定的时间和方式进行支付。 　　特立此据,本协议签约双方基于协议符合其各项有关法律,于　　年　月　　日起,使协议开始执行。 　　　的章是在　　在场的情况下,或有下列人士在场情况下由　　签署、密封和递送盖章的。 雇主签约人： 承包签约人：

1.3.5　FIDIC 土木工程施工分包合同条件

FIDIC 分包合同条件由第Ⅰ部分和第Ⅱ部分组成。第Ⅰ部分某些条款都必须在第Ⅱ部分中包括附加措辞,以使分包合同条件完整。其他条款也可能需要附加措辞对第Ⅰ部分予以补充。以下为第Ⅰ部分的主要内容。

1.3.5.1　通用条件中的"定义及解释"条款

(1) 定义　在分包合同(如下文所定义)中所有措辞及用语,除上下文另有要求者外,都应具有主合同(如以下所定义)分别赋予它们的相同的含义(但以下措辞及用语应具有本款所赋予的含义)。"雇主、承包商、分包商、工程师"的含义中,"雇主"指本分包合同条件第Ⅱ部分指定的当事人以及承包商应随时通知分包商取得此当事人资格的合法继承人或此当事人的受让人；"承包商"指本分包合同条件第Ⅱ部分指定的当事人以及取得此当事人资格的合法继承人(除非分包商同意,不指此当事人的任何受让人)；"分包商"指其报价书已为承包商所接受的当事人以及取得此当事人资格的合法继承人(除非承包商同意,不指此当事人的任何受让人)；"工程师"指雇主为主合同目的而指定作为工程师并在本分包合同条件第Ⅱ部分保持此同一称谓的人员。"主合同、分包合同、分包合同规范、分包合同图纸、分包合同量表、分包商的报价书、承包商发出的中标函、分包合同协议书、分包商的报价书附录、分包合同条件、主合同条件"的含义中,"主合同"指雇主与承包商之间签订的合同(其具体内容在本分包合同条件第Ⅱ部分中给出)；"分包合同"指本分包合同条件(第Ⅰ部分与第Ⅱ部分)、分包合同规范、分包合同图纸、分包合同工程量表、分包商的报价书、承包商发出的中标函、分包合同协议书(如已完成)以及其他明确列入承包商发出的中标函或分包合同协议书(如已完成)中的此类进一步的文件；"分包合同规范"指分包合同中包括的分包工程的规范以及根据相关条款规定对规范进行的任何修改或增补；"分包合同图纸"指分包合同中的所有图纸、计算书以及类似性质的技术资料；"分包合同工程量表"指构成分包商的报价书一部分的且已标价并完成填写的工程量表；"分包商的报价书"指分包商根据分包合同的各项规定为分包合同的工程的实施、完成以及修补其中任何缺陷向承包商提出并被承包商发出的中标函所接受的报价书；"承包商发出的中标函"指承包商对分包商的报价书的正式接受函；"分包合同协议书"指相关条款所述的分包合同协议书（如有时）；"分包商的报价书附录"指附于分包合同条件之后包括在分包商报价书格式内的附录；"分包合同条件"指国际咨询工程师联合会编写的与1992年再次修订重印的《土木工程施工合同条件》1987年第四版配套使用的《土木工程分包合同条件》1994年版的第Ⅰ部分和第Ⅱ部分（该文件可由承包商和分包商进行改编，并构成分包合同的一部分）；"主合同条件"指国际咨询工程师联合会编写的1992年再次修正重印的《土木工程施工合同条件》1987年第四版的第Ⅰ部分以及经雇主和承包商改编该合同条件的第Ⅱ部分（它们均构成主合同的一部分）。"分包商的开工日期和分包商的竣工时间"的含义中，"分包商的开工日期"指分包商收到承包商根据相关条款发出开工通知书的日期；"分包商的竣工时间"指按分包商报价书附录中的规定从分包商的开工之日算起到完成分包工程或其任何区段的时间（或按相关条款延长到的时间）。"分包合同价格"指承包商发出的中标函中写明的、按照分包合同的规定，为了分包工程的实施、完成以及修补其任何缺陷应付给分包商的金额。"主包工程、分包工程和分包商的设备"的含义中，"主包工程"指主合同中所规定的工程；"分包工程"指分包合同条件第Ⅱ部分所述的工程；"分包商的设备"指在分包工程的实施、完成以及修补其任何缺陷的过程中所需的全部装置和任何性质的物品（临时工程除外。但不包括拟构成或构成分包工程一部分的工程设备、材料或其他物品）。

（2）标题和旁注　本分包合同的标题和旁注不应被视为本分包合同条件的一部分。在解释和理解分包合同条件或整个分包合同时，也不应考虑这些标题和旁注。

（3）解释　凡指当事人或当事人各方的词应包括公司和企业以及任何具有法定资格的组织。

（4）单数和复数　仅表明单数形式的词也包括复数含义，视上下文需要而定，反之亦然。

（5）通知、同意、批准、证书、确认和决定　在分包合同条款中，无论何处述及由任何人发出或颁发任何通知、同意、批准、证书、确认或决定，除另有说明者外均指书面的通知、同意、批准、证书、确认或决定，作动词用的"通知"、"证明"、"确认"或"决定"均应作此理解。任何此类通知、同意、批准、证书、确认或决定均不应被无故扣压或拖延。

（6）书面指示　承包商应以书面形式发出指示。如果承包商认为由于某种原因有必要以口头形式发出任何此类指示，分包商应遵守此类指示。承包商可在执行此类指示之前或之后，以书面形式对其口头指示加以确认。在这种情况下，应认为此类指示是符合本款规定的。进一步规定，如果分包商在7天内以书面形式向承包商确认了承包商的任何口头指示，而承包商在7天内未以书面形式加以否认，则此项指示应视为是承包商的指示。

1.3.5.2　通用条件中的"一般义务"条款

（1）分包商的一般责任　分包商应按照分包合同的各项规定，以应有的精心和努力对分包工程进行设计（在分包合同规定的范围内）、实施和完成，并修补其中的任何缺陷。分包商应为此类分包工程的设计、实施和完成以及修补其中任何缺陷，提供所需的不管是临时性还是永久性的全部工程监督、劳务、材料、工程设备、承包商的设备以及所有其他物品，只要提供上述物品的重要性在分包合同内已有明文规定或可以从其中合理推论得出。但根据相关条款承包商与分包商另有商定，以及分包合同第Ⅱ部分另有规定者除外。分包商在审阅分包合同和（或）主合同时，或在分包工程的施工中，如果发现分包工程的设计或规范存在任何错误、遗漏、失误或其他缺陷，应立即通知承包商。

（2）履约保证　如果分包合同要求分包商为其正确履行分包合同提供保证时，分包商应按分包商报价书附录中注明的金额取得此类保证并提交给承包商。此类保证应采用本分包合同条件所附格式或承包商与分包商商定的格式。提供此类保证的机构须经承包商批准。除非分包合同另有规定，因遵守本款要求发生的费用应由分包商承担。在分包商根据分包合同完成施工或竣工并修补其中任何缺陷之前履约保证将持续有效，在主包工程的缺陷责任证书颁发之后即不应对该保证提出索赔（并在上述缺陷责任证书颁发后28天内将该保证退还给分包商）。任何情况下，承包商在按照履约保证提出索赔之前，皆应通知分包商说明导致索赔的违约性质。

（3）分包商应提交的进度计划　在承包商发出的中标函签发之后，分包商应在本分包合同条件第Ⅱ部分规定的时间内，以承包商合理规定的格式和详细的程度，向承包商提交一份实施分包工程的进度计划，以取得承包商同意。无论承包商何时需要，分包商还应以书面形式提交一份对其进行分包工程的施工安排和拟采用方法的总体说明，供承包商参考。无论何时，如果承包商认为分包工程的实际进度不符合他已同意的进度计划时，分包商应根据承包商的要求提交一份修订的进度计划，表明为保证分包工程在分包商的竣工时间内完工而对原进度计划所做的必要修改。

（4）分包合同的转让　没有承包商的事先同意（尽管有相关条款的规定，此类同意也应由承包商自行决定），分包商不得转让分包合同或分包合同的一部分（或合同中或合同名下的任何权益或利益），但下列情况除外，即按分包合同规定应支付或将支付的以分包商的银行为受款人的款项的收取，或者将分包商从任何其他责任方处获得赔偿的权利转让给分包商的保险人（当保险人已清偿了分包商的损失或责任时）。

（5）再次分包　分包商不得将整个分包工程分包出去。没有承包商的事先同意，分包商不得将分包工程的任何部分分包出去。任何此类同意均不解除分包合同规定的分包商的任何责任和义务。分包商应将其自己的任何分包商（包括分包商的代理人、雇员或工人）的行为、违约或疏忽完全视为分包商自己及其代理人、雇员或工人的行为、违约或疏忽一样，并为之完全负责。合同规定，对于下列情况，分包商无需取得同意，这些情况包括提供劳务、根据分包合同和（或）主合同规定的标准采购材料。当分包商的承包商在其进行的工作或提供的货物、材料、工程设备或服务方面，为分包商承担了主合同规定的，有关主包工程或构成分包工程的区段或部分的缺陷责任期（视情况而定）结束后的某一延长期间任何持续的义务时，分包商应根据承包商的要求并在由承包商承担费用的情况下，在缺陷责任期期满之后的任何时间，将上述未终止的义务涉及的权益转让给承包商。

1.3.5.3　通用条件中的"分包合同文件"条款

（1）语言　除非在分包合同条件第Ⅱ部分中另有说明，否则用以拟定分包合同文件的语言应与用以拟定主合同文件的语言相同；且如果分包合同文件是用一种以上的语言拟定的则应根据主合同的"主导语言"解释和说明分包合同。

（2）适用的法律　除非在分包合同条件第Ⅱ部分中另有说明，否则适用于主合同且据之对主合同进行解释的国家或州的法律同样适用于分包合同并据之解释分包合同。

(3) 分包合同协议书　在被要求时，分包商应签署分包合同协议书，该协议书由承包商自费按分包合同条件所附格式编制和完成。如有必要，可对该格式进行修改。

(4) 分包合同文件的优先次序　承包商发出的中标函或分包合同协议书中所列的构成分包合同的几个文件应被认为是互为说明的。除非分包合同另有规定，构成分包合同的文件的优先次序依次为分包合同协议书（如有时）、承包商发出的中标函、分包商的报价书、分包合同条件第Ⅱ部分、分包合同条件第Ⅰ部分、构成分包合同一部分的任何其他文件。

1.3.5.4 通用条件中的"主合同"条款

(1) 分包商对主合同的了解　承包商应提供主合同（工程量表或费率价格表中所列的承包商的价格细节除外，视情况而定）供分包商查阅，并且，当分包商要求时承包商应向分包商提供一份主合同（上述承包商的价格细节除外）的真实副本（其费用由分包商承担）。在任何情况下，承包商应向分包商提供一份主合同的投标书附录和主合同条件第Ⅱ部分的副本，以及适用于主合同但不同于主合同条件第Ⅰ部分的任何其他合同条件的细节。应认为分包商已经全面了解主合同的各项规定（上述承包商价格细节除外）。

(2) 分包商对有关分包工程应负的责任　除非分包合同条款另有要求，分包商在对分包工程进行设计（在分包合同规定的范围内）、实施和竣工以及修补其中任何缺陷时，应避免其任何行为或疏漏构成、引起或促成承包商违反主合同规定的承包商的任何义务。除上述之外，分包商应承担并履行与分包工程有关的主合同规定的承包商的所有义务和责任。

(3) 不能与雇主私下有约　此处规定不应被理解为在分包商与雇主之间可以产生任何私下约定。

(4) 分包商违反分包合同可能产生的后果　如果分包商有任何违反分包合同的违约行为，分包商应保障承包商免于承担由此违约造成的根据主合同承包商将负责的任何损害赔偿费。在此情况下，承包商可从本应支付给分包商的金额中扣除这笔赔偿费，但不排除采用其他赔偿方法。

1.3.5.5 通用条件中的"临时工程、承包商的设备和（或）其他设施（如有时）"条款

(1) 分包商使用临时工程　除非在分包合同条件第Ⅱ部分中另有规定，不应要求承包商为分包商提供或保留任何临时工程。然而，承包商应允许分包商与承包商和（或）经其同意的其他分包商共同为分包工程的实施和竣工以及修补其中任何缺陷联合使用由承包商随时提供的与主包工程有关的临时工程。但上述许可不应要求承包商有责任让分包商、其代理人、雇员或工人使用该临时工程，也不解除分包商检验或检查其代理人、雇员或工人所使用的临时工程以及提供适当的临时工程供他们使用的法定的或其他义务。

(2) 分包商与其他分包商共同使用承包商的设备和（或）其他设施（如有时）　承包商应在现场提供分包合同条件第Ⅱ部分所指定的承包商的设备和（或）其他设施（如有时）。并且，根据分包合同条件第Ⅱ部分有关条款（如有时），允许分包商与承包商和（或）承包商可能许可的其他分包商一起，为分包工程的实施和竣工（但不包括修补其中任何缺陷）使用承包商的设备和其他设施（如有时）。

(3) 分包商享有承包商的设备和（或）其他设施（如有时）的专用权　承包商还应根据

分包合同条件第Ⅱ部分有关条款（如有时）向分包商提供分包合同条件第Ⅱ部分规定的承包商的设备和（或）设施（如有时）的专用权。

（4）对误用临时工程、承包商的设备和设施（如有时）的保障　分包商应保障承包商免于承担由分包商、其代理人、雇员或工人误用承包商提供的临时工程、承包商的设备和（或）其他设施所造成的损害赔偿费。

1.3.5.6　通用条件中的"现场工作和通道"条款

（1）在现场的工作时间及分包商应遵守的规章制度　除非另有协议，分包商应遵守分包合同条件第Ⅱ部分规定的承包商的工作时间，并应遵守有关工程的施工、材料和分包商的设备进出现场以及材料和分包商的设备的现场存放方面的一切规章制度。承包商应随时为分包商提供确保分包商以应有的速度进行分包工程的施工所要求的那部分现场及现场通道。除非在分包合同条件第Ⅱ部分中另有说明，承包商没有义务将现场的任何部分提供给分包商专用。

（2）分包商允许进入分包工程的义务　分包商应允许承包商、工程师及其任何一方所授权的任何人在工作时间内合理进入分包工程以及现场上任何工作或材料正在实施、准备或存放的地点。分包商还应允许承包商、工程师及其任何一方所授权的任何人合理进入现场外与分包工程有关的由分包商或分包商委托他人正在工作或准备的地点，或为他们获得进入此类地点的权利。

1.3.5.7　通用条件中的"开工和竣工"条款

（1）分包工程的开工及分包商的竣工时间　分包商应在接到承包商有关开工的通知后14天内或书面商定的其他期限内开始分包工程。该通知应在承包商发出的中标函日期之后，于分包商报价书附录中规定的期限发出。随后（除非承包商另有明确的要求或指标），分包商应迅速且毫不拖延地开始分包工程的施工。分包工程以及在分包商报价书附录中规定的在某一具体时间完成的任何区段（如适用时），均应在分包商的报价书附录中为分包工程或任何区段（视情况而定）规定的从分包商的开工之日算起的竣工时间内竣工，或在相关条款可能允许的延长时间内竣工。

（2）分包商的竣工时间的延长　如果由于以下任一原因致使分包商延误实施分包工程或其任何区段（如果适用的话）。这些原因包括承包商根据主合同有权从工程师处获得主包工程竣工时间延长的情况，根据相关条款颁发的且不适用于本款上一情况的指示，承包商违反分包合同或由承包商负责的情况，则在上述任一情况下，分包商有权为其分包工程或其任何区段获得公平合理的竣工时间的延长。除非分包商已经在该延误开始发生的14天内，将造成他延误的情况通知承包商，同时提交一份证明其要求延期的详情报告，以便可以及时对他申述的情况进行研究，否则，分包商无权获得延期。而且在本款第一种适用的任何情况下，此延期均不应超过承包商根据主合同有权获得的延期。同时规定，如果某一事件具有持续性的影响，致使分包商按照本款规定的14天内提交详情报告不切实际时，只要分包商以不超过14天的时间间隔向承包商递交临时详情报告，并在事件影响结束后14天内提交最终详情报告，则分包商仍有权获得延期。

（3）承包商有义务通知　承包商应将根据主合同规定所获得的有关分包合同的所有延期立即通知分包商。

1.3.5.8 通用条件中的"指示和决定"条款

(1) 根据主合同所做的指示和决定　根据相关条款，分包商应在有关分包工程方面遵守工程师的所有指示和决定，此类指示和决定应由承包商作为指示确认并通知分包商，无论此类指示和决定是否根据主合同恰当给出。与承包商根据主合同有权从雇主处得到付款一样，分包商应同样有权从承包商处得到有关遵守此类指示和决定方面的有关支付。进一步规定，如果上述任何通知和确认的指示或决定从主合同角度分析是由工程师不恰当或不正确地给出的，则分包商应有权要求承包商补偿遵守此类指示或决定而导致的合理费用（如有时），但这笔费用不能是由于分包商违反分包合同所引起或造成的。

(2) 根据分包合同所做的指示　分包商仅从承包商处接受指示。与工程师根据主合同有权在主包工程方面作出指示一样，承包商应有同样权力在分包工程方面做出指示。与承包商遵守主合同规定的义务并拥有相应的权力一样，分包商也应遵守类似的义务并拥有类似的权力。在任何情况下，承包商均能行使上述权力，而无论工程师是否按照主合同行使了类似权力。

1.3.5.9 通用条件中的"变更"条款

(1) 分包工程的变更　分包商仅应根据以下指示以更改、增补或省略的方式对分包工程进行变更，即工程师根据主合同做出的指示（此类指示由承包商作为指示确认并通知给分包商）或承包商做出的指示。由于工程师根据主合同发出的，与分包工程有关的且根据主合同构成了变更的任何指示，如果经承包商按照本款通知并确认后应被认为构成了分包工程的变更。

(2) 变更指示　分包商不应执行从雇主或工程师处直接收到的有关分包工程变更的未经承包商确认的指示。如果分包商一旦直接收到了此类指示，他应立即将此类指示通知承包商并向承包商提供一份此类直接指示（如果是书面给出的话）的副本。分包商仅应执行由承包商书面确认的指示，但承包商应立即提出关于此类指示的处理意见。

1.3.5.10 通用条件中的"变更的估价"条款

(1) 估价的方式　分包工程的所有变更都应按照本款规定的方式估价。而且，所变更的价值应加到分包合同价格中或从中扣除，视情况而定。

(2) 变更价值的估算　所有变更的价值应参考分包合同中规定的相同或类似工作的费率和价格（如有时）来核定，但如果分包合同中没有此类费率或价格，或如果它们不恰当或不适用，则该变更估价应公正合理。

(3) 参照主合同的测量进行估价　如果构成主合同变更的分包工程的一项变更由工程师根据主合同测量，那么，倘若分包合同中的费率和价格适合根据测量对此类变更估价，则承包商应允许分包商参加任何以工程师名义进行的测量。按照主合同所进行的此类测量亦应构成为分包合同之目的对变更进行的测量，且应对此变更作相应估价。

(4) 估算的工程量与实施的工程量　分包合同工程量表中列出的工程量是该分包工程的估算工程量，它们不能作为分包商履行分包合同义务的过程中应予完成的分包工程的实际和确切的工程量。如果任何工程量的增加减少不是由于根据相关条款所给出的指示造成的，而是由于工程量超过或少于分包合同工程量表中所列的工程量，则不要求对此类工程量的增加或减少做出指示。

（5）计日工　如果承包商指示分包商在计日工的基础上实施工作，则承包商对该工作应按分包合同中的计日工作表规定的费率和价格向分包商付款。

1.3.5.11　通用条件中的"通知和索赔"条款

（1）通知　在不影响相关条款通用的情况下，除非分包合同条件中另有规定，则无论何时根据主合同条件要求承包商向工程师或雇主递交任何通知或其他资料或保持同期记录的话，分包商应就有关分包工程方面以书面形式向承包商发出类似通知或其他资料以及保持同期记录，以便承包商能遵守该主合同条件。分包商应花费足够的时间完成上述事项以使承包商能按时遵守该主合同条件。始终规定，倘若分包商不知道或无需知道承包商要求他递交上述通知或资料或保持同期记录的话，则分包商可不必遵守本款的规定。

（2）索赔　在分包工程实施过程中，如果分包商遇到了任何不利的外界障碍或外部条件或任何其他情况而由此按主合同可能进行索赔时，则在分包商遵守本款规定的情况下，承包商应采取一切合理步骤从雇主（工程师）处获得可能的此类合同方面的利益（包括追加付款，延长工期，或二者均有）。分包商应花费足够的时间，向承包商提供所有为使承包商能就此合同方面的利益进行索赔所要求的材料和帮助。当承包商从雇主处得到任何此类合同方面的利益时，承包商应将在所有情况下公平合理的那一部分转交给分包商。此处还应如此理解，即如果承包商索赔一笔追加付款，则承包商从雇主处得到该笔款项应作为承包商就该索赔向分包商承担责任的先决条件。承包商应定期将他为获得此合同方面的利益而采取的步骤以及他得到该利益的情况通知分包商。除本款或相关条款中的规定外，承包商对分包商在其分包工程的施工过程中可能遇到的任何障碍、条件或情况均不负任何责任。分包商应被认为他已清楚地了解了分包合同价格的正确性和充分性。该价格包括了分包商为履行分包合同规定的义务所提供的一切必要物品及承担的一切必要工作。始终规定，本款中的任何内容都不应阻止分包商就由于承包商的行为或违约所造成的分包工程施工的延误或其他情况而向承包商提出索赔。

（3）未发出通知的影响　如果由于分包商未能遵守相关条款阻碍了承包商按主合同从雇主处获得与主包工程有关的任何金额的补偿，则在不影响承包商为分包商未能遵守相关条款的行为而采取其他补救措施的情况下，承包商可从按照分包合同本应支付给分包商的金额中扣除该笔款。

1.3.5.12　通用条件中的"分包商的设备、临时工程和材料"条款

条款以附注形式编入。与分包商带到现场的承包商的设备、临时工程或材料相关主合同条件相关条款的各项规定应通过附注形式编入分包合同，如同各项规定在分包合同中完全列出一样。

1.3.5.13　通用条件中的"保障"条款

（1）分包商的保障义务　除分包合同另有规定外，分包商应保障承包商免于承受与下述有关的全部损失和索赔，包括任何人员的伤亡，任何财产的损失或损害（分包工程除外）。上述人身伤亡或财产损害系在分包工程的实施和完成以及修补其任何缺陷过程中发生或由其

引起的。分包商还应保障承包商为此或与此有关的一切索赔、诉讼、损害赔偿费、诉讼费、指控费和其他开支,但相关条款所限定的情况除外。

(2) 承包商的保障义务　承包商应保障分包商免于承担与下述事宜有关的任何索赔、诉讼、损害赔偿费、诉讼费、指控费和其他开支,保障的程度应与雇主按主合同保障承包商的程度相类似(但不超过此程度),这些情况包括分包工程或其任何部分永久使用或占有的土地;雇主和(或)承包商在任何土地上、越过该土地、在该土地之下、之内或穿过其间实施分包工程或其任何部分的权力;按分包合同规定实施和完成分包工程以及修补其任何缺陷所导致的无法避免的对财产的损害;由雇主、其代理人、雇员或工人或非该承包商正在雇用的其他承包商的行为或疏忽造成的人员伤亡或财产损失或损害(或为此或与此有关的任何索赔、诉讼、损害赔偿费、诉讼费、指控费和其他开支)。承包商应保障分包商免于承担由承包商、其代理人、雇员或工人或不是该分包商雇用的其他分包商的行为或疏忽造成的人员伤亡或财产的损失或损害等方面的全部索赔、诉讼、损害赔偿费、诉讼费、指控费或其他开支或者当分包商、其代理人、雇员或工人对上述人员的伤亡、财产损失或损害负有部分责任时,应公平合理地考虑到与承包商、承包商的代理人、雇员或工人或其他分包商对该项伤亡、损失或损害负有责任程度相应的那一部分伤亡、损失或损害。

1.3.5.14　通用条件中的"未完成的工作和缺陷"条款

(1) 移交前分包商的义务　如果在有关主包工程的移交证书颁发之前(或者在按照主合同颁发有关主包工程某一区段或部分的移交证书的情况下),在包含有分包工程的主包工程的区段或部分的移交证书颁发之前,分包商应完成相关条款所要求的分包工程,则分包商应使分包工程始终处于主合同所要求的令承包商满意的状态。在有关主包工程或其有关区段或部分的移交证书颁发之前,分包商应修补由于任何原因所造成的各类缺陷。除相关条款规定外,除非上述缺陷是按照主合同由于雇主、其代理人、雇员或工人的行为或违约,或按照分包合同由于承包商、其代理人、雇员或工人的行为或违约造成的,否则,分包商无权为修补上述缺陷获得追加付款。

(2) 移交后分包商的义务　在包含分包工程的主包工程或主包工程的区段或部分(视情况而定)的有关移交证书颁发之后,分包商应修补分包工程中主合同规定的承包商应负责修补的缺陷,修补缺陷的期限以及所依据的条件应与主合同规定的承包商应负责修补的期限或条件相一致。

(3) 由承包商的行为或违约造成的缺陷　始终规定,如果分包商按照相关条款所修补的缺陷是由于承包商、其代理人、雇员或工人的行为或违约所造成的,则尽管主合同可能未规定承包商有相应的权力,分包商仍应有权为其修补上述缺陷从承包商处得到支付。

1.3.5.15　通用条件中的"保险"条款

(1) 分包商办理保险的义务　分包商应为分包合同条件第Ⅱ部分中规定的风险办理保险,保险的金额和受益人应依据第Ⅱ部分中的规定。除非分包合同条件第Ⅱ部分中另有规定,否则,从分包商按分包合同开始并持续实施分包工程所要求的那部分现场或通道提供给分包商之时起,至分包商最终履行了分包合同规定的其义务止,分包商应使上述保险始终有效。规定,分包商应为他在分包工程中所雇用的任何有关人员的责任投保,以便雇主和(或)承包商能够依据保险单得到保障。

(2) 承包商办理保险的义务以及分包工程由分包商承担风险　在有关主包工程的移交证书颁发之前,或根据主合同主包工程已停止由承包商承担风险之前;承包商应持续保证分包合同条件第Ⅱ部分中规定的保险单的有效性。倘若分包工程以及属于分包商的临时工程、材料或其他物品在上述期间遭到毁坏或损害且根据上述保险单已确定有关上述各项索赔的情况下,分包商应得到此笔索赔款或其损失的款额(二者中取较少者)的支付,并应将此笔款项用于重置或修复被毁坏或损坏的物品。除上述情况外,在有关主包工程的移交证书颁发之前,在有关包含在主包工程中最后一个分包工程的区段或部分的移交证书(如有主包工程的区段或部分的移交证书)颁发之前,分包工程的风险应由分包商承担。分包商应自费弥补或修复在此之前分包工程所发生的全部损失或损害;分包商还应对其为履行相关条款规定的他的义务在作业过程中造成的对分包工程的任何损失或损害承担责任。

(3) 保险的证据以及未办理保险的补救办法　如果由于本款要求承包商或分包商中任一方办理保险并保持其有效,则在另一方要求时,办理保险的一方应提供保险凭证以及本期保险金的支付收据。如果承包商或分包商中任一方未能按分包合同办理此类保险并保持其有效,或当要求时未能提供保险凭证,则在任何此种情况下,另一方可办理此类保险并保持其有效以及支付为此目的可能需要的任何保险费,并可随时从任何应付或将付给违约方的款项中扣除上述支付的费用,或视为到期债款向违约方收回上述费用(视情况而定)。

1.3.5.16　通用条件中的"支付"条款

(1) 分包商的月报表　分包商应在每个月末后的第7天("规定日"),按承包商可能随时指定的格式("报表")向承包商提交一式7份报表,报表说明分包商认为自己有权到月末得到的涉及以下方面的款项:已实施的分包工程的价值;分包合同工程量表中的任何其他项目,包括分包商的设备、临时工程、计日工以及类似项目;分包商的报价书附录中注明的全部表列材料以及分包商运至现场准备为分包工程配套使用但尚未安装到该工程上的工程设备的发票价值的百分比;按相关条款进行的调整;按分包合同或其他规定分包商可能有权得到的任何其他金额等。已完成的工作价值应按分包合同规定的费率和价格计算,如果没有此类费率和价格(或上述费率和价格不适当或不适用)则该价值应为公平合理价值。

(2) 承包商的月报表　在分包商已向承包商提交了月报表的情况下,除非不恰当,否则,承包商应将分包商月报表中所列款额包括在主合同规定的承包商的下一份支付报表中。当承包商为使雇主支付根据工程师按照主合同的规定而颁发的任何证书中到期应支付的金额而向雇主提出诉讼(无论是仲裁或其他形式)时,他应将与分包工程有关的、已开具支付证书但尚未付款的所有金额包括进去,且不得损害相关条款规定的分包商的权利。

(3) 到期应支付的款项、扣发或缓发的款项、利息　在"规定日"之后的70天内或另行商定的时间内(但以下文规定为条件),报表中所包括的款额应到期支付给分包商,但须扣除以前支付的款额,并按分包商的报价书附录中规定的比率扣除保留金直至该保留金的数额达到分包商的报价书附录中规定的保留金限额(如有时)为止。在下列情况下,承包商应有权扣发或缓发根据上述规定本应支付的全部或部分金额，即月报表中包含的款额连同承包商认为分包商可能有权另外获得的金额的总和在扣除保留金和其他应扣款项之后少于分包商的报价书附录中规定的最低支付限额（如有时）；月报表中包含的款额连同根据相关条款承包商按主合同申请的任何其他金额在扣除保留金与其他应扣款额之后其总额不足以使工程师按主合同颁发临时支付证书；月报表中包含的款额没有被工程师全部证明而这又不是由于承包商的行为或违约导致的；承包商已按照主合同将分包商报表中所列的款额包括在承包商的报表中且工程师已为此开具了证书但雇主尚未向承包商支付上述全部金额（而这不是由承包商的行为或违约引起的）；分包商与承包商之间和（或）承包商与雇主之间就涉及计量或工程量问题或上述分包商的报表中包含的任何其他事宜已发生了争执。

根据上述规定的任何款项仅限于分包商报表中未被证明的款项；雇主尚未支付的款项；某一争端涉及的款项（视情况而定）。如果承包商扣发或缓发任何款项，他应在合理可行的情况下尽快地但不迟于上述款项应支付的日期，将扣发或缓发的理由通知分包商。本款规定所涉及的支付时间，不适用于承包商按主合同规定向工程师递交的最终报表中包含的任何分包商报表中的款项（对于任何此类款项，承包商应在收到含有此类款额的付款 14 天后支付给分包商）。如果承包商未将到期应支付给分包商的款额支付给分包商，或如果根据本款扣发或缓发其付款，则承包商在收到分包商索取利息的通知时（该通知应在上述付款即将到期之日的 7 天内发出）应按雇主根据主合同的规定向承包商支付的利率将此笔到期未付款额的利息支付给分包商。始终规定，如果承包商在上述款额到期应付之日前的 7 天内未收到索取利息的通知，承包商应按上述利率，从收到索取利息通知之日算起将该款额的利息支付给分包商。尽管有上一段的规定，承包商还应将他从雇主处实际得到的、由应支付给分包商的款额所产生的利息支付给分包商。尽管有本款或分包合同的任何其他条款的规定，在分包商提交履约保证（如果分包合同要求时）并经承包商批准之前，不应将任何款额支付给分包商。

（4）保留金的支付　在工程师颁发整个工程的移交证书后的 35 天内，承包商应将分包合同规定的保留金的一半支付给分包商；或当主包工程的某些区段或部分完工时，在工程师颁发含有分包工程的主包工程的某一区段或部分的移交证书后 35 天内，承包商应将其根据分包工程的这一区段或部分的相应价值而合理决定的其他比例的保留金支付给分包商。在承包商收到主合同规定作为发还的另一半保留金的任何付款的 7 天内，应向分包商支付分包合同规定的保留金的另一半或剩余比例。

（5）分包合同价格及其他应付款额的支付　在分包商最终履行了前述条款规定的其义务后 84 天内，或承包商已按主合同获得了有关分包工程的全部付款后的 14 天内（以较早者为准），并且自分包商向承包商提交其最终账目报表起的 35 天期满时，承包商应向分包商支付合同价格以及分包合同规定的上述款项的任何增减额，或按分包合同另外应付的有关款额（但须扣除分包商已收到的部分款额）。

（6）承包商责任的终止　除非分包商在主包工程的缺陷责任证书颁发之前，向承包商发出了有关由分包合同及分包工程的实施引起的或与之有关的任何事宜和事件的索赔通知，否则，承包商对上述事宜和事件不向分包商承担责任。

1.3.5.17　通用条件中的"主合同的终止"条款

（1）对分包商雇用的终止　如果在分包商全面履行了分包合同规定的其义务之前，无论由于任何原因，按主合同对承包商的雇用被终止或主合同被终止，则承包商应在上述终止后的任何时间通知分包商立即停止按分包合同对分包商的雇用。在遵守相关条款规定的前提下，分包商在接到通知时应尽快将其职员、工人和分包商的设备撤离现场。

（2）终止后的付款　如果对分包商的雇用如上所述被终止，则在扣除已支付给分包商的部分款额与款项后，应向分包商支付以下费用（但相关条款另有规定的情况除外），包括按分包合同规定的费率和价格（如有时）在分包合同终止日期前完成的全部工作的费用（如果没有此类费用和价格，则支付公平合理的款额）；由分包商恰当带到并留在现场上的所有材料的费用以及在考虑到为已实施的工程已支付或将支付的费用的情况下从现场上撤离分包商的设备和在分包商的要求下将设备运回其注册国分包商的设备基地的费用或其他目的地的费用（但不得多索费用）的合理部分；分包商雇用的所有从事分包工程及与分包工程有关的职员和工人在分包合同终止时的合理的遣返费；为随后安装到分包工程上且在现场外恰当地准备或制作的任何物品的费用（但分包商应将此类物品运至现场或承包商合理指定的其他地方）。此处的规定不应影响任一方在分包合同终止前由于另一方违反分包合同而享有的权利，也不影响分包商在上述终止前应得到的不涉及分包合同价格的任何付款的权利。

（3）由于违反分包合同而导致的主合同的终止　如果由于分包商违反分包合同而导致雇主终止主合同对承包商的雇用或终止主合同，则上述条款关于支付的规定将不适用。但承包商和分包商据此享有的权利应视为与分包商以此违约形式而拒绝分包合同以及承包商根据下述条款通知终止分包合同后而决定接受上述分包商的拒绝行为的情况一样。

1.3.5.18　通用条件中的"分包商的违约"条款

（1）分包合同的终止　如果分包商被依法判定不能支付其到期债务、或者自愿或非自愿地宣告破产、停业清理或解体（为合并或重建目的而自愿的清理除外）、或者已失去偿付能力；或者与其债权人做出安排，或做出对债权人的转让；或同意在其债权人的监督委员会监督之下执行分包合同；或者如果由一个破产案件产业管理人、遗产管理人、财产受托管理人或资产清算人被指定监督他的财产的任何实质部分；或者如果对分包商或其财产采取的任何行动或发生的任何事件，根据任何适用的法律，具有与前述的行动或事件实际上相似的效果；或者如果分包商已违反了有关条款规定；或者其货物被扣押；或者分包商已经否认分包合同有效；或者分包商无正当理由未能按相关条款开工或实施分包工程；或在承包商根据本款规定做出要求分包商清除有缺陷的材料或修补有缺陷的工作的指示后分包商拒绝执行或忽视此类指示；或分包商无视承包商的事先书面警告反而固执地或公然地忽视履行分包合同所规定的其任何义务；或分包商已违反特定条款；或在工程师根据主合同规定预先通知承包商后要求承包商将分包商从主包工程上撤出。则当发生上述任何情况时，且在不影响承包商任何其他权利或采取补救方法的情况下，承包商可根据分包合同，在通知分包商后，立即终止对分包商的雇用。随后，承包商可占有分包商带至现场的所有材料、分包商的设备及其他任何物品，并可由承包商或其他承包商将上述物品用于施工和完成分包工程以及修补其中任何缺陷。如果承包商认为适当，他也可将上述全部或部分物品出售，并将所得收入用于补偿分包商应支付给承包商的款额。

（2）终止时承包商和分包商的权利与责任　当发生此类合同终止情况时，受上述条款的约束，承包商和分包商的权利及责任应按下述情况处理，即分包商已拒绝分包合同以及承包商根据上述条款发出终止通知后决定接受这一拒绝行为。

(3) 承包商的权利　承包商可不根据本款发出终止通知，而仅从分包商手中接过该项分包工程的一部分，由承包商自己或其他承包商实施并完成此分包工程的部分以及修补其中任何缺陷。在此类情况下，承包商可从分包商处收回其实施此项工程的费用，或从应支付给分包商的款额中扣除此项费用。

1.3.5.19　通用条件中的"争端的解决"条款

(1) 友好解决和仲裁　如果在承包商和分包商之间产生由于或起因于分包合同或分包工程的施工的任何争端，无论是在分包工程施工期间或竣工之后，也不论是在否认分包合同有效或终止分包合同之前或之后，承包商或分包商可就此类争端向另一方发出通知。在此类情况下，双方应设法在仲裁开始之前的56天内友好地解决争端。该项通知应说明此类通知是按照本条发出的。在发出该项通知后56天内尚未友好解决的任何争端，应按照国际商会的调解与仲裁章程，由据此章程指定的一名或几名仲裁员予以最终裁决。在分包工程竣工前或后均可开始仲裁。规定在分包工程实施过程中，承包商和分包商各自的义务不得以正在进行仲裁为由而改变。

(2) 与主合同有关或由主合同引起的涉及或关于分包工程的争端　无论是主包工程施工期间或竣工之后，也不论是在否认主合同有效或终止主合同之前或之后，如果在雇主和承包商之间产生由于或起因于主合同或主包工程的施工的任何争端，包括有关工程师的意见、指示、决定、证书或估价方面的任何争端，以及承包商认为涉及或与分包工程有关的争端，且此类争端的仲裁按主合同的规定已经开始，则承包商应通知分包商，要求其提供承包商合理要求的与上述争端有关的信息并出席有关会议。

1.3.5.20　通用条件中的"通知和指示"条款

(1) 发出通知和指示　根据分包合同条款向承包商或分包商发出的所有通知，以及发给分包商的所有指示，均应通过邮件、电报、电传或传真发至或送达承包商或分包商的主要营业地点（视情况而定），也可发至或送达承包商或分包商为此目的而指定的其他此类地址。

(2) 地址的更改　任何一方均可将指定的地址更改为分包工程正在施工所在国内的另一地址，但应事先通知另一方。

1.3.5.21　通用条件中的"费用及法规的变更"条款

(1) 费用的增加或减少　有关劳务费和（或）材料费或影响分包工程实施任何其他事项的费用的涨落，应在分包合同价格中增加或扣除。此类增加或扣除款额的幅度应与根据主合同对合同价格进行增加或扣除款额的幅度相类似，但不能超出。

(2) 后续的法规　如果分包合同签署生效日当天或之后，在分包工程正在施工或准备施工所在国家的或州的任何法规、法令、政令或其他法律或任何规章，或地方或其他合法机构的任何细则发生了变更，或上述州的任何法规、法令、政令、法律、规章或细则等的采用，使得分包商在履行分包合同中发生了除相关条款规定以外的费用的增加或减少，则此类费用的增加或减少应由承包商与分包商商定并加入分包合同价格或从中扣除。此类费用增加或扣除的幅度应与依据主合同对合同价格进行增加或扣除的幅度相类似，但不能超出。

1.3.5.22 通用条件中的"货币及汇率"条款

(1) 货币限制 如果分包合同签署生效日当天或之后，分包工程正在施工或准备施工所在国的政府或其授权机构对支付分包合同价格的一种或几种货币实行货币限制和（或）货币汇出限制，则承包商应赔偿分包商因此而受到的损失或损害。此类损失或损害的补偿幅度应与雇主按主合同补偿给承包商的相同，但不能超出。此时，分包商所享有的任何其他权利或采用的补救方法不应受到影响。

(2) 汇率 如果分包合同规定的一种或几种外币对分包商支付，则此类支付不应受上述指定的一种或几种外币与分包工程所在国的（当地货币）货币之间的汇率变化的影响。

第 2 章

××省 2016 年度基本药物（基层部分）招标目录（第 3 批）统一招标采购招标文件

2.1 招标文件封面及目录

（1）招标文件封面　招标文件封面见表 2-1。

表 2-1　招标文件封面

××省 2010 年度基本药物（基层部分）招标目录（第 3 批）统一招标采购招标文件
招标编号：JZC/YP16-003
××省政府采购中心
2016 年 12 月

（2）招标文件目录　招标文件目录见表 2-2。

表 2-2　招标文件目录

目　　录	
招标公告书………………………………………………………………………………	2
第一部分 药品统一招标采购工作流程图…………………………………………	3
投标人参与投标日程表………………………………………………	4
第二部分 药品统一招标需求一览表………………………………………………	7
第三部分 药品统一招标采购须知前附表…………………………………………	15
第四部分 药品统一招标采购须知…………………………………………………	21
第五部分 通用合同条款及前附表…………………………………………………	36
第六部分 招标采购资格证明材料…………………………………………………	41
第七部分 投标文件参考格式………………………………………………………	44

（3）投标人序号　（投标人以此序号参加本次投标）。

2.2 招标公告书

招标公告书见表 2-3。

表 2-3 招标公告书

招标公告书

　　为落实《××省贯彻国家基本药物制度的实施方案》,受××省医疗机构药品统一招标采购领导小组办公室委托,××省政府采购中心就 2016 年度《××省基本药物(基层部分)招标目录(第 3 批)》组织公开招标(具体详见招标文件),欢迎全国范围内符合条件的药品生产企业或进口药品独家代理经营企业参加投标。

1. 招标编号:JZC/YP16-003
2. 招标文件发售时间:2016 年 12 月 2 日至 2016 年 12 月 19 日
   网上注册及信息录入时间:2016 年 12 月 2 日至 2016 年 12 月 19 日
3. 招标文件发售地点及联系方法
   招标人:××省政府采购中心
   地址:
   网站:
   电子邮件:
4. 招标文件售价:500 元/本,售出不退。
5. 投标文件接收截止时间:2016 年 12 月 21 日下午 16:30 以前
6. 网上投标报价时间:2016 年 12 月 24 日上午 10:00 至 2016 年 12 月 25 日下午 16:30 截止
7. 开标时间:2016 年 12 月 30 日上午 10:00
8. 开标地点:××省××大厦第×会议厅
9. 投标人资格要求
   (1) 药品生产企业
   ①《企业法人营业执照》;②《药品生产许可证》;③《GMP 认证证书》;④《生产企业法人授权委托书》(原件);⑤《组织机构代码证》;⑥生产企业 2015 年度企业纳税报表。
   (2) 进口药品独家代理经营企业
   ①《经营企业法人营业执照》;②《药品经营许可证》;③《GSP 认证证书》;④《经营企业法人授权委托书》(原件);⑤《组织机构代码证》;⑥《独家代理委托书》(原件)或总代理证明(原件),如提供复印件须加盖驻中国办事处或代表处章;⑦《进口药品注册证》;⑧进口药品《口岸检验报告》。
   (3) 生产和销售脱钩的药品生产企业集团,授权企业集团下设的销售公司投标
   ①《经营企业法人营业执照》;②《药品经营许可证》;③《经营企业法人授权委托书》(原件);④《组织机构代码证》;⑤《生产企业集团授权委托书》(原件);⑥《生产企业营业执照》;⑦《组织机构代码证》;⑧生产企业 2015 年度企业纳税报表;⑨《生产企业分厂授权委托书》(原件);⑩《生产企业营业执照》;⑪《药品生产许可证》;⑫《组织机构代码证》;⑬《GMP 认证证书》;⑭各分厂生产企业 2015 年度企业纳税报表。
   注:请认真核对资质材料之间相关名称的一致性和涉及效期等方面的有效性,否则投标将被拒绝。未标明原件的资质材料可提供清晰的复印件,并加盖企业公章,否则投标将被拒绝。逾期领取《招标文件》、递交《投标文件》均将被拒绝。
   无上述有效资料,招标机构将不予确认其用户名和登录密码。

招标人:××省医疗机构药品统一招标采购领导小组办公室
地址:
联系人:
联系电话:

招标机构:××省政府采购中心
地址:
联系人:
电话及传真:

××省政府采购中心
2016 年 12 月

2.3 药品统一招标采购工作流程

(1) 药品统一招标采购工作流程　药品统一招标采购工作流程见图 2-1。

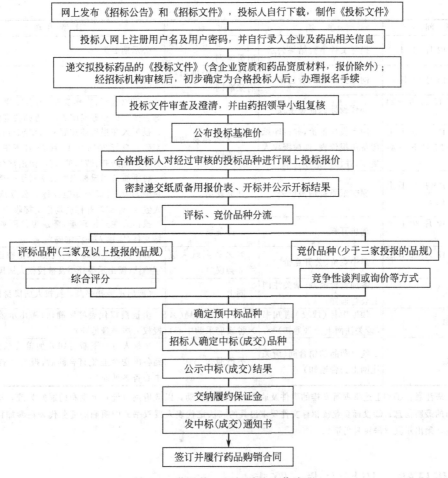

图 2-1 药品统一招标采购工作流程

（2）投标人参与投标日程表　投标人参与投标日程见表 2-4。

表 2-4　投标人参与投标日程

时间	事项	地点	注意事项
2016 年 12 月 2～19 日	发布《招标公告》和《招标文件》	中国政府采购网；××省招标与政府采购网	投标人自行下载《招标文件》，《投标人网上操作手册》
2016 年 12 月 2～19 日	投标人自行制作《投标文件》		制作过程中，请对照本文件附件二要求，保证真实、合法、有效、一致，避免被拒绝的风险
2016 年 12 月 16 日	关于招标文件的网上澄清公示	××省招标与政府采购网	提交对招标文件存在的疑问的书面材料（加盖投标人公章，可采用传真件），提交截止时间 12 月 16 日下午 4:30
2016 年 12 月 3～21 日	投标人递交《投标文件》，现场接受资格审核	12 楼办公室	网上申请及资质录入截止时间 12 月 19 日下午 4:30，届时网上录入功能关闭；递交《投标文件》截止时间 12 月 21 日下午 4:30。为防止因资质存在缺陷而被拒绝，请尽量提前递交
2016 年 12 月 2～19 日	办理投标手续，领取投标人序号，确认网上登录的用户名、密码及相关信息	××省招标局（××省政府采购中心）	未经审核，招标机构将不予确认网上投标的用户名和登录密码，从而失去投标资格。购买招标文件截止时间 12 月 19 日下午 4:30
2016 年 12 月 3～18 日；每晚 19:00 至 9:00	投标人网上报价操作培训	××省招标局 7 楼会议室	投标人自愿参加，也可以自行下载阅读网上操作的说明手册

续表

时间	事项	地点	注意事项
2016年12月21日	投标文件审查结果公示	××省招标与政府采购网	公示期2天
2016年12月21日	网上投标准入价公布	××省招标与政府采购网	公示期2天
2016年12月5~24日前	办理投标保证金手续		可采取电汇、转账支票、现金支票、承兑汇票等方式。以到账时间为准，否则按废标处理
2016年12月24日上午10:00~25日下午4:30	网上投标报价，并打印纸质备用报价表，由被授权人签字，并加盖企业公章	××省招标与政府采购网	投标人在报价前按照网络要求自行设置开标密码。自行2016年12月25日下午4:30服务器物理性断开，请尽早报价，留出富余时间
2016年12月30日上午8:10~10:00	递交纸质备用报价表	开标现场	将纸质备用投标报价表密封于一档案袋或信封中，并在封口处加盖投标人公章或由被授权人签字，递交至开标会场指定接收处
2016年12月30日上午10:00	现场开标	开标现场	投标人在开标现场，登录报价服务器解密投标文件(需输入开标密码)
2016年12月31日上午10:00	集中竞价、公开竞价	××省财政大厦第2会议室	每次报价不得高于前次报价，由被授权代表签字确认(需出示委托书及被授权人居民身份证)
另行通知	参加竞价谈判(请关注网上公告通知)	同上	(需出示委托书及被授权人居民身份证)
另行通知	领取中标(成交)通知书(请关注网上公告通知)	××省招标局(××省政府采购中心)	由被授权代表签字确认(需出示委托书及被授权人居民身份证)
另行通知	签订药品购销合同(请关注网上公告通知)	另行通知	中标人自行下载打印并加盖公章或合同章，到各配送企业签订合同后，报××省政府采购中心备案见证

投标人应注意：①如上述事项所安排的事件及通知内容发生变动，以政府网(址)上发布的通知为准，请投标人关注网上发布的最新信息；②投标企业按招标文件要求出具的《法定代表人授权书》中明确的业务代表在参加招标采购各工作环节时，须出示其《居民身份证》。

2.4 药品统一招标需求一览表

招标药品为《××省2016年度基本药物(基层部分)招标目录(第3批)》中的药品，共611个品种规格。招标药品需求一览表，××省基本药物招标目录(第3批)(化学部分，共422种)，××省基本药物招标目录(第3批)[中成药部分(第一批)，共189种]。

需要说明如下：

(1) 本次招标采购的药品适用于全省各级各类公立医疗机构基本用药，全省各市、县(区)城市社区、乡村医疗机构的药品采购按照本次招标结果执行。在此次招标中已中标的同品种规格药品，××省基本药物(其他部分)将不再重复招标，跟标执行本次招标结果。

(2)《××省基本药物目录(基层部分)》共369个品种，776个品种规格。其中：①涉及国家实行特殊管理的"毒、麻、精、放"药品、免费治疗的传染病药品(抗结核病用药、抗麻风病用药、抗艾滋病用药、抗疟用药)、免疫规划疫苗、计划生育药品共22个序号及中药饮片不纳入统一招标采购，而按国家有关规定执行；②自2013年××省药品实行"三统一"以来价格较低、供货正常的234个品种规格暂不纳入本次招标，而将另外择机进行第二批公开招标采购；③除此之外，列入《××省基本药物目录(基层部分)》，但在本《招标目录(第3批)》中凡标示有"*"的品种规格，因不在近日国家人力资源和社会保障部公布的《国家基本医疗保险、工伤保险和生育保险药品目录(2016版)》中，故将列入第二批公开招标采购活动(或另行研究解决)。

(3) 本次药品招标范围只包括药品统一招标需求一览表中的内容。

(4)《××省 2016 年度基本药物（基层部分）招标目录（第 3 批）》质量层次以目录所列要求为准。

(5) 本次招标关于剂型和包装的要求是：①本次招标对药品酸根不做区别；②各种容量的注射液不区分注射用水、氯化钠溶液、葡萄糖溶液等溶剂；③粉针剂剂型不区分普通粉、冻干粉、溶媒结晶粉；④注射液剂型除直接标示有容量体积的品种规格外，大容量指 50mL（含 50mL）以上容量，其余均为 50mL 以下的小容量；⑤大输液以规格中注明的塑瓶、直立式软袋、玻璃瓶包装为准；⑥其他以目录中所列剂型为准。

2.5 药品统一招标采购须知前附表

药品统一招标采购须知前附表见表 2-5。

表 2-5 药品统一招标采购须知前附表

序号	项目	内容
1	投标文件组成	1. 投标函； 2. 法定代表人授权书； 3. 资质证明文件一份（每页文件均需加盖投标人红章，详见第六部分《投标人提供的资料列表》） 详见第七部分《投标文件参考格式》
2	投标资质文件份数	一份
3	网上澄清	澄清时间：2016 年 12 月 16 日下午 16:30 前，请书面传真××省政府采购中心，传真：　；逾期递交将不予受理 答复方式：不迟于 2016 年 12 月 17 日下午 16:30 在××省招标与政府采购网公告答复
4	投标文件递交地点及时间	时间：2016 年 12 月 2 日～12 月 21 日，截止时间为 2016 年 12 月 21 日下午 16:30；逾期递交的投标文件将被拒绝 地点：××省招标局 12 楼办公室
5	投标操作培训	时间：2016 年 12 月 3 日～12 月 18 日；每晚 19:00～21:00 地点：××省招标局 7 楼会议室
6	投标资格审查	合格投标人只能参加通过资格审查的品种的投标
6.1	投标人自行审查	《投标文件》制成后，投标人按照附件二要求自行审核并及时自行网上录入相关信息
6.2	招标机构初审	招标机构初审《投标文件》及网上相关信息。对不符合要求的《投标文件》，招标机构有权予以拒绝。招标机构有告知的义务
6.3	投标资格复审	审核小组复审《投标文件》及网上相关信息。对不符合要求的《投标文件》，复审组有权予以拒绝。复审组有告知的义务
6.4	资格审查情况公示	2016 年 12 月 21 日在××省招标与政府采购网公布，请各投标人及时查看通过审核的投标品种。如对资格审核结果有疑问，请及时与××省政府采购中心联系。截止时间为 2016 年 12 月 22 日下午 16:30；逾期提出的质疑将不予受理
7	网上报价的时间及要求	1. 网上报价时间：2016 年 12 月 24 日上午 10:00 至 2016 年 12 月 25 日下午 16:30 止。2016 年 12 月 25 日下午 16:30 之后服务器将断开，请提前报价。 注：为保证各投标人的报价安全，请各投标人网上报价前先自行设定报价密码（不少于六位数字）。保存报价后请妥善保存报价密码及随机产生的密码 2. 网上报价要求 (1) 投标人只能对本次《招标文件》要求的且经过资格审核的品种、规格进行报价。填写最小零售包装规格及其报价应精确到分。报价以人民币元为单位。具体按照《招标文件》规定的"报价原则"执行

续表

序号	项　目	内　　容
7	网上报价的时间及要求	(2)投标人应在规定的时间内进行网上报价,并及时打印《网上投标报价单》,凡投标人在规定时间内未对投标品种进行网上报价而造成无法投标的,由此带来的后果由投标人自行承担 (3)投标报价不得高于基准价 (4)投标人在进行网上报价时,如网上报价品种信息与实际投标品种信息不符合而造成无法投标或中标后无法履约的,由此带来的后果由投标人自行承担
8	投标有效期	开标后120日内
9	开标报价表递交	纸质备份报价文件(从网页上直接打印,被授权人签字并加盖投标人单位公章后密封递交)
10	开标时间及地点	时间:2016年12月30日上午10:00整 地点:××省××大厦第×会议厅 开标前60分钟内招标机构接受投标人报到签名并查验委托书,投标人递交密封的纸质报价文件。逾期到达者,视为自动放弃投标资格 投标人现场解密网上报价,公开唱标
11	评标标准	1. 质量(40分);2. 价格(50分);3. 服务(5分);4. 信誉(5分)
12	评标方法	(评标候选品种范围内)综合打分法(详见本招标文件)
13	评标(议标)定标原则	(1)评标品种规格:①同通用名、同剂型、同规格、同层次的药品,综合评标得分最高、价格最低的品种规格为中标品种;②如出现得分相同的情况,以价格低者为中标品种;③得分相同、价格也相同,可同时中标 (2)竞价品种规格:①同通用名、同一剂型、同一规格药品,投标人少于3家,不能形成充分竞争的,实行集中竞价;②评标委员会确定中标(成交)药品
14	议标、公开竞价时间及地点	时间:2016年12月31日上午10:00整 地点:××省财政大厦第2会议室
15	中标结果公示	定标后公示
16	配送要求	满足统一配送企业的供货要求
17	药品成交确认及合同签订	另行通知
18	采购周期	自签订药品购销合同起执行。根据实际情况,由药品招标领导小组确定
19	有效通知载体	通过××省招标与政府采购网　　　　发布招标相关信息,公布在该网站的信息视为已送达各方当事人
20	投标保证金	(1)投标保证金金额:按照投标品种交纳,每个品种壹仟元,最多交纳贰万元整 (2)交纳方式:银行汇票、转账支票或现金支票 (3)在开标时,对于未按要求提交投标保证金的投标,将视其为对招标文件未做出实质性响应而予以拒绝投标
21	投标保证金递交时间、地点及账号	(1)交纳时间:2016年12月5日至2016年12月24日16:30前缴款至银行,凭银行交款单到招标机构换取收据 (2)收据换取地点:××省政府采购中心5楼财务处 (3)收款单位:××省招标管理服务局 (4)开户行:中国农业银行××市××支行 (5)账号:
22	投标保证金的退还	(1)未中标人的投标保证金,在中标通知书发出后3个工作日内无息退还 (2)中标人的投标保证金,在采购周期结束后,3个工作日余款无息退还
23	履约保证金	中标人在与药品配送企业签订药品购销配送合同时,向药品招标领导小组办公室交纳合同履约保证金,具体缴纳标准按《××省医疗机构药品及医用耗材统一招标采购履约保证金管理办法(试行)》执行。合同履约限期结束后,中标人无违约行为,药品招标领导小组办公室及时全额返还合同履约保证金;中标人和药品配送企业如有违约行为,按有关管理办法和药品购销配送合同中的相关条款执行

2.6 药品统一招标采购须知

2.6.1 总则

(1) 定义　本须知中相关用语的含义如下："统一招标"是指针对全省各级各类医疗机构用药特点，依照国务院及有关部委的规定开展的药品统一公开招标、投标、定标、合同签订和履行以及其他相关的活动。"统一价格"是指全省各级各类医疗机构就中标药品统一实行最高零售限价。"统一配送"是指通过公开招标确定的药品物流配送企业或药品配送企业联合体承担全省各级各类医疗机构中标药品的统一配送服务。"公开招标"是指招标人通过公开媒体及网站以招标公告的方式邀请所有具备资质要求的药品生产企业投标的采购方式。"集中竞价"是指招标人通过公开招标，对不能形成有效竞争的品种，按照有关规定，以竞争性报价、谈判等方式采购。"招标人"是指××省医疗机构药品统一招标采购领导小组和受领导小组委托代表全省各级各类医疗机构组织协调药品统一招标采购的××省医疗机构药品统一招标采购领导小组办公室（以下简称"药招办"）。"医疗机构"是指××省行政区划内的各级各类公立医疗机构和确定为城市职工基本医疗保险定点的民营医疗机构。"投标人"是指参与投标的药品生产企业或进口药品独家代理药品经营企业。"中标人"是指参加本次药品招标经评标、议标确认为中标（成交）的并为医疗机构提供药品的投标人。"招标机构"是指××省招标管理服务局所属××省政府采购中心，是本次药品统一招标采购办事机构。"优质优价中成药"是指国家发改委公布的优质优价中成药。"单独定价药品"是指国家发改委公布的单独定价文件所列的药品。"原研制药品"是指国家发改委公布的单独定价文件所列并标注"原研制"字样的药品。

(2) 遵循的原则　遵循的原则有4个，即"统一招标、统一价格、统一配送"原则；"全部纳入、分步实施、稳步推进"原则；"公开、公平、公正"原则；"质量优先、价格合理"原则。

(3) 公告方式　药品集中招标公告通过公开的报刊媒体和本次招标信息平台——××省招标与政府采购网发布。具体操作时点击横条"政府采购"，点击"药品统一采购系统"。

(4) 招标采购的方式　招标采购以公开招标方式为主，对通过公开招标不能形成充分竞争的品种以集中竞价的方式采购。投标人的投标药品进入集中竞价程序后，其投标文件继续有效。其他采购方法按照有关规定和药招办的要求办理。

(5) 招标文件的响应和澄清

① 投标人应认真阅读招标文件中所有的事项、格式、条款和规范等要求。如果投标人没有按照招标文件的要求提交全部资料（或者投标文件没有对招标文件做出实质性响应），由此造成的后果由投标人负责。

② 投标人对招标文件提出的澄清要求应在投标截止时间前5日内以书面形式（包括传真）通知招标机构，招标机构对投标人提出的书面澄清应以书面的形式或通过本次招标信息平台以公告形式予以答复。特别需要强调的是：有关澄清问题的答复投标人可登录招标信息平台进行查询，投标人有义务登录查看相关信息（否则由此造成的不良后果由投标人自负），没有在本次招标信息平台上登录的任何答复均不应成为投标人制作投标文件的依据。

③ 为保证投标人编制投标文件时有充分的时间研究招标文件的澄清内容，招标机构可酌情延长投标截止时间。

(6) 其他要求

① 本次招标只接受药品生产企业的投标,药品经营企业不能参与本次投标(进口药品独家代理经营企业除外),统一配送企业不得代理药品生产企业参加投标。

② 一个药品生产企业只能委托一个法人授权代表。

③ 一个药品生产企业的法人授权代表不能代理多个生产企业参与投标。

④ 生产和销售脱钩的药品生产企业集团,可授权该企业集团下设的专销该企业产品的销售公司代表该企业集团所属分厂统一参加投标。

⑤ 自 2013 年××省实行药品"三统一"工作以来,中标后无正当理由不领取中标通知书者不再具备参加投标的资格。凡违反药品"三统一"政策而被处"三年内禁止在××省投标"的处罚期内的原中标企业,其处罚品种不再具备参加投标的资格。

(7) 适用范围 参与××省药品统一招标采购的药品生产企业及其他各方当事人,适用本须知。

2.6.2 统一招标采购当事人

(1) 招标人 招标人将履行《××省医疗机构药品统一招标采购实施暂行办法》明确的各项职责,杜绝《实施暂行办法》禁止的各种不规范行为。

(2) 医疗机构

① 提供真实的药品采购历史资料。

② 根据《××省基本用药统一招标采购药品目录》编制并按规定时间提交本单位招标采购计划。

③ 根据中标结果与中标人和配送企业签订药品购销、配送合同。严格按照《通用合同条款》明确的办法与中标人签订购销合同、结算货款。

(3) 投标人

① 投标人参加药品统一采购招标活动应当具备以下条件:a. 依法取得《药品生产许可证》、《企业法人营业执照》、《GMP 认证证书》;或《药品经营许可证》、《企业法人营业执照》、《GSP 认证证书》(仅限于进口药品独家代理经营企业);b. 药品注册的批准证明材料或《进口药品注册证》、《口岸检验报告》;c. 参加统一招标采购活动前两年内,在经营活动中无严重违法记录,商业信誉良好;d. 具有履行合同必须具备的药品供应保障能力(投标人投报的药品品种应当是本企业长期、稳定的向药品市场供应的药品品种,对于药品供应存在不稳定因素的投标品种不欢迎其投标,否则将按照相关罚则对不能及时供货的投标人进行严肃处理);e. 法律法规规定的其他条件;f. 有生产假药记录的企业不得参与投标[以本次招标前两年内国家、各省(直辖市)及地市食品药品监管部门公布的"行政处罚通知书"来确定生产假药责任。有生产假药记录的企业即使通过招标机构的审核,一经查实仍将取消其投标资格]。

② 如发现有超过 1 家以上的投标人投报同一生产企业的药品,需确定企业法人唯一授权委托人,无法确定的该投标人按废标处理。

③ 合格的药品。投标人所提供的必须是投标人合法生产的药品并能够按照药品购销合同规定的品牌、产地、质量、价格、有效期及时供货。

④ 中标药品的配送。中标人应委托由招标人确定的药品"统一配送"企业配送(国家有特殊规定的按照国家的规定执行)。中标人应按照药品成交确认合同规定的品牌、产地、

质量、价格、有效期及时供货。

⑤ 投标资料的要求。投标人提供的资料必须真实、合法并要承担相应的法律责任，凡发现投标人递交的资料有虚假的一律按违规行为处理。

(4) 招标机构　招标机构在招标中履行的职责包括以下7点。

① 发布招标公告，发售招标文件，以书面方式答复投标人提出的澄清要求；

② 审核投标人提交的各种证明文件，合格的投标人报药品招标办公室审查备案，将审定结果向社会公示3天；

③ 组织开标、评标，向招标人如实报告评标委员会决定的中标品种；

④ 中标结果公示，发出中标通知书。组织中标人和统一配送企业签订药品购销合同。

⑤ 按《××省医疗机构药品统一招标采购价格及收费管理暂行办法》规定的作价方法核算中标药品的临时零售价格，在招标结束后将中标药品的中标价格和核定后的零售价格等资料报××省物价部门核准、备案；

⑥ 编制医疗机构统一招标采购中标药品采购手册，印发给参加统一招标采购的医疗机构和各市、县物价部门执行监督；

⑦ 向药招办报送书面评标报告。

2.6.3　投标文件的编制

(1) 投标的语言　投标人提交的投标文件以及投标人与招标机构就有关投标的所有往来函电均应使用中文。投标人如提交其他外国语言文字资料必须翻译成中文。

(2) 投标文件的构成

① 资质证明文件；

② 招标文件要求的其他内容（详见《投标人提供资料列表》和附件二《投标文件自行审核表》）；

③ 网上报价纸质报价单（网上直接打印，2016年12月30日开标现场单独密封递交）。

(3) 资质证明文件

① 投标人提交的资质证明文件应能够证明自己有资格参加投标，并应说明中标后具备履行合同的能力，投标人是药品生产企业，但其投标的药品不是本企业生产的，投标人应提供药品监督管理部门委托加工许可批文和受委托加工企业的资质证明文件（还包括受委托加工企业的营业执照、许可证、GMP证书）。

② 投标人提交的资质证明文件通过审核后将成为评标的重要依据。投标人在投标文件递交截止日期后提交的资质证明文件视为无效。投标人因提交的资质证明文件不齐全而造成的后果由投标人自负。

③ 招标机构对投标人所提供的资质证明文件仅负审核责任。即使投标人提交的资质证明文件通过了审核，在评标过程中乃至定标后，如发现投标人所提供的资质证明文件不合法或不真实，招标人仍可追究投标人的法律责任。

(4) 产品证明文件

① 投标人提交的产品证明文件应能够证明其投标药品是合格的并符合招标文件的规定。根据国家食品药品监督管理局的有关规定，投标药品必须执行国家标准，已经换发新的国家药品批准文号的品种，应提供换发后的国家药品批准文号。

② 药品质量层次的认定文件。药品质量层次的认定文件依次是：a. GMP药品（以国

家食品药品监督管理局颁发的 GMP 证书予以认定）；b. 单独定价药品（以国家发展和改革委员会出具的单独定价证明文件予以认定）；c. 优质优价中成药（以国家发展和改革委员会出具的优质优价证明文件予以认定）；d. 原研制药品［以中华人民共和国知识产权局出具的专利证书与国家发展和改革委员会出具的价格批文（注有"原研制"字样）予以认定，专利证书范围限指化合物］。

③ 投标人提交的产品证明文件审核通过后将成为评标的重要依据。如投标人提交的产品证明文件不齐全、不真实、不合法，其后果由投标人自负。

④ 本次招标原则上不提交样品，但招标人保留因招标等相关事宜需要随时要求投标人提交样品的权利。

(5) 其他需提供的证明文件

① 投标人应提供投标人及投标药品生产企业上一年度全年增值税纳税申报表，该纳税申报表应能够反映企业的全年销售额。

② 最近日期的物价批文。

③ 对投标人有利的其他证明文件（可自行选择提供）。

(6) 投标有效期

① 投标文件应从开标之日起 120 日内有效。

② 特殊情况下，在原投标有效期截止之前，招标人可在征得投标人同意后适当延长投标有效期。投标人可以拒绝招标人的这种要求。

(7) 投标文件的式样和签署

① 投标人应准备本须知前附表中规定的文本数目。

② 投标文件需打印，并由投标人或经投标人正式授权的代表签字同时加盖单位公章。授权代表须将以书面形式出具的"授权证书"附在投标文件中。每页投标文件均应由投标人或其授权代表签字并加盖单位公章。

③ 除投标人对差错处做必要修改外，投标人不得行间插字、涂改或增删，如有修改错漏处必须由投标人或其授权代表签字或盖章以示负责。

2.6.4 投标文件的递交和审核

(1) 投标文件的澄清

① 招标人对投标文件中含义不明确的内容可要求投标人作必要的澄清或者说明。有关澄清的答复可以书面形式提交。但澄清或者说明不得超出投标文件的范围或者改变投标文件的实质性内容。

② 如需要澄清的问题较多，招标人可召开会议邀请投标人到会予以澄清。

(2) 投标资料递交的时间

① 投标资料递交的截止时间应按招标文件的规定执行。

② 特殊情况下，招标人可酌情延长投标截止时间。在此情况下，招标机构和投标人受投标截止时间制约的所有权利和义务均应延长至新的投标截止时间。

③ 招标机构将拒绝在规定的截止时间后的任何投标文件。

(3) 投标文件的修改和撤回

① 投标人在递交投标文件后，在规定的投标截止时间之前可以修改或撤回其投标文件。

② 在投标截止时间之后，投标人不得对其投标文件做任何修改。从投标截止时间至投

标有效期期满之前，投标人不得撤回其投标。

（4）投标文件的审核

① 招标机构将组织专家审核投标文件是否完整、文件签署是否合格、证明文件是否齐全、投标文件的编排是否有序。

② 招标机构将组织专家审核每份投标文件是否符合招标文件的要求。

（5）投标文件的审核标准

① 纸质《投标文件》应提供复印件并加盖公章。

② 《拟投标药品一览表》以投标数据信息为准核对其资质文件，是投标的先决条件，须加盖公章并由投标人代表签字确认。

③ 《投标函》是按要求提交规定的格式性文件，不得对其内容进行增删或修改，应加盖投标人公章并由投标人代表签字。

④ 投标人的营业执照要求提交副本复印件，营业执照显示的企业名称须与领取招标文件的投标人名称相一致并具有独立法人资格且在有效期内。

⑤ 《统一配送承诺书》中投标人应承诺由统一配送企业进行药品配送。

⑥ 《产品授权书》（仅限于进口药品独家代理经营企业）应为独家代理委托书或总代理证明。

⑦ 授权单位（药品生产企业或代理商）的营业执照应在有效期内并具有独立法人资格。

⑧ 授权单位（药品生产企业或代理商）的许可证应在有效期内并具有独立法人资格。

⑨ GMP证书应在有效期内且其认证范围应与投标药品剂型规格一致，GMP证书所显示的企业名称应与投标人名称一致（如不一致，应提供相关部门出具的变更证明）。

⑩ GSP证书（仅限于进口药品的独家代理经营企业）应在有效期内且其认证范围与投标药品剂型规格应一致，GSP证书所显示的企业名称应与投标人名称一致。

⑪ 生产批件。国家统一换发后的批文为国药准字，应与《拟投标药品一览表》中显示的投标品目的剂型规格一致。

⑫ 产品说明书。必须提交原件（可采取粘贴形式），应与《拟投标药品一览表》中显示的投标品目的剂型规格一致。

⑬ 价格批文。a. 原研制药品应提供国家发展和改革委员会出具的价格批文（注有"原研制药品"字样，显示药品名称、剂型规格、生产企业、商品名内容）；b. 单独定价药品应提供国家发展和改革委员会出具的价格批文（注有"单独定价"字样）；c. 优质优价中成药应提供国家发展和改革委员会出具的价格批文（注有"优质优价"字样）。

⑭ 进口药品注册证。应由国家食品药品监督管理局出具且注册证应在有效期内。

⑮ 《投标文件》的装订要求。按照企业资质文件和《拟投标药品一览表》、每个投标药品的产品证明文件的顺序装订；药品顺序应与《拟投标药品一览表》品目排序相同。

⑯ 《投标文件》盖章的审核要求。a. 投标人对《投标资格预审文件》中的每一项文件均须加盖投标人公章，公章名称须与其营业执照、在线投标时的企业名称相一致；b. 投标人如对《投标文件》加盖除"公章"之外的任何印章，《投标文件》均视为无效标书；c. 进口药品与原研制药品的《产品授权书》由药品生产企业（国外）直接授权的，可加盖驻中国办事处（或代表处）的章。

⑰ 投标人提供的其他证明文件应符合相关规定。比如进口药品的《口岸检验报告》，GMP药品委托GMP生产企业进行加工的证明文件（应包括《药品委托加工批准文件》、委托加工企业的营业执照、许可证、GMP证书4项文件）等。

⑱ 投标人提交的价格批文请使用荧光笔对所投规格的产品进行标注。

⑲ 投标人提交的《投标文件》的包装材料请使用档案袋或包装箱。

⑳ 审核合格的可取得报价资格，审核不合格的则失去报价资格。

（6）公布审核结果　审核工作结束后，将在"信息发布平台"上公布通过审核的投标品目及未通过的原因。

2.6.5　投标人网上操作

投标人对医药电子商务的交易方式应予认同，并具备应用信息网络技术的基本条件。

（1）网上信息录入

① 投标人从"××省招标与政府采购网"下载本次《招标文件》后制作《投标文件》，自行设定网上用户名与用户密码（密码设置最少6位，最多不超过10位），进行企业信息录入和相关投标药品信息录入。需要特别说明的是：投标人网上注册时用户名由投标企业的全称汉字构成不得缺省（如出现被恶意注册请与我中心及时联系），也可采取全称汉字后加阿拉伯数字形式进行区别并注册，应录入相关企业、产品信息并及时告知我中心。

② 投标人递交《投标文件》时应通过资格审核。确认为合格投标人后，投标人方可凭其用户名及登录密码参加网上报价等下一步投标工作。未经审核确认的投标人将失去报价资格。

③ 经过资格审核取得投标资格后应及时登陆进行密码变更（但不得修改用户名）。投标人应严密保管登录密码，以防影响工作进展。

④ 投标人登录"招标信息平台"了解相关招标信息。

（2）关于投标信息证明文件

① 投标人须在规定时间内按要求及时从网上报送拟投标药品的各项信息（比如投标药品对应的商品名、规格、质量层次、最高零售限价等内容）以及本企业的《拟投标药品一览表》，《投标文件》经审核完毕后作为企业网上《投标药品一览表》。

② 投标人递交的《拟投标药品一览表》内容为投标人在投标本招标采购项目过程中所使用的唯一有效信息，投标人必须保证报送的企业信息及药品信息的真实性、准确性并承担相应的法律责任。

③ 如投标人未在规定时间内提供的《投标文件》或相关补充文件，招标人可认定该投标人自行放弃投标资格，由此而产生的一切后果由投标人自行承担。

④ 投标人填报的《拟投标药品一览表》出现错误、漏项或与提交的《投标文件》内容不符的品种规格视为不合格，责任由投标人自行承担。

⑤ 经资格审核后，投标人将无法对投标药品信息进行增加或修改。网上报价时只能填报"投标价格"栏。

2.6.6　投标报价

（1）网上报价

① 通过审核的投标人，应根据《药品招标采购工作日程表》中规定的时间登录"××省招标与政府采购网"中的"药品采购"栏目进入药品投标系统，输入用户名和登录密码进行登录，选择当前的招标项目进入投标人工作室，选择"通过资格审核的药品"开始报价（允许报价后），对通过资格审核的投标品种规格进行报价，所有投标品种规格报价完毕后系

统将提示投标人输入"报价密码",点击"保存",保存成功,界面将出现一个随机密码。以"报价密码"在前与"随机密码"在后,组合成每个投标人的开标密码。投标人务必牢记开标密码,供开标时使用。需要特别说明的是:如果在线报价时需要换页应及时保存后再换页,报价单应在线打印并加盖公章(打印纸张为A4幅面),在线打印报价单后网上投标报价就不能再做任何修改。

② 投标人应使用专用文件袋对报价单进行密封,密封处应加封条并加盖投标人公章(或投标人代表签字),在规定的时间之内递交至开标现场,逾期将不予接收。

(2) 网上报价基本流程

合格的投标人应在规定的网上报价时间内,输入用户名及登录密码,登录"招标信息平台"对本次采购的投标品种进行网上报价。具体流程如下。

① 投标人登录"招标信息平台"了解相关招标信息。

② 投标人按照投标时间安排登录后进行网上报价,先设置报价密码,填报系统生成的《投标药品一览表》。

③ 全部填报完毕后,从网页上打印纸质报价单(即《投标药品报价单》),加盖投标人公章,开标前递交)。

④ 投标代表在开标现场输入开标密码(报价密码+随机密码)、公开开标(招标机构宣布开标结束之后,没有解密成功、公布或宣读的投标文件全部无效)。

(3) 关于网上操作口令的说明

① 投标人应严密保管"登录密码"或"开标密码",以免影响工作进展。

② 投标人如忘记"开标密码"可向招标机构出具书面的情况证明(见附件一,应加盖公章),经药招办同意后,政府采购中心将对其登录"开标密码"进行废除,恢复到投标人未进行在线报价时的初始状态,由投标人重新进行在线报价。需要特别指出的是:服务器由监督人员封锁后将不再办理密码遗失领取手续。

③ 开标时,因投标人忘记"开标密码"而导致无法进行开标的将被视为无效投标,其后果由投标人自行承担。

(4) 报价参考 ××省药招办将在网上发布公告,公布本次招标药品投标准入限价,作为投标人报价参考。

(5) 报价原则

① 同一生产企业同一通用名的不同剂型、规格、包装药品的投标报价必须符合国家发展和改革委员会的《药品差比价规则(试行)》(发改价格[2015]9号)及其配套文件的要求,不同规格之间比价关系要合理。

② 投标价格不得高于招标信息平台上公布的同品种同剂型同规格药品的准入价。

③ 所有的投标药品,其投标价不得超过政府规定的最高零售限价和生产企业自主定价。GMP药品报价不得高于单独定价的化学药品,单独定价的化学药品不得高于原研制化学药品,普通中成药价格不得高于优质优价中成药。

④ 无论医疗机构的采购批量、配送费用存在何种差别,每种药品只允许有一个报价,任何有选择的报价将不予接受。

⑤ 投标人均须以招标机构提供的药品信息,按最小零售包装单位进行报价。

⑥ 投标药品的报价单位说明。投标药品的报价应与投标填报的药品最高零售价、包装单位保持一致,口服制剂按最小零售包装单位"盒、瓶、袋"报价(如 0.25g×24s/盒);粉针剂、注射液按"支"报价(如 0.1g:2mL/支);大容量注射液按"瓶"报价(如 0.1g:

100mL/瓶）；外用制剂中贴膏、贴膜、贴片等按基本包装"盒"报价（如 5 帖/盒）；外用制剂中的乳胶剂、凝胶剂、滴眼剂、滴鼻剂、滴耳剂、软膏剂、眼膏剂、喷雾剂、气雾剂等按"支"报价（如 10g/支）。

⑦ 报价文件标明的价格应为包括所有费用（包括运费、配送费、税费等）在内的交货价（即投标人对医疗机构的实际供应价）。本次中标药品的配送将由统一配送企业承担，中标人须将药品按照合同要求运送至瑞宁地区的药品统一配送仓库，由统一配送企业进行配送，配送费用为合同金额的 3%（其费用包含在投标人的投标报价中）。

(6) 投标货币　无论药品的来源如何，投标人均应以人民币元为单位报价并保留到小数点后两位。

2.6.7 开标

开标的基本要求如下。

(1) 招标机构将在招标文件及补充公告中确定的时间和地点公开开标。开标由招标人或招标人委托的招标机构主持，所有投标人都必须到现场参加。参加开标的投标人代表应持《法人代表委托书》（原件）、个人身份证（原件）并签名报到。

(2) 在开标截止时间以前，投标人的纸质备份报价单应密封并加盖公章（在开标现场签到时递交给招标机构，同时出示《投标保证金交纳收据》）。

(3) 开标时，在监督人员的监督下，投标人按照会议安排，在开标现场自行输入开标密码，将本企业的网上报价信息解密并唱标及公布。同时应与纸质备份报价文件核对。

(4) 在投标截止前通过网上进行登录的所有投标报价，开标时都应当众解密、公布。

(5) 特殊情况下经药招办同意后，无法解密的可以由现场监督代表当场打开投标人报送的纸质备份报价文件当众宣读，以此作为公开开标结果。

(6) 招标机构应做好开标记录。开标记录应包括在开标时宣读或公布的全部内容并存档备查。

(7) 开标时应有监督小组成员参加，对开标的全过程进行监督并对开标电子数据及时备份。

(8) 属以下情况者按废标处理。这些情况包括：①报价原则上不高于××省上一轮同品种同剂型同规格药品中标价的［注：如属品种发生政策性价格调整，经查实（以国家发展和改革委员会或××省物价局的价格文件为准），可不作以上要求］；②报价高于本次招标公布的准入价格的；③同一品种、剂型、规格的药品，GMP 的中标价格高于单独定价药品（优质优价）；④被证实提供虚假资料的投标品种规格；⑤投标报价为"0"的品目；⑥同一药品生产企业如出现两个或两个以上的投标人进行投标，全部予以废标处理。

(9) 通过上述审查的投标品种规格为有效投标品种规格，其投标人为有效投标人。

2.6.8 评标委员会

评标委员会的基本要求如下。

(1) 评标应由依法组建的评标委员会负责。评标委员会应由药学、临床医学等方面的专家组成，参与评标的专家人数应为 15~25 人的单数，其中药学专家占专家人数的比例应不低于 1/2。

(2) 评标专家在开标后从××省药品统一招标采购专家库中按照采购活动的特点和需要

分层随机抽取产生。抽取工作在药招领导小组成员单位的监督下进行,其他人员不得参与抽取专家工作。

(3) 从抽取评标(竞价)专家到开始评标的时间一般应不超过24小时,在抽取评标(竞价)专家时将抽取足够数量的替补专家。

(4) 评标专家名单在评标工作结束前必须严格保密。

(5) 评标专家与投标人有利害关系的不能进入评标和评审委员会,已经进入的将予以更换。

(6) 评标委员会应客观公正地履行职责、遵守职业道德,对所提出的评审意见应承担个人责任。评标评审专家不得私下接触投标人,不得收受投标人的财物或者其他好处。评标委员会和参与评标竞价的有关工作人员不得透露对投标文件和报价文件的评审以及与评标、竞价有关的其他情况。

(7) 评标和评审委员会只对符合招标文件要求的投标品种进行评审和比较。

2.6.9 评标

(1) 评标品种 同一通用名、剂型、规格药品,有3个及3个以上有效投标的,采用综合评价法评标。

(2) 评标过程的保密性 从开标到公示评标、议标结果前,凡与审查、澄清、评审有关的资料以及定标意见相关的事项,均不得向投标人及与评标无关的其他人透露。监督小组应采取必要的措施,保证评标在严格保密的情况下进行。任何单位或个人不得干预、影响评标的过程和结果。

(3) 评标原则 评标原则主要有:"客观公正、科学评估、集体决策";"质量优先、价格合理";"定量与定性评价相结合,以综合评价为主";"充分考虑各级各类医疗机构的用药差异,满足不同人群的用药需求";"同一质量层次的同一种药品在不同剂型、规格、包装品种中确定中标品种,不论是同一生产企业生产的还是不同生产企业生产的其中标价格必须符合《药品差比价规则(试行)》规定的差比价关系"。

(4) 评标候选品种的确认

① 评标委员会应采用招标文件中明确的办法对投标品种进行评审和比较。

② 评标委员会采用要素加权法进行定量和定性评价,评价采取百分制,同名称、剂型、规格的药品,按得分高低确定1个拟中标品种。如果中标品种出现不能履约的情况。可将得分排在第二位的品种作为递补对象,经价格审核后,替代中标品种。其余类推。

③ 评标委员会完成评标后,招标机构应将评标中标品种当场打印并编制书面评标报告,所有评标专家应在评标报告上签字以示确认。

(5) 评标体系(综合打分法) 评标体系分为质量、价格、信誉、服务等指标要素,根据各项指标的重要程度给予赋值。

① 质量要素(40分)。a. 临床疗效评价(医学专家和药学专家评分)综合考虑药品的质量稳定性、品牌知名度、疗效确切性、不良反应,优5分、良3分、差2分。b. 药品包装质量和实用性(医学专家和药学专家评分)评价包装材料质量稳定性、包装材料的安全性、包装规格的实用性、包装的依从性、标签和说明书的完整性,优5分、良3分、差2分。c. 企业生产规模(客观分)提供国内生产企业销售额的药品以本次招标上一年度单一企业增值税纳税报表为依据并按企业上缴增值税对应的销售额进行评价,销售额在10亿元以上的(不含本数)得12分、10亿元(含本数)至5亿元的得10分、5亿元(含本数)至

1亿元的得9分、1亿元（含本数）以下的得8分，另外，由于进口药品的生产规模难于考证故按10分赋值。d. 质量层次（客观分）符合GMP药品的得8分，国家发改委单独定价的化学药品和优质优价中成药另加2分。e. 产品质量可靠性（客观分）以本次招标前两年内国家及各省（直辖市）食品药品监管部门公布的"行政处罚通知书"来确定生产假劣药责任，对生产假药的企业取消其投标资格，对有生产劣药记录的企业应区别情况进行评价，没有生产劣药记录的得8分、有生产劣药记录的得0分。

② 服务要素（5分）。a. 供货服务（客观分）方面，按时供货的得3分、基本按时供货的得2分、不按时供货的得1分。b. 退换货服务（客观分）方面，及时退换的得2分、基本及时退换的得1分、不退换的得0分。此轮服务评价均按基本供货和基本及时退换对待。

③ 信誉要素（5分）。履约情况（客观分）方面对2007年以来全省各级医疗机构药品统一招标采购的履约情况进行评价，无违约的得5分、首次投标的得3分、有违约的得0分。中标后无正当理由不领取中标通知书的投标人一概不允许参加投标，其他以××省药招办提供的处罚依据办理（其中供货情况时断时续的投标人除由××省药招办进行经济处罚外，本次招标按照首次投标对待）。无故长期不供货的投标人，除由××省药招办进行经济处罚和拒绝不供货品种投标外，其他品种一律按照有违约对待。其他虽投标但未中标的企业一律按照首次投标对待。

④ 价格要素（客观分）（50分）。以投标报价为依据进行评价，最高分50分、最低分15分。某药品价格分＝15＋［（最高投标价－某药品投标价）/（最高投标价－最低投标价）］×35分。需要说明的是：评标时以合格投标人的同品种规格药品的最小剂量单位价格作为评标依据，由计算机根据合格投标人投报的同品种规格最小零售包装价格自动计算后产生。

2.6.10 集中竞价

(1) 竞价药品　同一通用名、剂型、规格药品，有效投标人少于3家，不能形成充分竞争的实行竞价。竞价谈判由评标委员会承担。

(2) 竞价程序　议标程序分网上报价、集中竞价、公开竞价3个流程进行，竞价结束后进入定标程序。

① 网上报价。开标前的网上投标报价视为第一轮报价，开标后在竞价现场公布。

② 集中竞价。通知所有需要竞价的投标人到场进行价格谈判，价格谈判只进行一轮，由议标专家分组与投标人分别进行谈判，此轮报价不得高于网上报价。集中竞价结束后实时公布最新竞价结果。

③ 公开竞价。同一竞价品种规格的所有投标人同时进入议标室，背靠背同时填写竞价报价单，同时提交报价单，议标专家必须当场向投标人公布并进行确认，现场实时公布最新竞价结果。

(3) 竞价中标品种的确定　在质量相同情况下低价中标。评标委员会完成评标后，招标机构应将竞价中标候选品种当场打印并编制书面竞价报告，所有评审专家均应在竞价报告上签字以示确认。

2.6.11 定标

(1) 中标品种的确定　评标委员会应遵循以下原则对所有拟中标品种进行认真审核，这些原则包括：①同一质量层次的同一种药品不同剂型、规格、包装品种中确定中标品种，不论是否是同一生产企业生产的，中标价格必须符合《药品差比价规则（试行）》规定的差比价关系；②中标品种必须满足准入价基础上的较大降幅（具体准入价将随后在信息平台公布，请及时关注）；③对于降幅不能满足招标要求的临床必需品种，评标委员会可要求投标人重新报价，进行二次评审。定标结束后3个工作日向招标人提交中标结果，如无异议则进行评标结果公示，同时，中标药品的中标价格及核定后的零售价格等资料报××省物价部门，经××省物价部门确认、核准后再向中标人发出《中标通知书》。

（2）评标（竞价）结果的公示　　招标机构将在"××省招标与政府采购网"上公示评标、竞价结果，公示内容包括品种、剂型、规格、中标人名称、中标报价、商标等，公示期为3个工作日，投标人如有异议必须在公示期内向招标机构提出书面申诉。投标人对公示的招标结果有质疑的可向药品统一招标采购领导小组办公室投诉。

（3）中标通知书　　招标机构将向中标人发出中标通知书，同时要写出书面评标报告并提交药招办，且应将中标人、中标品种、中标价格通知各医疗机构。中标通知书是药品成交确认合同的组成部分，对招标人、医疗机构和中标人均具有法律效力。中标通知书发出后，招标人改变中标结果的（或者中标人放弃中标项目的）应依法承担法律责任。

（4）中标药品零售价格的确定　　由招标机构按照《××省基本药物统一招标采购工作方案》中关于中标药品销售价格规定的作价办法，完成中标药品的零售作价，并报物价部门备案。

2.6.12　采购

公布中标结果后，医疗机构需完成清库、对中标品种进行选用和签订购销合同的工作，具体时间应按照省药招领导小组的要求办理。

（1）药品购销合同　　招标机构提供购销配送合同，在中标通知书发出之日起10日内（以招标文件规定日期为准），组织中标人和配送企业订立书面合同（合同一式三份，报招标机构见证备案后，双方各执一份）。合同签订后，合同各方不得再订立背离合同实质性内容的其他协议。

（2）合同的履行　　如果中标人没有按照上述规定签订合同，招标人有理由取消该投标人的所有中标资格并没收其中标品种的投标保证金。中标人必须有能力履行合同义务，不得向他人转让中标项目，也不得将中标项目分包给他人。如果中标人在履行合同时发生违约行为，招标人有权终止采购其所有中标品种，并没收其中标品种的投标保证金。所有招标医疗机构应根据用药需要采购中标药品。若医疗机构在规定采购周期内未完成合同约定的采购数量，可顺延至下一个采购周期继续采购，直至合同约定的采购数量完成。若合同约定的采购数量已完成，但下一轮招标尚未开始则仍可继续小批量采购原合同约定的中标药品。医疗机构因紧急情况采购中标药品的应首先向中标人发出订货通知，中标人应按照医疗机构的要求供货。中标人不能在规定的期限内供货的应立即答复医疗机构，经××省药招办同意后，医疗机构有权另行采购。另行采购药品参照卫生主管部门的有关规定执行。以上所指的紧急情况是指医疗机构要求中标单位在1小时内供应中标药品的情况。中标人有不能及时供货或无能力供货等行为的，医疗机构有权另行采购并提请××省药招办查处，情节严重者可在下一年度内拒绝接受其投标并扣除其投标保证金。

（3）确定药品采购数量　　医疗机构根据药品统一招标目录，结合临床用药情况和采购计划确定药品购销合同的品种及采购数量。中标药品已不可能被其他药品替代，药品采购数量由医疗机构参照上一年度的实际采购数量进行测算,并按照中标人实际配送的数量结算货款。

(4) 中标人的禁止行为 中标人的禁止行为主要有以下3个方面,即提供处方回扣或其他商业贿赂以及进行非法促销活动;在规定期限内不签订药品成交确认合同或者不履行合同义务;其他违反法律法规的行为等。

2.7 通用合同条款及前附表

2.7.1 通用合同条款前附表

通用合同条款前附表见表2-6。

表2-6 通用合同条款前附表

序号	项目	内容
1	结算货款时间	医疗机构在收到统一配送企业的药品后最长不超过60日结算货款
2	配送方式	中标人将药品运至统一配送企业设在地区的统一配送仓库,委托其进行配送服务
3	结算方式	由医疗机构按中标价格与统一配送企业合同结算货款。统一配送企业收到中标人药品后,不超过120日内按中标价格的97%,与中标人结算药品货款
4	采购周期	自签订药品购销合同之日起一年

2.7.2 通用合同条款

(1) 词语定义 "合同"是指医疗机构和中标人、统一配送企业按照药品购销合同格式签署的协议,包括:①中标通知书和中标品种一览表;②三方购销合同书和采购品种一览表;③中标人与统一配送企业双方合同。"合同价"是指中标人按中标价格对医疗机构的实际供应价(也是统一配送企业按中标价格对医疗机构的配送供应价)。"配送费用"是指中标人向统一配送企业提供中标药品,药品价格按合同价格的97%出具发票,其间差额作为"配送费用"。"伴随服务"是指根据合同规定中标人承担的供货有关的辅助服务和合同中规定中标人应承担的其他义务。"配送服务"是指根据合同规定中统一配送企业承担的供货有关的辅助服务和合同中规定配送企业应承担的其他义务。

(2) 药品的提供及服务

① 中标人药品的提供及服务。"产地"是指药品生产企业所在地。在"剂型规格"方面的要求是:交付药品的剂型规格应与中标通知书规定的剂型规格相一致;计量单位应使用公制。在"有效期"方面的要求是:交付药品的有效期应与中标通知书中规定的有效期相一致;除非医疗机构对有效期另有规定,配送的药品的剩余有效期原则上应占药品有效期的2/3以上。在"包装"方面的要求是:除非对包装另有规定,中标人提供的全部药品均应按标准保护措施进行包装,以防止药品在转运中损坏或变质,确保药品安全无损运抵指定地点,包装质量要求不得低于投标时的包装质量标准,包装规格应与中标时包装规格一致(不得更改);包装、标记和包装箱内外的单据应符合法定的要求。在"伴随服务"方面的要求是:中标人可能被要求提供下列服务中的一项或全部服务即a.提供药品开箱或分装的用具;b.对开箱时发现的破损、近效期药品或其他不合格包装药品及时更换;c.中标人应提供的其他相关服务项目;如果中标人对可能发生的伴随服务需要收取费用应在报价时予以注明。

在"送达"方面的要求是：中标人负责将药品运送至统一配送企业设在（地区）的统一配送中心库且应提供同批号的药检报告书；中标人在统一配送中心库内应预留一定药品存量以满足所有医疗机构临床用药需求。

② 统一配送企业药品提供及服务。在"药品接收"方面的要求是：统一配送企业要及时接收中标人送达的配送药品；在不影响医疗机构临床用药需求的前提下，统一配送企业有权拒绝接收中标人提供的不符合"伴随服务"要求的药品。在"贮存服务"方面的要求是：配送药品应按照国家相关部门的要求进行贮存；因统一配送企业贮存不当造成的损失由统一配送企业承担；当中标药品库存低于最低标准时应及时向相关中标人提出。在"配送服务"方面的要求是：统一配送企业接收中标人提供的药品并核对其"伴随服务"；向医疗机构提供伴随服务。在"送达"方面的要求是：药品送达地点为所划配送区域内各级各类医疗机构；应负责完成药品的现场搬运或入库工作；应符合每次配送的时间要求（即急救药品于1小时内送到，一般药品于12~24小时内送到，节假日应照常配送），数量以医疗机构的采购计划为准，应向医疗机构提供同批号的药检报告书；药品配送过程中，因统一配送企业配送不及时、不足量给医疗机构造成的损失及后果应由统一配送企业承担；药品配送必须满足所有医疗机构的临床用药需求。

(3) 货款的结算与支付

① 医疗机构向统一配送企业结算货款。自医疗机构收到本合同项下每批配送药品后，60日内应向统一配送企业结清该批款项。医疗机构应按照药品购销合同规定的方式向统一配送企业结算货款。统一配送企业应向医疗机构提出付款要求并提交已交易药品的发票和有关单证以及合同规定的其他义务已经履行的证明。

② 统一配送企业向中标人支付货款。统一配送企业应按照药品购销合同规定的方式，在收到中标人药品后不超过120日内向中标人支付药品的货款。统一配送企业在支付货款的同时应向中标人提供配送、库存、结算明细，做到账物相符。

③ 价格。在合同有效期内，中标人在本合同项下提交药品和履行服务的价格应该是中标通知书中确认的价格。在采购期内，凡国家政策性药品调价，一律按照从低原则执行（中标供货价格则由三方按合同法等规定协商，并报××省药招办认可）。

(4) 质量保证及检验　按合同交付的药品质量应符合国家药品标准并与投标时承诺的质量相一致以确保临床用药安全有效。如果医疗机构确认需要进行药品质量检验应及时以书面形式把质量检验的具体要求通知中标人。如果中标人同意进行药品质量检验，或者通过检验证明药品存在质量问题，则进行药品质量检验的费用由中标人承担。检验应在中标人交货的最终目的地进行。医疗机构在接收药品时应对药品进行验货确认，对不符合合同要求或质量要求的医疗机构有权拒绝接受，中标人应及时更换被拒绝的药品且不得影响医疗机构的临床用药。医疗机构如果发现药品存在质量问题（有当地药检部门的检验报告），经核准后，××省药招办有权废除该中标品种并从中标候选品种中确定替补品种。

(5) 履约延误及赔偿

① 中标人履约延误及赔偿。中标人应按照购销合同的要求提供药品及伴随服务。履行合同过程中，如果中标人遇到妨碍按时提供药品的情况时应及时以书面形式将拖延的事实、可能拖延的时间和原因通知医疗机构、××省药招办。××省药招办在收到中标人通知后应尽快对情况进行核实，并与医疗机构确定是否酌情延长交货时间以及是否收取违约金。延期应通过协议修正文件的方式，由医疗机构、中标人、统一配送企业三方签署认可。如中标人无正当理由拖延交货（或拒不供货），除处以罚没履约保证金、取消中标资格制

裁外，还将被列入不良记录并被通报。

②统一配送企业履约延误及赔偿。统一配送企业应按购销合同中规定的时间提供药品配送及伴随服务。履行合同过程中，如统一配送企业无正当理由拖延提供配送及伴随服务将受到以下制裁（即除处以罚没履约保证金、或终止合同，还将被列入不良记录并被通报）。在发生履约延误的情况下，医疗机构可在不影响本合同的执行下采取相应补救办法。

（6）医疗机构履约义务　医疗机构应按中标品种目录根据临床需要分期分批采购中标品种。医疗机构应完成中标药品合同采购量的采购，如在本合同规定的采购周期内合同采购量未能完成，则应顺延至下一个采购周期继续采购，直至合同采购量全部完成。医疗机构须按照合同规定及时结算货款，指定结算银行的医疗机构不得以任何理由干涉结算银行的正常结算行为。医疗机构必须要求中标人按实际成交价格如实开具发票并如实记账。医疗机构如出现违约行为将按照《××省医疗机构药品统一招标采购监督管理暂行办法》进行处理。

（7）医疗机构的合理退货　在合同周期内，医疗机构收到统一配送企业药品后，由于医疗机构使用发生变化时可在临近失效期前3个月由统一配送企业给予退换货。超过临近失效期三个月或者已经过期失效则由医疗机构自行承担。

（8）争议的解决　因合同引起的或与本合同有关的任何争议可由三方当事人协商解决或由××省药品招标办公室进行调解，协商或调解不成时当事人可依照有关法律规定将争议提交仲裁或向人民法院提出起诉。

（9）不可抗力　中标人因不可抗力而导致合同实施延误或不能履行合同义务的不应该承担误期赔偿或终止合同的责任。以上所述的"不可抗力"是指那些中标人无法控制的、不可预见的事件（但不包括中标人的违约或疏忽），这些事件包括但不仅限于战争、严重火灾、洪水、台风、地震及其他双方商定的事件。在不可抗力事件发生后，中标人应尽快以书面形式将不可抗力的情况和原因通知采购人，除采购人另行要求外，中标人应尽实际可能继续履行合同义务，以及寻求采取合理的方案履行不受不可抗力影响的其他事项，不可抗力事件影响消除后双方可通过协商在合理的时间内达成进一步履行合同的协议。

（10）终止合同

①违约终止合同。中标人如有下列情况之一并经核实后××省药品招标办公室可向中标人、统一配送企业发出书面通知书提出部分或全部终止合同，这些情况包括：a. 中标人未能在合同规定的限期或医疗机构同意延长的限期内提供部分或全部药品；b. 中标人未能履行合同规定的其他任何义务；c. 认定中标人在本合同的实施过程中有严重违法行为。如医疗机构未按中标合同的规定按时结算货款，中标人有权要求医疗机构支付法定滞纳金并承担相应的违约责任直至终止合同。

②破产终止合同。如果中标人破产或无供货能力，××省药招办可在任何时候以书面形式通知中标人提出终止合同并不给中标人补偿，该终止合同将不损害或影响医疗机构已经采取或将要采取的任何行动或补救措施的权利。

（11）适用法律　本合同适用的法律是指国家现行法律、行政法规以及××省的地方法规、地方规章。

（12）合同生效　本合同条款在签订之日起生效。

（13）适用范围　本合同条款适用于××省医疗机构药品统一招标采购活动。

2.7.3　药品购销合同格式

××省2016年度基本药物目录（基层部分）统一招标采购药品购销合同见表2-7。

表 2-7　××省 2016 年度基本药物目录（基层部分）统一招标采购药品购销合同

××省 2016 年度基本药物目录(基层部分)统一招标采购
药品购销合同

中标人：　　　　　　　（以下简称：甲方）
统一配送企业：　　　　（以下简称：乙方）

根据《中华人民共和国合同法》、《××省医疗机构药品统一招标采购实施暂行办法》，保证甲方为乙方提供以下中标药品和伴随服务，经双方协商同意，签订本合同。
一、本合同由以下文件组成：
1. 双方认可的有关协议修正文件
2. 中标通知书和中标品种一览表
3. 通用合同条款
4. 购销、配送合同书和采购品种一览表
5. 中标人与统一配送企业双方合同
构成本合同的文件若存在歧义或不一致时，则按上述排列顺序进行解释。
……
六、本合同中的有关词语含义与本合同[通用合同条款]中赋予它们的定义相同。
七、中标人承诺，遵守本合同中的各项约定，提供下述药品并及时运送至统一配送企业设在(地区)的配送中心库。
八、统一配送企业承诺，遵守本合同中的各项约定，及时接收中标人提供的下述药品，按照医疗机构的要求，及时配送到医疗机构。在规定时间内向中标人付清每批次货款。
九、在实施过程中，双方可根据合同履行的实际情况，签订本合同的补充条款。中标人和统一配送企业共同认可的有关协议修正文件，也将作为本合同的附件，具有同等的法律效力。
十、本合同一式三份，报××省政府采购中心加盖合同见证章后，存档备案一份，双方各执一份。

中标人：(签章)　　　　　　统一配送企业：(签章)
代表人：(签章)　　　　　　代表人：(签章)
地址：　　　　　　　　　　地址：
邮编：　　　　　　　　　　邮编：
电话：　　　　　　　　　　电话：

本合同签于 2016 年　月　日

备案见证(签章)：

附表：药品购销合同采购药品一览表

药品购销合同采购药品一览表

医疗机构名称：＿＿＿＿　医院类别：＿＿＿＿　中标人名称：＿＿＿＿　编号：＿＿＿＿

序号	通用名	商品名	剂型	规格	单位	质量层次	中标价/元	采购量	采购金额/元
合计									

配送费：　　　小写：　　　　　大写：
统一配送企业(签章)：

2.8　××省 2016 年度基本药物目录（基层部分）统一招标采购资格证明材料

投标人提供的资料见表 2-8（所有提供资料均需要加盖公章），表 2-8 中资料有提供参考格式的要按参考格式要求回答全部问题，本资格声明的签字人应保证全部声明且应是现行的、真实和准确的,招标机构将使用投标人提交的资料判断投标人履行合同的资格及能力,招标人将为申请人提交的材料保密(但不退还),全部文件均应使用中文(包括技术资料),投标人提供的投标文件必须按以上要求的顺序装订(或自行制作"粘贴册"),对需分册装订的投标文件需在每册封面上注明"投标文件共　册,本册为第　册"字样(投标企业资质可单独一册;投标药品资质材料也单独一册),表 2-8 中资质文件可采用复印件(委托书必须为原件)同时每页均加盖投标人红章(必须清晰,对有无法看清或涂改信息的资质文件,一律按未提供对待。因此产生的后果,由投标人自行承担)。

表 2-8　投标人提供的资料

投标人为药品生产企业需提供的资料	投标主体资格部分 一、投标函(含《投标函附件》)。 二、法定代表人授权书(含《拟投标药品一览表》)。 三、投标人基本情况声明。 四、药品交货承诺书。 五、投标企业资质证明文件: 药品生产企业年度(填上一年)纳税证明材料(应体现出全年销售额,盖有税务稽核章)。 以上资料(投标人资质材料)要按以上排列顺序装订。 药品资质证明文件: 核对招标文件与××省招标与政府采购网　　　网上投标品种信息。药品种规格格、剂型如有变更以××省招标与政府采购网的变更公告为准。 投标人药品资质材料按照药品招标序号(同一通用名、剂型、规格),按以下排列顺序装订: 1. 招标品种序号,通用名、剂型、制剂规格; 2. GMP 证书; 3. 生产批件; 4. 药品说明书(原件并加盖投标人红章); 5. 价格批文(国家发改委出具的单独定价、优质优价中成药、原研制药品价格证明文件); 6. 其他(如:委托加工的证明文件等,对投标人有利的其他证明文件)。 六、网上报价纸质备用文件(2016 年 12 月 30 日单独密封递交)。
投标人为进口药品的独家代理经营企业需提供的资料	投标主体资格部分 一、投标函(含《投标函附件》)。 二、法定代表人授权书(含《拟投标药品一览表》)。 三、投标人基本情况声明。 四、药品交货承诺书。 五、投标企业资质证明文件: 药品生产企业年度(填上一年)纳税证明材料(应体现出全年销售额,盖有税务稽核章)。 六、GSP 资质证书。 七、进口药品生产企业委托书。 注:提供该进口药品独家代理委托书(或总代理证明,与委托书效力等同)。 以上资料(投标人资质材料)要按以上排列顺序装订。 药品资质证明文件: 核对招标文件与××省招标与政府采购网　　　网上投标品种信息。药品种规格格、剂型如有变更以××省招标与政府采购网的变更公告为准。 投标人药品资质材料按照药品招标序号(同一通用名、剂型、规格),按以下排列顺序装订: 1. 招标品种序号,通用名、剂型、规格; 2. 进口药品注册证; 3. 口岸检验报告 4. 药品说明书(原件并加盖投标人红章); 5. 价格批文(国家发改委出具的单独定价、优质优价中成药、原研制药品价格证明文件) 6. 其他。(对投标人有利的其他证明文件)。 八、网上报价纸质备用文件(2016 年 12 月 30 日单独密封递交)。

续表

| 投标人为生产企业集团下设专销本企业产品的销售企业需提供的资料 | 投标主体资格部分
一、投标函(含《投标函附件》)。
二、(生产企业集团公司)法定代表人授权书，(下设销售公司)法定代表人授权书(含《拟投标药品一览表》)。
三、投标人基本情况声明。
四、药品交货承诺书。
五、投标企业资质证明文件：
药品生产企业年度(填上一年)纳税证明材料(应体现出全年销售额，盖有税务稽核章)。
六、集团公司各分厂药品生产企业委托书(含《授权药品一览表》，格式与《拟投标药品一览表》相同)。
七、集团公司各分厂年度(填上一年)纳税证明材料。
以上资料(投标人资质材料)要按以上排列顺序装订。
药品资质证明文件：
核对招标文件与××省招标与政府采购网　　　网上投标品种信息。药品种规格格、剂型如有变更以××省招标与政府采购网的变更公告为准。
投标人药品资质材料按药品招标序号(同一通用名、剂型、规格)，按以下排列顺序装订：
1. 招标品种序号、通用名、剂型、制剂规格；
2. GMP 证书；
3. 生产批件；
4. 药品说明书(原件并加盖投标人红章)；
5. 价格批文(国家发改委出具的单独定价、优质优价中成药、原研制药品价格证明文件)；
6. 其他(对投标人有利的其他证明文件)。
八、网上报价纸质备用文件(2016 年 12 月 30 日单独密封递交)。 |

2.9 投标文件参考格式

（1）投标函　投标函格式见表 2-9（投标人必须谨慎选择、填写；作为投标文件的重要组成部分，中标人必须在采购期的履约过程中严格遵守）。

表 2-9　投标函格式

××省 2016 年度基本药物(基层部分)
招标目录(第 3 批)统一招标采购投标函
招标编号：JZC/YP16-003

致：××省药品统一招标采购领导小组办公室
　　在审阅了本次《药品统一招标采购文件》(招标编号：JZC/YP16-003)后，我方决定按照本次招标采购发布的招标文件参与投标，故承诺如下：
　　1. 我方同意以《招标文件》要求的药品信息及确定的药品价格参与投标。我方保证所提供的全部报价和其他资质证明文件真实、完整和合法，并愿赔偿贵方因上述报价和资质证明文件的缺陷所蒙受的全部经济损失及承担相应的法律责任。
　　2. 如果我方药品中标，我方将按照医疗机构的要求按时支付中标药品，确保药品购销合同的履行。
　　3. 我方同意本投标函在招标公告规定的开标之日起 120 日内有效，并对我方具有约束力。我方投标在投标有效期期满前均有可能中标。
　　4. 我方承诺，不在竞争性投标过程中有任何违法违规行为，并严格按照网上操作要求进行信息维护及投标报价。
　　5. 在正式合同准备好和签字前，本投标函及贵方的中标通知书将构成约束我双方的合同。我方完全理解贵方不一定要接受最低报价的投标。
　　6. 我方严格按投标函附件中的承诺对医疗机构进行服务。

投标人(盖章)：
法定代表人(签字)：
出具日期：　　　年　月　日

投标函附件：
投标人(盖章)：

投标人伴随服务承诺(包括破损退换、近效期退换等)
A. 承诺及时补给合格药品或退货。(　)
B. 不做上述承诺。(　)
必须用"√"确认承诺，否则将不得分。

(2) 生产企业法定代表人授权书　生产企业法定代表人授权书见表 2-10。本授权书必须打印，不得手写（法人代表人签字除外），不得行间插字和涂改，如有涂改，必须有生产厂家在涂改处加盖公章。对品种通用名、剂型、制剂规格、包装规格的描述应与招标文件品种信息一致，且投标品种序号必须与本招标文件中的招标品种序号相一致，并应按照招标品种序号从小到大顺序书写。关于表 2-10 中"最小剂量单位"的描述说明如下：口服制剂按最小制剂单位（片、粒、丸、支……）；水丸、浓缩丸、颗粒剂按最小包装（袋、瓶）；注射剂按支（瓶）；输液剂按瓶；外用制剂中贴膏、贴膜、贴片等按（贴）；外用制剂中的乳胶剂、凝胶剂、滴眼剂、滴鼻剂、滴耳剂、软膏剂、眼膏剂、喷雾剂、气雾剂等按支。关于表 2-10 中"最小零售包装规格"的描述说明如下：应按本招标文件中"报价原则"的描述要求填写且必须与"价格批文"和"最高零售限价"的信息相一致。关于表 2-10 中"最高零售限价"的填写说明如下：应以××省发改委出具的"价格批文"为准；××省未做限价的药品以国家发改委出具的价格批文为准。

表 2-10　生产企业法定代表人授权书

××省 2016 年度基本药物（基层部分）招标目录（第 3 批）
统一招标采购法定代表人授权书（招标编号：JZC/YP16-003）

本授权书声明：注册于　　　（公司地址）的　　　（公司名称）的在下面签字的　　　（法定代表人姓名、职务）代表本公司授权　　　（被授权人的姓名、职务）（身份证号　　　）为公司的唯一合法代理人，就××省 2016 年度基本药物（基层部分）统一招标采购活动中报名、领取招标文件、用户名及密码、提交投标文件、确认投标相关信息及药品购销合同的签订、执行、完成和售后服务，以本公司名义处理一切与之有关的事务。

我方郑重承诺：中标后我企业将无条件按照投标品种的规格、剂型、包装在交易期内保证药品的货源和质量，如有违反，依据《中华人民共和国招标投标法》、《中华人民共和国合同法》及《医疗机构药品集中招标采购监督管理暂行办法》（国纠办发［2012］17 号）承担法律责任。同时承诺：

1. 我方提出的投标报价是我方慎重考虑的结果，一经提出，即为要约。任何违反行为，我方都将接受××省药品统一招标领导小组根据国家和××省相关法律法规做出的处罚。

2. 如我方出现不履约的行为，我方愿意接受××省药品统一招标领导小组办公室作出的，最多为三年之内不得参加××省药品统一采购的附加处罚。

本授权书于　　年　月　日签字生效，特此声明。
授权人（法定代表人）签字（盖章）：
被授权人签字（盖章）：
单位名称：
地址：

代理人（被授权人）
居民身份证复印件粘贴处

药品生产企业拟投标品种目录表

编号	招标品种序号	通用名	商品名	剂型	规格	最小剂量单位	质量层次	最小零售包装规格	最高零售限价

药品生产企业名称（盖章）：
联系电话、传真：
日期：　　年　月　日
（加盖投标人公章）

(3) 进口药品（或生产企业集团公司所属销售公司）药品生产企业授权书　进口药品（或生产企业集团公司所属销售公司）药品生产企业授权书见表 2-11。本授权书必须打印，不得手写（法人代表人签字除外），不得行间插字和涂改，如有涂改，必须有生产厂家在涂改处加盖公章。对品种通用名、剂型、制剂规格、包装规格的描述应与招标文件品种信息一致，且投标品种序号必须与本招标文件中的招标品种序号相一致，并应按照招标品种序号从小到大顺序书写。关于表 2-11 中"最小剂量单位"的描述说明如下：口服制剂按最小制剂单位（片、粒、丸、支……）；水丸、浓缩丸、颗粒剂按最小包装（袋、瓶）；注射剂按支（瓶）；输液剂按瓶；外用制剂中贴膏、贴膜、贴片等按（贴）；外用制剂中的乳胶剂、凝胶剂、滴眼剂、滴鼻剂、滴耳剂、软膏剂、眼膏剂、喷雾剂、气雾剂等按支。关于表 2-11 中"最小零售包装规格"的描述说明如下：应按本招标文件中"报价原则"的描述要求填写且必须与"价格批文"和"最高零售限价"的信息相一致。关于表 2-11 中"最高零售限价"的填写说明如下：以××省发改委出具的"价格批文"为准；××省未做限价的药品以国家发改委出具的价格批文为准。

表 2-11　进口药品（或生产企业集团公司所属销售公司）药品生产企业授权书

××省 2016 年度基本药物（基层部分）招标目录（第 3 批）
统一招标采购进口药品生产企业授权书

致：××省药品统一招标采购领导小组办公室

　　作为生产下表所列药品的　　　　　　（生产企业全称），根据本次《药品统一招标采购文件》（招标编号：JZC/YP16-003）的规定：同一生产厂家的投标品种的投标人仅限 1 家，我企业在此授权　　　　　　（药品经营企业，生产企业集团公司所属销售公司只投报本集团公司所属分厂生产的药品）作为独家代理企业，用我厂（公司）生产的产品参加本次药品统一招标采购活动，递交投标函并签署购销合同。

　　我厂（公司）郑重承诺：中标后我企业将无条件按照投标品种的规格、剂型、包装在交易期内保证药品的货源和质量，如有违反，依据《中华人民共和国招标投标法》、《中华人民共和国合同法》及《医疗机构药品集中招标采购监督管理暂行办法》（国纠办发[2012]17 号）承担法律责任。

　　授权期限为：年月起至本次中标药品采购期结束。

　　购销合同规定的招标采购期限与本授权书的有效期限应一致。若购销合同规定的招标采购期限延期，本授权书期限自动顺延到招标采购期限届满。此授权书一经授出，在投标截止期后将不作任何修改。

进口药品生产（代理）企业委托投标品种目录表

编号	招标品种序号	通用名	商品名	剂型	规格	最小剂量单位	质量层次	最小零售包装规格	最高零售限价	进口注册证号

药品生产企业名称(盖章)：
进口药品独家代理企业名称(盖章)：
联系电话、传真：
法定代表人(签字)：
日期：　　年　月　日
(加盖投标人公章)

(4) 投标人基本情况声明 投标人基本情况声明见表2-12。

表2-12 投标人基本情况声明

投标人基本情况声明
(招标编号:JZC/YP16-003)

投标人序号：
投标人名称(公章)：
法人代表(签字)：
年度(填上一年)企业经营(生产)规模　　　万元
年(填上一年)来(有/无)制售假劣药行为：
企业是通过 GMP 认证
投标人所在地：
联系电话：
传真：
通信地址：
邮政编码：
电子信箱：
开户银行：
开户账号：

兹证明上述声明是真实、准确的,并提供了全部能够提供的资料和数据,我们同意遵照招标方要求出示有关证明文件。

(5) 统一招标采购药品供货承诺书(委托"统一配送"企业配送) ××省2016年度基本药物（基层部分）招标目录（第3批）统一招标采购药品供货承诺书（委托"统一配送"企业配送）见表2-13。

表2-13 ××省2016年度基本药物（基层部分）招标目录
（第3批）统一招标采购药品供货承诺书（委托"统一配送"企业配送）

××省2016年度基本药物(基层部分)招标目录(第3批)统一招标采购药品供货承诺书
(委托"统一配送"企业配送)
(招标编号:JZC/YP16-003)

××省药品统一招标领导小组办公室：

我单位　　　　(企业名称)是合法注册的药品生产企业。在此承诺:我单位参加本次药品集中招标采购投标品种的所有药品一旦中标(包括竞价成交,以下同),我方按照工作要求,委托"统一配送"企业进行配送工作,中标药品价格中已包含3%的配送费用。我方愿积极配合"统一配送"单位,并承担对本次招标采购药品的供应。

我方保证中标后,严格按照本次《药品统一招标采购文件》及招标方的要求,及时供货并提供全面、完善的服务。同时承诺:如我方出现故意不履约的行为,我方愿意接受××省药品统一招标领导小组办公室作出的,最多为三年之内不得参加××省药品统一采购的附加处罚。

本承诺书有效限限:自签订购销合同开始至本次招标药品采购交易有效期截止。购销合同规定的采购期限与本承诺书的有效期限应一致。若购销合同规定的采购期限延期,本承诺限限自动顺延到采购期限届满。

特此承诺。

投标人名称(盖章)：
联系电话：
法定代表人(签字)：
日期：　　年　月　日

(6) 附件一：密码遗失重新领取函　密码遗失重新领取函见表 2-14（注：本函件在需要时提供，不必在递交《投标文件》中提供）。

表 2-14　密码遗失重新领取函

密码遗失重新领取函
致：××省招标与政府采购网办公室 　　单位(生产企业名称)曾委托本单位员工领取过网上操作的用户名和密码，但由于密码泄露或遗失，为安全起见，现申请自动修改密码，并特委托本单位职工　　（被授权人姓名）（身份证号　　）重新领取网上操作的用户名与新的密码。我单位承诺因密码泄露、修改或操作失误造成的后果，我单位愿负全部责任。 　　本委托书于　　年　月　日签字生效，特此声明。 　　附：被授权领取人身份证复印件(领取时需核对身份证原件) 　　　　　　　　　　代理人(被授权人) 　　　　　　　　　　居民身份证复印件粘贴处 企业法人(负责人)签名： (单位公章) 被授权人签名： (单位公章) 签署日期：　　年　月　日

(7) 附件二：投标人《投标文件》自我审核表　××省 2016 年度基本药物（基层部分）统一招标投标人《投标文件》自我审核表见表 2-15。

表 2-15　投标人《投标文件》自我审核表

序号	审查项目	主要审核要求
1	投标人资格文件符合性审查	投标人名称与企业营业执照等(主要含以下文件)一致，且在相关部门要求的有效期内
1.1	药品生产企业投标资格文件	a.企业《法人营业执照》；b.《药品生产许可证》；c.《组织机构代码证》；d.《生产企业法人授权委托书》(原件)；e.《生产企业 2015 年度企业纳税报表》(必须盖有税务稽核章)
1.2	进口药品独家代理经营企业投标资格文件	a.经营《企业法人营业执照》；b.《药品经营许可证》；c.《GSP 认证证书》；d.《组织机构代码证》；e.《经营企业法人授权委托书》(原件)；f.《独家代理委托书》(原件)或总代理证明(原件)
2	投标药品资料	药品生产、经营企业必须符合招标文件资质要求，提供的资料必须真实、合法、一致和有效。特别要核对各证之间相关名称的一致性和涉及期等方面的有效性，清晰的复印件，否则投标将被拒绝
	投标药品资料	a.《GMP 认证证书》；b.《药品生产批件》或《进口药品注册证》和《口岸检验报告》；c.《药品说明书》(原件)；d.《价格批文》
3	投标文件的其他资料	《药品供货承诺书》
4	投标函与法人授权委托书	须加盖单位红章；法定代表人签字的须由法定代表人签署，需授权代表签署的
5	投标文件格式及签章	投标文件格式和签字、盖章符合招标文件要求
6	企业经营权	1. 有效，没有处于被责令停业，财产被接管、冻结、破产状态 2. 报名开始前两年内有生产假药、劣药记录的企业，不接受其报名。生产假药、劣药记录以食品药品监督管理部门的"行政处罚通知书"为依据("行政处罚通知书"作为举证材料时须加盖地市以上食品药品监督管理部门的公章)
7	合同履约行为	合法，没有严重违约事件发生
8	报名资料及申诉资料	须由药品生产、进口药品经营企业的唯一合法被授权人递交
9	其他	法律法规要求的其他资格条件

(8) 附件三：中标药品配送行政合同　××省医疗机构药品统一招标中标药品配送行政合同见表2-16。

表2-16　××省医疗机构药品统一招标中标药品配送行政合同

××省医疗机构药品统一招标中标药品配送行政合同
甲方：(卫生行政监管部门) 乙方：(药品统一配送企业) 丙方：(医疗机构) 　　本行政合同旨在充分发挥政府在统一招标中标药品配送和使用管理方面的主导作用，并以契约形式明确各方的职责和任务。 　　一、甲方责任 　　(一)享有行政合同的行政优益权，有权按照合同规定对辖区配送企业的配送活动进行检查、监督，对配送企业的合同履行赋有合同履行的监督权、指挥权、单方变更权和解除权。 　　(二)负责辖区医疗机构中标药品配送和使用监管 　　1. 辖区医疗机构按照临床用药需求从统一配送渠道采购使用中标药品，中标药品使用率达100％。 　　2. 协调乙方与丙方中标药品的配送关系，保障丙方与乙方合同及合同补充条款的履行。 　　3. 组织辖区各级医疗机构按照临床用药需求及时编制药品采购计划，保证采购计划的周密性及合理性，监督配送企业按医疗机构提交的采购计划，保质保量，及时配送。 　　4. 按照统一配送信息服务和网络平台的要求进行监管，确保辖区医疗机构、行政部门、配送企业三者之间的药品采购配送信息网络畅通。 　　二、乙方责任 　　(一)搭建"横向到边、纵向到底"的药品统一配送网络服务信息平台，畅通医疗机构与配送企业之间药品商务渠道，随时沟通与医疗机构、中标企业之间的药品供需信息。 　　(二)建立药品质量管理体系，设置质量管理机构，制定质量管理制度，对配送药品质量负全责。 　　(三)不得从中标企业以外的供货渠道采购中标药品。不得将中标药品再次委托其他企业配送。 　　(四)城市和乡村急救药品分别于1～2小时送到，一般药品分别于12～24小时送到，节假日照常配送。 　　(五)中标药品的辖区统一配送任务必须达到：合同签订率100％；贮存率100％；覆盖率100％；计划配送率100％；满意率85％以上；配送信息网络畅通率95％以上。 　　三、丙方责任 　　(一)在招标药品目录范围内，依据临床用药需求计划采购使用中标药品。 　　(二)按计划从辖区统一配送企业采购中标药品，合理库存，加速周转，按与统一配送企业约定的时限及时结算货款。 　　(三)建立并执行药品进货检查验收制度，验明药品合格证明和其他标识，对不合格的药品退还给统一药品配送企业。 　　(四)畅通药品采购、配送、结算信息网，保证药品按计划及时快捷配送到位，满足临床需求。 　　(五)对配送企业有选择建议权，如配送企业三个月内不能满足计划配送率等指标要求，可建议卫生行政监管部门单方变更，解除配送合同。 　　四、违约责任 　　(一)当甲方履行合同责任不符合约定直接影响药品配送，同级人民政府视情节对负有领导责任和当事人做出相应处理。情节较轻的，给予批评、通报批评；情节严重的，给予政纪处分；情节特别严重的，给予降职、开除公职等处理。 　　(二)当乙方不履行合同责任或履行合同责任不符合约定时，甲方有权解除乙方配送权。 　　(三)当丙方不履行合同责任或履行合同责任不符合约定的，甲方视情节对负有领导责任和当事人做出相应处理。情节较轻的，给予批评、通报批评；情节严重的，给予政纪处分；情节特别严重的，给予降职、开除公职等处理。 　　五、争议的解决方式 　　因履行本合同发生的争议，由甲、乙、丙三方协商解决；协商不成时，依据《中华人民共和国行政监察法》、《中华人民共和国行政处罚法》、《中华人民共和国行政诉讼法》和《中华人民共和国行政复议法》进行调解。 　　本合同一式四份，甲、乙、丙三方各持一份，××省药招办公室一份。
甲方：　　　　　　　　　　乙方：　　　　　　　　　　丙方： 地址：　　　　　　　　　　地址：　　　　　　　　　　地址： 电话：　　　　　　　　　　电话：　　　　　　　　　　电话： 法定代表人：　　　　　　　法定代表人：　　　　　　　法定代表人： 盖章：　　　　　　　　　　盖章：　　　　　　　　　　盖章： 　　年　月　日　　　　　　　年　月　日　　　　　　　年　月　日

第 3 章

××市市级政府采购货物项目招标文件

3.1 封面及目录

封面及目录分别见表 3-1 和表 3-2。

表 3-1 ××市市级政府采购货物项目招标文件封面

××市市级政府采购 货物项目 招标文件 招标编号：CBSJHXM2016139 批复号：2016 长财购计(0166)号 项目名称：××市市直单位医疗设备采购项目 采购人：××市××街道社区卫生服务中心、××市××镇卫生院、××市××镇中心卫生院 招标代理机构：××省××招标代理服务有限公司 2016 年 3 月

表 3-2 ××市市级政府采购货物项目招标文件目录

目录 第一章　投标邀请 　一、投标邀请函 　二、招标货物一览表 第二章　投标人须知 　投标人须知前附表 　一、说明 　二、招标文件 　三、投标文件的编写 　四、投标文件的提交 　五、投标文件的评估和比较 　六、定标和签订合同 第三章　招标内容及要求 　招标内容及要求 第四章　××市市级政府采购合同 　××市市级政府采购合同(参考文本) 　投标文件相关格式 　投标书 　附件 1　报价一览表 　附件 2　投标分项报价表

续表

| 附件 3　货物说明一览表 |
| 附件 4　供货范围清单 |
| 附件 5　技术规格和商务偏离表 |
| 附件 6　投标人的资格证明文件 |
| 附件 6-1　关于资格的声明函 |
| 附件 6-2　投标人的资格声明 |
| 附件 6-3　法人代表授权委托书 |
| 附件 6-4　法人营业执照、税务登记证 |
| 附件 6-5　投标人提交的其他资料 |
| 附件 7　投标服务费承诺书 |

3.2　投标邀请

（1）投标邀请函　投标邀请函见表3-3。

表 3-3　投标邀请函

投标邀请函
××省××招标代理服务有限公司受委托，对××市市直单位医疗设备采购项目的下述货物进行国内公开招标，现欢迎国内合格的投标人前来提交密封的投标。 招标编号： 招标货物名称、数量及主要技术规格：见后附：招标货物一览表。 招标文件购买时间：2016年4月8日至2016年4月28日（节假日除外）每天8:30～12:00时，14:30～17:00时（北京时间，下同） 招标文件纸质版售价50元人民币，招标文件电子版售价50元人民币，售后不退。如需邮寄，另加50元人民币特快专递费。 投标截止时间：投标文件应于2016年4月30日9:00时止（北京时间）之前提交到××省××招标代理服务有限公司处，逾期收到的或不符合规定的投标文件将被拒绝。 开标时间：2016年4月30日9:00时 开标地点： 投标人对本次招标活动事项提出疑问的，请在投标截止时间3日之前，以信函或传真的形式与招标代理机构联系。 以上如有变更，××省××招标代理服务有限公司将通过××省政府采购网、××市政府采购网和中国政府采购网（http://www.ccgp.gov.cn）通知，请投标人关注。请投标人关注。 招标代理机构： 地址： 邮编： 电话： 传真： 联系人： 电子信箱： 开户名： 开户行： 账号：

（2）招标货物一览表　招标货物一览表见表3-4。需要说明的是：①本项目按合同包进行授标，投标人不得仅对同一个合同包中的部分货物进行投标，否则其投标将被拒绝；②请各投标人编制投标文件正本一份、副本四份，编制投标文件时每份投标文件需编制封面、目录、页码并胶装装订成册（不可拆卸），正本和副本都必须加盖公章和骑缝章（公章不能使用复印件），如未按要求做将导致其废标；③合同包中的全自动生化分析仪已通过进口产品

论证,可以采购进口产品,同时满足需求的国内产品亦可参加本项目的投标;④合同包中的血液五元素分析仪、合同包中的医用 50kW 高频摄像 X 射线机,以上两项设备均未经过进口论证,只允许国内产品参加本项目的投标。

表 3-4 招标货物一览表

合同包	品目号	货物名称	技术参数/配置	数量	交货地点	交货时间
1	1	全自动生化分析仪	全自动生化分析仪/具体参数详见招标文件"招标内容及要求"部分	1套	××市××街道社区卫生服务中心	合同签订后30个日历日内交货
2	1	血液五元素分析仪	血液五元素分析仪/具体参数详见招标文件"招标内容及要求"部分	1套	××市××镇卫生院	合同签订后30个日历日内交货
3	1	医用 50kW 高频摄像 X 射线机	医用 50kW 高频摄像 X 射线机/具体参数详见招标文件"招标内容及要求"部分	1套	××市××镇中心卫生院	合同签订后15个日历日内货

3.3　投标人须知

3.3.1　投标人须知前附表

投标人须知前附表见表 3-5。需要说明的是:本须知前附表的条款号是与《投标人须知》中条款的项号相对应的,如果有矛盾的话应以本须知前附表为准。

表 3-5 投标人须知前附表

项号	条款号	编列内容
1	1.1	项目名称:××市市直单位医疗设备采购项目 采购人名称:××市××街道社区卫生服务中心、××市××镇卫生院、××市××镇中心卫生院 项目内容:全自动生化分析仪、血液五元素分析仪、医用 50kW 高频摄像 X 射线机 项目编号:
2	3.1	资格标准: 凡有能力提供本招标文件所述货物及服务的,具有法人资格的境内供货商或制造商均可能成为合格的投标人; 有依法交纳税收和社会保障资金的良好记录; 报价方需提供通过上一年度年检的企业法人营业执照复印件(加盖公章)、税务登记证复印件(加盖公章),由法定代表人对授权代表人的授权书(授权书必须法人代表签字,否则无效); 投标人为经销商的,应取得药品监督部门颁发的《医疗器械经营企业许可证》;投标人为生产厂商的,应取得药品监督部门颁发的《医疗器械生产企业许可证》;投标货物应取得《医疗器械注册证》;进口产品应取得《进口医疗器械注册证》。 注:所有证明文件复印件须加盖投标人公章,原件备查
3	11.1	投标有效期:投标截止期结束后 90 日历日 有效期不足将导致其投标文件被拒绝
4		投标文件递交地址: 接收人:王先生 投标截止时间:2016 年 4 月 30 日上午 9:00
5	12	投标保证金:投标人以公对公转账形式向招标代理机构提交人民币 3500 元的投标保证金,应于 2016 年 4 月 28 日前提交至招标代理机构指定账户(在投标文件中应附有效证明)内,并在 2016 年 4 月 28 日递交投标文件时将汇款底单原件出示给招标代理机构确认,否则其投标将可能被拒绝。注意:以现金方式或非对公账号转账提交保证金的报价将被拒绝

续表

项号	条款号	编列内容
6	19.1	评标标准和方法：综合评分法（适用于合同包一、合同包二、合同包三）。 综合评分法，即指最大限度地满足招标文件实质性要求的前提下，按照招标文件中规定的各项因素进行综合评审后，推荐评标总得分最高的投标方作为中标候选人。当评标得分相同时，投标报价低的为中标候选人；当评标得分和报价均相同时，技术评标得分高的为中标候选人。 评分将按照报价、技术、商务三部分进行，总分100分，其中报价55分，技术32分、商务13分（技术、商务部分的最终得分为各个评委的评分中去掉一个最高分和一个最低分后的算术平均值，四舍五入并取小数点后的2位数） (1)报价部分（满分55分）　首先分别对各投标方的报价进行校调，确认评标价。 各投标方的价格得分按以下方式得出： $$A=(B_n/B_0)\times 0.55\times 100$$ 式中，A 为价格部分得分；B_0 为投标方有效的投标报价；B_n 为评标基准价（即各投标方的最低投标报价）。 (2)技术部分评分（满分32分） ①根据各投标人所投货物对招标文件第三章"招标内容及要求"中"技术要求"的各项配置要求的响应承诺情况，由评委进行评议并评分，完全满足招标文件技术参数要求的得30分，有负偏离情况的，评标委员会将根据该参数的偏离对所投标产品的使用影响程度，每项为2分或1分。得分在10分以下的，即视为技术上未实质性响应招标文件要求，将导致其废标。（满分30分）（标准如下）。 a. 扣2分的标准。技术参数中标注"＊"的参数为重要参数，每负偏离一项扣2分，满分13分。正偏离的不加分，无偏离的不扣分； b. 扣1分的标准。其他未标注"＊"的参数，则每负偏离一项扣1分，满分17分。正偏离的不加分，无偏离的不扣分 ②投标人应提供其投标货物的产品彩页并在彩页内注明每种产品的主要技术参数，根据提供彩页情况由评委进行评分。每份彩页能完全清楚表明所投设备的技术参数的得2分，较能表明所投设备的技术参数的得1分，一般表明的得0.5分，投标方投标文件正本需提供原厂印制彩页，复印件无效。投标文件副本可用复印件。（满分2分） (3)商务部分评分（满分13分） ①注册资金：根据各投标人注册资金情况，注册资金＜50万元的得1分，注册资金≥50万元的得2分（需提供营业执照副本复印件，并加盖公章，原件备查）。（满分2分） ②成功案例：根据所投产品在近三年内的业绩情况，投标人应在投标文件中提供业绩清单，并注明用户、联系人和联系电话、数量等信息，每份合同得1分，满分3分。如投标方提供虚假资料，将作废标处理。（满分3分） ③对各投标人的售后服务承诺、维修响应计划进行评分，包括具体的售后内容、故障响应时间、响应方式等方面，满足招标文件要求的得2分，不满足不得分；优于招标文件要求的，在0~1分之间加分。（满分3分） ④本地化服务：为保障本地化售后服务的便捷性，根据各投标人所投产品在长白山地区（含五区八县）提供售后服务的机构设置和售后服务专业人员配置等方面情况，由评委在0~2分之间评分。投标人未设任何售后服务机构的本项0分。（满分2分） ⑤根据所投设备出具国内或国际相关认证情况，由评委在0~2分之间进行评分。（满分2分） ⑥根据投标方的投标文件中对采购方的管理人员、操作人员及设备维护人员进行培训、学术支持等承诺情况在0~1分间进行打分，未提供任何技术培训方案的本项得0分。（满分1分） (4)节能、减排、环境标志、自主创新产品部分评分 ①根据《国务院办公厅关于建立政府强制采购节能产品制度的通知》（国办发[2007]51号）和财政部、发展改革委发布的《节能产品政府采购实施意见》（财库[2004]185号）以及《财政部、发展改革委关于调整节能产品政府采购清单的通知》（财库[2007]9197号）的规定，空调机、计算机、打印机等九类产品为政府强制采购节能产品，若本次采购货物中属政府强制采购节能产品的，投标人所投产品必须是《节能产品政府采购清单》内产品，否则投标无效。若属于《节能产品政府采购清单》内非政府强制采购节能产品的，在同等条件下，优先采购清单中的产品。 ②若同一合同包内的节能、减排、环境标志、政府采购自主创新产品报价总金额低于本合同包报价总金额20%（含20%）以下的，将分别给予价格部分评分和技术部分评分的总分值4%的加分；若同一合同包内节能、减排、环境标志、自主创新产品报价总金额占本合同包报价总金额20%~50%（含50%）的，将分别给予价格部分评分和技术部分评分的总分值6%的加分；若同一合同包内节能、减排、环境标志、自主创新产品报

续表

项号	条款号	编列内容
6	19.1	价总金额占本合同包报价总金额50%以上的,将分别给予价格部分评分和技术部分评分的总分值8%的加分。(备注:投标人如实详细地填写投标文件格式"节能、减排、环境标志、自主创新产品加分明细表",并提供证明材料) ③投标人所投产品为以上①至②点清单目录内产品的,应于投标文件中提供相关证明材料,并加盖投标人公章。[未提供证明材料(4)项不得分] 评标总得分为:(1)+(2)+(3)+(4)
7		本项目为政府采购项目,总预算金额为90.5万元整。其中合同包一预算金额为35万元整;合同包二预算金额为15.5万元整;合同包三预算金额为40万元整。采购人预算价为最高限价,报价方的投标报价如果超过该项目的最高限价,则作废标处理
8		中标服务费:按国家计委文件规定按差额定率累进法计算 附:采购代理服务费收费标准 中标金额(万元)收费费率标准: 100以下取1.5%; 100~500取1.1%; 500~1000取0.8% 中标人应在领取中标通知书的同时以转账、电汇付款方式一次性向招标代理机构交纳中标服务费
9	23.1	招标项目行政监督部门:××市财政局
10		本批采购废标界定 下列情况之一者,报价文件无效,作为废标处理: (1)投标文件未按照本招标文件"14.投标文件的密封、标记和递交"规定进行密封、标记的; (2)未按规定由投标人的法定代表人或其授权代表签字,或未加盖报价人公章;或签字人未经法定代表人有效授权委托的; (3)未按规定提交投标保证金的; (4)投标有效期不满足招标文件要求的; (5)投标内容与采购内容及要求有重大偏离或保留的; (6)投标人提交的是可选择的报价; (7)投标人未按规定对报价进行分项报价的; (8)一个投标人不止投一个标; (9)投标文件组成不符合招标文件要求的; (10)投标文件中提供虚假或失实资料的; (11)不满足本招标文件第4页中项号2"资格标准"要求的; (12)资格证明文件复印件未注明"与原件一致"并加盖投标人公章; (13)投标人不符合本招标文件"3.合格的投标人"规定进行投标的。 (14)投标人的投标文件未按本招标文件"13.投标文件的格式"要求装订并盖公章的; (15)不符合招标文件中规定的其他实质性条款
11		付款方式 合同包一: 中标供应商按照文件要求保质保量提供中标货物后,货物全部安装、调试完毕,试运行正常、经验收合格后需方向供方付50%的合同设备款,余款50%从验收合格之日起12个月内付清。 合同包二: 中标供应商按照文件要求保质保量提供中标货物后,货物全部安装、调试完毕,试运行正常、经验收合格后需方向供方付90%的合同设备款,余款10%从验收合格之日起6个月后付清。 合同包三: 中标供应商按照文件要求保质保量提供中标货物后,货物全部安装、调试完毕,试运行正常、经验收合格后需方向供方付60%的合同设备款,余款40%从验收合格之日起6个月内按季度分两次付清

3.3.2 说明

(1) 适用范围 本招标文件仅适用于投标邀请中所叙述项目的货物采购。

(2) 定义　"采购人"是指本次采购项目的业主方。"招标采购单位"是指组织本次招标活动的采购人或招标代理机构。"招标代理机构"是指本次招标采购项目活动组织方。"投标人"是指购买了本招标文件且已经提交或者准备提交本次投标文件的制造商或供货商。"货物"是指卖方按招标文件规定向买方提供的一切设备、机械、仪器仪表、备品备件、工具、手册及其他有关技术资料和材料。"服务"是指招标文件规定卖方须承担的安装、调试、技术协助、校准、培训以及其他类似的义务。

(3) 合格的投标人　凡有能力提供本招标文件所述货物及服务的，具有法人资格的境内供货商或制造商均可能成为合格的投标人。投标人应遵守中国的有关法律、法规和规章的规定。一个投标人只能提交一个投标文件，但如果投标人之间存在下列互为关联关系的情形之一的不得同时参加本项目投标，这些情形包括：法定代表人为同一人的两个及两个以上法人；或母公司、直接或间接持股50%及以上的被投资公司；或均为同一家母公司直接或间接持股50%及以上的被投资公司。投标人不得与本次招标项目设计、编制技术规格和其他文件的公司或提供咨询服务的公司包括其附属机构有任何关联。两个或者两个以上投标人可以组成一个投标联合体，以一个投标人的身份投标。以联合体形式参加投标的，联合体各方均应当符合政府采购法第二十二条第一款规定的条件。联合体各方中至少应当有一方符合采购人根据采购项目的要求规定的特定条件。联合体只能以其中一方具备的条件作为评标依据，并且投标供应商在投标文件中必须明确以联合体确定的其中一方的条件参与商务部分的评标。联合体各方之间应当签订共同投标协议，明确约定联合体各方承担的工作和相应的责任，并将共同投标协议连同投标文件一并提交。联合体各方签订共同投标协议后，不得再以自己名义单独在同一项目中投标，也不得组成新的联合体参加同一项目投标。投标代理人在同一个项目中只能接受一个投标人的委托参加投标。

(4) 投标费用　投标人自行承担其参加投标所涉及的一切费用。

3.3.3　招标文件基本要求

(1) 招标文件的组成　招标文件用以阐明所需货物及服务招标程序和合同主要条款。招标文件由下述部分组成：即投标邀请、投标人须知、招标内容及要求、合同主要条款、投标文件格式等。

(2) 招标文件的澄清　投标人对招标文件如有疑点可要求澄清。要求澄清应按投标邀请中载明的地址以书面形式（包括信函、电报或传真，下同）通知招标代理机构。招标代理机构将视情况在投标截止时间15个日历日（如至原定截止时间不足15个日历日，则需延长开标时间）前将不标明查询来源的书面答复发给所有投标人，并在采购信息发布的媒体上发布更正公告。该澄清内容为招标文件的组成部分。

(3) 招标文件的修改　至投标截止日期前15日（如至原定截止时间不足15个日历日，则需延长开标时间），招标代理机构可主动或依投标人要求澄清的问题而修改招标文件，应在原信息发布的媒体上发布更正公告并以书面形式通知所有投标人，投标人在收到该通知后应立即以电报或传真的形式予以确认（该修改内容为招标文件的组成部分，对投标人具有约束力。但本招标文件中规定的推迟投标截止时间和开标时间情形不受本条约束）。为使投标人在准备投标文件时有合理的时间考虑招标文件的修改，招标代理机构可酌情推迟投标截止时间和开标时间，但应当至少在投标截止时间3个日历日前将变更时间以书面形式通知所有投标人，并在采购信息发布的媒体上发布更正公告。该修改内容为招标文件的组成部分。在此情况下，招标人和投标人受投标截止期制约的所有权利和义务均应延长至新的截止日期。

3.3.4 投标文件的编写

（1）要求　投标人应仔细阅读招标文件的所有内容并按照招标文件的要求提交投标文件，投标文件应对招标文件的要求作出实质性响应并保证所提供的全部资料的真实性，否则其投标将被拒绝。除非有另外的规定，投标人可对招标货物一览表所列的全部合同包或部分合同包进行投标。招标代理机构不接受有任何可选择性的报价，每一种货物只能有一个报价。

（2）投标文件的语言　投标文件应用中文书写。投标文件中所附或所引用的原件不是中文时应附中文译本。各种计量单位及符号应采用国际上统一使用的公制计量单位和符号。

（3）投标文件的组成　投标文件应包括下列部分：即投标书、开标一览表、投标分项报价表、货物说明一览表、供货范围清单、技术规格和商务偏离表、投标人资格证明文件、投标人提交的其他资料、招标服务费承诺书、投标保证金等。

（4）投标有效期　投标文件从投标人须知前附表第4项所规定的投标截止期之后开始生效，在投标人须知前附表第3项所规定的期限内保持有效，有效期不足将导致其投标文件被拒绝。特殊情况下招标代理机构可于投标有效期满之前书面要求投标人同意延长有效期，投标人应在招标代理机构规定的期限内以书面形式予以答复。投标人可以拒绝上述要求而其投标保证金可按规定予以退还。投标人答复不明确或者逾期未答复的，均视为拒绝上述要求。对于接受该要求的投标人，既不要求也不允许其修改投标文件，但将要求其相应延长投标保证金有效期，有关退还和不予退还投标保证金的规定在投标有效期延长期内继续有效。

（5）投标保证金　投标保证金为投标文件的组成部分之一。投标人应在提交投标文件之前向招标代理机构交纳投标人须知前附表第5项要求的投标保证金。联合体投标的，可以由联合体中的一方或者共同提交投标保证金，以一方名义提交投标保证金的，对联合体各方均具有约束力。投标保证金用于保护本次招标活动免受投标人的行为而引起的风险。投标保证金以转账形式提交。未按规定交纳投标保证金的投标将被视为无效投标。招标代理机构将在中标通知书发出之日起5个工作日内予以原额无息退还中标人以外的投标人的投标保证金（因招标代理机构原因造成逾期退还投标保证金的，招标代理机构应当按商业银行同期一年期贷款基准利率上浮20%后的利率向投标人支付资金占用费）。在中标人支付所有招标服务费并签订合同（采购人如有要求中标人支付履约保证金的，则增加支付履约保证金）后5个工作日内，中标人的投标保证金予以原额无息退还。投标保证金的有效期为投标有效期满后的30个日历日。发生以下情况之一的投标保证金将不予退还，这些情况包括：投标人在投标截止期后，投标有效期内撤回投标；中标人未能做到按本须知第20条规定签订合同；中标人未按投标人须知前附表规定交纳招标服务费（采购人如有要求中标人支付履约保证金的，增加中标人未按本须知第12.7条规定提交履约保证金的）；以他人名义投标或者以其他方式弄虚作假，骗取中标；本招标文件中规定的其他没收投标保证金的情形。上述不予退还投标保证金的情况给招标采购单位造成损失的，还要承担赔偿责任。

（6）投标文件的格式　投标人须编制由本须知第10条规定文件组成的投标文件正本1份、副本4份及电子版1份（WORD格式），正本必须用A4幅面纸张打印装订，副本可以用正本的完整复印件，正本和副本都必须加盖公章和骑缝章（公章不能使用复印件）并在封面标明"正本"、"副本"字样，正本与副本如有不一致则以正本为准（为保证投标人利益和方便评委评审标书,请投标人编制招标文件时编制封面、目录、页码,用线装或胶装装订成册)。投标文件应由投标人的法定代表人或者其授权代表签字并加盖公章,如由后者签字则应提供"法定代表人授权委托书"。除非有另外的规定或许可,投标使用货币为人民币。投标人应提交证明其拟供货物符合招标文件要求的技术响应文件,该文件可以是文字资料、图纸和数据并须提供货物主要技术性能的详细描述。投标文件的正本和全部副本均应使用不能擦去的墨料或墨水打印、书写或复印,并由法定代表人或其授权代表签署,盖投标人公章。全套投标文件应无涂改和行间插字,除非这些改动是根据招标代理机构的指示进行的,或者是为改正投标人造成的必须修改的错误而进行的,有改动时其修改处应由授权代表签署证明或加盖校正章。未按本须知规定的格式填写投标文件、投标文件字迹模糊不清的,其投标将被拒绝。所有资格证明文件复印件须注明"与原件一致"并加盖投标人公章。

3.3.5 投标文件的提交

投标人应将投标文件正本和全部副本分别用信封密封并标明招标编号、投标人名称、投标货物名称及"正本"或"副本"字样。投标文件未密封将导致投标被拒绝。每一信封密封处应注明"于2016年4月30日之前(指招标邀请中规定的开标日期及时间)不准启封"的字样并加盖投标人公章。如果投标文件由邮局或专人送交,投标方应将投标文件按照本须知第14.1条至第14.2条的规定进行密封和标记后,按投标人须知前附表注明的地址送至接收人。如果未按上述规定进行密封和标记,招标代理机构将不承担由此造成的对投标文件的误投或提前拆封的责任。投标文件应在投标邀请中规定的截止时间前送达,迟到的投标文件为无效投标文件且将被拒绝。投标人在投标截止时间前,可以对所提交的投标文件进行修改或者撤回,并书面通知招标代理机构(修改的内容和撤回通知应当按本须知要求签署、盖章、密封,并作为投标文件的组成部分)。投标人在投标截止期后不得修改、撤回投标文件,投标人在投标截止期后修改投标文件的其投标将被拒绝。投标截止时间结束后参加投标的投标人不足3家的,本次招标程序终止,除采购任务取消情形外,采购采购单位将依法重新组织招标或者采取其他方式采购。

3.3.6 投标文件的评估和比较

(1)开标、评标时间 在投标人须知前附表中所规定的时间、地点开标。开标由招标代理机构主持,采购人、投标人和有关方面代表参加,所有投标人应派授权代表参加开标会并签到。开标时,由投标人监督代表和授权代表检查投标文件的密封情况,对符合密封要求的投标文件按照提交投标文件时间的先后顺序(或者逆顺序)当场逐一拆封评标。

(2)评标委员会 招标代理机构根据招标货物的特点依法组建评标委员会。评标委员会由技术、经济、法律方面的专家和采购人代表组成。成员为5人以上单数组成,专家不能少于2/3。在开标后的适当时间里由评标委员会对投标文件进行审查、质疑、评估和比较,并做出授予合同的建议。

(3)投标文件的初审 对所有投标人的评估都采用相同的程序和标准,评议过程将严格按照招标文件的要求和条件进行。有关投标文件的审查、澄清、评估和比较以及推荐中标候选人的一切情况都不得透露给任一投标人或与上述评标工作无关的人员。投标人任何试图影响评委会对投标文件的评估、比较或者推荐候选人的行为,都将导致其投标被拒绝并被没收投标保证金。评委会将对投标文件进行检查,以确定投标文件是否完整、有无计算上的错误、是否提交了投标保证金、文件是否已正确签署。算术错误将按以下方法更正：①投标文件中开标一览表（报价表）内容与投标文件中明细表内容不一致的以开标一览表（报价表）为准；②投标文件的大写金额和小写金额不一致的以大写金额为准，总价金额与按单价汇总金额不一致的以单价金额计算结果为准，单价金额小数点有明显错位的应以总价为准并修改单价，对不同文字文本投标文件的解释发生异议的以中文文本为准。如果投标人不接受按上述方法对投标文件中的算术错误进行更正，其投标将被拒绝并没收其投标保证金。

（4）资格性检查和符合性检查

① 资格性检查。依据法律法规和招标文件的规定，在对投标文件详细评估之前，评标委员会将依据投标人提交的投标文件按投标人须知前附表第 2 项所述的资格标准对投标人进行资格审查，以确定其是否具备投标资格。如果投标人不具备投标资格，不满足招标文件所规定的资格标准或提供资格证明文件不全的，其投标将被拒绝。

② 符合性检查。依据招标文件的规定，评标委员会还将从投标文件的有效性、完整性和对招标文件的响应程度进行审查，以确定是否符合对招标文件的实质性要求做出响应（采购人可根据具体项目的情况对实质性要求作特别的规定）。实质性偏离是指：a. 实质性影响合同的范围、质量和履行；b. 实质性违背招标文件，限制了采购人的权利和中标人合同项下的义务；c. 不公正地影响了其他作出实质性响应的投标人的竞争地位。对没有实质性响应的投标文件将不进行评估，其投标将被拒绝。凡有下列情况之一者投标文件也将被视为未实质性响应招标文件要求，这些情况包括投标文件未按照本招标文件"14. 投标文件的密封、标记和递交"规定进行密封、标记；或未按规定由投标人的法定代表人或其授权代表签字（或未加盖报价人公章的；或签字人未经法定代表人有效授权委托的）；或未按规定提交投标保证金；或投标有效期不满足招标文件要求；或投标内容与采购内容及要求有重大偏离或保留；或投标人提交的是可选择的报价；或投标人未按规定对报价进行分项报价；或一个投标人不止投一个标；或投标文件组成不符合招标文件要求；或投标文件中提供虚假或失实资料；或不满足本招标文件中项号"2. 资格标准"要求；或资格证明文件复印件未注明"与原件一致"并加盖投标人公章；或投标人不符合本招标文件"3. 合格的投标人"规定进行投标；或投标人的投标文件未按本招标文件"13. 投标文件的格式"要求装订并盖公章；或不符合招标文件中规定的其他实质性条款。评标委员会决定投标的响应性只根据投标文件本身的内容，而不寻求其他的外部证据。

（5）投标文件的澄清　对投标文件中含义不明确、同类问题表述不一致或者有明显文字和计算错误的内容，评标委员会可以书面形式要求投标人作出必要的澄清、说明或者纠正。投标人的澄清、说明或者纠正应当在评标委员会规定的时间内以书面形式作出，由其法定代表人或者授权代表签字，并不得超出投标文件的范围或者改变投标文件的实质性内容。

（6）比较与评价　评标委员会将按投标人须知前附表第 6 项所述评标方法与标准，按照采购文件规定的定标方法和标准对报价文件进行审查、质疑、询标、比较和评估。对漏（缺）报项的处理原则是：招标文件中要求列入报价的费用（含配置、功能），漏（缺）报的视同已含在投标总价中，但在评标时取有效投标人该项最高报价加入评标价进行评标。对多报项及赠送项的价格评标时不予核减，全部进入评标价评议。若投标人的报价明显低于其他报价，使得其投标报价可能低于其个别成本的，有可能影响商品质量或不能诚信履约的，投标人应按评标委员会要求作出书面说明并提供相关证明材料，不能合理说明或不能提供相关证明材料的，可作无效投标处理。评标委员会将按比较与评价最优在先原则，排列评价顺序，根据在投标人须知前附表中确定的中标候选人数量推荐出中标候选人。在评标期间，若出现符合本须知规定的所有投标条件的投标人不足三家情形的，本次招标程序终止，除采购任务取消情形外，招标采购单位将依法重新组织招标或者采取其他方式采购。

3.3.7 定标与签订合同

（1）定标准则　最低投标价不作为中标的保证。投标人的投标文件符合招标文件要求，按招标文件确定评标标准、方法，经评委评审并推荐中标候选人。

（2）中标通知　评标结束后，评标结果经采购人确认后，招标代理机构方应在刊登本采购项目招标公告的媒介上对中标结果进行公示，同时招标代理机构向中标供应商发出中标通知书。中标通知书对采购人和中标供应商具有同等法律效力。中标通知书发出后，采购人改变中标结果或者中标供应商放弃中标应按相关法律、规章、规范性文件的要求承担相应的法律责任。投标人对中标公告有异议的，应当在知道或应当知道其权益受到损害之日起7个工作日内，以书面形式向采购人或招标代理机构提出质疑。《中标通知书》发出同时应将落标书面通知没有中标的其他投标人。《中标通知书》将作为签订合同的依据。《合同》签订后，《中标通知书》成为《合同》的一部分。《中标通知书》发出后5个工作日内，招标代理机构以原交纳方式向未中标的投标供应商退还其投标保证金。在合同签订后5个工作日内，以原交纳方式退还中标供应商的投标保证金。

（3）签订合同　采购人、中标供应商在《中标通知书》发出之日起30日内，根据招标文件确定的事项和中标供应商投标文件，参照本招标文件的《合同》文本签订合同。双方所签订的合同不得对招标文件和中标供应商投标文件作实质性修改。逾期未签订合同的应按照有关法律规定承担相应的法律责任，招标代理机构将没收招标保证金以抵偿对采购人造成的损失。采购方逾期不与中标供应商签订合同的按政府采购的有关规定处理。招标文件、招标文件的修改文件、中标供应商的投标文件、补充或修改的文件及澄清或承诺文件等均为双方签订《合同》的组成部分并与《合同》一并作为本招标文件所列采购项目的互补性法律文件（与《合同》具有同等法律效力）。采购人在合同履行中，需追加与合同标的相同的货物或者服务的，在不改变合同其他条款的前提下，可与供应商协商签订补充合同（但所有补充合同的采购金额不得超过原合同采购金额的10%）。中标供应商因不可抗力或者自身原因不能履行政府采购合同的，采购人可以与排位在中标供应商之后第一位的中标候选供应商签订政府采购合同，以此类推。

（4）招标项目行政监督部门　招标项目行政监督部门可视情依法派员对本招标活动的全程进行监督。投标人如对招标活动有异议，可以按照有关规定向投标须知前附表第8项所述招标项目行政监督部门投诉。

3.4 招标内容及要求

（1）项目要求　报价方必须保证采购货物为生产厂家的正规合格产品，并按正规销售渠道供货。

（2）技术要求

① 合同包一。全自动生化仪技术参数。仪器测试类型为分立式比色，进口机型。检测方法应包括终点法、动态法、两点法、颜色法、凝聚时间法、单/双波长法、单/双试剂法、非线性多点标准法。同时测定项目应不小于45项。样品量范围3～100μL，试剂量30～

1000μL，最佳反应体积 180～220μL，最小反应体积 160μL。样品位应不小于 48 个，可放置原始采血管、离心管及样品杯并可预编辑，接受儿科微量样品。试剂位应不小于 48 个，有自动识别系统，试剂位置可任意摆放。可选用 20mL、30mL、50mL 多种规格试剂杯（*）。试剂完全开放或者有国内配套生产试剂、质量稳定。移液系统应有自动液面探测及防碰撞安全保护功能，内外壁自动清洗，内置温度感应及加热系统。光学系统为双通道校正分光，测试波长包括 340～750nm 范围九个波长及一个空位，吸光度范围 0～3.6A。反应比色系统中的圆盘式应不小于 80 位反应盘、反应杯可重复使用，比色方式为反应杯直接测量（*）。采用暖风自动孵育，带有多点探温的电子恒温装置实时监测反应温度并恒定在 ±0.1℃，温度可选室温、30℃、37℃（*）。混匀方式为强压空气混匀及振荡混匀，避免搅拌针污染（*）。应具备多种定标方式，包括线性（单点、两点和多点）、指数函数、多项式、抛物线等。单针移液探测系统，试剂进样和样本进样可由同一个探针完成且不交叉污染，试剂和样本之间隔有空气段（*）。移液探针精确度高，样品试剂均高精确度 0.1μL 步进分液（*）。点触式液面感应器应减少探针触液面，深度仅为 0.5mm。最小反应体积为 160μL，减少试剂用量。应具备防交叉污染能力，水量耗应不大于 1.5L/h，可用专用清洗液自动清洗探针，具备优化的防交叉污染程序。测试范围应符合要求，除生化分析、药品分析、激素分析外可用凝聚时间法做血凝四项（APTT、TT、PT、FIB）。应采用全中文操作系统，具备 20 种中文报告形式、打印内容可选、全开放无限制参数设置、全反应过程监测、异常结果与操作失误报警等功能。电脑打印机配置应符合要求，电脑硬盘应不小于 320G、内存应不小于 1G、17 英寸液晶显示器、激光打印机。

② 合同包二。血液五元素分析仪技术参数。分析方法应为火焰原子吸收分光光度法（*）。通道数为五通道，一次进样同时测量铜、锌、钙、镁、铁 5 种元素含量。检测元素为铜、锌、钙、镁、铁五元素。样品前处理方面应做到无需样品前处理。开机自检（初始化）方面应做到不需要开机自检。寻峰方面应做到不需要，应通过固化设计保证波长的准确度，波长误差应为零。检测时间应符合要求，一次进样同时测 5 种元素，3s 即可完成检测。光学单色器应全密封、全反射，采用凹面全息光栅单色器（*）。溶血量应满足要求，40μL 末梢血或静脉血即可检测。原子化器应采用预混合型单缝全钛燃烧器。喷雾池应采用高效玻璃雾化器（*）。雾化室应采用耐腐蚀材料雾化室。波长范围及光谱带宽应符合要求，波长范围 200～650nm、光谱带宽 0.4～1.2nm。光源应符合要求，铜、锌、钙、镁、铁 5 种元素复合为一只空心阴极灯，灯管应立式摆放、光源与主光路垂直、无需调整元素灯位置（*）。吸光度范围应符合要求，吸光度范围 0～2A。性能要求应符合要求，空气乙炔气固定流量无需调整；采用独特的水封装置、排液管无需打弯；原子化器燃烧头散热片式设计。基线稳定性应符合要求，各线漂移量应不大于 ±0.006Abs/30min（铜、锌、钙、镁、铁）。特征浓度应符合要求，铜应不大于 0.08mg/L/1%；锌应不大于 0.02mg/L/1%；钙应不大于 0.09mg/L/1%；镁应不大于 0.15mg/L/1%；铁应不大于 4.5mg/L/1%。相对标准偏差应符合要求，对铜、锌、钙、镁、铁的相对标准偏差应不大于 1%。信号处理功能应符合要求，五路能量一键平衡，五条标准曲线一键同时显示（*）。软件功能应符合要求，应采用智能化软件并具有测量向导功能。测量结果应符合要求，应能自动计算、整理、存储并打印。安全装置应符合要求，主机应外配有一台独立的乙炔安全保护报警装置（*）。安全措施应符合要求，应具有空气压力监测保护、乙炔漏气检测报警保护、乙炔压力监测报警保护、人机对话式双保险乙炔点火装置等功能。

③ 合同包三。医用 50kW 高频摄像 X 射线机技术要求。主机、球管及操作屏要求为同

一品牌（*）。高频高压发生器及主机应符合要求，主机逆变频率不小于100kHz（*）；输出高压范围40～150kV；输出电流范围0.5～550mA；最大输出功率55kW（*）；摄影电量0.5～500mAs；摄影时间1～5000ms。球管组件应符合要求，球管焦点为小焦0.6mm、大焦1.0mm（*）；球管热容量600kHU（*）；球管转速8500r/min。摄影床应符合要求，摄影床应为无天地轨一体化设计；摄影床面纵向移动范围应不小于+400mm、床面横向移动范围应不小于+120mm；球管纵向移动应不小于1500mm、球管焦点离地距离620～1800mm；球管绕立柱移动4×90°、球管斜线摄影角度+25°；滤线器移动范围应不小于570mm；滤线器栅密度为铝基密纹10∶1、密度40LP/cm、焦距1150mm；床面锁止为光控，锁止方式为锁孔加吸铁（*）；摄影规格（5mm×7mm）～（14mm×17mm）；胸片架应为固定滤线栅。

（3）设备安装及调试　中标供应商应负责将货物检验合格后免费送至用户指定地点并提供货物的免费安装，安装调试费及设备运输费均由中标供应商承担。中标供应商负责组织专业技术人员进行安装调试，用户应提供必需的基本条件和专人配合以保证各项安装工作的顺利进行。安装调试到位后的货物应由中标供应商及用户共同进行质量验收签字。货物验收合格后，中标供应商应对用户的使用人员进行必要的使用操作指导后交付买方使用。货物验收前，中标供应商须提供完整的技术资料（包括说明书、用户手册、出厂明细表或装箱单、制造厂质量合格证书及其他相关文件资料）。中标供应商向用户提供安装和维修所需的工具及清单和中文说明书，其费用包括在报价价格内。中标供应商在用户安装现场进行最终验收所发生的一切费用均应由中标供应商承担（并计入报价内）。

（4）售后服务要求　中标供应商应对所供设备至少提供2年的免费保修，质量保修期从验收合格之日起计算。保修期内，非因操作不当造成要更换的零配件及设备由中标供应商负责包修、包换。中标供应商应做到及时处理，中标方应当在接受采购方仪器故障通知后4小时内响应，24小时内派维修人员到达现场进行维修。各报价方可视自身能力在报价中提供更优、更合理的维修服务承诺。保修期结束后，中标供应商有责任或在货物使用地区指定有能力的代理人对货物在必要时进行定期维护和修理，报价人在报价文件中必须明确说明。

（5）其他要求　报价方应根据招标文件的技术要求条款在报价文件中详细说明所提供货物的技术规格和参数，上述技术规格及要求中所发生的一切费用均包含在报价价格中。

3.5　××市市级政府采购合同（参考文本）

××市市级政府采购合同（参考文本）见表3-6。需要特别说明的是：《政府采购合同格式》条款仅作为双方签订合同的参考，为阐明各方的权利和义务，经协商可增加新的条款。但不得与招标文件、投标文件的实质性内容相背离。

表3-6　××市市级政府采购合同（参考文本）

××市市级政府采购合同
合同号：
甲方(采购人)：　　　　　　签订地点：
乙方(中标人)：　　　　　　签订日期：　年　月　日
根据甲方申请并经××市财政局政府采购监督管理办公室核准的政府采购计划,甲方委托　　　(招标代理机构)对进行招标采购(招标编号：　　)的招标结果,乙方为中标人,现依照招标文件、投标文件及相关文件的内容,双方达成如下协议。

续表

1 合同标的和合同价格							
产品名称	规格型号	生产厂家	数量单价	数量	单价	总价	交货期
合同总金额(大写)(合同总金额包含备件、专用工具、安装、调试、检验、技术培训及技术资料和运输保险等费用)： 人民币(￥：)							

2 交货方式和交货地点
2.1 交货方式：
2.2 交货地点：
3 供货清单
供货清单包括产品主机、随机备品备件、专用工具的名称及数量。采购人对包装及运输有特别要求的,应作具体约定。
4 付款方式与条件
4.1 货物交货付款
全部货物交货并经验收合格后,甲方凭收讫货物的验收凭证和货物验收合格文件等材料以 方式向乙方一次性支付 %的货物价款。若乙方有支付履约保证金的,可在支付货款时予以扣除。
现场交货条件下,乙方要求付款应提交下列单证和文件。
a. 金额为有关合同货物价格 %的正式发票。
b. 制造厂家出具的货物质量合格证书。
c. 甲方已收讫货物的验收凭证。
d. 甲方签发的验收合格文件。
4.2 分期支付货款的,余下的货款应于 (时间)支付。
5 质量要求和技术标准
质量条款可细分为产品质量、包装质量、技术资料质量等内容。
质量要求和技术标准应按招标文件要求填列。
6 安装调试、技术服务、人员培训及技术资料
安装调试、技术服务、人员培训及技术资料应按招标文件要求填列。
7 验收
货物验收标准和方法应按招标文件要求填列。验收结果经双方确认后,双方代表必须按规定的验收交接单上的项目对照本合同填好验收结果并签名盖章。
验收可细分为到货时的外在质量的验收,投产前的质量验收,大型设备可能还存在更多的验收步骤和验收方式,采购人可在招标文件中细化规定。
8 质量保证
各合同包货物质保期要求均为货物经最终验收合格后 个月,在质量保证期内设备运行发生故障时,乙方在接到甲方故障通知后 小时内应委派专业技术人员到现场免费提供咨询、维修和更换零部件等服务,并及时填写维修报告(包括故障原因、处理情况及甲方意见等)报甲方备案,若小时内无法排除故障,则应先提供同档次备用机供甲方使用。其中发生一切费用由乙方承担。质量保证期内乙方有责任对设备进行不定期的巡查检修。投标人视自身能力在投标文件中提供更优、更合理的维修服务承诺。
9 知识产权
乙方须保障甲方在使用该货物或其他任何一部分时不受到第三方关于侵犯专利权、商标权或工业设计权等知识产权的指控。如果任何第三方提出侵权指控与甲方无关,乙方须与第三方交涉并承担可能发生的责任与一切费用。如甲方因此而招致损失的,乙方应赔偿该损失。
10 违约责任
10.1 未按期交货的违约责任
10.1.1 如果乙方未能按合同规定的时间按时足额交货的(不可抗力除外),在乙方书面同意支付延期交货违约金的条件下,甲方有权选择同意延长交货期还是不予延长交货期,甲方同意延长交货期的,延期交货的时间由双方另行确定。延期交货违约金的支付甲方有权从未付的合同货款中扣除。延期交货违约金比率为每迟交1天,按迟交货物金额的 %。但是,延期交货违约金的支付总额不得超过迟交货物部分合同金额的 %。

续表

10.1.2 如果乙方未能按合同规定的时间或双方另行确定的延期交货期按时足额交货的(不可抗力除外),每逾期1天,乙方应按迟交货物金额的　　　％向甲方支付逾期交货的违约金。逾期交货违约金的支付甲方有权从未付的合同货款中予以扣除。若乙方逾期交货达30天(含30天)以上的,甲方有权单方解除本合同,乙方仍应按上述约定支付延期交货违约金。若因此给甲方造成损失的,还应赔偿甲方所受的损失。

10.2 若乙方不能交货的(逾期15个工作日视为不能交货,因不可抗拒的因素除外)或交货不合格从而影响甲方正常使用的,乙方应向甲方偿付不能交货部分货款的　　　％的违约金。违约金不足以补偿损失的,甲方有权要求乙方赔偿损失。

10.3 如果乙方未能按照合同约定的时间提供服务的,每逾期　　　天的,乙方应向甲方支付　　　元违约金,若因此给甲方造成损失的,乙方还应赔偿甲方所受的损失。

10.4 甲方逾期付款的(有正当拒付理由的除外)应按照逾期金额的每日　　　％支付逾期付款违约金。

11 违约终止合同

在补救违约而采取的任何其他措施未能实现的情况下,即在甲方发出的违约通知后30天内(或经甲方书面确认的更长时间内)仍未纠正其下述任何一种违约行为,甲方有权向乙方发出书面违约通知,甲方终止本合同。

11.1.1 如果乙方未能在合同规定的期限内或双方另行确定的延期交货时间内交付合同约定的货物。

11.1.2 乙方未能履行合同项下的任何其他义务。

12 不可抗力

因不可抗力造成违约的,遭受不可抗力一方应及时向对方通报不能履行或不能完全履行的理由,并在随后取得有关主管机关证明后的15日内向另一方提供不可抗力发生以及持续期间的充分证据。基本于以上行为,允许遭受不可抗力一方延期履行、部分履行或者不履行合同,并根据情况可部分或全部免于承担违约责任。

本合同中的不可抗力指不能预见、不能避免并不能克服的客观情况。包括但不限于:自然灾害如地震、台风、洪水、火灾;政府行为、法律规定或其适用的变化或者其他任何无法预见、避免或者控制的事件。

13 合同纠纷处理方式

因本合同或与本合同有关的一切事项发生争议,由双方友好协商解决。协商不成的,任何一方均可选择以下方式解决:

(1)向(甲方所在地)仲裁委员会申请仲裁;

(2)向有管辖权的人民法院提起诉讼。

14 其他约定

14.1 本采购项目的招标文件、中标人的投标文件以及相关的澄清确认函(如果有的话)均为本合同不可分割的一部分,与本合同具有同等法律效力。

14.2 本合同未尽事宜,双方另行补充。

14.3 本合同一式三份,经双方授权代表签字并盖章后生效。甲方、乙方各执一份,送××市财政局政府采购监督管理办公室备案一份,具有同等效力。

甲方:	乙方:
单位地址:	单位地址:
法定代表人:	法定代表人:
委托代理人:	委托代理人:
电话:	电话:
开户银行:	开户银行:
账号:	账号:

3.6 投标文件格式

投标文件格式见表3-7~表3-21。需要特别说明的是:《投标文件格式》是投标人的部分投标文件格式和签订合同时所需文件的格式。投标人应参照这些格式文件制作投标文件。

表 3-7　投标文件封面格式

政府采购项目
投标文件

项目名称：
招标编号：
投标人名称：
日期：

表 3-8　投标文件目录格式

目录

1. 投标书
2. 开标一览表
3. 节能、减排、环境标志、自主创新产品加分明细表
4. 投标分项报价表
5. 货物说明一览表
6. 供货范围清单
7. 技术规格和商务偏离表
8. 投标人的资格证明文件
　　关于资格的声明函
　　投标人的资格声明
　　法人代表授权书
　　法人营业执照、税务登记证
9. 投标人提交的其他资料
10. 招标服务费承诺书

表 3-9　投标文件投标函格式

投　标　书

致：

　　根据贵方为项目的投标邀请　　（招标编号），本签字代表　　（全名、职务）正式授权并代表投标人　　（投标人名称、地址）提交下述文件正本一份和副本四份。
　　(1) 开标一览表
　　(2) 节能、减排、环境标志、自主创新产品加分明细表
　　(3) 投标分项报价表
　　(4) 货物说明一览表
　　(5) 供货范围清单
　　(6) 技术规格和商务偏离表
　　(7) 投标人资格证明文件
　　(8) 投标人提交的其他资料
　　(9) 招标服务费承诺书
　　(10) 以方式提供的金额为人民币元的投标保证金
　　据此函，签字代表宣布同意如下。
　　1. 所附详细报价表中规定的应提供和交付的货物及服务报价总价(国内现场交货价)为人民币　　，即　　(中文表述)。
　　2. 投标人已详细审查全部招标文件，包括修改文件(如有的话)和有关附件，将自行承担因对全部招标文件理解不正确或误解而产生的相应后果。
　　3. 投标人保证遵守招标文件的全部规定，投标人所提交的材料中所含的信息均为真实、准确、完整，且不具有任何误导性。

续表

4. 投标人将按招标文件的规定履行合同责任和义务。 5. 本投标文件自开标日起投标有效期为：在招标文件投标人须知前附表第3项所规定的期限内保持有效。 6. 如果发生招标文件第二章投标人须知第12条所述情况，则同意招标代理机构不予退还投标保证金。 7. 投标人同意提供按照招标采购单位可能要求的与其投标有关的一切数据或资料，完全理解贵方不一定要接受最低的报价或收到的任何投标。 8. 与本投标有关的一切正式往来通信请寄 地址：　　　　　　　　　　　　　　　邮编： 电话：　　　　　　　　　　　　　　　传真： 投标人代表签字： 投标人（全称并加盖公章）： 日期：　　年　月　日

表 3-10　投标文件开标一览表格式

开标一览表

投标人名称：　　　　　　　　招标编号：　　　　　　　　货币单位：

合同包	货物名称规格	数量	报价（现场交货价）	交货期	投标保证金	备注
投标总价						

注：1. 此表正本与投标书正本和保证金凭证复印件一同装在一单独的信封内密封。2. 详细报价清单应另纸详列，且标明所报各种货物的数量、品牌和金额。3. 当一个合同包有多个品目号时，投标人应计算出该合同包的合计价。

投标人代表签字：
日期：　　年　月　日

表 3-11　投标文件节能、减排、环境标志、自主创新产品加分明细表

节能、减排、环境标志、自主创新产品加分明细表

1	2	3	4	5	6	7	8
合同包	清单产品名称	金额	小计	本合同包报价	占本合同比率/%	价格评标项加分	技术评标项加分

注：1. 此表应另册制作一套同装在一单独的信封内密封，并将此信封与投标书正本一同密封。2. 当一个合同包内有多个属于清单内产品时，投标人应详细填写并计算出该类产品合计金额，即栏目4＝栏目3的合计值。3. 栏目6为栏目4÷栏目5。4. 栏目7为价格评标项标准总分值×根据下表得出的相对应的优惠幅度。5. 栏目8为技术评标项标准总分值×根据下表得出的相对应的优惠幅度。6. 以上属节能、减排、环境标志、自主创新产品须提供清单内产品的证明材料（证明材料应为产品相关资质证书复印件或官方证明材料打印件并加盖单位公章，否则视同没有，不予加分）。7. 计算分

续表

数时四舍五入取小数点后两位。

投标人:(盖章)
投标人代表签字:
日期: 年 月 日

注:节能、减排、环境标志、自主创新产品综合评分法评审优惠内容及幅度。

同一合同包内的节能、减排、环境标志、自主创新产品报价总金额占本合同包报价总金额	优惠幅度	
20%(含20%)以下	价格评标项	价格评标项标准总分值4%的加分
	技术评标项	技术评标项标准总分值4%的加分
20%~50%(含50%)	价格评标项	价格评标项标准总分值6%的加分
	技术评标项	技术评标项标准总分值6%的加分
50%以上	价格评标项	价格评标项标准总分值8%的加分
	技术评标项	技术评标项标准总分值8%的加分

表3-12 投标文件投标分项报价表

投标分项报价表

投标人名称: 招标编号: 货币单位:

1	投标货物合同包				
2	货物名称				
3	原产地				
4	数量、型号、规格				
5	主机和标准附件单价				
6	备品备件价				
7	专用工具价				
8	技术服务费				
9	安装调试费				
10	检验培训费				
11	运输费用				
12	保险费用				
13	投标价格				
14	投标总价				

注:1.第1栏投标货物合同包/品目号是指"招标货物一览表"中该货物的合同包/品目号。2.出厂价投标价格=栏目5×栏目4(数量)+栏目6至栏目10的各项费用。3.现场交货投标价格=栏目5×栏目4(数量)+栏目6至栏目12的各项费用。4.选购件价不包括在本报价表内,应另附纸分项单报。5.此表第14项投标价若与开标一览表有出入,以开标一览表投标价格为准。6.若未详细分项报价将被视为没有实质性响应招标文件。

投标人代表签名:
日期: 年 月 日

表 3-13 投标文件货物说明一览表

货物说明一览表(按投标货物合同包下品目号类别分别填写)					
投标人名称：				招标编号：	
合同包号		货物名称	型号规格		数量
详细性能说明						

投标人代表签字：
日期： 年 月 日

表 3-14 投标文件供货范围清单

供货范围清单
说明：1. 本清单应列明组成货物的主要件和关键件的名称、数量、原产地及单价；2. 本清单应列明专用工具的名称、数量、原产地及单价(如果有的话)；3. 本清单应列明备品备件的名称、数量、原产地及单价(如果有的话)。

投标人代表签字：
日期： 年 月 日

表 3-15 投标文件技术规格和商务偏离表

技术规格和商务偏离表

投标人名称：
招标编号：

合同包/品目号	货物名称	规格条目号	招标文件要求	投标响应	偏离说明

注：投标人提交的投标文件中与招标文件的技术、商务部分的要求有不同时，应逐条列在偏离表中，否则将认为投标人接受招标文件的要求。

投标人代表签字：
日期： 年 月 日

表 3-16 投标文件中的投标人的资格证明文件

投标人的资格证明文件

关于资格的声明函：
　　关于贵方　年　月　日第　(招标编号：　)投标邀请,本签字人愿意参加投标,提供招标文件"招标货物及要求"中规定的　(合同包/品目号)　(货物名称),并证明提交的下列文件和说明是准确的和真实的。
　　1. 本签字人确认资格文件中的说明以及投标文件中所有提交的文件和材料是真实的、准确的。
　　2. 我方的资格声明正本一份,副本四份,随投标文件一同递交。

投标人(全称并加盖公章)：
地址：
邮编：
电话/传真：
投标人代表签字：
日期： 年 月 日

表 3-17 投标文件中的投标人的资格声明

投标人的资格声明

1. 投标人概况：
A. 投标人名称：
B. 注册地址：
传真：　　　　　电话：　　　　邮编：
C. 成立或注册日期：
D. 法人代表：　　　（姓名、职务）
实收资本：
其中国家资本：　　　　法人资本：
个人资本：　　　　外商资本：
E. 最近资产负债表(到　　年　月　日为止)。
(1)固定资产合计：
(2)流动资产合计：
(3)长期负债合计：
(4)流动负债合计：
F. 最近损失表(到　　年　月　日为止)。
(1)本年(期)利润总额累计：
(2)本年(期)净利润累计：

2. 我方在此声明,我方具备并满足下列各项条款的规定。本声明如有虚假或不实之处,我方将失去合格投标人资格且我方的投标保证金将不予退还。
(1)具有独立承担民事责任的能力；
(2)具有良好的商业信誉和健全的财务会计制度；
(3)具有履行合同所必需的设备和专业技术能力；
(4)有依法交纳税收和社会保障资金的良好记录；
(5)近三年内,在经营活动中没有重大违法记录。

3. 最近三年投标货物在国内主要用户的名称和地址

用户名称和地址	销售货物名称、规格	数量	交货日期	运行状况

4. 法人营业执照、税务登记证见附件。

就我方全部所知,兹证明上述声明是真实、正确的,并已提供了全部现有资料和数据,我方同意根据贵方要求出示文件予以证实。

投标人(全称并加盖公章)：
投标人代表签字：
日期：　　年　月　日
电传：
传真：
电话：

表 3-18 投标文件中的法定代表人授权书

法定代表人授权书

招标公司：

　　　　　（投标人全称）法定代表人授权　　　　（投标人代表姓名）为投标人代表，代表本公司参加贵公司组织的项目（招标编号）招标活动，全权代表本公司处理投标过程的一切事宜，包括但不限于：投标、参与开标、谈判、签约等。投标人代表在投标过程中所签署的一切文件和处理与之有关的一切事务，本公司均予以认可并对此承担责任。投标人代表无转委权。特此授权。

　　本授权书自出具之日起生效。

投标人代表：	性别：	身份证号：
单位：	部门：	职务：
详细通讯地址：	邮政编码：	电话：

附：被授权人身份证件

授权方
投标人(全称并加盖公章)：
法定代表人签字：
日期：　　年　月　日

接受授权方
投标人代表签字：
日期：　　年　月　日

表 3-19 法人营业执照、税务登记证

法人营业执照、税务登记证

致：

　　现附上由　　(签发机关名称)签发的我方法人营业执照副本复印件，该执照已经年检，真实有效。

　　现附上由　　(签发机关名称)签发的我方税务登记证副本复印件，该证件已经年检，真实有效。

　　(注：法人营业执照、税务登记证提供复印件，需复印包括能说明经年检合格的内容，由企业加盖公章并注明复印件与原件一致。)

投标人(全称并加盖公章)：
投标人代表签字：
日期：　　年　月　日

表 3-20 投标人提交的其他资料

投标人提交的其他资料

　　投标人认为应提交的其他材料，可在此附件中提交。

投标人代表签字：
日期：　　年　月　日

表 3-21　招标服务费承诺书

招标服务费承诺书
致： 　　我们在贵公司组织的项目招标中投标（招标编号：　　　　），如获中标，我们保证按招标文件的规定，以支票、汇票、电汇、现金或经贵公司认可的其他付款方式，向贵公司交纳招标服务费。 　　我方如违反上述承诺，所提交的上述项目的投标保证金将不予退还我方，我方对此无异议。 　　特此承诺！ 投标人（全称并加盖公章）： 投标人代表签字： 邮编：　　　　　　　　　　　电话： 传真：　　　　　　　　　　　日期：　　年　月　日

第4章

××高速公路3标段土建工程施工投标书（技术标）

4.1 概述

(1) 编制依据　编制依据包括业主提供的××省××高速公路 No.3（K124+900～K135+000）《招标文件》、施工图纸、参考资料、补遗书第1号、第2号、第3号等；交通部及有关部委颁发的现行公路工程施工技术规范、规程、验收标准及相关文件；2016年6月30日业主、设计单位代表所做的情况介绍及我方技术、预算人员经现场踏勘、走访调查所取得的各种资料；当地省、市政府部门有关质量、安全、文明施工、规范管理及环境保护等方面的管理文件；我单位人员素质、技术装备、财务能力、资金状况及可调用到本工程的各类资源；我单位多年从事高等级公路工程及类似桥梁工程项目施工所积累的丰富施工、管理经验和成熟技术、科技成果、施工工法等。

(2) 工程简介　本工程是区域经济干线的重要组成部分。××高速公路总长约335.8km，东与已建成通车的××段高速公路相接，西止于××市东南G26线西侧。本标段为No.3合同段，起止里程为K124+900～K135+000，长10.1km。本标段主要构筑物有清水河大桥、河洛互通式立交、分离式立交、钢筋混凝土盖板涵等。

(3) 主要工程数量　本标段主要工程数量见表4-1。

表4-1　主要工程数量表

分项	序号	项目名称	单位	数量	备注
路基土方	1	路基挖方	m³	51928	
	2	路基填方	m³	1433516	
桥梁工程	1	大桥	座	1	105.06延长米
	2	分离式立交	座	4	138延长米
	3	互通立交	座	1	289.2延长米
涵洞	1	盖板涵(明)	道	26	959.31横延长米
	2	盖板涵(暗)	道	8	216.18横延长米
	3	边沟涵	道	9	38.42横延长米
路基防护	1	M7.5浆砌片石	m³	39942.6	
	2	C20混凝土	m³	201.28	
	3	土工格栅	m²	47357	
	4	土工膜	m²	39010	
	5	HDPE管	m	11859	

续表

分项	序号	项目名称	单位	数量	备注
路面	1	底基层(16cm)	m²	253537	水泥石灰土
	2	基层(32cm)	m²	249132	水泥稳定碎石
	3	混凝土面层(25cm)	m²	2781	

4.2 设备、人员、材料问题

（1）设备、人员动员周期 我单位将在2016年9月16日之前完成所有施工准备工作，确保2016年9月16日具备实质性开工条件。设备、人员动员周期见表4-2。

表4-2 设备、人员动员周期表

	项	目	进场计划时间
人员进场计划时间	管理人员	项目经理	接到中标通知书后2天内
		技术负责人	签订合同后的2天内
		其他人员	签订合同后的7天内
	技术人员	第一批人员	签订合同后的7天内
		第二批人员	签订合同后的10天内
	施工人员	第一批人员	签订合同后的7天内
		第二批人员	签订合同后的15天内
设备进场计划时间	试验、检测仪器设备	测量、土工、水泥检测、试验仪器等	签订合同后的7天内
	土方工程	推土机、挖掘机、装载机、平地机、压路机、自卸汽车等	签订合同后的7天内
	桥梁工程	混凝土拌和站、汽车吊、龙门架、钻机、卷扬机、张拉设备等	签订合同后的15天内

备注：其他设备进场时间详见投标书附表3、附表4。

（2）设备、人员、材料运到施工现场的方法 为争取早日进场开工，所有施工设备均通过现有公路运输到达施工现场。施工人员通过铁路到××火车站，再经汽车到达现场或直接乘汽车到施工现场。本工程所需的外购材料（包括水泥、钢材和木材等）经检验合格后通过国道、省道和施工便道汽运到工地。砂、石料和碎石等材料拟从附近各县料场采购经检验合格后汽运到工地。主要材料供应计划见表4-3。

表4-3 主要材料供应计划

序号	名称	单位	2016年		2017年				2018年	合计
			3季度	4季度	1季度	2季度	3季度	4季度	1季度	
1	木材	m³	57	100	100	50	50			457
2	水泥	t	365	6000	10000	10000	5000	5000		36365
3	钢筋	t	73	500	800	600	200			2173
4	碎石	m³	1023	30000	50000	40000	20000	10000		151023
5	片石	m³		3215	10000	20000	30000	30000		93215
6	砂	m³	5768	10000	40000	20000	20000	20000		115768
7	生石灰	t		60	400	6000	40000	10000		56460
8	钢绞线	t		33	50	50	50			183

续表

序号	名称	单位	2016年		2017年				2018年	合计
			3季度	4季度	1季度	2季度	3季度	4季度	1季度	
9	铁件/铁钉	t		5.2	20	20				45.2
10	土工布	m²	748	50000	50000	19000				119748
11	电焊条	t	0.42	9	5	5				19.42
12	橡胶支座	dm³		1016	2000	1000				3016
13	柴油	t	83	600	500	500	500	500		2683
14	钢模板	t		38	20					58
15	水管	m				2037	5000	5000		12037

4.3 主要工程项目的施工方案与施工方法

（1）组织机构　我单位将本着"精干高效、统一负责"的原则成立"中交三局集团有限公司××高速公路No.3标段项目经理部"，由丰富高速公路施工经验的工程管理及技术人员组成精干的强有力的项目领导班子。项目经理部组织机构框图见投标书中的相关附表。

（2）档案管理　为了档案管理工作的顺利进行，在工程技术部特设专职档案管理员，建立健全档案管理制度。利用××省交通厅的《RKTTD文件档案资料综合管理系统》软件进行档案管理。

（3）项目部主要人员安排以及施工队伍的任务安排和劳力组织

① 项目部主要人员安排。根据本工程特点，我单位对项目经理部人员进行了安排，项目部各类人员共计40人，重点对主要管理和技术人员进行了有力配置（见表4-4）。

表4-4　项目部主要人员配备表

职位名称	数量/人			职位名称	数量/人		
	总数	高级职称数量	姓名		总数	高级职称数量	姓名
项目经理	1			路面工程师	1	1	
总工程师	1	1		试验工程师	1		
计划负责人	1			机械工程师	1		
计量工程师	1	1		地质工程师	1	1	
财务负责人	1			土方工程师	1		
测量工程师	1			结构工程师	2	2	
质检工程师	1	1		档案管理员	1		

② 建立健全岗前培训制度。为提高上场人员的综合技术素质，我们将建立健全岗前培训制度并对上场人员进行严格的岗前培训。进场后首先对管理技术人员进行培训，时间不少于7天，培训内容为质量、安全、管理目标、技术等各个方面。在开工前邀请我单位相关专家成立岗前培训小组集中对各专业工种进行上岗培训，所有普工也必须经过岗前培训。严格岗前培训考核制度，由岗前培训小组进行评定，所有人员必须经考核合格后方可持证上岗（普工也须经考核合格后持证上岗）。所有上岗证由项目经理签发。

③ 施工队伍任务安排及劳力组织。根据现场踏勘的实际情况及招标文件对项目工期等

方面的要求,结合本合同段的工程内容,共安排12支施工队伍进场。人员实行动态管理,高峰期投入各类施工人员799人,人员素质构成比例为技术熟练工占82%、高级技工占11%。各种劳动力计划见表4-5,劳力配备及任务划分见表4-6。

表4-5 劳动力计划表

工种	路基施工一队	路基施工二队	路基施工三队	路基施工四队	桥涵施工一队	桥涵施工二队	桥涵施工三队	桥涵施工四队	路面施工队	一号预制厂	二号预制厂	合计
混凝土工					12	11	10	13		12	10	68
模板工					9	8	9	9		10	11	56
机械工	15	11	16	11	8	10	7	10	13	4	4	109
汽车司机	10	8	9	11	9	8	7	9	19	8		98
起重工										6		6
电工	1	1	1	1	1	1	1	1	1	1	1	11
木工	1	1	1	1	6	9	7	8	2	2	1	39
修理工	1	1	1	1	1	1	1	1	1	1	1	11
钢筋工					7	7	6	8	2	8	6	44
电焊工					2	3	2	3		5	2	17
测量工	1	1	1	1	1	1	1	1	1			9
安全员	1	1	1	1	1	1	1	1	1	1	1	11
砌石工		24	23		12	11	12	13				95
质检员	2	2	2	2	3	3	3	3	2	2	1	25
架子工					7	7	8	9				31
普工	5	12	13	5	12	13	15	18	8	10	11	122
管服人员	4	4	5	5	4	4	4	4	4	5	4	47
合计	41	66	73	39	95	98	94	111	54	75	53	799

表4-6 劳力配备及任务划分表

序号	施工队名称	人数	任务情况
1	项目经理部	40	负责本标段施工组织、指挥、协调
2	桥涵施工一队	95	负责K124+900至K127+000之间所有桥梁、涵洞及桥涵附属等工程的施工,主要结构物有1座分离式立交、6座盖板通道
3	桥涵施工二队	98	负责K127+000至K128+000之间所有桥梁、涵洞及桥涵附属等工程的施工,主要结构物有1座互通式立交、2座分离式立交、3座中桥、3座涵洞、1座盖板通道
4	桥涵施工三队	94	负责K128+000至K131+000之间的桥梁、涵洞及桥涵附属等工程施工,主要结构物有1座大桥、1座涵洞、9座盖板通道
5	桥涵施工四队	111	负责K131+000至K135+000之间的桥梁、涵洞及桥涵附属等工程施工,主要结构物有3座分离式立交、4座涵洞、10座盖板通道
6	一号预制厂	75	设混凝土拌和站,负责合同段内所有空心板梁的预制及空心板、盖板的吊装
7	二号预制厂	53	设混凝土拌和站及稳定土拌和站,负责合同段内所有盖板及其他小型预制构件的预制及路面混合料的拌和工作
8	路基施工一队	41	负责K124+900~K128+150段的路基工程施工
9	路基施工二队	66	负责K128+150~K130+660段的路基及K124+900~K130+660段路基防护、防排水及公路交通设施等施工
10	路基施工三队	73	负责K130+660~K133+050段的路基及K130+660~K135+000段路基防护、防排水及公路交通设施等施工
11	路基施工四队	39	负责K133+050~K135+000段的路基工程施工
12	路面施工队	54	负责K124+900~K135+000段路面底基层、基层及混凝土路面施工

注:根据本合同段工程实际进展状况,可做适当调整。

(4) 施工组织目标

① 工期目标。开工日期：2016年9月16日具备实质性开工条件。竣工日期：2018年1月31日竣工，工期17个月，比招标文件要求的工期（18个月）提前一个月。同时服从业主对工期的其他统筹安排。施工工期安排详见总体施工计划网络图。

② 质量目标。质量目标：优良工程。确保全部工程达到国家、交通部现行的工程质量验收标准。工程一次验收合格率达到100%、优良率达到95%以上，并配合全线争创省部级优质工程。

③ 安全目标。做到"三无"（无工伤死亡和重伤事故；无交通死亡事故；无爆炸、火灾、洪灾事故）、"一杜绝"（杜绝机械设备重大安全事故）、"一控"（控制年因工负伤率在行业标准0.05%以内）、"三消灭"（消灭违章指挥、消灭违章操作、消灭惯性事故）。

④ 环保及文明施工目标。项目施工期间同步实施环保措施，确保施工现场各项环保指标满足国家、行业要求。工地做到整洁有序、施工标志齐全美观，实行程序化、规范化、标准化作业，施工人员一律挂牌上岗，创"省文明施工样板工地"。

⑤ 施工准备。施工准备的总体原则是"突出重点，合理布局，全面展开"并做到"进场快、安家快、开工快"。根据业主有关要求进行以下施工准备工作，包括队伍、装备及上场准备；施工技术设计文件的复核及技术资料的准备；交接桩的复测工作；试验准备等。我单位将委派多名专业试验工程师和专业试验人员，按照招标文件中要求的设备仪器立即组建我单位独立的试验室，并确保2016年9月25日前通过××省交通厅质检站认证。在未取得独立试验资质以前我单位将委托有资质的试验机构进行试验。我单位的专业试验工程师及专业试验人员将不在其他项目兼职。

(5) 临时工程 根据现场地形和工程特点，本着"因地制宜，便于施工，少占农田、林地，安全防汛、利于环境保护"的原则进行布置，详见施工总平面布置图。

① 施工便道。在施工前对从省道××路到达我方标段的道路在原来的基础上进行适当的拓宽及整修、硬化。在线路的右侧修一条贯通的施工便道（约10km，便道按3.5m宽，泥结碎石路面）并在适当位置设会车点（为确保施工期间排水通畅，便道右侧设排水沟，并在主线涵洞适当位置设2根ϕ300mm钢筋混凝土排水管。便道经过清水河大桥时设2根ϕ400mm钢筋混凝土排水管）。

② 临时用电。施工用电服从业主和当地电力部门的协调，拟在一号预制厂设1台400kVA的变压器，分别供应附近生产生活用电，并自备发电机备用。

③ 临时用水。本合同段施工及生活用水均打井取地下水，并在预制厂设置30m^{3}的水池。

④ 施工通信。施工通信以程控电话为主，安装11部程控电话，1条上网专线，主要管理人员配备移动电话，辅以对讲机6台以满足测量人员及其他施工人员的施工联络需要。

⑤ 生产、生活用房。按照"方便施工、便于管理、尽量利用"的原则，在平面布置图指定位置修建生产、生活用房，沿线施工队尽量租用当地民房，主要施工场地及屋内地面采用C15混凝土硬化。

⑥ 拌和设备。在一号预制厂设置混凝土集中拌和站，供本合同段混凝土施工用。在二号预制厂设稳定土拌和站及小型混凝土拌和设备。全线设砂浆搅拌机10台（供涵洞及边坡防护等工程使用）。预制厂平面布置见预制厂平面布置图。

⑦ 环境保护及污水处理设施。施工废水主要有泥污水和少量油污水，泥污水主要是钻孔产生的泥浆（可采用在沉淀池里沉淀的方法进行处理），油污水采用过滤的办法进行处理

达标后方可排放。做好生活垃圾处理设施（固体生活垃圾用汽车拉运至附近垃圾场或运往指定地点掩埋处理且利用化粪池进行消解处理）。做好粉尘防治工作（营地内道路及主要进场便道采用硬化路面，靠近村镇路段根据情况经常洒水以避免灰尘飞扬）。

⑧ 医疗卫生设施。本工程设立工地卫生所一处负责现场施工人员就医、工地伤害抢险及施工现场的传染病检查、控制、报告，并为监理工程师提供满意的医疗服务。工地卫生所选配有行医资格且在卫生保健、传染病预防和现场急救方面具有丰富经验的医务人员并按工地医院的标准配置医疗设施。

⑨ 主要临时工程数量。主要临时工程数量见表4-7。

表4-7 临时工程数量表

序号	名称	单位	数量	备注
1	办公、生活区	m²	3050	
1.1	办公室	m²	400	租用当地房屋或砖混结构
1.2	宿舍	m²	2200	
1.3	试验室	m²	100	砖混结构，细石混凝土地面，加泥浆隔热层
1.4	厕所	m²	50	木结构石棉瓦围墙，水冲式
1.5	食堂	m²	300	砖混结构，细石混凝土地面，加泥浆隔热层
2	生产加工区	m²	1180	
2.1	加工间	m²	1000	主体为木结构，混凝土地面，石棉瓦屋面，上铺油毡
2.2	配电室	m²	40	砖混结构，细石混凝土地面，加泥浆隔热层
2.3	锅炉房	m²	40	砖混结构，细石混凝土地面，加泥浆隔热层
3	变配电			
3.1	供电线路	m	800	支线
3.2	变压器	台	1	1台400kVA
4	库房区	m²	1650	
4.1	水泥库	m²	1000	主体为砖混结构，地面用红砖满铺灌砂，内墙抹灰刷白，屋面为钢木结构，加泥浆隔热层，上铺油毡
4.2	综合仓库	m²	600	
4.3	自备油库	m²	50	砖混结构
5	新建临时道路	km	10	3.5m宽，泥结碎石路面
6	预制场	m²	40000	
7	预制台座	个	6	1-1m×90m
7.1	土方	m³	5000	
7.2	场地硬化	m²	30000	10cm三七灰土+10cmC15混凝土
8	碎石道碴	m³	450	

说明：本表包括租用房屋面积。

(6) 路基工程施工

① 土方调配。依据招标文件所提供土方的数据资料，本着"就地取材，合理调配，充分利用"原则对本合同段的土方进行调配计算。根据现场调查情况，为减少土方运距，在路线两侧征用临时用地。路基挖方除路基填筑利用外还须部分弃土，弃土场就近设于业主或监

理工程师指定的位置并根据具体情况进行防护。

② 清表及清淤。人工先行清除树木及灌木丛，再用推土机和挖掘机进行彻底清除（尤其是树根及建筑物垃圾要彻底清走，并将清表土堆放至监理指定地点堆放，以作复耕使用）。沟塘内淤泥先在规定的范围内作围堰，用抽水机排泄水，利用挖掘机配合自卸车进行挖除。路堤段清表后对所有坑穴进行分层回填夯实（填筑前采用18t压路机碾压达到规定的密实度）。

③ 路堤填筑施工。在路基填方施工前先进行取土试验以确定符合标准的路基填料土源（对所选定的土场进行多项试验），制定路基试验段施工技术方案，进行试验段现场压实试验以取得试验数据（确定不同土质松铺厚度及压实遍数；每层压实厚度不大于20cm）并报监理工程师审批后再进行路基土方施工。施工采用挖掘机配合自卸车运输、推土机和平地机整平，羊角碾、振动压路机、双光轮压路机压实（为保证施工质量、加快工程进度、提高施工效率，按"三阶段、六区段、十流程"的作业程序组织施工。三阶段指准备阶段、施工阶段、竣工验收阶段。六区段指填筑区段、破碎区段、翻晒区段、平整区段、碾压区段、检验区段。十流程指施工准备、填料试验、基底处理、分层填筑、大块破碎、翻晒填料、摊铺整平、机械碾压、检验鉴定、路基整修）。路基填筑施工工艺流程见图4-1。路基填筑应进行认真的施工准备并保证施工的顺利进行，应认真做好基底处理工作以确保基底应有的承载力，应科学对待路堤填筑试验，对路堤应进行分层填筑并做好路基排水工作，应严格控制最佳含水量在2%左右并依相关规范确保路堤施工的质量。

④ 不良地质地段路基施工。应按照图纸要求对路槽全宽范围进行翻挖并掺6%的石灰进行处理。每150～200m为一施工段，采用推土机配合平地机摊铺整平，人工配合汽车布石灰，利用路拌机进行拌和、压路机碾压并进行洒水养生［详见后续的重点（关键）工程石灰土施工方法］。

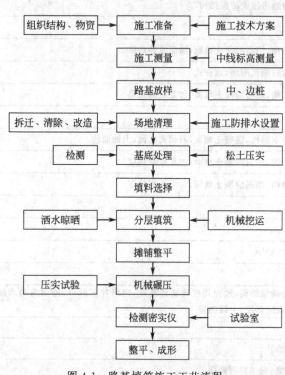

图4-1 路基填筑施工工艺流程

⑤ 特殊路基施工。特殊路基施工中，先期进行施工以满足预压沉降时间为主。施工时除做好原地面的清理工作外，重点要抓住填料粒径、分层和压实三个主要环节，要严格控制最大粒径，应分层填筑、分层碾压（一层厚度应不超过20cm）。应按图纸要求做好砂垫层和反滤层，在砂垫层上应按路基横向铺设土工格栅（其两端应拉紧并用木桩固定，每条格栅的搭接长度应不小于20cm，搭接部分用延伸率小的尼龙绳呈"之"字形穿绑），然后进行路基施工。施工中应按规范规定进行沉降和位移观测（观测资料作为路面铺筑的依据）。在施工中应增强压实机械、提高操作水平、完善压实工艺，只有以高标准进行路基的压实才能保证路基有足够的强度和稳定性。

⑥ 路基防护施工。本工程全部采用浆砌片石防护。浆砌片石的施工方法是基槽开挖后，整平夯实基底，铺设砂垫层。片石采用汽车运输至施工现场，砂浆采用机械集中拌和，砌体

采用挤浆法砌筑、挂线控制。每10m设一道伸缩缝，缝内填塞沥青麻絮。

⑦ 路基、路面及中央分隔带排水工程。边沟采用25cm厚M7.5浆砌片石砌筑，10cm厚砂砾垫层。采用人工配合挖掘机开挖，人工挂线挤浆法施工，盖草帘洒水养护。急流槽的施工采用12cm水泥石灰土作垫层、现浇C20混凝土，盖草帘洒水养护。为防止施工路基时压破横向排水管，应在土基碾压成型后再开槽埋管、填土夯实后再做底基层。中央分隔带在底基层、基层施工结束后进行施工，对底基层、基层应进行覆盖，人工开挖基槽，铺一布一模土工布，按规范埋入HPDE透水管、硅芯管及填塞米石。回填土用腐殖土，汽车运土、人工回填，回填施工时注意不能污染底基层与基层。

(7) 路面底基层、基层施工　底基层一层为水泥石灰土（8∶3∶89）、厚16cm（共253613m²），基层二层为水泥稳定碎石（6∶94）、厚32cm（共249205m²）。

① 底基层。底基层采用集中场拌法拌和、人工布灰、路拌机拌和、自卸车运输、平地机整平、压路机碾压并采用洒水养生（以保持其表面湿润）。除洒水车外应封闭交通。

② 基层。基层采用厂拌法拌和、自卸车运输、摊铺机摊铺、压路机碾压。基层采用洒水后用塑料薄膜覆盖养生，养生期内除洒水车外封闭交通［详见后续的重点（关键）工程施工方案及方法］。

(8) 桥梁、路线交叉工程施工　1座K130+662清水河大桥，上部结构采用5~20m先张预应力混凝土空心板，下部结构为双柱式单排架墩台，钻孔灌注桩基础，全桥1联、桥长105.06m，两侧桥台设伸缩缝并采用球冠圆板橡胶支座，台后搭板长度5m。1座互通式立交桥（含2座主线跨被交道桥、3座中桥、3座钢筋混凝土盖板涵洞。K127+178.4主线跨被交道桥和K127+545.3主线跨匝道桥的上部结构均采用3~20m预应力混凝土空心板，下部结构左桥墩为双柱式，右桥墩为三柱式，台为三柱式，钻孔灌注桩基础，全桥1联、桥长65.04m，两侧桥台设伸缩缝并采用球冠圆板橡胶支座，台后搭板长度5m。K127+809中桥和AK0+612中桥的上部结构均采用3~16m预应力混凝土空心板，下部结构为三柱式单排架墩台，钻孔灌注桩基础，全桥1联、桥长53.04m，两侧桥台设伸缩缝并采用球冠圆板橡胶支座，台后搭板长度5m。EK0+120中桥上部结构采用3~16m预应力混凝土空心板，下部结构为双柱式单排架墩台，钻孔灌注桩基础，全桥1联、桥长53.04m，两侧桥台设伸缩缝并采用球冠圆板橡胶支座，台后搭板长度5m）。路线交叉工程有4座分离式立交和26座钢筋混凝土盖板通道（K126+620和K131+422.1主线上跨分离式立交，上部结构为3~16m预应力混凝土空心板，下部结构为三柱式单排架墩台，钻孔灌注桩基础，桥面连续，全桥一联、桥长53.04m，两侧桥台设伸缩缝并采用球冠圆板橡胶支座，台后搭板长度5~8m。K131+851.5和K133+586.1主线上跨分离式立交，上部结构为1~16m预应力混凝土空心板，下部结构为三柱式单排架墩台，钻孔灌注桩基础，桥长15.96m，两侧桥台设伸缩缝并采用球冠圆板橡胶支座，台后搭板长度5m）。

① 桥梁工程总体施工方案。混凝土在预制厂设自动拌和设备集中拌和、混凝土搅拌车运输、输送泵泵送入模，预制空心板混凝土采用小型料斗车运输。钢筋在加工棚加工制作，主钢筋优先采用双面焊接头，ϕ25mm以上钢筋接头拟采用墩粗直螺纹钢筋机械连接，部分构造钢筋采取焊接和绑扎接头。钻孔灌注桩采用德国宝峨BG-25型旋挖钻机成孔，全护筒护壁和泥浆护壁，钢筋笼主筋用机械法连接，利用钻架分节吊送入孔，混凝土拌和站集中拌和，混凝土输送泵泵送运输，导管法灌注水下混凝土。墩柱采用厂制定型圆钢模，混凝土采用混凝土输送车运输，泵送入模，并在墩柱四周搭设双排碗扣式钢管脚手架。盖梁采用抱箍法模板承重支撑系统支模，模板采用大块定型钢模板，采用墙包底安装工艺（详见图4-2）。说明：a. 图中尺寸

为 cm；b. 钢抱箍用于盖梁的施工，可倒用，一套抱箍重 236kg；c. 如盖梁两边墩柱的高度不一致，可在钢抱箍形成的鹰架上加上垫木，以满足施工需要；d. 钢抱箍制作直径必须准确，使其周长略小于墩身周长，在内面上垫约 5mm 厚橡胶，用拆装梁 N31 螺栓将两片钢抱箍抱死于墩身上，每个螺栓上紧力矩不小于 60kg·m，在其上搭设横梁，铺设底梁。

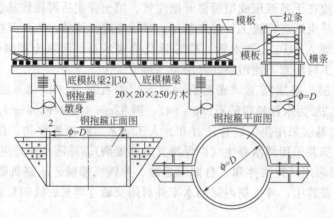

图 4-2　盖梁施工示意

空心板在预制厂集中预制，设立先张法台座（采用钢制框架弹性底模，工厂制定型钢模板外模，内模采用钢制内芯模，采用插入式振动器和外部振动器结合振捣工艺。设净跨 20m 的龙门吊机进行梁体移运并配合模板安装和梁体混凝土浇筑。混凝土由拌和站集中拌和，轨道斗车运输，龙门吊机起吊入模板内浇筑。梁的纵向运输采用运梁平板车运输。空心板梁采用 2 台 60T 汽车式起重机架设。预应力施工中，空心板张拉用千斤顶进行张拉，先张拉顶板钢束，再张拉底板钢束，按顺序依次进行，按应力应变双控进行控制）。桥面系的桥面铺装混凝土采用泵送工艺，防撞护栏采用钢制定型模板，以可调长度的钢制支撑杆做支撑，外侧模板支立人员在简易吊篮上操作，伸缩缝待沥青铺装完成后进行安装。桥面横坡由盖梁顶面台阶和板端三角垫块形成。桥梁总体施工工艺流程见图 4-3。

② 钢筋混凝土钻孔灌注桩施工。钻孔灌注桩基础桩径有 $\phi1500mm$、$\phi1200mm$ 两种，合计 184 根，总长 5875m。采用 1 台 BG-25 宝峨牌钻机成孔、8 台 CZ-28 型冲击钻机，导管法灌注水下混凝土。全部钻孔桩基础在 5 个月内完成。钻孔灌注桩施工工艺流程见图 4-4。CZ 系列冲击钻按常规工艺施工。BG-25 型德国宝峨牌钻机是新产品，为全护筒跟进钻机，成孔快、质量高、能适应各种地层、对地形的要求不高。BG-25 型钻机施工工艺流程为：测量定位→钻机就位→下护筒→旋挖成孔→吊装钢筋

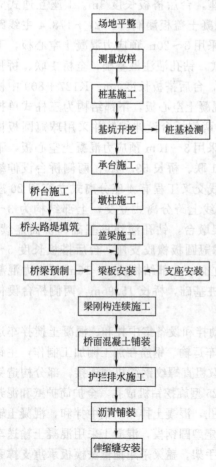

图 4-3　桥梁总体施工工艺流程

笼→灌注混凝土→起拔护筒→检测桩→墩台施工。

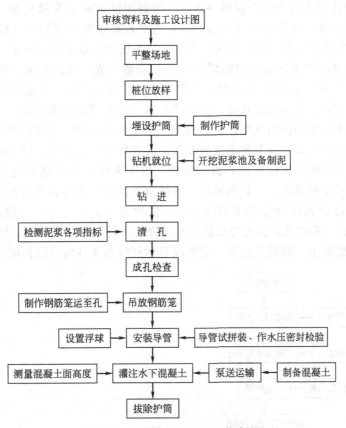

图 4-4 钻孔灌注桩施工工艺流程

③ BG-25 型钻机施工方法。测量定位根据桥位附近的控制桩，采用极坐标法放出桩位点，然后放出十字形护桩。钻机就位时，先将施工场地平整压实以保证钻孔设备的稳定，再将钻机开到桩附近的合适位置停放。下护筒时，钢护筒的单节长度为 2～5m，护筒之间由平头螺栓连接，护筒靴上装有一圈用于贯入坚硬地层及其他障碍物的镶有碳钨合金的齿。安装护筒时，钻机在 4～6m 的垂直距离对护筒顶部和底部进行两点固定（垂直度由液泡式水准仪校验，预定的准确位置可通过调整与动力头相连接的护筒顶部达到垂直。钻机钻桅的垂直度通过钻机本身的电子测斜仪不间断监控，孔深由深度仪精确测量，以上装置测得的数据将直接显示在驾驶室的显示仪上以备调整之用）。

护筒通过连接器与钻机的旋转动力头销接在一起，动力头旋转将护筒下入地层，当遇到坚硬地层护筒很难进入时，使用带有圆锥钻齿并配由捞取装置的旋转钻、旋挖斗将护筒内的土壤破碎取出，直至预挖深度低于护筒下端 0.5～5m。护筒内的土壤预挖后，下护筒的工作将继续进行，如需要可将护筒内的土预挖。第一节护筒就位后，通过高强度螺栓将第二节护筒与其连接在一起，随着深度的加大，如用旋转动力头驱动护筒遇到困难时可使用摇管机。使用摇管机下护筒的步骤与前述方法一样直至到达预定深度，松散的土壤及碎石由与钻机钻杆连接的旋挖斗取出（以达到清洁桩底的目的）。吊装钢筋笼时，用汽车吊或钻机本身的辅卷扬机将其吊装到位，两节钢筋笼之间采用套管接头连接。混凝土灌注的浇筑过程中，导管应埋置在新鲜混凝土面下至少 2m。混凝土浇筑要超出设计桩顶位置一定高度（以确保护筒拔出后混凝土面要高于设计桩顶及成桩后要凿除桩头后达到设计桩顶）。抽拔护筒可在混凝土浇筑过程中采用汽车吊逐节抽拔。

④ 先张法预应力混凝土空心板梁桥施工。预制场设90m长先张台座6个，每个张拉台座可预制4片20m梁（可预制5片16m梁），每个台座的施工周期（从绑扎钢筋至吊离台座）为10d，每个月考虑3个施工周期，则每个月预制空心板梁 $6×3×4=72$ 片（或 $6×3×5=90$ 片），考虑其他影响施工工期的因素7个月能够完成全部预制梁。预应力空心板梁的施工工艺流程见图4-5，混凝土由混凝土拌和站集中拌和、混凝土运输车运送，捣固采用插入式、平板式振动器相结合的方式施工，制梁模具外模和端模采用定型钢模板、内模采用橡胶内模，空心板梁采用预制场集中预制，混凝土采用蒸汽养护。先张法预应力空心板梁在预制场集中预制，龙门吊车移梁至预定位置存放。其具体施工方法是：采用槽式张拉台座。底板为整体式混凝土台面作为预制空心板的底模，纵梁采用C20现浇混凝土，横梁采用装配式工字钢，共同承受张拉力。安装侧模板、普通钢筋及预埋件等后选用大吨位千斤顶，成批张拉，先张法预应力钢绞线张拉程序为：$0 \rightarrow$ 初拉力 $\rightarrow 1.05\sigma_k$ ……（持荷5min）……$\rightarrow 0.9\sigma_k \rightarrow \sigma_k$（锚固），采用张拉力和伸长值双控的办法进行张拉，张拉值达到规范要求后绑扎顶部钢筋、浇注混凝土。混凝土达到一定强度且达到放张条件时进行预应力放张。

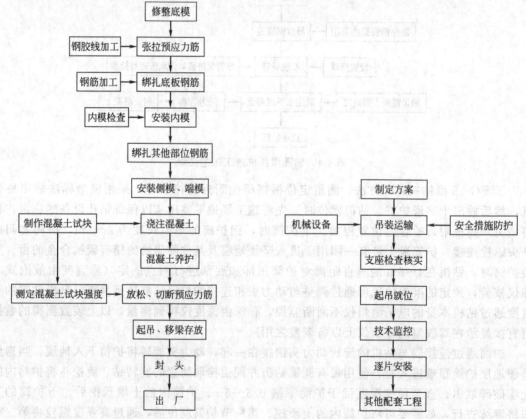

图4-5 预应力空心板梁施工工艺流程　　图4-6 预应力混凝土空心板梁架设施工工艺流程

预应力放张采用张拉端放松法，即在张拉端利用连接器、拉杆、双螺帽放松预应力筋。施加应力不超过原张拉时的控制应力，之后将固定在横梁定位板前的双螺帽慢慢旋动，同一组放松的预应力筋螺帽旋动的距离相等，然后将千斤顶回油。张拉，放松螺帽，回油，反复进行，慢慢放松预应力筋。应严格控制预应力放张时间与速度。先张法预应力空心板梁在预制过程中，顶紧锚塞时用力不要过猛（以防钢丝折断），在张拉过程中发生断丝或滑脱钢丝时应予以更换,张拉时应沿台座长度方向每隔 4~5m 放一个防护架(两端严禁站人,也不准进入台座),放张时远离千斤顶一端的锚具回缩量用游标卡尺精确测量并适当考虑修正张拉端测得的延伸量,放张前应拆除侧模(使放张的构件能自由压滑以防构件开裂)。预应力混凝土空心板梁采用两台自行式吊机架设,吊机选用 60t 液压式汽车起重机。预应力混凝土空心板梁架设施工工艺流程见图 4-6。应重视空心板铰缝混凝土的浇筑工作,空心板安装前应将板侧面(铰缝)全部凿毛洗净,安装后,板底铰缝下用铁丝吊木板做底模做好防漏浆措施,按设计要求布设、安装铰缝钢筋,再用 M2.5 水泥砂浆填底缝,砂浆强度达到 50% 后方可浇筑铰缝混凝土(浇筑混凝土前要用水将铰缝润湿,采用 C50 小石子混凝土用插钎细心捣实),浇筑后应及时养生(养生期间严禁堆放建筑材料并禁止车辆通行)。应严格按规范进行桥面连续结构施工,桥面连续结构施工前应将空心板正面全部凿毛洗净,板梁端钢筋伸出桥面铺装高度的应焊割掉,应先铺设桥面铺装钢筋再浇桥面连续混凝土。

(9) 盖板涵施工 本标段共有盖板涵 34 座(其中涵洞 8 座、通道 26 座)。盖板为预制钢筋混凝土,基底采用每根长 6m ϕ50mm 的水泥搅拌桩处理。

① 水泥搅拌桩(即喷射搅拌桩,以下简称粉喷桩)施工。本标段涵洞基底处理采用水泥搅拌桩,搅拌桩设计为 ϕ50mm、每根长 6m 长,共 348 根,总长 2088m。粉喷桩施工中应按照涵洞施工顺序进行场地平整,应准备护筒、水泥及泥浆,应按设计要求的位置及深度用 PH-SA 型粉喷桩机机进行施工。粉喷桩施工的工艺流程为:三通一平→测量定位→埋设护筒→桩机安装就位→启动主电机钻进→启动空压机送气→在设计高度停钻→开动送料阀气阀→启动喷料机→提钻到停粉标高停止→二次搅拌→提钻到地面以上→停机移至下一桩位。

粉喷桩施工时,对于施工区域范围内的障碍物应先进行人工清理(比如挖除树根、清除垃圾),然后测量放线确定桩孔位置,再埋设护筒,使粉喷机就位并安装自动控制喷粉设备(自动控制设备采用青岛大方建设工程有限公司生产的计算机控制装置)且对其进行调试,最后开始钻孔喷粉和搅拌。粉喷桩施工前首先要进行粉喷桩的成桩工艺试验(待各项指标均达到设计要求且报监理工程师批准后方可进行施工),粉喷桩桩位的测定必须准确(桩距误差不得超过 10cm)、桩径应准确(不得小于设计桩径)且桩的有效长度不得小于设计长度,埋设护筒时要定位准确,钻机就位后要对其进行调平使钻杆铅直(以防粉喷桩产生垂直度偏差。偏差最大不超过 1%),每根桩的施工必须连续作业、不得中断喷粉(以确保喷粉的连续性),严禁在没有喷粉的情况下提升作业,施工中如遇到较硬土层下沉困难时不得随意冲水下沉(必须报监理工程师批准后方可冲水下沉),施工中必须认真做好施工桩号、日期、天气情况、喷粉深度、停粉面标高、粉灌压力、管道压力、钻机转速、钻进速度、提升速度、

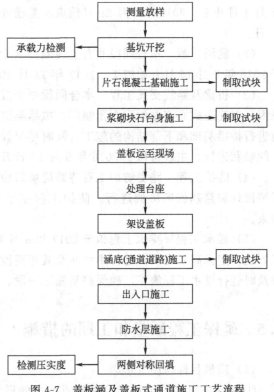

图 4-7 盖板涵及盖板式通道施工工艺流程

气体流量、粉体每米喷入量、复搅深度等记录工作。粉喷桩开工前应组织技术人员进行技术交底，不得使用不合格的材料和施工机具，应控制钻头下沉和抽升速度并随时检查施工记录，应对照施工工艺对每根桩进行质量评定（对不合格的应采取补救措施），应使用自动控制装置控制喷粉量。

② 钢筋混凝土盖板涵及盖板式通道施工。预制盖板在预制厂集中预制，强度达设计强度的70%后方可脱模吊运，涵身两侧填土应在盖板端缝混凝土强度、涵底铺砌的砂浆强度达到设计强度的100%后进行（应两侧同时对称分层夯填灰土）。每道盖板涵应根据土质情况，每隔4~6cm设沉降缝一道（缝宽1~2cm）并用沥青麻絮或其他具有弹性的不透水材料填塞。盖板安装完成以后应用M3水泥砂浆填充台背与盖板间的缝隙。钢筋混凝土盖板涵及盖板式通道施工工艺流程见图4-7。

4.4 各分项工程施工安排

本合同段各分项工程施工顺序本着"统筹兼顾、均衡生产、尽早进场、全面开工、突出重点、狠抓难点、整体创优"的原则进行安排以保证全合同段主要工程项目适时展开并对高路堤填筑、清水河大桥、互通式立交及分离式立交等重点项目优先考虑及早制订施工方案，同时，加大设备、人员等生产要素的投入，加强技术指导工作，确保项目合同工期、工程质量、安全等目标的实现。

(1) 路基　路基施工先进行清表和不良地基处理，四个路基施工队在全线展开施工。基槽石灰土分三层施工，先做底部二层，第三层只进行素土摊铺。清表及不良地基拟于2016年9月16日开工、2016年10月31日结束。主线路基工程及互通式立交处路基拟于2016年11月1日开工、2017年8月29日结束。基槽处理时间为2016年9月16日至2016年10月10日。

(2) 涵洞工程　本合同段共有主线涵洞8道、通道26座、边沟涵9道。涵洞、通道拟于2016年9月16日开始施工、2017年11月10日竣工。

(3) 桥梁及路线交叉工程　本合同段由于线路长、桥梁数量较多且分散以及场地限制等原因，在互通式立交左侧设立预制厂。拟尽早进场，做好、做细施工准备工作。在雨季到来前进行桥梁基础和下部结构的施工。同时尽早计划和安排梁体的预制以保证桥梁上部结构施工的顺利进行。主线桥拟于2016年9月16日开始施工、2017年9月29日竣工。

(4) 防护工程　路堤防护工程待路堤填筑稳定后施做以确保边坡开挖顺利进行。排水工程按设计和路基施工协调进行。防护工程拟于2017年8月11日开始，2018年1月6日结束。

(5) 排水工程　排水工程拟于2017年8月11日开始，2018年1月6日结束。在路基施工到达一定标高处时及时进行集水井及其超高段的排水工程施工工作。在路面基层施工的同时及时进行排水工程施工，确保路基施工一段、成型一段。

4.5 确保工程质量和工期的措施

(1) 质量目标与质量承诺

① 质量方针和管理目标。我集团公司的质量方针是"追求行业一流、满足业主期望、

建造优质工程、提供满意服务"，质量管理目标是"分项工程一次验收合格率100%、优良率95%以上；单位工程一次验收合格率100%、优良率90%以上；配合全线争创省部级优质工程"。

② 质量承诺。竣工验收按部颁验收办法和《××省高速公路工程质量管理纲要》标准，项目经理对本标段工程质量终身负责。

(2) 质量保证措施　坚持"质量就是生命、责任重于泰山"工作原则，按照ISO 9002系列标准和工程质量管理特点建立有效的质量保证体系并制定完善的工程管理制度，在施工工序及技术上严格把关，开展质量年活动、确保质量目标的实现。质量管理机构详见质量体系图。

① 组织保证。建立健全全面质量管理体系，项目经理部成立以项目经理为组长，总工程师、质检工程师为副组长，有关部门负责同志为成员的质量管理领导小组。同时，项目经理部给每个施工队派一名质量检查人员担任队质量管理领导小组组长，队长和各工班长为组员，负责各队所担负工程的质量管理工作。各工班以工班长为首，成立QC小组，对重难点工序进行攻关，落实质量责任终身负责制。

② 思想保证。对员工进行形势教育、质量创优意识教育、质量法规教育，积极开展质量年活动，使员工树立质量第一的思想。

③ 质量目标分解。将总体质量目标层层分解，做到各部门、各专业、各级人员都有职有责，实现职责和权利的有机结合。

④ 制度保证。实行全员质量风险抵押金制度，制订工程质量保证奖惩制度（优质优价），施工操作过程中实行工序"三检"（自检、护检、交接检）和"三工序"制度，验工计价实行质量一票否决权制度。

⑤ 技术、设备、材料保证。建立量测监控中心、建立中心试验室、成立技术专家组，投入高素质人才群体、选用先进的机具设备，坚持工程原材料质量控制措施，选用有针对性的施工工法和"四新"技术（比如在桥梁桩基施工中采用BG-25型钻机以确保钻孔速度和质量）。

⑥ 具体施工技术保证措施。土方填筑施工中严格控制各类土的含水量，确保压实度。柱式桥台施工时，为确保台后填土的密实度，台柱施工至盖梁底时进行台后填土，然后再进行盖梁浇筑。混凝土工程施工中严把材料关、严控混凝土配合比、提高搅拌时间、加强运输设备、减少运输距离、加强振捣及养护。确保砂垫层厚度、禁止砌筑通缝，挤浆法施工坐浆要饱满，加强覆盖养生的时间。路面基层摊铺前对路槽面充分洒水湿润以确保路槽与基层的良好连接。

⑦ 治理公路质量通病措施。路基出现弹簧土是由于填土含水量过大而引起的，处理方法是：做好基底处理、隔断地下水、杜绝地下水浸泡填土；做好路基防排水措施使路堤免受雨水冲蚀；控制填土的含水量、增加路基填土的翻晒力度（当翻晒有困难时也可用石灰土进行处理）并在填土含水量最佳时再开始碾压；局部出现弹簧土时要彻底翻挖回填并用含水量适宜、土质良好的填料进行换填处理且碾压达到周围土体同等压实度及规范要求；弹簧土过多时要全部处理（应清掉所有弹簧土并进行返工处理）。桥头跳车是由于桥头与台背的不均匀沉降引起的，防治措施是：桥涵台背按要求用灰土回填并用拌和机搅拌均匀后分层填筑、用小型压路机进行碾压、在靠近桥头处用打夯机进行夯实；在桥头与台背回填接触处铺设油毡，做好防水措施，及时施工锥体护坡并按要求做排水渗水处理；按要求进行桥头搭板施工（从钢筋的绑扎、支立混凝土模板、浇筑混凝土都

要严格控制质量，混凝土浇筑要一次完成）；进行桥头伸缩缝施工时要根据实际情况进行且安装要合理。

路堤边坡冲刷是在路堤填筑过程中边坡还没有开始施工时出现的现象，其防治措施有以下几个方面：即路堤施工时应做好路基的防排水措施（雨季应在路基上做临时挡水捻并在边坡上做临时急流槽）；及时清除路基边坡上的杂石、杂土并及时夯实（不使雨水在边坡上积聚）；及时按规定修筑路基护坡；当路基边坡受到雨水冲刷时应及时修整并用合适的填料填筑且夯实至规定的压实度。对桥涵缺口路基沉降的处理方法是：桥涵缺口换填渗水土、减薄每层填土厚度并采用小型机具压实，土质含水量控制在最佳含水量的±2%以内。混凝土结构蜂窝、麻面的处理方法是：控制混凝土的配合比，混凝土浇筑要在适宜的温度下进行施工，混凝土坍落度应严格控制，底层振捣应认真操作，混凝土自由倾落高度一般不超过2m，浇筑混凝土时应经常观察模板、支架、堵塞等情况，立模要严密（连接处应加固以防止漏浆，模板要涂油适当并使用质量合格的涂油剂，拆模要按规定时间进行并做好混凝土的养护），竖向结构中浇筑混凝土应按规定进行（支模前应在边模板下口抹10～15cm宽找平层。开始浇筑混凝土时，底部应先填以50～100mm与浇筑混凝土成分相同的水泥砂浆），混凝土的振捣应分层捣固（浇筑层的厚度不得超过振动器作用部分长度的1.25倍。振捣要密实、充分。施工缝处施工应严格控制质量、杜绝漏浆。捣实混凝土拌和物时，插入式振捣器移动间距不应大于其作用半径的1.5倍，振捣器至模板的距离不应大于振捣器有效作用半径的1/2。为保证上下层混凝土结合良好，振捣棒应插入下层混凝土5cm）。

应对钻孔灌筑桩断桩的技术措施是：坍落度应严格按设计或规范要求控制，应边灌混凝土边拔套管（做到连续作业、一气呵成。灌注时应勤测混凝土顶面上升高度，随时掌握导管埋入深度，避免导管埋入过深或导管脱离混凝土面），钢筋笼主筋接头要焊平（导管法兰连接处应罩以圆锥形白铁罩，其底部应与法兰盘大小一致并在套管头上卡住，以避免提导管时法兰盘挂住钢筋笼），彻底清孔并尽量减少灌注时间，对已发生或估计可能发生夹泥断桩的桩应通过地质钻机钻芯取样，判明情况并采取压浆补强的方法进行处理。

（3）工期目标、承诺及保证措施

① 工期目标。本合同段工程在17个月内全部完成，比招标文件规定提前1个月。

② 工期承诺。按招标文件规定执行工期奖罚制度。

③ 保证工期的措施。强化组织保证措施，做到调遣精兵强将、强化施工管理（组建各种专业化队伍，投入足够的管理力量、技术力量和劳动力，迅速进驻施工现场，建立各种管理体系保证工程按时开工。组建现场服务组，根据工程的特点针对性地解决现场难题。建立信息化施工管理系统，在施工中始终抓住工程中的重点、难点，确保工程按计划完成）；科学组织、抓好协调（加强施工计划的科学性，运用统筹法、网络技术、系统工程等新技术编制切实可行的实施性施工组织设计，选择最优施工方案，做到点线明确、轻重分明、施工计划可靠、资源配置得当，在施工中积极做好各方面协调工作，力争在每个工序开始前把干扰减少到最低程度。做到精心组织、合理安排，使各项工作有效展开、工程顺利进行）；应用先进的生产设备，采用先进合理的施工工艺（配备德国宝峨BG-25型钻机等性能良好、高效先进的施工机械，组织机械化施工。采用钢筋机械化连接等先进的施工方法，制订合理的施工工艺，及时下达施工作业指导书，使各施工队及工班按指导书具体操作）；推广应用P3项目管理软件（对本工程项目采用P3软件进行资源优化及动态管理）。

对施工重点优先安排并增加人力、物力、财力的投入，确保分项、分部工程按期完成；开展劳动竞赛，掀起施工高潮（抓好旱季施工工作，在施工中适时开展劳动竞赛活动，发扬"能攻善战、敢为人先、争创一流"的精神，通过思想教育及合理的奖罚措施手段振奋职工精神，不断掀起施工高潮，加快施工进度，把难有的好季节充分利用起来）；加大流动资金投入，做好材料储备工作，保证不间断施工（在农忙、雨季投入一定的流动资金，储备足够的材料，确保连续施工）。强化技术保证措施，编制好实施性施工组织设计（加强施工计划的科学性，运用网络技术、系统工程等新技术原理，根据本标段工程的技术特点、现场实际情况等编制详细的、切实可行的实施性施工组织设计，选择最优施工方案，使工程施工做到点线明确、轻重分明、计划可靠、资源配置合理。在保证质量、安全的前提下，尽可能开展多工序同步施工、平行作业，控制作业循环时间，合理安排作业层次，减少雨季对施工的影响，利用大好季节加快施工进度），科学监控施工进度。在确保安全、质量前提下确保我标段的目标工期，对施工全过程进行进度监控管理。监控的原则是"目标明确、事先预控、动态管理、措施有效、履行合同"。积极推广先进经验、先进技术以提高劳动生产率（积极推广先进经验和先进技术，提高劳动生产率。向"四新"要质量、要进度）。

④ 工期保证的应急措施。根据我集团公司人力、财力、物力资源情况，制定一整套应急施工方案（当施工进度严重滞后时起动应急方案，在全集团公司范围内抽调人、财、物，确保工期目标的实现）。

4.6 重点（关键）和难点工程的施工方案、方法及措施

（1）重点（关键）和难点工程 掺6%石灰土处理，采用路拌法施工对拌和要求高，含水量控制难度大，碾压要求严格，养护时间长。高填土路基底基处理在第一层施工受基底承载弱的影响大，铺设土工格栅难度大，压实操作考虑因素多。底基层和基层现场摊铺质量要求高是影响工程质量的重点环节。

（2）不良地基处理 本标段不良地基的处理采用铺设砂砾垫层和土工格栅相结合的处理措施及翻挖、掺6%的石灰的处理方法。

① 砂砾垫层+土工格栅。施工工艺流程为：施工放样→铺筑砂砾→碾压及夯实→铺筑土工格栅→回填土。施工中，先在经监理检验合格的路基上做100m试验段，取得松铺厚度、碾压遍数等参数以指导后续工作。施工放样中应恢复中线（直线段每15m设一桩，平曲线每10m设一桩，并在两侧路肩外设指示桩）、做好水平测量工作（在指示桩上标出路基边缘的设计高）。运输和摊铺砂砾时，用自卸车将砂砾运至施工现场（卸料距离应严格掌握，避免有的路段不够或过多），应依据试验取得的松铺厚度用平地机将砂砾均匀地摊铺在预定的宽度上（表面应力求平整并有规定的路拱）。初压时，采用8t两轮压路机碾压3~4遍（使粗砂砾稳定就位）。碾压时采用振动压路机慢速碾压并在压路机压不到的地方用振动夯夯实。铺筑土工格栅时采用人工铺设（接头采用搭接，搭接长度不小于20cm）。施工所用土工布的各项目技术指标必须符合设计要求；底层地面必须平整且上、下层砂砾中不得有刺破土工布的杂物；土工格栅必须横向铺设（铺时要拉紧，不得有折皱、扭曲现象）；土工格栅的搭接长度不得小于20cm；土工格栅横向两端的锚固长度不得小于2.0m且端部回折部分不得外露（以免断裂）；土工格栅铺好后不得长期外露（如因故外露必须加土覆盖）；应禁止一切车辆和机械行使或停

放在已铺设好的土工格栅上。

② 6%石灰土。基底处理后翻挖 20cm 掺 6%石灰处理，详见前述的路槽石灰土施工。

③ 路槽掺 6%石灰土。整个路基土方填筑划分为"七区段、十二流程"，每段路基集中施工力量突击完成以减少雨水影响，所谓"七区段"指填筑区、翻晒区、平整区、掺灰区、拌和区、碾压区、检验区。所谓"十二流程"指：施工准备→基底处理→分层填筑→翻晒→摊铺平整→摊铺石灰→拌和石灰土→整形与碾压→检验签证→路面整形→边坡整修。施工准备、基底处理、分层填筑、翻晒、摊铺平整和路面整形与一般路基施工方法相同，应重点控制摊铺石灰、拌和石灰土、机械碾压等工作。

施工前先做 100m 试验路段，取得松铺厚度、碾压遍数、含水量控制等试验参数指导施工。摊铺石灰前在公路两侧宽敞而临近水源且地势较高的场地集中堆放石灰（使用前 7～10d 充分消解。每吨石灰消解需用水量一般为 500～800kg。消解后的石灰应保持一定的湿度，以免过干飞扬。同时计算各段需要的干集料质量，并计算每袋石灰的纵横间距），运料时对预定堆料的下层在堆料前先洒水使其湿润，卸料距离要严格掌握（避免料不够或过多），摊铺集料应在摊铺石灰的前一天进行（摊料长度与施工进度相同，以满足次日加石灰、拌和、碾压成型为准），摊铺石灰前用 14t 压路机静压 1～2 遍（使其表面平整并具有一定的密实度），然后按计算的每袋石灰的纵横间距均匀摊开。拌和石灰土时，集料用稳定土拌和机拌和（拌和深度要达到稳定层底并派专人跟随拌和机，随时检查拌和深度并配合拌和机操作员调整拌和深度），拌和要适当进入（约 1cm）下承层的表面（以利上下层黏结），拌和遍数应以试验段取得的遍数为准，拌和过程中应及时检查含水量（应使混合料的含水量等于或略大于最佳含水量）。整形与碾压时采用平地机整形（混合料拌和均匀后，先用平地机初步整平和整形。在直线段，平地机由两侧向中心进行挂平。在平曲线段，平地机由内侧向外侧进行挂平），整形后，当混合料处于最佳含水量±1%时立即用 18t 振动压路机在路基全宽内进行碾压（碾压时后轮重叠 1/2 的轮宽，后轮必须超过两段的接缝处。碾压一直进行到要求的密实度为止），碾压过程中石灰土的表面应始终保持湿润。

施工中，混合料从开始拌和至压实成型的总时间应控制在 2～3h 内，雨季施工时要特别注意气候的变化（降雨时应停止施工，但已摊铺的混合料应在降雨前尽快碾压密实。两侧边坡的防护封闭工程必须及时完成，应做好防水、排水工作），每层填料的铺设宽度应超出每层中路堤设计宽度 30cm 以保证路堤设计宽度内有足够的压实度（超出部分待压好后应修削掉），应重视路基填料用土最佳作业时间较短问题（施工中应增加含水量检测遍数，保证路基压实度），第二层石灰土做完一段应覆盖上用于第三层的土（待第二层全部做好后再集中做第三层，可以加快第三层的施工时间以保证路基的快速施工）。

(3) 底基层施工　底基层采用 16cm 厚 3：8：89 水泥石灰稳定土，其施工工艺流程见图 4-8。

① 试验段。施工前做 150m 试验路段，取得松铺厚度、碾压遍数、含水量控制试验参数指导施工。测量、备料、运输及摊铺与路槽掺 6%石灰土施工相同。

② 拌和与洒水。集料用稳定土拌和机拌和，拌和深度要达到稳定层底。现场派专人使用铁锹检查拌和情况以消除素土加层（同时，检查混合料的含水量及灰剂量，使含水量比最佳含水量高 1%～2%），拌和后的混合料应用平地机整平闷料一夜。在整平的灰土上，根据用水泥量（重量）打方格布水泥，铺水泥时应通过人工均匀摊铺并使用稳定土拌和机拌和一遍（拌和深度至以下承层顶 0.5～1cm 为宜，现场专人使用铁锹检查拌和情况以消除素土加

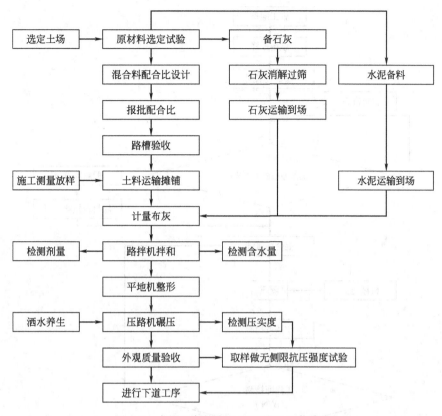

图 4-8 水泥石灰稳定土工程施工工艺流程

层,同时,检查混合料的含水量及水泥、石灰剂量。随时检查拌和深度并配合拌和机操作员调整拌和深度)。拌和要适当进入(约 1cm)下承层的表面以利上下层黏结(拌和遍数为 3 遍)。在拌和过程中应及时检查含水量,使混合料的含水量等于或略大于最佳含水量。

③ 整形与碾压。混合料拌和均匀后,先用平地机初步整平和整形。在直线段,平地机由两侧向中心进行挂平。在平曲线段,平地机由内侧向外侧进行挂平。整形后,当混合料处于最佳含水量±1%时立即用 18t 振动压路机在路基全宽内进行碾压(碾压时后轮重叠 1/2 的轮宽,后轮必须超过两段的接缝处。碾压一直进行到要求的密实度为止),碾压过程中水泥石灰稳定土的表面应始终保持湿润。

④ 养生。采用洒水养生,当压实完成、经压实度检查合格后应立即开始养护,应采用洒水车经常洒水养生以保持其表面湿润。养生期应不少于七天,养生期间除洒水车外应封闭交通。

(4) 基层施工 基层为 32cm 的水泥稳定碎石,采用厂拌法施工,施工分 2 层进行。每个作业面采用 1 台摊铺机摊铺,配备 1 台压路机一起进行碾压以确保接缝施工质量。水泥碎石基层洒水后采用塑料薄膜覆盖养生,整个养生期都应使基层保持湿润状态,出现局部变干的部分应及时补洒水,养生期内除洒水车外应封闭交通,养生期满将覆盖物清除。上层验收合格后应立即进行水泥浆联结层的施工。施工中拌和场与摊铺前方采用无线对讲机随时联系以确保路面摊铺质量。

① 施工方法。施工工艺流程见图 4-9。

② 材料组成及技术要求。选用规范和招标文件要求的材料作为路面底基层的填筑材料。

③ 混合料配合比设计。在工程开工之前,首先在工地试验室通过试验设计几种混合料

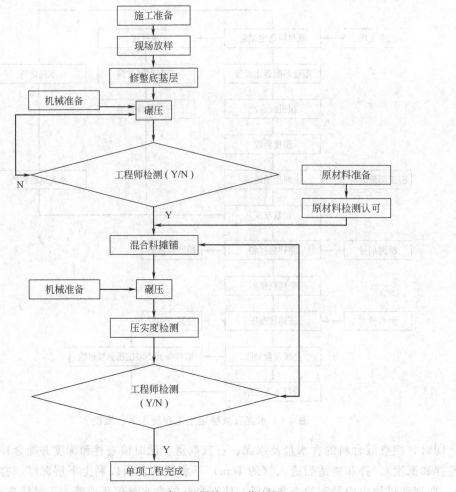

图 4-9　路面基层施工工艺流程

配合比，经驻地监理组审核批准后方可用于施工。

④ 试验段。在试验段开始前，报经监理工程师批准在指定地点修筑至少 200m 以上的试验路段，采用计划用于主体工程的材料、配合比、拌和机、摊铺设备、压实设备及施工工艺进行试验以检查混合料的稳定性及拌和、摊铺、压实设备的效率和施工方法以及施工组织的适应性（同时确定施工配合比、混合料的松铺系数、摊铺的方法、摊铺的速度、压实次序、压实遍数、最佳含水量及机械的性能、生产组合、合适的延迟时间等指标），由此确定标准的施工方法用以指导大面积施工并为整个工程优质、快速完成提供科学、可靠的依据和保证。

⑤ 施工过程。首先准备下承层。在路面开工之前对需要摊铺路段的路基顶面高程、横坡、宽度、平整度、压实度等检测项目进行检测验收，各项指标须满足规范和设计要求。对路基的低洼和坑洞应仔细填补并压实，搓板和辙槽应刮除，松散处应清除表面松散部分并挖成深度不小于 10cm 的方形槽再重新填补下承层填料或直接用基层混合料填补并压实。摊铺前用洒水车在路槽表面洒水保持下承层的湿润（以免下承层表面过干而掠夺结合处基层混合料的水分，造成结合处基层混合料水分不足而达不到规定的胶结强度）。然后进行施工放样（在路基上恢复中线，直线段每 20m 设一桩，平曲线段每 10m 设一桩，特征点处增设加密桩，并在两侧路肩边缘设指示桩。两侧拉钢丝作为摊铺机行驶的导向线和标高控制线，严格测量钢丝顶面标高，摊铺前应换人复测以确保水泥稳定碎石层顶面松铺高程达到要求），再

进行混合料的拌和。水泥碎石混合料采用拌和站集中拌和，拌和机械用 WCB300 强制式粒料拌和机，拌和机配备 4 个料斗并能按产量自动配料。

混合料的拌和设备及布置在拌和前应提交监理工程师报批并得到批准，然后进行设备安装、检修与调试，使拌和的混合料颗粒组成和含水量达到规定要求。拌和时应严格按已批准的配合比控制水泥与集料的重量和比例并按重量比加水且随时用滴定法检验水泥剂量，外加水量应根据天气气温及集料本身含水量等因素变化而改变，加水时间及加水量应有记录以便提交监理工程师检验。混合料出站前应逐车检查，杜绝不合格料出场。混合料的运输采用大型自卸车，车辆运载吨位不小于 18t，运输能力应与生产能力相匹配，并应根据运距确定运输车辆数量，应保证摊铺和拌和的均衡连续。当运距较远（大于 10km）时，混合料在运输途中应加以覆盖（以防水分蒸发），车辆在料仓下装料过程中要装一斗、移动一下，保持装载高度均匀以防离析。拌和好的料应尽快运至现场并尽快摊铺，当装有混合料的运输车辆坏在路上的时间超过水泥的初凝时间时车上的料应废弃。

摊铺和整形拟采用单层单幅 ABG423 摊铺机摊铺，摊铺时使混合料按要求的松铺厚度均匀地摊铺在要求宽度上。摊铺机前应设专人指挥倒车使运输车辆快速退至机前（应严防车辆撞击摊铺机）以确保摊铺面的平整度。摊铺时混合料的含水量宜高于最佳含水量 0.5%～1.0%（以补偿摊铺和碾压过程中的水分损失），摊铺后如有粗细集料集中、离析现象采用人工方法挖除并补充均匀的混合料，局部低洼处严禁薄层贴补（而应翻松表面后添加混合料重新整平一并碾压）。用重型压路机和振动压路机碾压时每层压实厚度应不超过 200mm，分层铺筑时最小压实厚度为 100mm。应重视碾压成型工作。混合料经摊铺和整形后应立即在全宽范围内进行压实。直线段由两侧向中心碾压，超高段由内侧向外侧碾压。每一轮碾压轮迹应与上一轮迹重叠 1/3 轮宽，使每层摊铺层均匀地压实到规定的密实度。压实后铺层表面应平整、无轮迹或隆起，且高程无误、路拱符合要求。碾压作业本着"先轻后重"、"先静压后振压最后再静压"的原则进行，碾压过程中，稳定层表面应始终保持潮湿（如表面水分蒸发过快应及时补洒少量的水）。严禁压路机在已完成的或正在碾压的路段上调头和急刹车，以保证稳定层表面不被破坏，碾压折返处应成"阶梯形"或"锯齿形"，应避免同一断面上的推挤波浪造成不平整。施工中，从加水拌和到碾压成型的延迟时间应不超过水泥终凝时间，应按试验段确定的合适的延迟时间严格施工（厂拌法施工应不超过 2h）。应科学、合理处理接缝（横接缝采取垂直接缝形式，严禁用斜接缝。摊铺混合料时，除每天正常的工作间断外，中间不宜中断，如因故中断时间超过 2h 应设置横向接缝。接缝应严格按《公路路面基层施工技术规范（JTJ034）》的规定执行）。

应重视养生工作（碾压完成后应立即进行养生，养生时间应不少于 7 天。养生采用塑料薄膜覆盖的方法，整个养生期都应使水稳粒料基层保持湿润状态，除洒水车外应封闭交通）。成型后的结构层应及时报请监理工程师检验（以便合格后及时为下道工序做好准备）。在施工下一层时进行水泥联结层的施工（联结层每平方米水泥用量应不小于 2.0kg，或用灰水比 1∶1.5 水泥浆满洒新筑层底面）。应注意气候条件（工地全天平均气温低于 5℃时不应进行施工。雨季施工要特别注意天气变化，不要使水泥和混合料受到雨淋，降雨时应停止施工，已摊铺的混合料应在雨前尽快碾压密实）。取样和试验应按规定进行，水泥稳定碎石混合料应在施工现场每天进行 2 次取样（或每拌和 2000t 混合料取样 2 次），并按《公路工程无机结合料稳定材料试验规程（JTJ057）》中的标准方法进行含水量、颗粒分析、水泥剂量和无侧限抗压强度试验。在已完成的基层上应每 1000m 随机取样 3 次，按《公路土工试验规程（JTJ051）》或《公路工程无机结合料稳定材料试验规程（JTJ057）》规定进行压实度试验并检查其他项目。所有试验结果均应报监理工程师审批。

⑥ 施工注意事项。混合料从开始拌和至压实成型的总时间应控制在2~3h内。雨季施工时要特别注意气候的变化（降雨时应停止施工，但已摊铺的混合料应在降雨前尽快碾压密实）。

（5）混凝土路面施工　本合同段水泥混凝土路面2796m²，厚25cm。我单位将采用小型机具（真空吸水）施工。混凝土路面施工工艺流程见图4-10。

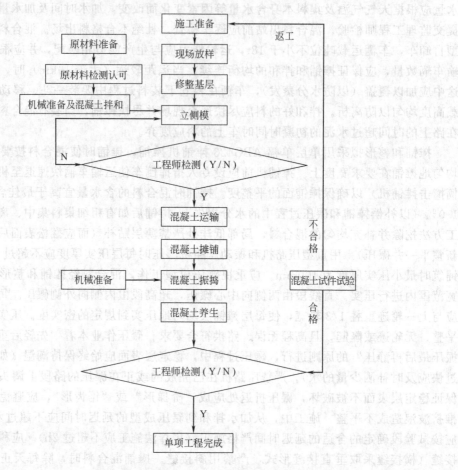

图4-10　混凝土路面施工工艺流程

① 施工准备。施工准备包括混合料配比检验与调整、施工放样与安设模板等工作。应严格进行混合料配比检验与调整（施工前对混凝土的配合比、粗骨料的级配、和易性、强度等性能指标进行检验，如果不合格应及时进行调整，合格后应报监理审批并作为以后施工的依据）。应仔细进行施工放样与模板安设。首先根据设计图纸放出中心线及边线，设置胀缝、曲线起讫点和纵坡转折点等桩位，同时根据放好的中线及边线在现场核对图纸的混凝土分块线（保证横向分块线与线路中线垂直）。对测量放样要经常进行复合（包括在浇筑混凝土过程中），应做到勤测、勤核、勤纠偏。基层检验合格、施工放样后，开始安装模板，模板采用钢模（长度3~4m，接头处设牢固的拼装配件），模板两侧用铁钎打入基层固定，模板顶面与混凝土顶面平齐并与设计高程一致，模板底面与基层顶面贴紧（局部低洼处事先用水泥砂浆铺平并夯实），模板安装完毕后重新检查模板相接处的高差和模板内侧是否有错位（若有高差大于3mm或有错位的应拆去重新安装。如果正确，则在内侧均匀涂刷脱模剂并报监理检查合格后可进行混凝土浇筑）。

② 混凝土的拌和与运输。混凝土在一号预制厂集中拌和，供料采用严格的计量以保证

按照配合比上料，每工班至少检查两次配料的精度，每天检查两次混凝土的坍落度，搅拌机的搅拌至少100s，每百盘做一次试件、每工班做一次试件并不定时抽检以确保混凝土质量。混凝土的运输采用混凝土运输车运输，出料及卸料时的高度不得超过1.5m，混凝土从搅拌站出料至浇注完毕的最长时间见表4-8。

表4-8　混凝土从搅拌机出料至浇注完毕的允许最长时间

施工气温/℃	允许最长时间/h	施工气温/℃	允许最长时间/h
5～1	2	20～30	1
10～20	1.5	30～35	0.75

③ 摊铺与振捣。摊铺与振捣的主要工作是摊铺、安放加强钢筋、振捣、真空脱水、表面整修、接缝施工、养生及拆模等。摊铺作业时，混凝土运输车到达摊铺地点后直接倒入路槽内并用人工找补均匀（因为摊铺厚度为25cm，故可一次摊铺。用铁锹摊铺时应用"扣锹"法，严禁抛掷和搂耙以防止离析）。安放加强钢筋过程中，安放钢筋网片、角隅和边缘钢筋时，应在底部先摊铺一层混凝土拌和物，摊铺高度按钢筋网片设计位置预加一定的沉落高度，安装后不得踩踏，安放完成后才可以继续浇注混凝土。振捣过程中，摊铺好的混凝土应迅即用平板振动器和插入式振捣器均匀振捣。首先用插入式振捣器全面振捣一次（同一位置不小于20s，振捣时应避免碰撞模板和钢筋），然后用平板振捣器全面振捣。振捣要重叠10～20cm，时间不应小于30s，混凝土在全面振捣后再用振动梁进一步拖拉振实并初步整平（振动梁应往返2～3遍，使表面泛浆并赶出气泡。前进速度应保持在1.2～1.5m/min），最后再用平直的滚杠进一步揉滚表面使表面进一步提浆并调匀。真空脱水过程中，应首先检查泵垫是否正常，然后铺设吸垫（吸垫采用V88新型吸垫），最后开泵脱水（脱水时控制真空表1分钟内逐步升高到400～500mmHg，最高值应不超过650mmHg。在此过程中要认真记录真空度、脱水时间与脱水量），每次吸垫位置应与前次重叠20cm（以防漏吸而造成含水量分布不均匀）。表面整修时，脱水完成后进行机械抹光、精抹、制毛，抹光采用混凝土抹光机（用顺路方向进行抹光，以保证纵向的平整），之后进行精抹、压纹制毛。接缝施工过程中，纵缝做法是预先将拉杆采用门式固定在基层上用顶面缝槽切缝机切缝（缝宽和深度按照设计要求进行施工），横向缩缝做法是在混凝土凝结后用切缝机锯切（一条缝必须一次施工好，严禁两次切割。切缝时要控制好缝宽和深度并防止冷却水渗入基层。切缝后应随即灌注填缝料），横向胀缝做法是预先设置好胀缝板和穿力杆架并预留好滑动空间然后进行作业（胀缝板以上的混凝土硬化以后用切缝机按胀缝的宽度切两条线，待填缝时将胀缝板以上的混凝土凿去，这样可以保证胀缝的施工质量）。养生的做法是用草帘等在混凝土终凝后覆盖与板的表面，每天均匀洒水，保持湿润状态（但不能有水流冲刷且在养生期满前禁止任何车辆通行）。拆模时间应根据气温和混凝土强度增长情况来确定（拆模时要仔细，不得损坏混凝土板的边、角）。

4.7　冬季、雨季施工安排

根据本工程工期要求，雨季正常施工、冬季不安排施工。如紧急情况下确需冬季施工，则混凝土及砌体施工时应采取相应技术措施。

(1) 混凝土及砌体冬季施工措施　措施包括对砂、石料进行加热处理；对拌和用水进行加热处理；用钢筋脚手架打工作棚（棚内采取加温措施，分上、中、下三区分别测量温度及湿度，从而进行温、湿度的调整）；对混凝土的出料温度、灌注时的温度进行检测并做好记录。

(2) 雨季施工措施　根据总体安排和现场实际情况，在雨季来临前进一步确定雨季施工地段并编制雨季施工计划报监理工程师审核批准。路基在施工过程中严格加强施工工作面的排水工作，在路基两侧挖置临时排水沟，及时将路基的雨水顺排水沟排除。另外，我们将在雨季施工时组织一支专门负责排水的队伍。雨季修筑土段路堤时要做到随挖、随运、随填、随压（每层填土表面作成2%~3%的横坡并整平。雨季和收工前将铺填的松土压实完毕并不得积水）。做出路肩，并在路基两侧每间隔50m（局部可加密到20m）设置一道临时汇水槽至路基外排水沟（与路基填筑同步进行）以确保在雨季路基上水从汇水槽中排出（避免雨水冲刷边坡）。桥涵施工时，准备充足的抽排水设备，基坑开挖后及时组织施工同时坑外设拦水设施（确保基坑不受水浸泡），钢筋加工存放场搭设防雨棚（以免钢筋淋雨），混凝土浇筑根据天气预报决定是否提前或延迟开盘时间（确保混凝土施工不受下雨冲刷袭击）。低洼地段、高填土质路基及桥涵基础尽量避开雨季施工。

4.8　质量、安全保证体系

(1) 质量保证体系　建立由项目经理任组长，总工程师和质检工程师任副组长，横向包括项目部各部室负责人，纵向到各队队长及工班主要骨干的质量管理领导小组。质量保证体系见图4-11。

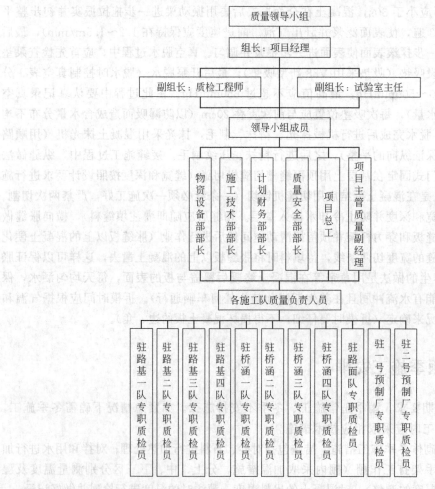

图4-11　质量保证体系组织机构

(2) 安全保证体系 成立以项目经理为组长、专职安全监察长为副组长的安全领导小组。项目部设质量安全部及专职安检工程师,负责本段项目的安全监察、保障和管理工作。施工队设专职安检员,工班设兼职安检员。安全保证体系见图 4-12。

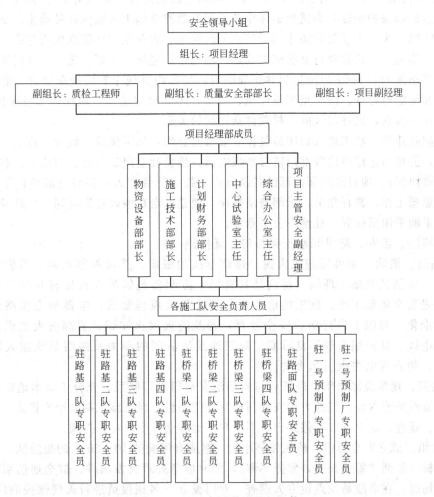

图 4-12 安全保证体系组织机构

4.9 其他应说明的事项

(1) 环境保护措施 上场后将做好全面规划,制定环保措施,并与地方环保部门取得联系(按有关规定做好施工现场的环境保护工作,并请他们予以监督)。成立环保小组,采取环保措施,项目部、队分级管理,负责检查,监督各项环保工作的落实。对职工进行《环境保护法》知识教育,使人人心中都明确保护环境工作的重大意义,积极主动地参与环保工作,自觉遵守各项规章制度,树立人与自然和谐共处的思想。在施工中,不得乱占田地、乱伐树木、破坏自然生态,在施工完成后临时用地要尽快恢复原貌、还田于民,对废弃土方应尽快植草覆盖以减少水土流失。严格控制扬尘,对施工便道进行定期洒水以减少起尘,对易于引起粉尘的细料或散料予以遮盖或适当洒水(运输时用帆布、盖套及类似物品遮盖)。科学、有序处置废弃物,对施工及生活中垃圾要堆放在指定地点统一及时处理(严禁乱扔乱弃并避免阻塞河流和污染水源)。应重视排水管理,施工及生活中的污水或废水要集中沉淀或化学处理(经检验符合标准后才能排放到河流或沟溪中,不准将含有污染物质或可见悬浮物的水直接排入河流)。应减少废气排放,对各种施工机械、车辆应进行严格的废气排量检测(对排量不合格的机械、车辆坚决予以停用。燃料为汽油的各种机械均使用无铅汽油)。应严格执行野生动物保护制度,为避免破坏生态平衡严禁捕杀施工区域内各种动物。及时进行弃碴防护施工以减少水土流失并防止其对河水下游水电、农业生产和群众生活造成不利影响。

(2) 文明施工 认真执行文明施工规定,场地布置应统一规划,施工区材料堆放时各种物质材料严格按 ISO 9002 标准标识并正确醒目,场区内管线布置应线条整齐、清洁,废弃物应统一深埋定时处理。应尊重当地民风、民俗,遵守地方法规。应保持和发扬优良传统,乐于帮助地方群众,搞好与政府、村镇群众之间的关系。

(3) 廉政建设 在工地入口明显处设立廉政监督牌,标示建设、设计、施工、监理各单位负责人,公布当地建设监督部门监督举报电话,接受社会舆论监督。与业主、监理等单位签订《廉政协议》,项目经理部内部的各级行政、技术等管理人员签订《廉政包干责任状》。加强政治思想工作,教育党员、干部廉洁自律,使党员走在廉政建设前列并当好带头人。设备、物资采购采用招标制,杜绝不公平竞争。

(4) 消防、治安、防汛和水土保持等保证措施

① 消防。消除一切可能造成火灾、爆炸事故的根源,严格控制火源、易燃物和易爆物的贮存。生活区及施工现场(特别是材料场)应配备足够的灭火器材并同当地消防部门联系加强安全防范工作。施工场地布置应符合防火规程要求,电器动力线路设置要规范化、标准化。对职工进行防火安全教育,普及防火灭火知识,提高防火意识,使职工杜绝乱拉电线、乱扔烟头等不良习惯。对工地及生活区的动力及照明系统派人随时检查维修养护,防止漏电失火引起火灾。

② 治安。现场设派出所,进场后与当地治安部门取得联系,充分了解本地区的一些治安条例和重点防范内容,与地方治安部门成立联防小组,保证施工期间治安稳定。加强职工内部教育、管理,晚上不准不假外出,不得与当地群众发生冲突、打架。

③ 防汛。成立安全防汛、防风领导小组,组成有经验的 10~20 人的抢险队,配置必要的抢险器材,做到"警钟长鸣,常抓不懈",随时应急处理突发事件。健全通信系统,保证全线联络畅通,在事故易发点设专人巡查。专门设立一名预报员进行天气预报的信息收集,每天与气象部门保持联系,对暴风雨、大风、大水尽早通知防汛领导小组(以便做出相应的预防准备工作)。暴雨来临前,对水泥库进行重点加固并做好防潮处理,重要物资设备放在安全位置(防止洪水冲走)。

④ 水土保持。施工废方按指定地点处置,弃土后做好防护工程(坡脚干码),完工后植草绿化并做好地表排水(防止水土流失、做好环境保护工作)。

(5) 本项目施工拟采用的"四新"技术 钢筋的搭接采用双面焊接头,$\phi25$mm 以上钢筋接头拟采用墩粗直螺纹钢筋机械连接。盖梁采用抱箍法施工。钻孔桩采用德国宝峨 BG-25 全护筒跟进旋挖钻机进行钻孔。

(6) 缺陷责任期内对工程的维护措施 工程完工后成立由项目总工任组长,技术干部及有关人员组成的工程竣工维护组,负责缺陷责任期内对工程的维护工作。缺陷责任期内,维护组要定期对所建工程进行全面、仔细的组织检查,遇暴雨等不可抗拒的自然灾害后要随时组织检查,对出现的工程缺陷要登记清楚、分析缘由并及时向业主上报缺陷数量、缺陷范围、缺陷责任及原因等且应立即采取措施组织维修。缺陷责任期内工程的维护要在不影响正

常使用的情况下进行，应采取必要、可行的防护措施（确定需要中断运行时必须在业主同意下才可进行）。各项缺陷的修复必须符合规范要求并取得监理工程师和业主的认可。缺陷责任的维护分两种情况，若因本投标人施工质量问题造成结构内部受力变化或外部破坏的本投标人自己拿出修复方案并报业主批复后立即实施，若属设计或是其他非承包人责任造成的缺陷本投标人要及时上报业主和设计院并按照业主和设计院批复的方案组织维修。缺陷责任期内，本投标人成立的维护组必须保证管段排水畅通、路面洁净、沟渠及涵内没有淤积物和阻塞物、各种设施齐全无损害、行车标志醒目无毁坏。按照 ISO 9002 系列标准要求，本投标人承诺实行竣工回访，工程交付业主后仍要不断取得联系（每 3 个月至少回访一次，听取业主的使用情况及意见）。

（7）项目施工管理规范化保证措施　成立项目规范化管理领导小组，制定规范化管理工作制度。组织全体参建员工认真学习执行有关"《项目部规范化管理》、《施工便道规范化管理》、《混凝土拌和站建设规范化管理》、《钢筋棚规范化管理》、《石料场规范化管理》、《施工用电规范化管理》、《桥梁下部规范化管理》、《桥梁预制厂规范化管理》、《路基施工规范化管理》、《浆砌圬工施工规范化管理》"的文件，并对照落实。经常依照项目规范化管理制度对各参建单位进行检查、评比（奖励先进，对差的单位认真督促其整改）。积极参与业主组织的关于规范化管理的检查和现场会（找出差距，争取做得更好），努力创建"××省规范化管理示范工地"。

第5章

政府采购竞争性谈判典型范本

5.1 ××市图书馆工具书阅览室实木书架及吊顶竞争性谈判文件

5.1.1 文件封面及目录

文件封面见表5-1，文件目录见表5-2。

表5-1 文件封面

××市公共资源交易中心政府采购中心竞争性谈判文件
采购编号：×××[2017]062号
项目名称：××市图书馆工具书阅览室实木书架及吊顶
2017年3月1日

表5-2 文件目录

目录
第一部分　谈判采购邀函 14
第二部分　项目内容及技术要求 15
第三部分　谈判项目要求 25
第四部分　谈判供应商须知 27
第五部分　谈判响应文件格式 37

5.1.2 谈判采购邀函

谈判采购邀函见表5-3。

表5-3 谈判采购邀函

根据《中华人民共和国政府采购法》、《政府采购非招标方式管理办法》及其相关规定，经有关部门批准，受采购单位委托，××市图书馆工具书阅览室实木书架及吊顶项目采用竞争性谈判方式进行采购。现邀符合采购要求，有供货能力的供应商积极参加。
1. 采购编号：×××[2017]062号
2. 项目内容与要求：见竞争性谈判文件第二部分"项目内容及技术要求"。
3. 谈判文件领取时间：2017年3月1日至2017年3月3日上班时间
4. 谈判文件领取地点：××市图书馆
报名并领取谈判文件时，须携带本项目所需各种资质证书或证明材料原件，并留加盖单位公章的复印件一份。
5. 谈判响应文件送达截止时间：2017年3月7日上午10:00。
6. 谈判响应文件送达地点：××市云梦区人民路车站东270米路东公共资源交易中心1136房间。
7. 谈判时间：2017年3月7日上午10:30。

续表

8. 谈判地点：××市云梦区人民路车站东 270 米路东公共资源交易中心评标室。 9. 联系方式：本项目负责人张先生，电话　　　；采购方联系人赵先生，电话 10. 本项目预算控制价：310000 元 2017 年 3 月 1 日	

5.1.3 项目内容及技术要求

（1）项目内容　根据××市图书馆工具书阅览室实木书架及吊顶项目采购需求，本次谈判内容如下：实木书架及吊顶（详见技术要求）。

（2）技术要求　技术要求见表 5-4。

表 5-4　技术要求

序号	名称	数量	单位	规格及要求
1	单面橡木书架	46	组	规格要求： 1. 单组长×宽×高为 840mm*300mm*4200mm； 2. 至多 2 组为 1 组合（11 层平分）。 材质要求： 1. 采用泰国或马来西亚橡胶木 AA 级板。侧板厚 20mm 榫卯结构框式（以实际宽度，立柱板 20mm，顶条、脚板厚 100mm 弧形线条，背板 15mm 厚多层板橡胶木皮，层板厚 20mm。整体需严格墙面加固。 2. 橡胶木板须不变形、不开裂、无虫孔、无死结、无气味。 工艺要求： 5 底 3 面 8 道开放漆工艺。面漆须符合国家强制环保油漆标准
2	管理台	1	套	规格：长 1500mm*宽 600mm*高 900mm（桌面高 750mm） 材质要求：采用泰国或马来西亚橡胶木指接 AA 级板。桌面采用 20mm 厚橡木板。背板采用多层板贴橡木皮饰面，橡胶木板须不变形、不开裂、无虫孔、无死结、无气味。5 底 3 面 8 道开放漆工艺。面漆须符合国家强制环保油漆标准（含橡木椅 1 把）
3	台灯、线路			1. 每张阅览桌中间配备 2 盏台灯；2. 电路布线及线材符合国家消防及安全用电标准
4	吊顶改造			1. 原顶拆除，垃圾清理。2. 所有顶部翻新采用高级龙骨、格栅、防火石膏板、批灰、环保乳胶漆。3. 质量要求平整度误差不能超出国家标准。4. 包含施工中拆除原顶、垃圾清理、翻新所有原材料，施工等一切费用

5.1.4 谈判项目要求

（1）谈判供应商资质　谈判供应商须为书架制造商，具有有效的企业法人营业执照、税务登记证、组织机构代码证（或统一社会信用代码）；具有当地林业局颁发的木制生产许可证或经营许可证；具有质量体系认证证书；具有环境管理体系认证证书；具有国家办公用品设备或国家家具产品质量监督检验中心颁发的书架检验报告（原件）；须在湘江省内以生产厂家名义成立分公司、办事处或售后服务网点，需提供（分公司、办事处或售后服务网点营业执照原件）成立时间必须早于此项目公告前，不接受授权成立的售后服务网点。

（2）密封投标　因未按招标文件要求密封造成的泄密，由投标人负责。除谈判文件有规定外，谈判供应商对每种货物只允许有一个报价，谈判组织人和最终用户不接受有任何选择的报价响应。

(3) 质量保证　按本项目的行业规则或双方签订合同时的约定执行。质保期内如果出现质量问题，成交供应商应当无条件更换，由于质量问题造成的损失由成交供应商负全部责任。

(4) 售后服务　7×12h，在接到采购方服务求后，1h响应，24h内上门解决问题；质保期内提供免费上门服务，质保期外的收费按相关行业规则或由双方协商收取。

(5) 成交　供应商在接到成交通知书后30日内与最终用户签订采购合同，并于合同签订后7日内报谈判组织人一份。

(6) 交货地点　采购人指定地点。

(7) 交货日期　以签订合同日期为主。

(8) 验收　由最终用户组织验收。

(9) 付款方式　以签订合同付款方式为主。

(10) 联合体本项目不接受联合体参与，谈判供应商也不能将一个项目拆开报价。

(11) 谈判供应商　必须由法定代表人或委托代理人参加谈判仪式，随时接受谈判小组询问，并予以解答。

5.1.5　谈判供应商须知

5.1.5.1　说明

(1) 适用范围　本采购文件仅适用于本次邀函中所述的××市图书馆工具书阅览室实木书架及吊顶项目货物、服务谈判。

(2) 定义　谈判组织人指组织本次谈判的××市公共资源交易中心政府采购中心。谈判供应商指向谈判组织人提交谈判文件的供应商。采购指××市图书馆。货物指谈判供应商按谈判文件规定，须向最终用户提供的货物及其他有关技术资料。服务指谈判文件规定谈判供应商须承担的送货、安装、维修和其他类似义务。

(3) 谈判供应商条件　具有独立承担民事责任的能力；具有良好的商业信誉和健全的财务会计制度；具有完成本次谈判项目所必需的设备和专业技术能力；有依法缴纳税收和社会保障资金的良好记录。凡符合"谈判项目要求"条件，承认本谈判文件所有内容的供应商均为合格的谈判供应商。谈判供应商应遵守中华人民共和国法律、法规和谈判组织人有关谈判的规定。

(4) 谈判费用　谈判供应商应自行承担参加谈判活动有关的全部费用，谈判组织人在任何情况下均无义务和责任承担上述费用。本项目免收成交服务费，由成交供应商支付谈判相关费用。

5.1.5.2　谈判文件说明

(1) 谈判文件的构成　谈判文件用以阐明所采购货物、服务、谈判程序和合同条款。谈判文件由下述部分组成，即谈判邀函、项目内容及技术要求、谈判项目要求、谈判供应商须知、谈判文件格式。

(2) 谈判文件的澄清　参加谈判的供应商对谈判文件如有需要澄清的疑问，应在谈判截止时间3天前按谈判邀函中载明的地址以书面形式（包括信函、电报或传真，下同）通知到谈判组织人。谈判组织人将视情况确定采用适当方式予以澄清或以书面形式予以答复，并在其认为必要时，将不标明查询来源的书面答复发给谈判文件的所有潜在谈判供应商。谈判组织人将视情况在认为必要时于谈判截止前答疑。

(3) 谈判文件的修改　谈判文件的修改书将构成谈判文件的一部分,对所有参加谈判的供应商均有约束力。

5.1.5.3　谈判响应文件的编写

(1) 要求　谈判的供应商应仔细阅读谈判文件的所有内容,按谈判文件的要求提供响应文件,并保证所提供的全部资料的真实性,以使其投标对谈判文件做出实质性响应,否则,其响应可能被拒绝。谈判文件文字、谈判文件均以中文印刷体,中文以外的文字应附以中文译文,中外文不符时以中文为准。谈判文件中计量单位,除在谈判文件的技术规格中另有规定外,计量单位使用中华人民共和国法定计量单位。谈判供应商的谈判响应文件必须加盖谈判供应商公章(指投标人的行政章),谈判组织人不接受加盖其他印鉴(如合同章、投标专用章等印鉴)的谈判文件。

(2) 谈判响应文件的组成　谈判响应文件应包括下列部分,即谈判供应商函、谈判价格一览表、谈判响应报价表、技术偏差表、服务承诺、关于资格的声明函、资格证明文件、业绩证明。资格证明文件包括营业执照副本复印件、税务登记证副本复印件、组织机构代码证副本复印件、法定代表人授权委托书(原件)、授权代表身份证复印件、其他资质证明复印件。复印件加盖单位公章,标明原件的装订在谈判文件正本。

(3) 谈判响应文件格式　谈判供应商应按谈判文件中第五部分谈判文件格式填写,谈判供应商认为需加以说明的其他内容可列备注栏。不按谈判文件内容填写或填写不完整视为无效响应。

(4) 谈判报价　谈判报价为项目货物交付、使用前的所有费用(含运费、安装调试费、税金等),以人民币为单位。谈判供应商应填写谈判价格一览表、技术参数响应表,如果分项报价与单价不符,则以单价为准;其他表格与谈判报价一览表不符,以谈判报价一览表为准;小写与大写不符,以大写为准;副本与正本不符,以正本为准。

(5) 谈判供应商资格证明文件　谈判供应商资格证明文件证明谈判供应商是合格的,且一旦其响应被接受,谈判供应商有能力履行合同。谈判货物符合谈判文件规定的证明文件证明谈判供应商提供的货物是合格的,且符合国家有关标准、谈判文件规定及谈判供应商认为需加以说明的其他内容。谈判供应商有履行合同所需的财务、技术、生产或供货能力。谈判供应商有能力履行谈判文件中合同条款和技术要求规定的由谈判供应商履行的服务义务。

(6) 谈判保证金　本项目不交纳保证金。不交纳保证金时,不受谈判文件中有关保证金论述的影响。谈判保证金为谈判响应文件的组成部分之一。交纳方式,谈判供应商应一次性交纳谈判保证金_____整。谈判保证金以谈判供应商的基本账户,采取汇款、转账等方式在谈判截止时间前交至××市公共资源交易中心指定账户,开户单位:××市公共资源交易中心;开户行:中国工商银行××市市区分行;账号:_____。在汇款单上注明:××市公共资源交易中心政府采购中心谈判保证金、项目名称、项目编号、公司名称。因不加注明未查收到汇款的,按未提交保证金处理。谈判前,谈判供应商自行到××市公共资源交易中心楼下中国工商银行××市市区分行凭交款单据原件换取到账通知单;谈判时,将到账通知单交至××市公共资源交易中心政府采购中心,由工作人员进行查验,查验不合格或不提供者视同未交纳保证金。未按规定提交谈判保证金的响应文件,将被视为无效响应文件。未成交的谈判供应商的保证金,将在成交通知书发出后5个工作日内无息退还。成交供应商的谈判保证金,在采购人和成交供应商签订合同后5个工作日内无息退还。下列情况发生时谈判保证金将被没收，即谈判供应商在谈判文件规定的谈判有效期内撤回其响应文件；谈判供应商提供虚假材料；成交供应商因其自身原因未按谈判文件中规定的时间与采购人签订合同。

（7）谈判有效期　谈判响应文件有效期为自谈判之日起60天内，成交的谈判文件其有效期应延续至合同执行结束，有效期短于这个规定期限的谈判供应商将被拒绝。特殊情况下，谈判组织人可于谈判供应商协商延长谈判书的有效期，要求与答复均为书面（函件、传真、电报）形式。谈判供应商可以拒绝接受延期要求而放弃谈判，谈判保证金将被尽快退回。对于同意该要求的谈判供应商，既不要求也不允许其修改谈判响应文件。

（8）谈判响应文件的签署及规定　谈判供应商应提交一份正本和两份副本，在每一份谈判响应文件上要明确注明"正本"或"副本"字样。谈判响应文件应用A4纸打印，按谈判文件的顺序牢固装订成册，不可插页、抽页，编制目录并标明页码以便评审。由于编排混乱导致谈判响应文件被误读或查不到，所引起的后果由谈判供应商负责。各种活页夹、文件夹装订均不认为是牢固装订，没有牢固装订或编排页码的谈判响应文件可能被拒绝。谈判响应文件中不应有加行、涂抹或改写。如有修改错漏处，必须由谈判供应商法定代表人或其委托代理人签字并加盖公章。电报、电话、传真、电子邮件形式的投标概不接受。

5.1.5.4　谈判响应文件的递交

（1）谈判响应文件的密封和标记　投标人应将谈判响应文件正本和副本分别用非透明文件袋密封，在封签处加盖公章，并标明采购编号、谈判供应商名称及正本和副本字样。为方便谈判报价的唱读，谈判供应商应将正本和谈判价格一览表单独密封，并在信封上标明"单位名称"及"谈判价格一览表"等字样，然后再装入正本谈判响应文件密封袋。每一个密封信封上均注明"于2017年3月7日上午10：00前不准启封"的字样。谈判供应商应将谈判响应文件按前述规定进行密封和标记后，按邀函注明的时间和地址送至谈判组织人。

（2）递交谈判响应文件的截止时间　所有谈判响应文件都必须按谈判组织人在谈判邀函中规定的谈判截止时间之前送至谈判组织人。谈判组织人推迟谈判截止时间时，应以公告的形式，通知所有潜在的谈判供应商。在这种情况下，谈判组织人和谈判供应商的权利和义务将受到新的截止期的约束。在谈判截止时间前，谈判供应商可以书面形式补充、修改或撤回已递交的谈判响应文件。补充、修改的内容为谈判响应文件的组成部分，上述补充或修改若涉及谈判报价将视为有选择性报价。谈判供应商补充或修改的谈判响应文件，须按有关规定进行编制、密封、标记和送达，同时应在封套上标明"补充"或"修改"字样。

（3）迟交的谈判响应文件　谈判组织人将拒收在谈判截止时间后的谈判响应文件。

5.1.5.5　开始和谈判

（1）开始　谈判组织人在谈判邀函规定的时间和地点开始谈判。谈判供应商法定代表人或其委托代理人须参加谈判仪式。开始时，由工作人员检查谈判响应文件密封情况，确认无误后按顺序拆封。谈判小组按项目分别对谈判响应人就价格、质量、资质、供货时间及服务承诺等内容进行评审。

（2）谈判小组　谈判组织人将根据所采购货物的特点组建谈判小组，其成员由采购方代表和技术、经济、商务等方面的专家组成。谈判小组对谈判响应文件进行审查、质疑、评估和比较。

(3) 谈判响应文件的审查　谈判开始后，谈判组织人将组织审查谈判响应文件是否完整，是否有计算错误，要求的谈判保证金是否已提供，文件是否已恰当地签署。不按谈判文件规定要求的响应为无效响应。在对谈判响应文件进行详细评估之前，谈判小组将依据谈判供应商提供的证明文件进行资格审查。如果确定谈判供应商不符合谈判文件对资格的要求，其谈判将被拒绝。谈判小组将确定每一谈判供应商是否对谈判文件的要求做出了实质性的响应，而没有重大偏离。实质性响应是指谈判供应商符合谈判文件的所有条款、条件和规定且没有重大偏离和保留。重大偏离和保留是指影响到谈判文件规定的范围、质量和性能，或限制了谈判组织人的权利和谈判供应商的义务的规定，而纠正这些偏离将影响到其他提交实质性响应的谈判供应商的公平竞争地位。

谈判小组判断谈判文件的响应性仅基于谈判响应文件本身内容而不靠外部证据。谈判小组将拒绝被确定为非实质性响应的谈判供应商，谈判供应商不能通过修正或撤销不符之处而使其成为实质性响应的谈判供应商。谈判小组允许修改谈判响应中不构成重大偏离的、微小的、非正规、不一致或不规则的地方。

(4) 谈判文件响应的澄清　为了有助于对谈判响应文件进行审查、评估和比较，谈判小组有权向谈判供应商质疑，谈判供应商澄清其响应文件内容。谈判供应商有责任按照谈判小组通知的时间、地点、方式指派委托代理人进行答疑和澄清。重要澄清的答复应是书面的，并由法定代表人或其委托代理人签字。谈判供应商的澄清文件是其谈判响应文件的组成部分，并取代谈判响应文件中被澄清的部分。谈判响应文件的澄清不得对谈判响应内容进行实质性修改。

(5) 谈判原则和方法　坚持公平、公正的原则。谈判工作在谈判小组内独立进行，遵照谈判原则，按照谈判程序及方法公正、平等地对待所有谈判响应人。谈判方法采用最低价评审法。满足采购需求、质量、服务相等且价格最低者为成交供应商。即审查供应商资质；审查供应商对货物技术参数、质保及售后等要求的响应情况；比较供应商的报价；对其他内容进行分析比较。综合以上审查及分析比较，最后得出评审结论。

(6) 保密及其他注意事项　谈判小组将对谈判响应文件中有关部分分别向谈判供应商进行询问，各谈判供应商予以答复。重要或复杂问题回答后，须补充以书面形式，并经法定代表人或其委托代理人签署。回答文件将作为谈判响应文件的组成部分。在谈判期间，谈判供应商不得向谈判小组成员询问谈判情况，不得进行旨在影响谈判公正下交换意见。在谈判工作结束后，凡与谈判情况有接触的任何人不得也不应将谈判情况扩散出谈判人员之外。为保证谈判的公正性，谈判后直至授予成交供应商合同，谈判小组成员不得与谈判供应商私下交换意见。在谈判工作结束后，凡与谈判情况有接触的任何人不得也不应将谈判情况扩散出谈判人员之外。谈判小组不向非成交供应商解释不成交原因，不退还谈判响应文件。在谈判过程中，如有谈判供应商联合故意抬高报价或其他不正当行为，谈判组织人有权终止谈判。

5.1.5.6　授予合同

(1) 成交原则　严格按照谈判文件的要求和条件进行谈判，择优确定成交供应商。本次谈判，合同将授予符合谈判文件要求，能提供最佳服务，综合评价最优的谈判供应商。

(2) 成交通知　成交供应商确定后，谈判组织人将结果在政府采购相关网站进行公示。由××市公共资源交易中心政府采购中心签发成交通知书。

(3) 质疑处理　谈判供应商若对谈判文件、谈判结果等采购过程有疑问，有权按照《中华人民共和国政府采购法》及其相关法律、法规的规定程序进行质疑，但须对质疑内容的真实性承担责任。质疑函以及相关证明材料必须是原件且有法人签字盖章,并由法人亲自携带本人身份证和营业执照副本原件一并提交(若质疑人不是法人则必须由法人出具委托书,同时还应提交被委托人的身份证和营业执照副本原件),否则不予受理。

(4) 授予合同时变更数量的权力 采购人在授予成交供应商合同时,保留对货物数量予以适当增减的权利。谈判供应商不得在此情况下对谈判响应文件做出修改,如价格、交货期、技术服务等。

(5) 签订合同 成交供应商应按照成交通知规定的时间、地点与采购人签订成交合同,否则谈判保证金将不予退还,给采购人和谈判组织人造成损失的,谈判供应商还应承担赔偿责任。合同签订后成交供应商须交纳一定数额的履约保证金,履约完成后无息退还。谈判组织人签发的成交通知书、谈判文件、成交供应商的谈判响应文件及其澄清文件等,均为签订合同的依据。签订合同后,成交供应商不得将本项目及其他相关服务进行转包。未经采购人同意,成交供应商不得采用分包的形式履行合同。否则采购人有权终止合同。转包或分包造成采购人损失的,成交供应商还应承担相应赔偿责任。如最终用户或成交供应商拒签合同,则按违约处理。谈判组织人对违约方收取成交金额2%的违约金,其中的1%用于对守约方的补偿,1%用于对谈判组织人的补偿。如成交供应商拒签合同,谈判组织人可在备选成交供应商中重新选定成交供应商。

(6) 技术响应说明 谈判文件中为简述货物的品质、基本性能而标示的品牌型号或指标与某产品相同的仅供谈判供应商选择货物时在质量水平上的参考,不具有限制性,评审以功能和性能为主,供谈判供应商可提供品质相同的或优于同类产品的货物。

5.1.6 谈判文件格式

(1) 谈判响应函。谈判响应函见表5-5。

表5-5 谈判响应函

致: 　　根据贵方谈判邀请,签字代表　　(全名、职务)经正式授权并代表谈判供应商　　(谈判供应商名称、地址)提交下述文件正本一份和副本两份,并对之负法律责任。 (1)谈判响应函 (2)谈判价格一览表 (3)谈判响应报价表 (4)技术偏差表 (5)服务承诺 (6)关于资格的声明函 (7)资格证明文件 (8)业绩证明 据此函,签字代表宣布同意如下。 1. 所附谈判响应报价表中规定的应提供和交付的货物总价为人民币,即　　(大写　　)。 2. 如果我们的谈判响应文件被接受,我们将履行谈判文件中规定的每一项要求,按期、按质、按量履行合同。 3. 我方愿按《中华人民共和国合同法》履行我方的全部责任。 4. 谈判供应商已详细审查全部谈判文件,包括修改文件以及全部参考资料和有关附件。我们完全理解并同意放弃对这方面有不明及误解的权力。 5. 本投标自谈判开始日起有效期为60天内。 6. 如果在规定的谈判时间后,我方在谈判响应有效期内撤回谈判响应文件,谈判保证金将被贵方没收。 7. 谈判供应商同意提供按照贵方可能要求的与本谈判有关的一切数据或资料,理解贵方不一定要接受最低价的谈判。 8. 我方保证谈判响应文件中的所有资料均为真实、有效的,如有虚假,我方承诺谈判响应文件无效并愿承担一切责任。

续表

9. 与本谈判有关的一切正式往来寄：
地址：
邮政编码：
电话：
传真：
谈判供应商代表姓名、职务：
谈判供应商名称(签章)：
日期：

(2) 谈判价格一览表　谈判价格一览表见表 5-6。

表 5-6　谈判价格一览表

谈判供应商名称：		单位：　　元	
项目编号	项目名称	投标报价	交货期
一			
二			
三			
四			
五			
六			
七			
八			
九			
投标总价(人民币大写)：　　　　　元			
谈判供应商代表签字：			
谈判供应商公章			
日期：			

(3) 谈判响应报价表　谈判响应报价表见表 5-7。

表 5-7　谈判响应报价表

	谈判供应商名称：		单位：　　元		
序号	货物名称(标明生产厂家、规格型号等)	数量	单价	小计	
总价(人民币大写)：　　　　　元					
谈判供应商代表签字：					
(谈判供应商公章)					
日期：					

(4) 技术偏差表　技术偏差表见表 5-8。

表 5-8　技术偏差表

谈判供应商名称：				
采购编号：　　　号				
序号	名称	技术参数及要求		偏差
		谈判文件	响应文件	

续表

序号	名称	技术参数及要求		偏差
		谈判文件	响应文件	

谈判供应商代表签字：
（谈判供应商公章）
日期：

注："偏差"栏中详细注明响应文件参数与谈判文件中要求有何不同，并说明其符合性。谈判供应商可根据需要自行增减表格行数。

（5）服务承诺　服务承诺见表 5-9。

表 5-9　服务承诺

服务承诺
1. 详细说明售后服务的内容、形式，含免费服务时间。
2. 解决质量或操作问题时间。
3. 维修技术人员情况。
4. 应急维修时间安排。
5. 技术培训、质量保证措施。
6. 谈判供应商认为需要说明的其他服务承诺。
谈判供应商代表签名： （谈判供应商公章）

（6）关于资格的声明函　关于资格的声明函见表 5-10。

表 5-10　关于资格的声明函

关于资格的声明函
××市政府采购中心： 　　关于贵方的××市图书馆工具书阅览室实木书架及吊顶项目谈判邀请，本签字人愿意参加谈判，提供谈判项目一览表中规定的货物，并声明提交的下列文件是准确和真实的。 1. 企业法人营业执照。 2. 税务登记证。 3. 组织机构代码证。 4. 法定代表人授权委托书。 5. 委托代理人身份证。 6. 其他证明文件或证件。 本签字人确认资格文件中的说明是真实的、准确的。
单位名称：（签章）　　　　　　　　　法定代表人：（签字）：
地址：　　　　　　　　　　　　　　　邮政编码：
签字人姓名、职务（印刷体）：　　　　签字：
电话：　　　　　　　　　　　　　　　传真：
日期：

（7）授权委托书　授权委托书见表 5-11。

表 5-11　授权委托书

授权委托书
委托单位：
地址：　　　　　　　　　　法定代表人：
受托人姓名：　　性别：　　出生日期：　　年　　月　　日
所在单位：　　　　　　　　职务：
身份证：　　　　　　　　　现住：

续表

兹委托受托人　　代表我单位参加××市图书馆工具书阅览室实木书架及吊顶项目谈判事宜,并授权其全权办理以下事宜。 1. 参加谈判活动。 2. 出席谈判会议。 3. 确定谈判采购的最终报价。 4. 签订与成交事宜有关的合同。 5. 负责合同的履行、服务以及在合同履行过程中有关事宜的洽谈和处理。 受托人在办理上述事宜过程中以其自己的名义签署的所有文件我单位均予以承认。 受托人无转委托权。 委托期限:至上述事宜处理完毕止。 委托单位(公章): 法定代表人(签章): 受托人(签章): 　　年　　月　　日

5.2 ××市公安局交通管理支队红绿灯优化工程竞争性谈判文件

5.2.1 文件封面及目录

文件封面见表5-12,文件目录见表5-13。

表5-12　文件封面

××市公共资源交易中心政府采购中心竞争性谈判文件
采购编号:×××[2017]072号 项目名称:××市公安局交通管理支队红绿灯优化工程 2017年3月10日

表5-13　文件目录

目录
第一部分　谈判采购邀函 13 第二部分　项目内容及技术要求 16 第三部分　谈判项目要求 28 第四部分　谈判供应商须知 29 第五部分　谈判响应文件格式 38

5.2.2 谈判采购邀函

谈判采购邀函见表5-14。

表5-14　谈判采购邀函

谈判采购邀函
根据《中华人民共和国政府采购法》的有关规定,受采购单位委托,经相关部门批准,××市公安局交通管理支队红绿灯优化工程项目采用竞争性谈判方式进行采购。现邀符合采购要求,有施工能力的供应商积极参加。 　　1. 采购编号:×××[2017]072号 　　2. 项目内容与要求:见谈判文件第二部分"项目内容及施工要求"。 　　3. 谈判文件领取时间和地点 　　(1)领取时间:2017年3月10～14日上班时间 　　(2)领取地点:××市公共资源交易中心一楼西大厅政府采购窗口

续表

> 领取谈判文件时,须携带本项目所需资质证明原件,并留加盖单位公章的复印件一份。
> 4. 谈判响应文件送达截止时间和地点
> (1)截止时间:2017年3月16日上午10:00。
> (2)送达地点:××市云梦区人民路车站东270m路东公共资源交易中心1136房间。
> 5. 谈判时间和地点
> (1)谈判时间:2017年3月16日上午10:30。
> (2)谈判地点:××市云梦区人民路车站东270m路东公共资源交易中心评标室。
> 6. 联系方式
> (1)本项目负责人:孙先生电话:
> (2)采购方联系人:王先生电话:
> 7. 项目预算资金:571775.59元
> 领取谈判文件后及时与采购方联系,勘查现场并领取工程量清单、施工图纸等相关资料。
> 2017年3月10日

5.2.3 项目内容及施工要求

(1)项目内容 根据××市公安局交通管理支队红绿灯优化工程项目采购需求,本次谈判内容如下:工程量清单、施工图纸及有关附表包括的全部内容。

(2)施工要求

① 承包方式:包工包料。所需材料符合绿色、环保、节能及国家相关标准;整体要求结实、美观、耐用,质量优良。

② 质量标准:合格。

③ 工期:双方签订合同时约定。

④ 保修期:按相关行业标准或双方签订合同时约定。

⑤ 提供7×12h工程服务,接到服务求后,1h响应,24h内上门并视情况解决问题。

⑥ 施工的具体要求见施工图纸及工程效果图。

⑦ 投标人工程预算以现场勘察、施工图纸、工程量清单、所需材料及工期等要求综合考虑。

⑧ 严格落实安全措施,周密组织,文明施工。

5.2.4 谈判项目要求

(1)谈判供应商资质 符合《中华人民共和国政府采购法》第二十二条要求;具有市政工程三级及以上资质,有效的安全生产许可证;项目经理具有二级及以上建造师证,有效地安全考核合格证。

(2)谈判响应文件应密封递交 因未按要求造成的泄密,由谈判供应商负责。除谈判文件有规定外,谈判供应商对项目只允许有一个报价,谈判组织人和采购人不接受有任何选择的报价响应。

(3)成交供应商 在接到成交通知书后30日内与最终用户签订采购合同,并于合同签订后7日内报谈判组织人一份。

(4)施工地点 采购人指定地点。

(5)验收 由最终用户组织验收。

(6)付款方式 以签订合同付款方式为主。

(7) 联合体　本项目不接受联合体参与。

(8) 谈判供应商　必须由法定代表人或委托代理人参加谈判仪式，随时接受谈判小组询问，并予以解答。

5.2.5　谈判供应商须知

5.2.5.1　说明

(1) 适用范围　本采购文件仅适用于本次邀函中所述的××市公安局交通管理支队红绿灯优化工程项目谈判。

(2) 定义　谈判组织人指组织本次谈判的××市公共资源交易中心政府采购中心。谈判供应商指向谈判组织人提交谈判文件的供应商。采购人指××市公安局交通管理支队。工程指谈判供应商按谈判文件规定，须为采购人提供的工程施工及服务。

(3) 谈判供应商条件　具有独立承担民事责任的能力；具有良好的商业信誉和健全的财务会计制度；具有完成本次谈判项目所必需的设备和专业技术能力；有依法缴纳税收和社会保障资金的良好记录。凡符合"谈判项目要求"条件，承认本谈判文件所有内容的供应商均为合格的谈判供应商。谈判供应商应遵守中华人民共和国法律、法规和谈判组织人有关谈判的规定。

(4) 谈判费用　谈判供应商应自行承担参加谈判活动有关的全部费用，谈判组织人在任何情况下均无义务和责任承担上述费用。本项目免收成交服务费，由成交供应商支付谈判相关费用。

5.2.5.2　谈判文件说明

(1) 谈判文件的构成　谈判文件用以阐明所采购工程的内容、要求及谈判程序。谈判文件由下述部分组成，即谈判邀函、项目内容及施工要求、谈判项目要求、谈判供应商须知；谈判文件格式。

(2) 谈判文件的澄清　参加谈判的供应商对谈判文件如有需要澄清的疑问，应在谈判截止时间3天前按谈判邀函中载明的地址以书面形式（包括信函、电报或传真，下同）通知到谈判组织人。谈判组织人将视情况确定采用适当方式予以澄清或以书面形式予以答复，并在其认为必要时，将不标明查询来源的书面答复发给谈判文件的所有潜在谈判供应商。谈判组织人将视情况在认为必要时在谈判截止前答疑。

(3) 谈判文件的修改　谈判文件的修改书将构成谈判文件的一部分，对所有参加谈判的供应商均有约束力。

5.2.5.3　谈判响应文件的编写

(1) 要求　谈判的供应商应仔细阅读谈判文件的所有内容，按谈判文件的要求提供响应文件，并保证所提供的全部资料的真实性，以使其投标对谈判文件做出实质性响应，否则，其响应可能被拒绝。谈判文件文字、谈判文件均以中文印刷体，中文以外的文字应附以中文译文，中外文不符时以中文为准。谈判文件中计量单位，除在谈判文件的技术规格中另有规定外，计量单位使用中华人民共和国法定计量单位。谈判供应商的谈判响应文件必须加盖谈判供应商公章（指投标人的行政章），谈判组织人不接受加盖其他印鉴（如合同章、投标专用章等印鉴）的谈判文件。

（2）谈判文件的组成　谈判文件应包括下列部分，即谈判供应商函；谈判价格一览表；谈判报价说明；服务承诺；施工图预算书；施工组织设计；劳动力计划表；计划开、竣工日期和施工进度表；施工总平面图；临时用地表；项目管理机构配备情况表；项目负责人简历表；项目管理机构配备情况辅助说明资料；关于资格的声明函；授权委托书；其他相关资料。资格证明文件包括加盖单位公章的营业执照复印件；税务登记证复印件；法人授权委托书；授权代表身份证复印件；其他有关证明复印件。

（3）谈判文件格式　谈判人应按谈判文件中第五部分谈判文件格式填写，谈判供应商认为需加以说明的其他内容可列备注栏。不按谈判文件内容填写或填写不完整视为无效响应。

（4）谈判报价　谈判报价为工程交付使用前的所有费用（含材料费、施工费、税金等），以人民币为单位。谈判供应商应填写谈判价格一览表、工程施工预算表，如果分项报价与单价不符，则以单价为准；其他表格与谈判报价一览表不符，以谈判报价一览表为准；小写与大写不符，以大写为准；副本与正本不符，以正本为准。

（5）谈判供应商资格证明文件　谈判供应商资格证明文件证明谈判供应商是合格的，且一旦其响应被接受，谈判供应商有能力履行合同。谈判工程符合谈判文件规定的证明文件证明谈判供应商提供的施工服务是合格的，且符合国家有关标准、谈判文件规定及谈判供应商认为需加以说明的其他内容。谈判供应商有履行合同所需的财务、技术、施工能力。谈判供应商有能力履行谈判文件中合同条款和施工要求规定的由谈判供应商履行的服务义务。

（6）谈判保证金　本项目不交纳保证金。不交纳保证金时，不受谈判文件中有关保证金论述的影响。谈判保证金为谈判响应文件的组成部分之一。谈判供应商应按　　　一次性交纳谈判保证金。谈判保证金以谈判供应商的基本账户，采取汇款、转账等方式在谈判截止时间前交至××市公共资源交易中心指定账户，开户单位：××市公共资源交易中心；开户行：中国工商银行××市市区分行；账号：　　　　。在汇款单上注明：××市公共资源交易中心政府采购中心谈判保证金、项目名称、项目编号、公司名称。因不加注明未查收到汇款的，按未提交保证金处理。谈判前，谈判供应商自行到××市公共资源交易中心楼下中国工商银行××市市区分行凭交款单据原件换取到账通知单；谈判时，将到账通知单交至××市公共资源交易中心政府采购中心，由工作人员进行查验，查验不合格或不提供者视同未交纳保证金。未按规定提交谈判保证金的响应文件，将被视为无效响应文件。未成交的谈判供应商的保证金，将在成交通知书发出后5个工作日内无息退还。成交供应商的谈判保证金，在采购人和成交供应商签订合同后5个工作日内无息退还。下列情况发生时，谈判保证金将被没收，即谈判供应商在谈判文件规定的谈判有效期内撤回其响应文件；谈判供应商提供虚假材料；成交供应商因其自身原因未按谈判文件中规定的时间与采购人签订合同。

（7）投标有效期　谈判响应文件有效期为自谈判之日起60天内，成交的谈判文件其有效期应延续至合同执行结束，有效期短于这个规定期限的谈判供应商将被拒绝。特殊情况下，谈判组织人可于谈判供应商协商延长谈判书的有效期，要求与答复均为书面（函件、传真、电报）形式。谈判供应商可以拒绝接受延期要求而放弃谈判，谈判保证金将被尽快退回。对于同意该要求的谈判供应商，既不要求也不允许其修改谈判响应文件。

（8）谈判响应文件的签署及规定　谈判供应商应提交一份正本和两份副本，在每一份谈判响应文件上要明确注明"正本"或"副本"字样。谈判响应文件应用A4纸打印，按谈判文件的顺序牢固装订成册，不可插页、抽页，编制目录并标明页码以便评审。由于编排混乱导致谈判响应文件被误读或查不到，所引起的后果由谈判供应商负责。各种活页夹、文件夹装订均不认为是牢固装订,没有牢固装订或编排页码的谈判响应文件可能被拒绝。谈判响应文件中不应有加行、涂抹或改写。如有修改错漏处,必须由谈判供应商法定代表人或其委托代理人签字并加盖公章。电报、电话、传真、电子邮件形式的投标概不接受。

5.2.5.4 谈判响应文件的递交

(1) 谈判响应文件的密封和标记　投标人应将谈判响应文件正本和副本分别用非透明文件袋密封,在封签处加盖公章,并标明采购编号、谈判供应商名称及正本和副本字样。为方便谈判报价的唱读,谈判供应商应将正本和谈判价格一览表单独密封,并在信封上标明"单位名称"及"谈判价格一览表"等字样,然后再装入正本谈判响应文件密封袋。每一个密封信封上均注明"于2017年3月16日上午10:00前不准启封"的字样。谈判供应商应将谈判响应文件按前述规定进行密封和标记后,按邀函注明的时间和地址送至谈判组织人。

(2) 递交谈判响应文件的截止时间　所有谈判响应文件都必须按谈判组织人在谈判邀函中规定的谈判截止时间之前送至谈判组织人。谈判组织人推迟谈判截止时间时,应以公告的形式,通知所有潜在的谈判供应商,在这种情况下,谈判组织人和谈判供应商的权利和义务将受到新的截止期的约束。在谈判截止时间前谈判供应商可以书面形式补充、修改或撤回已递交的谈判响应文件,补充、修改的内容为谈判响应文件的组成部分,上述补充或修改若涉及谈判报价将视为有选择性报价。谈判供应商补充或修改的谈判响应文件,须按有关规定进行编制、密封、标记和送达,同时应在封套上标明"补充"或"修改"字样。

(3) 迟交的谈判响应文件　谈判组织人将拒收在谈判截止时间后的谈判响应文件。

5.2.5.5 开始和谈判

(1) 开始　谈判组织人在谈判邀函规定的时间和地点开始谈判。谈判供应商法定代表人或其委托代理人须参加谈判仪式。开始时,由工作人员检查谈判响应文件密封情况,确认无误后按顺序拆封。谈判小组按项目分别对谈判响应人就价格、质量、资质、工期及服务承诺等内容进行评审。

(2) 谈判小组　谈判组织人将根据所采购工程的特点组建谈判小组,其成员由采购方代表和技术、经济、商务等方面的专家组成。谈判小组对谈判响应文件进行审查、质疑、评估和比较。

(3) 谈判响应文件的审查　谈判开始后,谈判组织人将组织审查谈判响应文件是否完整,是否有计算错误,要求的谈判保证金是否已提供,文件是否已恰当地签署;不按谈判文件规定要求的响应为无效响应。在对谈判响应文件进行详细评估之前,谈判小组将依据谈判供应商提供的证明文件进行资格审查;如果确定谈判供应商不符合谈判文件对资格的要求,其谈判将被拒绝。谈判小组将确定每一谈判供应商是否对谈判文件的要求做出了实质性的响应;实质性响应是指谈判供应商符合谈判文件的所有条款、条件和规定且没有重大偏离和保留;重大偏离和保留是指影响到谈判文件规定的范围、质量和性能,或限制了谈判组织人的权利和谈判供应商的义务的规定,而纠正这些偏离将影响到其他提交实质性响应的谈判供应商的公平竞争地位。谈判小组判断谈判文件的响应性仅基于谈判响应文件本身内容而不靠外部证据。谈判小组将拒绝被确定为非实质性响应的谈判供应商,谈判供应商不能通过修正或撤销不符之处而使其成为实质性响应的谈判供应商。谈判小组允许修改谈判响应中不构成重大偏离的、微小的、非正规、不一致或不规则的地方。

（4）谈判文件响应的澄清　为了有助于对谈判响应文件进行审查、评估和比较，谈判小组有权向谈判供应商质疑，谈判供应商澄清其响应文件内容；谈判供应商有责任按照谈判小组通知的时间、地点、方式指派委托代理人进行答疑和澄清。重要澄清的答复应是书面的，并由法定代表人或其委托代理人签字。谈判供应商的澄清文件是其谈判响应文件的组成部分，并取代谈判响应文件中被澄清的部分。谈判响应文件的澄清不得对谈判响应内容进行实质性修改。

（5）谈判原则和方法　坚持公平、公正的原则　谈判工作在谈判小组内独立进行，遵照谈判原则，按照谈判程序及方法公正、平等地对待所有谈判响应人。谈判方法，满足采购需求，质量、服务相等且价格最低的谈判供应商为成交供应商，即审查供应商资质；审查供应商工程预算及施工组织设计等；比较工程报价；对其他内容进行分析比较，通过以上审查及分析比较得出评审结论。

（6）保密及其他注意事项　谈判小组将对谈判响应文件中有关部分分别向谈判供应商进行询问，各谈判供应商予以答复；重要或复杂问题回答后，须补充以书面形式，并经法定代表人或其委托代理人签署；回答文件将作为谈判响应文件的组成部分。在谈判期间，谈判供应商不得向谈判小组成员询问谈判情况，不得进行旨在影响谈判公正下交换意见；在谈判工作结束后，凡与谈判情况有接触的任何人不得也不应将谈判情况扩散出谈判人员之外。为保证谈判的公正性，谈判后直至授予成交供应商合同，谈判小组成员不得与谈判供应商私下交换意见；在谈判工作结束后，凡与谈判情况有接触的任何人不得也不应将谈判情况扩散出谈判人员之外。谈判小组不向非成交供应商解释不成交原因，不退还谈判响应文件。在谈判过程中，如有谈判供应商联合故意抬高报价或其他不正当行为，谈判组织人有权终止谈判。

5.2.5.6　授予合同

（1）成交原则　严格按照谈判文件的要求和条件进行谈判，择优确定成交供应商。本次谈判，合同将授予符合谈判文件要求，能提供最佳服务，综合评价最优的谈判供应商。

（2）成交通知　成交供应商确定后，谈判组织人将结果在湘江省政府采购网进行公示。公示期过后，由××市公共资源交易中心政府采购中心签发成交通知书。

（3）质疑处理　谈判供应商若对谈判文件、谈判结果等采购过程有疑问，有权按照《中华人民共和国政府采购法》及其相关法律、法规的规定程序进行质疑，但须对质疑内容的真实性承担责任。质疑函以及相关证明材料必须是原件且有法人签字盖章，并由法人亲自携带本人身份证和营业执照副本原件一并提交（若质疑人不是法人则必须由法人出具委托书，同时还应提交被委托人的身份证和营业执照副本原件），否则不予受理。

（4）签订合同　成交供应商应按照成交通知规定的时间、地点与采购人签订成交合同，否则谈判保证金将不予退还，给采购人和谈判组织人造成损失的，谈判供应商还应承担赔偿责任。合同签订后成交供应商须交纳一定数额的履约保证金，履约完成后无息退还。谈判组织人签发的成交通知书、谈判文件、成交供应商的谈判响应文件及其澄清文件等，均为签定合同的依据。签订合同后，成交供应商不得将本项目及其他相关服务进行转包；未经采购人同意成交供应商不得采用分包的形式履行合同，否则采购人有权终止合同；转包或分包造成采购人损失的成交供应商还应承担相应赔偿责任。如最终用户或成交供应商拒签合同则按违约处理；谈判组织人对违约方收取成交金额2%的违约金，其中的1%用于对守约方的补偿，1%用于对谈判组织人的补偿。如成交供应商拒签合同，谈判组织人可在备选成交供应商中重新选定成交供应商。

5.2.6 谈判文件格式

(1) 谈判响应函　谈判响应函见表 5-15。

表 5-15　谈判响应函

谈判响应函
致：××市公共资源交易中心政府采购中心 　　根据贵方政府采购编号为的谈判邀函，正式授权下述签字人（姓名和职务，用印刷体）代表谈判供应商（投标单位的名称），提交下述文件。 (1)谈判响应函(附件一)按统一格式填写，由投标单位加盖公章，并由投标单位法定代表人或其授权代表人签字盖章。 (2)谈判价格一览表(附件二，统一格式，用于唱标) (3)投标报价说明 (4)服务承诺 (5)施工图预算书 (6)施工组织设计 (7)劳动力计划表 (8)计划开、竣工日期和施工进度表 (9)施工总平面图 (10)临时用地表 (11)项目管理机构配备情况表 (12)项目负责人简历表 (13)项目管理机构配备情况辅助说明资料 (14)关于资格的声明函 (15)授权委托书 (16)其他相关资料 　　根据此函，签字人兹宣布同意如下。 　1. 按采购文件的规定，我方此次项目总报价为人民币元整(大写)。 　2. 我们完全理解贵方不一定要接受最低的报价为成交单位。 　3. 我们已详细审核全部采购文件及其有效补充文件，完全理解同意贵方采购文件的各项要求并遵守贵方采购文件中的各项规定。 　4. 我方同意提供贵方可能另外要求的与谈判有关的任何证据或资料。 　5. 一旦我方成交，我们将根据采购文件的规定，严格履行自己的责任和义务。 全权代表姓名： 谈判供应商全称(加盖公章)： 供应商单位地址： 邮编：　　　　　电话：　　　　　传真： 　　年　　月　　日

(2) 谈判价格一览表　谈判价格一览表见表 5-16。

表 5-16　谈判价格一览表

项目名称	报价	工期
	￥ (大写)人民币　佰　拾　万　仟　佰　拾　元整	
谈判供应商全称(盖章)：　　　　　全权代表(签字)：		

注：1. 报价总计包括本项目交付使用前的全部费用。

　　2. 谈判价格一览表格式不得自行改动。

(3) 谈判报价说明　本报价是依据本工程谈判须知和合同文件的有关条款进行编制的施工图预算造价基础上的报价。本报价的币种为人民币。

(4) 施工组织设计　谈判供应商应编制施工组织设计，编制时应采用文字并结合图形表格说明各分布分项工程的施工方法；拟投入的主要施工设备情况、劳动力计划等；结合工程特点提出切实可行的工程质量、安全生产、文明施工、工程进度、技术组织措施，同时应对关键工序、复杂环节重点提出相应的技术措施，如雨季施工技术措施、减少扰民噪声、降低环境污染技术措施、地下管线及其他地上地下设施的保护加固措施等。施工组织设计除采用文字表达外应附下列图表（图表及格式要求附后），即劳动力计划表；计划开、竣工日期和施工进度表；施工总平面图；临时用地表。

(5) 劳动力计划表　劳动力计划表见表 5-17。

表 5-17　劳动力计划表

项目名称：	单位：	人						
工种	按工程施工阶段投入劳动力情况							

注：1. 谈判供应商按所列格式提交包括分包人在内的估计劳动力计划表；
2. 本计划表是以每班 8 小时工作制为基础编制的。

(6) 计划开、竣工日期和施工进度表　谈判供应商应提交的施工进度网络图或施工进度表，说明按谈判文件要求的工期进行的各个关键日期，成交的谈判供应商还应按合同条件有关条款的要求提交详细的施工进度计划。施工进度表可采用网络图（或横线图）表示，说明计划开工日期和各分项工程的完工日期。施工进度计划与施工组织相适应。

(7) 施工总平面图　谈判供应商应提交一份施工总平面图，绘出现场临时设施布置图并附文字说明，说明临时设施、加工车间、现场办公、设备及仓储、供电、供水、卫生、生活等设施的情况和布置。

(8) 临时用地表　临时用地表见表 5-18。

表 5-18　临时用地表

项目名称：			
用途	面积/m²	位置	需用时间

(9) 项目管理机构配备情况表　项目管理机构配备情况表见表 5-19。

表 5-19　项目管理机构配备情况表

项目名称：								
职务	姓名	职称	执业或职业资格证明				已承担在建工程情况	
			证书名称	级别	证号	专业	原服务单位	项目数	主要项目名称

注：一旦我单位成交，将实行建造师负责制。并配备上述项目管理机构。我方保证上述填报内容真实，愿按有关规定接受处理。项目管理班子机构设置、职责分工等情况另附资料说明。

(10) 项目技术负责人简历表　项目技术负责人简历表见表 5-20。

表 5-20　项目技术负责人简历表

项目名称：

姓名		性别		年龄	
职务		职称		学历	
参加工作时间			担任技术负责人年限		
在建和已完工程项目情况					
建设单位	项目名称	建设规模	开、竣工日期	在建或已完	工程质量

（11）项目管理机构配备情况辅助说明资料　项目管理机构配备情况辅助说明资料见表5-21。

表 5-21　项目管理机构配备情况辅助说明资料

项目名称：

注：1. 辅助说明资料主要包括管理机构和机构设置、职责分工有关复印资料及投标人认为有必要提供的资料。格式不做统一规定。
2. 项目管理机构配备情况说明资料另附（与本投标文件一起装订）。

（12）关于资格的声明函　关于资格的声明函见表5-22。

表 5-22　关于资格的声明函

关于资格的声明函

××市公共资源交易中心政府采购中心：

关于贵方的××市公安局交通管理支队红绿灯优化工程项目招标邀请，本签字人愿意参加投标，提供谈判项目所需的工程维修改造服务，并声明提交的下列文件是准确和真实的。

1. 企业法人营业执照。
2. 税务登记证。
3. 组织机构代码证。
4. 法定代表人授权委托书。
5. 委托代理人身份证。
6. 其他证明文件或证件。

本签字人确认资格文件中的说明是真实的、准确的。

单位名称：(签章)　　　　　法定代表人(签字)：
地址：　　　　　　　　　　邮政编码：
签字人姓名、职务(印刷体)：　签字：
电话：　　　　　　　　　　传真：
日期：

（13）授权委托书　授权委托书见表5-23。

表 5-23　授权委托书

授权委托书

委托单位：
地址：　　　　　　　　　　法定代表人：
受托人姓名：　　性别：　　出生日期：　　年　月　日
所在单位：　　　　　　　　职务：
身份证：　　　　　　　　　现住：

续表

兹委托受托人代表我单位参加××市公安局交通管理支队红绿灯优化工程项目谈判事宜,并授权其全权办理以下事宜。 1. 参加谈判活动。 2. 出席谈判会议。 3. 确定谈判采购的最终报价。 4. 签订与成交事宜有关的合同。 5. 负责合同的履行、服务以及在合同履行过程中有关事宜的洽谈和处理。 受托人在办理上述事宜过程中以其自己的名义签署的所有文件我单位均予以承认。 受托人无转委托权。 委托期限:至上述事宜处理完毕止。 委托单位:(公章) 法定代表人:(签字或盖章) 受托人:(签字)   年 月 日

参考文献

[1] Great Britain,Margaret Hodge. Cabinet Office: Improving Government Procurement and the Impact of Government's ICT Savings Initiatives, Sixth Report of Session 2013-14, Report, Together with Formal Minutes,Oral and Written Evidence. Committee of Public Accounts ,2013.

[2] Helen Randall, Jon Baldwin , Trowers and Hamlin . Local Government Contracts and Procurement. Bloomsbury Professional ,2016.

[3] Helen Randall. Local Government Contracts and Procurement,Tottel Publishing,2007.

[4] Ralph C., Jr. Nash , Steven L. Schooner , Karen R. O'Brien-DeBakey. The Government Contracts Reference Book: A Comprehensive Guide to the Language of Procurement. Aspen Pub ,2013.

[5] Simon Evenett,Bernard M. Hoekman. The WTO and Government Procurement. Edward Elgar Publishing Ltd ,2006.

[6] Tom Oreilly. Everything You Ever Wanted to Know about Government Procurement A-Z. Outskirts Press,2007.

[7] [德]. 罗尔夫·斯特博. 德国经济行政法[M]. 苏颖霞、陈少康译. 北京：中国政法大学出版社, 1999.

[8] [美]. 伯纳德·施瓦茨. 行政法[M]. 徐炳译. 北京：群众出版社, 1986.

[9] [美]博登海默. 法理学——法律哲学与法律方法[M]. 邓正来译. 北京：中国政法大学出版社, 1999.

[10] [美]理查德, A. 波斯纳. 法律的经济分析[M]. 蒋兆康译, 北京：中国大百科全书出版社, 1997.

[11] [美]迈克尔, D. 贝勒斯. 法律的原则[M]. 张文显等译. 北京：中国大百科全书出版社, 1996.

[12] [美]斯蒂格利茨. 政府为什么干预经济[M]. 郑秉文译. 北京：中国物资出版社, 1998.

[13] [日]谷口安平. 程序的正义与诉讼[M]. 王亚新等译. 北京：中国政法大学出版社, 1996.

[14] 《地基处理手册》编委会. 地基处理手册[M]. 北京：中国建筑工业出版社, 1988.

[15] 《建筑施工手册》编委会. 建筑施工手册[M]. 北京：中国建筑工业出版社, 2003.

[16] 《岩土工程施工方法》编写组. 岩土工程施工方法[M]. 沈阳：辽宁科学技术出版社, 1990.

[17] 《招标工程师实务手册》编写组. 招标工程师实务手册[M]. 北京：机械工业出版社, 2006.

[18] 《桩基工程手册》编委会. 桩基工程手册[M]. 北京：中国建筑工业出版社, 1995.

[19] David Heald. Public Expenditure Martin Robertson[M]. Oxford:Oxford University Press,1983.

[20] Fainsod et al. Government and the American Economic History[M]. Chicago: University of Chicago Press,2007.

[21] Faulkner. American Economic History[M]. Berlin:NABU Press,2008.

[22] Federation International des Ingenieurs-Conseils(FIDIC). Conditions of Contract for EPC Turnkey Projects. Switzerland:FIDIC. 1999.

[23] John Cibinc, Jr and Ralph C. Nash, Jr. Administration of Government Contracts [M].3rd Ed. Washington:The George Washington University,1995.

[24] Naisbitt,J. & Aburdene,P. Megatrends 2000[J]. New York:William& Morrow. 1990.

[25] Peter Malanczuk Akehurst's Modern Introduction to International Law[Z]. 7th Routledge,1997.

[26] Richard J. Pierce, Jr. Rulemaking and Administrative Procedure Act [S]. Tulsa Law Journal Winter,1996.

[27] Steven Kelman. Procurement and Public Management Publisher for American Enterprise Institute [R].

Washington, D.C, 1990.

[28] Stuart F. Heinritz Paul V. Farrfll Clifton L. Smith Purchasing Principles and Applications Prentice-hall [M]. 7th Ed. New Jersey:Englewood Cliffs Press,1986.

[29] Studenski&Krooss. Financial History of the United States[M]. New York:Spaight Press,2008.

[30] 《公路工程基本建设项目设计文件编制办法》编写组．公路工程基本建设项目设计文件编制办法[M]．北京：人民交通出版社，2007.

[31] 曹富国，何景成．政府采购管理国际规范与实务[M]．北京：企业管理出版社，1998.

[32] 陈健．政府与市场——美、英、法、德、日市场经济模式研究[M]．北京：经济管理出版社，1995.

[33] 陈正，涂群岚．建筑工程招投标与合同管理实务[M]．北京：电子工业出版社，2006.

[34] 对外贸易经济合作部国际联系司，关贸总协定上海研究中心．乌拉圭回合多边贸易谈判结果最后文件．[M]．北京：法律出版社，1995.

[35] 钢结构工程施工质量验收规范（GB 50205—2001）[S].

[36] 钢结构设计规范（GBJ 17—89）[S].

[37] 顾晓鲁，钱鸿缙等．地基与基础[M]．北京：中国建筑工业出版社，1993.

[38] 国家发展计划委员会政策法规司．招标投标政府采购理论与实务[M]．北京：中国检察出版社，1999.

[39] 黄景瑗．工程施工招投标[M]．北京：人民交通出版社，2005.

[40] 混凝土结构工程施工质量验收规范（GB 50204—2002）[S].

[41] 混凝土结构设计规范（GB 50010—2002）[S].

[42] 建设工程文件归档整理规范（GB/T 50328—2001）[S].

[43] 建筑地基处理技术规范（JGJ 79—91）[S].

[44] 建筑地基基础工程施工质量验收规范（GB 50202—2002）[S].

[45] 建筑工程施工质量验收统一标准（GB 50300—2001）[S].

[46] 建筑工程项目管理规范（GB/T 50328—2001）[S].

[47] 建筑施工高处作业安全技术规范（JGJ 80—91）[S].

[48] 江正荣．地基与基础工程施工手册[M]．北京：中国建筑工业出版社，1997.

[49] 兰定筠．工程招标与投标百问[M]．北京：中国建筑工业出版社，2006.

[50] 雷胜强，隋英锑．简明建设工程招标投标工作手册[M]．北京：中国建筑工业出版社，2005.

[51] 梁慧星．民法总论[M]．北京：法律出版社，1996.

[52] 梁建林．水利水电工程造价与招投标[M]．郑州：黄河水利出版社，2003.

[53] 林密．工程项目招投标与合同管理[M]．北京：中国建筑工业出版社，2007.

[54] 刘涤源．凯恩斯经济学说评论[M]．武汉：武汉大学出版社，1997.

[55] 卢肇钧，曾国熙．地基处理新技术[M]．北京：中国建筑工业出版社，1989.

[56] 罗昌发．国际贸易法[M]．中国台湾：月旦出版社，1996.

[57] 罗豪才．行政法学[M]．北京：北京大学出版社，1996.

[58] 孟德斯鸠．论法的精神[M]．北京：商务印书馆，1982.

[59] 施工现场临时用电安全技术规范（JGJ 46—88）[S].

[60] 石红华．建设工程招标投标相关法律文件及合同文本[M]．北京：知识产权出版社，2004.

[61] 水电建设监理分会．水电工程建设监理招投标指南[M]．北京：中国电力出版社，2002.

[62] 斯密．国富论[M]．北京：商务印书馆，1972.

[63] 宋冰．程序、正义与现代化[M]．北京：中国政法大学出版社，1998.

[64] 宋辉铮．新编建筑工程施工招投标标书编制实用手册[M]．合肥：安徽文化音像出版社，2004.

[65] 天津市水利建设工程造价管理站．水利建设工程招标投标指导全书[M]．北京：水利水电出版社，2005.

[66] 佟柔．中国民法[M]．北京：法律出版社，1990.

[67] 王俊安．招投标与合同管理[M]．北京：中国建材工业出版社，2003.

[68] 王名扬. 法国行政法[M]. 北京：中国政法大学出版社，1988.

[69] 王名扬. 美国行政法[M]. 北京：中国法制出版社，1994.

[70] 王卫国. 2005年建筑工程施工强制性条文及招投标实用手册[M]. 长春：吉林科学技术出版社，2005.

[71] 应松年. 外国行政程序法规汇编[M]. 北京：中国法制出版社，1999.

[72] 余文博. 冶金工业建设工程工程量清单计价规则与招投标管理实用手册[M]. 北京：银河音像出版社，2005.

[73] 曾令良. 世界贸易组织法[M]. 武汉：武汉大学出版社，1996.

[74] 张大群. 污水处理设备招投标技术文件编制与范例[M]. 北京：机械工业出版社，2005.

[75] 张海平. 公路工程施工监理招投标管理与招投标文件编写技巧及公路建设监督管理实用手册[M]. 北京：中国广播电视出版社，2006.

[76] 张京生. 最新水利水电工程概预算定额编制与清单计价规范及招投标标书编制实用手册[M]. 西宁：青海人民出版社，2006.

[77] 张远. 公路工程施工监理招标投标管理办法贯彻实施与工程施工监理招投标全程操作方案[M]. 北京：科学技术出版社，2006.

[78] 重庆大学，同济大学，哈尔滨工业大学. 土木工程施工[M]. 北京：中国建筑工业出版社，2003.

[79] 周承伦. 国际建设工程招标投标与概算[M]. 北京：机械工业出版社，2002.